國家社科基金重大委托項目“《子海》整理與研究”成果

山東省社科規劃重大委托項目成果

子海精華編

主編 王承略 副主編 聶濟冬

道德真經廣聖義

（唐）杜光庭 撰 鞏曰國 點校

鳳凰出版社

圖書在版編目（CIP）數據

道德真經廣聖義 / (唐) 杜光庭撰 ; 鞏曰國點校.
-- 南京 : 鳳凰出版社, 2017.10
(子海精華編 / 王承略主編)
ISBN 978-7-5506-2664-5

Ⅰ. ①道… Ⅱ. ①杜… ②鞏… Ⅲ. ①道教－宗教哲學－中國－唐代 Ⅳ. ①B958

中國版本圖書館CIP數據核字(2017)第245892號

書名	道德真經廣聖義
著者	(唐)杜光庭 撰　鞏曰國 點校
責任編輯	王清溪
出版發行	鳳凰出版社(原江蘇古籍出版社)
	發行部電話025-83223462
出版社地址	南京市中央路165號,郵編:210009
出版社網址	http://www.fhcbs.com
照排	江蘇鳳凰製版有限公司
印刷	南通印刷總廠有限公司
	南通市通州經濟開發區朝霞路180號,郵編:226300
開本	890×1240毫米 1/32
印張	15.25
字數	317千字
版次	2017年10月第1版　2017年10月第1次印刷
標準書號	ISBN 978-7-5506-2664-5
定價	99.00圓

(本書凡印裝錯誤可向承印廠調換,電話:0513-80237871)

國家社科基金重大委托項目"《子海》整理與研究"成果之一

《子海精華編》

執行編纂(按姓氏筆畫排列):
王成厚　王　娜　尹思琦　曲娟娟　李　兵　宋恩來
苗　露　柏　雲　柳湘瑜　張雨霏　賈　兵　蘇運蕾
編　　務:張　櫻　劉　端　孫紅苑　沈　虎
本書審稿專家:吴慶峰

《子海精華編》出版説明

"子海",即"子書淵海"的簡稱。"《子海》整理與研究"課題係國家社科基金重大委托項目、山東省社科規劃重大委托項目。該課題分《珍本編》、《精華編》、《研究編》、《翻譯編》四個版塊,力圖把子部珍稀文獻、精華文獻進行深層次的整理、研究和譯介,挖掘子部文獻的價值,促進子學研究的發展。

山東大學向來以文史見長。古籍整理與子學研究,是其中的傳統研究方向。"《子海》整理與研究",是在山東大學前輩學者高亨先生積30年之力陸續做成的《先秦諸子研究文獻目録》的基礎上,由已故著名古籍整理與研究專家董治安先生參與策劃、設計的大型綜合研究課題。課題立項後,得到了中宣部、教育部、財政部、山東省政府和山東大學的大力支持,學界同仁踴躍參與。《精華編》的整理研究團隊近200人,來自海内外48所高校和研究機構。在組織管理上,《精華編》努力探索傳統文化研究協同創新的新體制、新機制,現已呈現出活力和實效。

華夏文明是由多元文化構築而成的。中國古代子部典籍,以歷代士人個性化作品的形式,系統性地展示了華夏民族的世界觀和方法論,立體性地反映了中華民族對世界文明發展的貢獻。其中,無論是宏篇大論,還是叢殘小語,都激蕩著歷史的聲音，閃爍著智慧的光芒，構成中國古代思想、藝術、科技和生活方式的主體内容。《精華編》通過對子部最优秀的典籍的整理，一方面擷英取粹，爲華夏文明的傳播提供可靠的資源和文本；另一方面以古鑒今，爲當下社會的發展提供智力支持和精神支撑。并希望進而梳理中華傳統文化的多元結構，繼承中華優秀傳統文化的一貫文脈。

根據漢代以後子學發展和子部典籍的實際情況，參照官私目録的分類與著録，《精華編》選取先秦諸子、儒學、兵家、法家、農家、醫家、曆算、術數、藝術、雜家、小説家、譜録、釋道、類書等十四個類目的要籍幾百種，編爲目録，作爲整理的依據，而在成果展現上則不出現具體的類目。爲統一體例，便於工作，《精華編》編有詳細的《整理細則》，并有簡明的《整理要則》，供整理者遵循使用。

《精華編》整理原則是，對每種子書的整理，突出學術性、資料性和創新性，力求吸納已有的整理成果，推出更具參考價值、更方便閲讀的整理文本。所採用的整理方式，大體有三種：一、部頭較大且前人未曾整理者，採用標點、校勘的方式整理；二、前人曾經標點、校勘者，或採用抽换更好或别具學術特色底本的方式整理，或採用集校、集注的方式整理，或採用校箋、疏證的方式整理，或綜合使用以上方式；三、前人已有較好的注本者，則採用集注、彙評、補正等方式整理。

《精華編》採用五次校審、遞進推動的管理程式，即：一、初校全稿。子海編纂中心組織碩、博研究生，修改文稿錯别字，規範異體字，調整格式，發現并標明校點中的不妥之處。二、初審文稿。子海編纂中心的編纂人員根據情況，解決初校時發現的問題，并判斷書稿的整體質量。三、匿名評審。

聘請資深教授通審全稿，全面進行學術把關，消滅硬傷，寫出審稿意見。四、修改文稿。子海編纂中心及時把專家審稿意見反饋給整理者。整理者根據審稿意見修改，做出新文稿。五、終審文稿。待新文稿返回子海編纂中心後，總編纂作最後的學術質量把關。五步程序完成後，將文稿交付出版社。

五次校審的目的是爲了保證學術質量，提高整理水平，減少錯訛硬傷。但校書如掃塵埃落葉，隨掃隨有，《精華編》雖經多道程序嚴加把關，仍難免有錯，懇請方家不吝指教。子海編纂中心將及時總結經驗，吸取教訓，把工作做得更好，以實現課題設計的初衷。

目　録

整理説明

《道德真經廣聖義》50卷,唐末五代杜光庭撰。杜光庭(850—933),字賓聖(或作賓至、聖賓),號東瀛子、登瀛子、青城先生、廣成先生等,處州縉雲(今屬浙江省)人(一説括蒼人,或京兆杜陵人)。杜光庭自幼博覽群書,志趣超邁。唐懿宗時,參加科舉考試,應九經舉不中,於是棄儒學道,師事天台道士應夷節,成爲司馬承禎的五傳弟子。乾符二年(875),杜光庭獲得唐僖宗召見,被賜以紫服象簡,充麟德殿文章應制,成爲名重一時的道門領袖。中和元年(881),因黄巢起義,杜光庭隨唐僖宗到成都避難。光啓三年(885),杜光庭扈從唐僖宗回長安,不久又返回蜀地,在青城山弘道。907年唐朝滅亡後,杜光庭繼續在蜀,受到前蜀君主王建的賞識,封蔡國公,進號廣成先生。王衍繼立後,尊其爲傳真天師,崇真館大學士。933年,杜光庭在青城山趺坐而化,葬於清都觀。

杜光庭學識淵博,著述宏富。明正統《道藏》收録其著作多種,主要有《道德真經廣聖義》《太上老君説常清静經注》《道門科範大全集》《太上黄籙齋儀》《廣成集》《太上洞淵神咒經》《道教靈驗記》《墉城集仙録》《洞天福地嶽瀆名山記》《歷代崇道記》等。這些著作涉及道教義理、齋醮科儀、仙傳道史等諸多方面,對古代道教研究有重要價值。杜光庭還有詩歌和小説傳世。《全唐詩》收録其詩歌 1 卷，他的《虬髯客傳》是著名的唐傳奇小説。

《道德真經廣聖義》是杜光庭最重要的著作之一，撰成於唐昭宗天復元年（901）。該書收入《道藏》洞神部玉訣類，共 50 卷。不過杜光庭自序以及《崇文總目》《文獻通考・經籍考》《宋史・藝文志》等均作 30 卷，則知《道德真經廣聖義》原本爲 30 卷，收入《道藏》時析爲 50 卷。50 卷中，前 5 卷依次爲《叙經大意解疏序引》《釋老君事迹氏族降生年代》《釋老君聖唐册號》《釋御疏序上》《釋御疏序下》和《釋疏題明道德義》，詮釋唐玄宗的《御注序》《御疏序》以及《道德經》的宗旨和"道"、"德"二字的含義，考辨有關老子的生平事迹，介紹唐代對老子的册封情況等。第 6 至 50 卷爲正文，闡發唐玄宗的"聖義"。其體例爲先列《道德經》經文，次列唐玄宗"御注"、"御疏"，最後列杜光庭的解説。唐玄宗"御注"、"御疏"及杜光庭的解説，分别用"注"、"疏"、"義曰"（或用"義云"）標示。書前有杜光庭自序，列舉了漢代至隋唐時期 60 餘家《道德經》詮釋著作，並進行分類評價，具有重要的學術價值。

《道德真經廣聖義》是在唐玄宗"御注"、"御疏"的基礎上進行的。唐代皇帝尊奉老子爲先祖，特别推崇老子及《老子》一書。唐玄宗曾親自爲《老子》作"御注"（《唐玄宗御注道德真經》）、"御疏"（《唐玄宗御制道德真經疏》），頒行天下。在"御注"、"御疏"中，唐玄宗重點闡發了《老子》的治國修身之道。《道德真經廣聖義》闡釋《老子》，也主要圍繞着"理（經）國理身"展開。《釋御疏序下》中説："此經乃理身之指歸，理國之機要。"書中把《道德經》的内容歸結爲"三十八别"，其中 1—17 講治國之道，19—38 講修身之道，中間第 18 項既講治國又講修身，均不離“理國理身”的主題。對於如何“理國理身”，杜光庭認爲最根本的是清静無爲。卷三十四“天下之至柔”章云：“老君垂教，以清静爲用，無爲爲宗。清静則國泰身安，無爲則道成人化。”清静無爲是老子《道德經》的基本思想，杜光庭把它看作是“理國理身”的要道。

《道德真經廣聖義》雖以唐玄宗“御注”、“御疏”爲基礎，但並没有完全局限於“御注”、“御疏”。如卷十四“古之善爲士”章“豫若冬涉川”句，唐玄宗釋“豫”爲“閒豫”，杜光庭則認爲“豫之言疑也，猶豫皆疑難之象爾”，對唐玄宗的解釋進行修正。唐玄宗的“御注”、“御疏”，已注意將儒家與佛教思想相結合。《道德真經廣聖義》在“御注”、“御疏”的基礎上，更爲自覺廣泛地運用儒、釋、道三家思想來詮釋《道德經》，並以“三教合一”推進了道教的思辨化、哲理化，對宋元時期道教的發展産生了很大影響。

《道德真經廣聖義》所據《老子》文本爲唐玄宗“御注”本，對於其他版本的異文，杜光庭往往以“或云”標出。如卷三十一“昔之得一”章“故致數輿無輿”句下，杜光庭指出“輿無輿”字或云“車無車”，或云“譽無譽”。這些異文，不僅可以作爲《老子》文本校勘的重要參考，還可以幫助我們瞭解唐代《老子》傳本的面貌。《道德真經廣聖義》引用了大量的古籍文獻。這些引文，有些與今本不同，可以作爲古籍文本校勘的重要參考。如卷三十一“昔之得一”章引《左傳・昭公七年》：[①]“自我先君恭王，引領北望，日月以冀，傳序相授，於今

① 《道德真經廣聖義》中，《左傳》均稱作《春秋》。此處《左傳・昭公七年》原作《春秋・昭公七年》。

四王矣。""自我先君"之"自",阮刻本《十三經注疏·春秋左傳正義》作"日",校勘記稱"淳熙本、纂圖本'日'作'曰'",均文義難通,可據此引文校勘。

《道德真經廣聖義》的版本,傳世的只有《道藏》本。《道藏》有多種影印本,如民國涵芬樓影印本、臺灣新文豐出版公司影印本、日本株式會社中文出版社影印本以及文物出版社、上海書店、天津古籍出版社三家聯合影印本等。《道藏要籍選刊》《續修四庫全書》等叢書中,收入了《道德真經廣聖義》,用的是民國涵芬樓影印本。本次整理,以《續修四庫全書》影印民國涵芬樓影印《道藏》本爲底本。

《道德真經廣聖義》被收入華夏出版社 2004 年出版的《中華道藏》。《中華道藏》本曾據《左傳》等文獻對其中的引文進行校勘。本次整理,除對引文進行校勘外,還據《道藏》本《唐玄宗御注道德真經》和《唐玄宗御制道德真經疏》(十卷本),①對其"御注"、"御疏"部分進行了對校。如卷三十二"反者道之動"章"道反常而難曉,故舉當隸之喻"。"當隸",《唐玄宗御制道德真經疏》(十卷本)作"棠棣"。卷四十七"勇於敢"章"天道不乃物使從己","乃"《唐玄宗御注道德真經》作"召"。卷十之卷末原有缺文,據《唐玄宗御注道德真經》《唐玄宗御制道德真經疏》(十卷本)和《唐玄宗御制道德真經疏》四卷、《外傳》一卷,進行了補充。《道德真經廣聖義》行文中也有明顯錯訛之處,如卷十六"太上下知"章"至乙酉年代

---

① 《唐玄宗御制道德真經疏》(十卷本)見於《道藏》洞神部玉訣類。同類中還收録有《唐玄宗御制道德真經疏》四卷、《外傳》一卷,是《道德真經廣聖義》的節選本,非唐玄宗所作,詳見董恩林《〈道藏〉四卷本〈唐玄宗御制道德真經疏〉辨誤》,《宗教學研究》2005 年第 1 期。

紂於牧野”,“代”當爲“伐”。凡此,均出校記説明。底本中的異體字,據《〈子海精華編〉整理工作手册》所附《異體字表》徑改,不出校。底本中個别字難以辨認,以□代替。

《道德真經廣聖義》引用其他文獻時,有時候对原书的正文注文一起引用,且不加區分。如卷二十五“以道佐人主”章引《左傳・宣公二年》:“殺敵爲果,致果爲毅。易之,戮也。言易而反之,必爲戮矣。”“言易而反之,必爲戮矣”是杜預的注。本次整理將這樣的注文用小字號排印,以示區别。《道德真經廣聖義》引文很多,整理中盡可能用引號標出,但有些引文無法查對出處,難以確定起訖,則暫付闕如。底本中各卷原有“羔”、“羊”、“景”、“行”等千字文標號,今已無意義,全部删除。

序

序曰：《珠韜玉札》云：太上老君降迹行教，遠近有四：其一，歷劫稟形，隨方演化，即千二百號，百八十名，散在諸經，可得徵驗矣。其二，此劫開皇之始，運道之功，孕育乾坤，胞胎日月，爲造化之本，爲天地之根，播氣分光，生成品彙。自五太之首，逮殷周之前，爲帝王師，代代應見，即鬱華、録圖、廣成、尹壽，因機表號是也。三皇迭往，五帝不歸，雲紀龍師，時遷數革，鳥官火運，川逝風移，步驟不同，澆淳漸變，雖揖讓斯在，而干戈屢興。阪泉有翦戮之師，丹浦有專征之旅。智詐行而大樸隱，仁愛顯而孝慈生，玄默希夷，日以寖薄。陶唐以耄昏厭位，虞舜以歷試登庸，憂軫萬方，服勤庶政。老君號尹壽子，居于河陽，以《道德真經》降授于舜。經之旨也，道以無爲居先，德以有稱爲次。亦猶三皇之書言大道也，五帝之書言常道也。其下薄裁非之義，節兼愛之仁，損俯仰之禮，挫銛巧之智，斥用兵之暴，抑譎詐之謀，使人復朴還淳，以無爲無事爲理。舜雖力而行之，竄凶舉相，明目達聰，敦睦九族，平章百姓，而恬和清静之道，莫能致也。故禹、湯之後，天下爲家，各親其親，各子其子。大道既隱，玄化不流，禮樂滋繁，政刑大用矣。其三，老君以商陽甲之代，降神寓胎，武丁之年，誕生於亳，即今真源縣九龍井太清宫，是其地也。或隱或顯，潛化群方。當周昭王癸丑之年，以此二經授關令尹喜，傳於天下，世得而聞焉。其四，將化流沙，與尹喜期會於西蜀青羊之肆，示現降生，即昭王丁巳之年也。

此《道德經》自函關所授，累代尊行，哲后明君，鴻儒碩學，詮疏箋注六十餘家，則有《節解》上下、老君與尹喜解。《内解》上下、尹喜以内修之旨解注。《想爾》二卷、三天法師張道陵所注。河上公《章句》、漢文帝時降居陝州河濱，今有廟見存。嚴君平《指歸》十四卷、漢成帝時蜀人，名遵。山陽王弼注、字輔嗣，魏時爲尚書郎。南陽何晏、字平叔，魏駙馬都尉。河南郭象、字子玄，向秀弟子，魏晋時人。潁川鍾會、字士季，魏明帝時人。隱士孫登、字公和，魏文、明二帝時人。晋僕射太山羊祜、字叔子，注爲四卷。沙門羅什、本西胡人，苻堅時自玉門關入中國，注二卷。沙門圖澄、後趙時西國胡僧也，注上、下二卷。沙門僧肇、晋時人，注四卷。梁隱居陶弘景、武帝時人，貞白先生，注四卷。范陽盧裕、後魏國子博士，一名白頭翁，注二卷。草萊臣劉仁會、後魏伊州梁縣人，注二卷。吴郡徵士顧歡、字景怡，南齊博士，注四卷。松靈仙人、隱青溪山，無名氏年代。晋人河東裴楚恩、注二卷。秦人京兆杜弼、注二卷。宋人河南張憑、字長宗，明帝太常博士，注四卷。梁武帝、蕭衍，注《道德經》四卷，證以因果爲義。梁簡文帝、蕭綱，作《道德述義》十卷。清河張嗣、注四卷，不知年代。梁道士臧玄静、字道宗，作《疏》四卷。梁道士孟安排、號大孟，作《經義》二卷。梁道士孟智周、號小孟，注五卷。梁道士竇略、注四卷，與武帝、羅什所宗無異。陳道士諸糅、作《玄覽》六卷。隋道士劉進喜、作《疏》六卷。隋道士李播、注上下二卷。唐太史令傅奕、注二卷，并作《音義》。唐嵩山道士魏徵、作《要義》五卷，爲太宗丞相。法師宗文明、作《義泉》五卷。仙人胡超、作《義疏》十卷，西山得道。道士安丘、作《指歸》五卷。道士尹文操、作《簡要義》五卷。法師韋録、字處玄，注兼義四卷。道士王玄辯、作《河上公釋義》一十卷。諫議大夫肅明觀主尹愔、作《新義》十五卷。道士徐邈、注四卷。直翰林道士何思遠、作《指趣》二卷，《玄示》八卷。衡岳道士薛季昌、作《金繩》十卷，《事數》一卷。洪源先生王鞮、注二卷，《玄珠》三卷，《口訣》二卷。法師趙堅、作《講疏》六卷。太子司議郎楊上善、高宗時人，作《道德集注真言》二十卷。吏部侍郎賈至、作《述義》十一卷，《金鈕》一卷。道士車弼、作《疏》七卷。任真子李榮、注上下二卷。成都道士黎元興、作《注義》四卷。太原少尹王光庭、作《契源注》二卷。道士張惠超、作《志玄疏》四卷。龔法師、作《集解》四卷。通義郡道士任太玄、注二卷。道士沖虚先生殿中監申甫、作《疏》五卷。岷山道士張君相、作《集解》四卷。道士成玄英、作《講疏》六卷。漢州刺史王真、作《論兵述義》上下二卷。道士符少明、作《道譜策》二卷。玄宗皇帝所注《道德》上下二卷，《講疏》六卷。即今所廣疏矣。

所釋之理，諸家不同。或深了重玄，不滯空有，或溺推因果，偏執三生，或引合儒宗，或趣歸空寂，莫不并探驪室，競掇珠璣，俱陟鍾山，争窺珪瓚，連城在握，照乘盈懷。敷弘則光粲縑緗，演暢則彩文編簡。語内修，則八瓊玉雪，氛靄於丹田，九轉琅膏，晶熒於絳闕，盡六氣迴環之妙，臻五靈夾輔之功，忘之於心，息之於踵，得無所得，而了達化元矣。語品證也，則擺落細塵，超登上秩，遊八外而放曠，指三境而躋升，蹈太一之位矣。而總内外之要，兼人天之能者，未有其倫。我開元至道昭肅孝皇帝，降神龍變，接統象先，戡内難以乘乾，啓中興而御極，無爲在宥，四十五年。汾水襄城，靡勞轍迹，具茨大隗，自得朋游，廓八溟爲仁壽之庭，普萬寓爲華胥之國，至道至德，超哉明哉！欽若尊經，本朝家教，《象》《繫》不足以擬議,《風》《雅》不足以指陳,橫亘古今,獨立宇宙。雖諸家染翰,未窮衆妙之門,多士研精,莫造重玄之境。凝旒多暇,屬想有歸,躬注八十一章,製疏六卷。内則修身之本,囊括無遺,外即理國之方,洪纖畢舉。宸藻遐布,奪五雲之華,天光焕臨,增兩曜之色,固可以季仲十翼,輝映二南。若親稟於玄元,信躬傳於太上,冠九流而首出,垂萬古而不刊,則《大風》《朱雁》之歌,誠難接武,《典論》《金樓》之作,詎可同年?但以疏注之中,引經合義,周書魯史,互有發明,四始漆園,或申屬類,後學披卷,多瞢本源。輒采摭衆書,研尋篇軸,隨有比況,咸得備書,纂成《廣聖義》三十卷。大明在上而爝火不休,巨澤溥天而灌浸不息。誠不知量,粗備闕文。

天復元年龍集辛酉九月十六日甲子序。

卷之一

唐廣成先生杜光庭述

叙經大意解疏序引

將釋此經，大分二段。先明製疏，後解正文。今初述製疏之由者。

我大唐玄宗皇帝，垂衣之暇，鍾想妙門，以大道爲天地原根，老君乃玄元聖祖，二經敷演，綿歷歲年，説自舜朝，傳於周代。詮注疏解，六十餘家。言理國，則嚴氏、河公，楊鑣自得；述修身，則松靈、想爾，逸軌難追。其間梁武、簡文、僧肇、羅什、臧、陶、顧、孟，霞舉於南朝，任、黎、二張，星羅於西蜀。其餘祖述，互有否臧，未盡發揮，孰窺堂奥？以開元十一年躬爲注解。

下詔曰：在昔元聖，強著玄言。

【義云】詔者，敕命之書也。在天子爲詔、爲誥、爲敕、爲制，在皇后、太子、諸王，爲教、爲令，皆君命於臣、上命於下之詞也。曰者，《字林》云："曰者，從口，出言爲曰。"亦云"張口吐舌爲曰"。《説文》云："曰，詞也，從口乙聲，象口出氣。"有聲而成言詞也，故云"曰"。昔者，往也。在者，存也。元者，始也。聖者，靈通之德也。《書》曰“睿作聖”是也。強者，力取也。著者，述作也。玄者，深妙也。言者，詞也。謂老君爲道化之宗元，弘睿聖之至德，闡微妙無名之道，爲強名演暢之詞，將以恢振玄風，化導於代。理深義奧，故謂玄言。居萬聖之先，故謂元聖矣。

詔曰：權輿真宗，

【義云】權輿，始也。真者，純正不雜也。宗，尊也。

詔曰：啓迪來裔。

【義云】啓，開也。迪，進也，通達也。來，謂將來也。裔，嗣續也，邊也。謂此《道德》二篇，垂於萬代，傳範後王，廣化人天，永敷秘妙也。

詔曰：遺文誠在，精義頗乖。

【義云】遺，留也。謂老君玄化既畢，上登九清，所著真經，遺留於代，百王所仰，萬古常存。誠，信也，信爲不刊之典也。精者，純粹深奥也。義者，經之文理也。頗，甚也。乖，爽也。謂此經玄奥精純之理，世所未窮，雖百家詮注，尚甚乖爽。謂下句也。

詔曰：撮其指歸，雖蜀嚴而猶病；

【義云】撮者，采結之謂也。指者，趣向也。歸者，義理會聚也。蜀嚴者，仙人嚴君平，居於蜀肆，作《道德指歸》一十四卷，恢廓浩瀚，爲時所稱。蜀都楊子雲昌言於漢朝曰：“蜀嚴道德沈冥。”言其識量深厚，玄德隱微，非常俗之所知，而猶病耳。當時以爲《道德》之説，文止五千，《指歸》之多，將及數萬。演之於世，謂爲富贍廣博；議之於理，傷於蔓衍繁豐。故云“雖蜀嚴而猶病”也。

詔曰：摘其章句，自河公而或略。

【義云】摘者，采擷分判也。章者，裁斷音句也。句者，言之所絶也。自，從也。河公者，河上公也。太極葛玄仙公《道德經序訣》云：“河上公者，莫知其姓名也。漢孝文皇帝時，結草爲庵于河之濱，常讀老子《道德經》。”即今陜州黄河之側，有河上公廟，路左有漢文帝望仙臺存焉。時人不知公之姓名，常見織履爲業，居於河上，故號河上公爾。或略者，聖旨以爲，《道德》尊經并包萬法，圍制三才，理國理家之宗，修身修道之要，無所不攝，無所不周。而河上公分爲八十一章，局於九九之數，有失大聖無爲廣大之趣。故云“自河公而或略”也。

詔曰：其餘浸微，固不足數。

【義云】其餘者，言自蜀嚴、河公之外五十餘家注義也。浸，遠也。微，細也。數，計也。嚴雖“猶病”，可以議於重玄；河雖“或略”，亦足明其至妙。自外諸家，浸遠微細，不足比方，固非聖旨之所計數也。

詔曰：則我玄元妙旨，豈其將墜？

【義云】我者，皇帝自謂也。玄元妙旨，謂二經玄妙之旨也。聖旨嘆《道德》隱奥之文、上下玄妙之趣，未有了達解釋之人，自蜀嚴、河公之後，注疏者去聖逾遠，述道益疏。豈可墜廢湮絶，而不弘暢於代矣？

詔曰：朕誠寡薄，常感斯文，猥承有後之慶，恐失無爲之理。

【義云】朕，我也。古人相謂，皆呼人曰卿，稱己爲朕。《莊子》云“雲將鴻蒙皆自稱朕”是也。自秦始皇制法，以天子一人自稱曰朕，其餘臣庶，不得復僭而稱焉。寡者，道未廣也；薄者，德未豐也。聖旨自謙之詞也。每仰感此經，恐玄理抑絶，不得人皆開悟，而我紹聖祖之玄蔭，居萬寓之至尊，安可使無爲之文壅而不流、《道德》之訓晦而不顯也？有後者，謂老君垂裕，光啓聖唐是也。且夫弓冶之子，尚不失於箕裘，折薪之家，或慮曠于負荷，況睿德光於堯禹，聖文邁於古先，固當潤色玄玄之功，使炳焕于千古也。

詔曰：每因清宴，輒扣玄關，隨意所得，遂爲箋注。豈成一家之説，但備遺闕之文。

【義云】聖旨以萬機之暇，深入玄關，扣寂求音，探真達妙，以契合希微之理。聖文釋沖寂之文，得自神襟，諧於祖訓矣。箋，表也，解也，注釋也。尚以謙德，不欲同吕氏、丘明自爲一家之述作，但備衆人所注解未了之義爾。

詔曰：今兹絶筆，是詢于衆公卿臣庶、道釋二門。

【義云】絶筆者，經理既暢，製述已周，釋筆罷書，是謂絶筆。如昔仲尼自衛反魯，因魯史而修《春秋》，自隱公訖哀公一十二公，二百四十二年褒貶行事。至哀公十四年戊午，春，西狩於大野，叔孫氏之車子鉏商獲麟，以爲不祥，以賜虞人焉。仲尼觀之,曰:“麟也。”然後取之。夫麟鳳五靈,王之嘉瑞也。今麟出非其時,虚其應而失其歸,此聖人所以爲感也。“絶筆於獲麟”之一句者,所感而起,固所以爲終也。今注經既終,乃下明詔,將以宣行聖作,博問群賢。絶筆之義雖同,非因感嘆之事,是表聖德謙讓,問于王公卿佐,逮於道釋二宗,旁求辨博之才,更俟發明之理也。

詔曰:有能起予類於卜商,針疾同於左氏,渴於納善,朕所虚懷,苟副斯言,必加厚賞。

【義云】卜商,字子夏,孔子弟子也。《論語·八佾》篇云:“子夏問於夫子曰:‘巧笑倩兮,美目盼兮,素以爲絢兮,何謂也?’子曰:‘繪事後素。’子夏曰:‘禮後乎?’”諸家所注,云此詩上二句在《衛風·碩人》之二章,閔莊姜之詩也。其下一句,逸也。比喻莊姜有盼倩之色,而能以禮自持,喻如繪畫絺綉,先以五彩分布,蔭映成文,然後以白色分别其間,乃能一一彰顯分明也。夫絺刺之成文爲綉,畫之成文爲繪。此夫子喜子夏聞“繪事後素”之言,即知以盼倩美色須以禮自持,故云“禮後乎”。夫子乃曰:“起予者商也。始可與言《詩》已矣。”蓋喜卜商明了夫子言《詩》之意,故云能起發我言《詩》之旨也。左氏者,左丘明也。夫子著《春秋》,丘明傳之。經有所誤,則丘明正之。或先經以始事,或後經以終義。《春秋》之得丘明,若良醫之針疾矣。聖旨延佇群才,共暢玄理,若仲尼之於子夏,《春秋》之俟丘明,不拒直言,唯在進善,以虚懷徯望,以厚賞訪求,明聖情采納之至也。賞以勸善,亦以報功也。

詔曰：且如諛臣自聖，幸非此流。

【義云】諛臣自聖者，《尚書·冏命》篇云“僕臣諛，厥後自聖”是也。賢良在用，固無諛佞之臣；英睿垂乾，豈有自聖之失？誠非此流也。

詔曰：懸市相矜，亦云小道。既其不諱，咸可直言。

【義云】懸市相矜者，昔吕不韋爲秦丞相，封萬户侯，威望之盛，冠於海内，聚賓客著書。書成，懸於市曰：“有增減一字者賞千金。”號曰《吕氏春秋》，大誇於時。今聖旨注述既成，下訪才彦，開直言之路，垂不諱之恩，則懸市矜誇，誠爲小道矣。不韋後得罪始皇，竄之於蜀也。

詔曰：勿爲來者所嗤，以重朕之不德。

【義云】不德者，謂失無爲之德也。玄經奥旨，演暢既周，再垂博采之言，乃下獎延之詔。則九圍之外，八極之中，孰不仰感聖明，朝宗至道矣。暨明年，乃御書四石幢注經，立於左街興唐觀、右街金仙觀。又諸州節度使、刺史，各於龍興觀、開元觀形勝之所，各立石臺，以傳不朽。又尋御制此疏，宣布寰瀛。敕曰：“《道德》五千，實惟家教。理國則致乎平泰，修身則契乎長生。包萬法以無倫，冠六經而首出。宜升《道德經》居九經之首，在《周易》之上。以《道德》《周易》《莊子》爲三玄之學。仍以《莊子》爲《南華真經》，《文子》爲《通玄真經》，《列子》爲《沖虚真經》，《庚桑子》爲《洞靈真經》。准明經例赴舉。其老君傳内，析出韓非，不令同傳。”

上來述製疏之由已竟，向下入解正文。於中大分爲二，一者先解疏題，二者入文科判。今初也，先解疏題曰：

《老子道德經疏》者，疏題即經題也。向下當辯所言。疏者，疏決開通之義也。謂經含衆義，玄妙幽深，雖詮注已終，而文義未盡。故述此疏，開通幽賾，疏決玄微，分釋意義，令可會入，故謂之疏。亦云疏者，條也，條理經義，令人易曉。或云鈔，鈔以抄集爲名。或云記，記以紀録爲目。此蓋隨時立名，皆是包括義理之義也。疏釋題訓者，釋以銷解爲義，言將疏決經文，先當銷解經目。題者，訓視之首。凡經籍、記傳、史策、篇章，先標首目，視之可會，總以此義，名之曰題，即標舉綱領之意也。訓者，教言也，隨文訓解之義，謂六書不同也。大凡文字之興，雲篆初凝，傳於天上，倉頡象迹，興於人間，大體有六：一謂象形，日月字是也。二謂指事，上下字是也。三謂假借，行雖字是也。四謂形聲，江河字是也。五謂會意，止戈爲武、人言爲信、反正爲乏是也。六謂轉注，考老左右字是也。製文字六意不同，形聲、假借、轉注等意，以成文字，須以訓之，乃明其義理。《爾雅》有釋訓，《毛詩》有詁訓，即其類也。

疏御制者，向來已明。所作疏文，明御制述作之。聖即謂玄宗皇帝也，乃太上老君三十六代孫，睿宗第三子，大唐之第六帝也。龍文表聖，日角標奇，叶太平之符，應壬辰之運。母曰昭成順聖太后竇氏。以則天垂拱元年乙酉八月五日戊戌，生於東都。生而聰明睿哲，及長，寬仁孝友，好學，善屬文，英武果斷，尤工楷隸，兼善騎射。三年閏月丁卯，封楚王。天授二年十月戊戌，出閤開府，置官屬。長壽二年，封臨淄王，居於興慶里。景龍二年，出爲潞州别駕。是時州境日抱，戴月重輪，逐鹿渡河，赤龍據按，嘉禾合穗，黄龍乘城，仙洞自開，童謡累應，黄龍再見，赤鯉騰波，李樹連理，神蓍翹立，寢堂瑞氣，壺口紫氣，伏龍疑山，巨人留迹，夏禹表氣，聖人金橋，及神人傳慶，凡一十九瑞，編於史策。唐隆元年，入誅韋后，平内難，迎睿宗即位。至開元元年，自相國平王登極。在位四十四年。天寶十四年傳位皇太子。寶應元年壬寅崩，年七十八歲。御者，臨制之稱，如御寓、御天義也。製者，作造之謂，如制禮作樂之言也。

上來釋疏題已竟，次入正文。將釋下文，約疏大料二段：一曰總標宗意，二曰開章釋文。總標中又分爲二：一者所詮之法，即指“道德”二字也；二者能詮之教，即“經”之一字也。解釋具在，向下經題中當辨。

夫此“道德”二字者，宣道德生畜之源，經國理身之妙，莫不盡此也。昔葛玄仙公謂吴王孫權曰：“《道德經》者，乃天地之至妙，有天道焉，有人道焉，有神道焉。大無不包，細無不入，宜遵之焉。”就此門中，大略宗意，有三十八别：

第一，教以無爲理國。經云：“絶聖棄智，人利百倍；絶仁棄義，人復孝慈；絶巧棄利，盜賊無有。”又云：“愛人理國，能無爲乎？”又云：“我無爲而人自化。”

第二，教以修道於天下。經云：“修之於天下，其德乃普。”又云：“執古之道，以御今之有。”又云：“執大象，天下往。”

第三，教以道理國。經云：“以道莅天下，其鬼不神。非其鬼不神，其神不傷人。”又云：“天下無道，戎馬生於郊。”

第四，教以無事法天。經云：“人法地，地法天。”又云：“道常無爲而無不爲。侯王若能守，萬物將自化。”

第五，教不以尊高輕天下。經云：“貴以身爲天下，若可寄天下；愛以身爲天下，若可托天下。”又云：“奈何萬乘之主，而以身輕天下？輕則失臣，躁則失君。”又云：“聖人不爲大，故能成其大。”

第六，教不尚賢、不貴寶。經云：“不尚賢，使人不争；不貴難得之貨，使人不爲盜。”又云：“欲不欲，不貴難得之貨。”

第七，教化人以無事無欲。經云：“常使人無知無欲，使夫知者不敢爲也。爲無爲則無不理矣。”又云：“我無事而人自富，我無欲而人自樸。”又云：“不欲以静，天下將自正。”

第八，教以等觀庶物，不滯功名。經云：“天地不仁，以萬物爲芻狗；聖人不仁，以百姓爲芻狗。”又云：“行不言之教。”又云：“爲而不恃，功成不處。”

第九，教以無執無滯。經云：“爲者敗之，執者失之。”又云：“去甚，去奢，去泰。”又云：“聖人無常心，以百姓心爲心。”

第十，教以謙下爲基。經云：“貴以賤爲本，高以下爲基。”又云：“江海所以能爲百谷王者，以其善下之。”又云：“受國之垢，是謂社稷主。受國不祥，是爲天下王。”又云：“大國宜爲下。”又云：“善用人爲下。”又云：“大國以下小國，則取小國。”

以上皆本天子而言。

第十一，教諸侯以正理國。經云：“以正理國。”又云：“以智理國國之賊，不以智理國國之福。”又云：“民之難理，以其智多，是以難理。”

第十二，教諸侯政無苛暴。經云：“理大國若烹小鮮。”又云：“朝甚除，田甚蕪，倉甚虚。”又云：“其政察察，其民缺缺。”

第十三，教諸侯以道佐天子，不尚武功。經云：“以道佐人主，不以兵強天下。”又云：“兵強則不勝。”又云：“善勝敵不争。”又云：“雖有甲兵，無所陳之，使人復結繩而用之。”又云：“兵者不祥之器，不得已而用之。”又云：“勝而不美。”

第十四，教諸侯守道化人。① 經云：“古之善爲士者，微妙玄通。”又云：“其政悶悶，其民淳淳。”

第十五，教諸侯不玩兵黷武。經云：“用兵有言，吾不敢爲主而爲客，不敢進寸而退尺。”又云：“抗兵相加，哀者勝。”又云：“禍莫大於輕敵。”又云：“善爲士不武。”又云：“攘無臂，執無兵。”又云：“不争之德。”

第十六，教諸侯不尚淫奢，輕徭薄賦，以養於人。經云：“民之飢，以其上食税之多，是以飢。”又云：“人多伎巧，奇物滋起。”

第十七，教諸侯權器不可以示人。經云：“魚不可脱於泉，國有利器，不可以示人。”又云：“古之善爲道者，非以明民，將以愚之。”

第十八，教以理國修身，尊行三寶。經云：“我有三寶，保而持之。一曰慈，二曰儉，三曰不敢爲天下先。”

第十九，教人修身，曲己則全，守柔則勝。經云：“曲則全。”又云：“柔勝剛，弱勝強。”又云：“柔弱勝剛強。”又云：“柔弱者生之徒，剛強者死之徒。”又云：“強梁者不得其死。”

第二十，教人理身，無爲無欲。經云：“常‘無’，欲觀其妙。”又云：“不見可欲，使心不亂。”

第二十一，教人理身，保道養氣，以全其生。經云：“致虚極，守静篤。”又云：“專氣致柔。”又云：“爲腹不爲目，去彼取此。”又云：“知其白，守其黑。”又云：“知其子，守其

① “諸侯”，原作“諸使”，據上下文改。

母。”又云：“我獨異於人，而貴求於食母。”又云：“绵绵常存，用之不勤。”

第二十二，教人理身，崇善去惡。經云：“天下皆知美之爲美，斯惡已；皆知善之爲善，斯不善矣。”又云：“常善救人，故無棄人；常善救物，故無棄物。”又云：“善人，不善人之師。”又云：“挫其鋭，解其紛。”又云：“上善若水。”

第二十三，教人理身，積德爲本。經云：“含德之厚。”又云：“上德若谷。”又云：“大丈夫處其厚，不處其薄。居其實，不居其華。”又云：“君子終日行，不離輜重。”

第二十四，教人理身，勤志於道。經云：“上士聞道，勤而行之。”又云：“勇於不敢則活。”

第二十五，教人理身，忘棄功名，不耽俗學。經云：“絶學無憂。”又云：“功成名遂身退。”又云：“成功不居。”又云：“爲道日損。”又云：“名與身孰親？”

第二十六，教人理身，不貪世利。經云：“身與貨孰多？得與亡孰病？”又云：“甚愛必大費，多藏必厚亡。”又云：“難得之貨，令人行妨。”

第二十七，教人理身，外絶浮競，不衒己能。經云：“不自見，故明；不自伐，故有功；不自矜，故長。”又云：“大辯若訥，大巧若拙。”又云：“廣德若不足。”又云：“大音希聲。”又云：“自知者明，自勝者强。”

第二十八，教人理身，不務榮寵。經云：“寵辱若驚。”又云：“富貴而驕，自遺其咎。”又云：“持而盈之，不如其已；揣而鋭之，不可長保。”

第二十九，教人理身，寡知慎言。經云：“知不知，上；不知知，病。”又云：“多言數窮，不如守中。”又云：“輕諾必寡信，多易必多難。”又云:“塞其兑,閉其門,終身不勤。”

第三十,教出家之人,道與俗反。經云:“俗人昭昭,我獨若昏;俗人察察,我獨悶悶。”又云:“明道若昧,進道若退。”

第三十一,教人出家,養神則不死。經云:“谷神不死,是謂玄牝。”又云:“深根固蒂,長生久視之道。”又云:“善建不拔,善抱不脱。”

第三十二,教人體命,善壽不亡。經云:“死而不亡者壽。”

第三十三,教人修身,外身而無爲。經云:“後其身而身先,外其身而身存。”

第三十四,教人理心,虚心而會道。經云:“虚其心,弱其志。”

第三十五,教人處世,和光於物。經云:“和其光,同其塵。”又云:“大道泛兮,其可左右。”又云:“被褐懷玉。”

第三十六,教人理身,絶除嗜欲,畏慎謙光。經云:“五色令人目盲,五音令人耳聾,五味令人口爽,馳騁畋獵,令人心發狂。”又云:“民不畏威,則大威至。”

第三十七,教人裒多益寡。經云:“以有餘奉不足。”又云:“既以與人己愈有,既以與人己愈多。”

第三十八,教人體道修身,必獲其報。經云:“陸行不遇兕虎,入軍不被甲兵。”又云:“以其無死地。”

舉此三十八别,以明經之大意所詮之法。然則此經大則包羅無外,細則入於毫間,豈止三十八門便盡其要? 爲存教義,泛舉大綱,比之秋毫,萬分未得其一也。《禮記》云:“道也者,不可須臾離;可離,非道也。”若爲君之無道德,如瞻視之無兩目。若爲臣之無道德,如胸腹之無五藏。理家之無道德,如尸僵而無氣。由是論之,道之於人,不可闕矣。其若離言教,絶指陳,玄之又玄,妙之又妙,斯可以神照,不可以言傳,道之極矣。

上來總標已竟,向下開章釋文。

卷之二

唐廣成先生杜光庭述

釋老君事迹氏族降生年代

【疏】老子者，太上玄元皇帝之内號也。

【義曰】前明所説之教，次釋能説聖人。能説聖人，所謂老子。老子，即太上老君也。太上，謂證果尊位。玄元皇帝，謂顯册鴻名。内號，謂真經共所標載。今就老君位號之中，分爲三十段，以解名號之由起也。

第一，起無始者。所言老君也。老君生於無始，起於無因，爲萬道之先，元氣之祖也。無光無象，無音無聲，無色無緒，幽幽冥冥，其中有精，其精甚真，彌綸無外，故稱大道。大道之身，即老君也。萬化之父母，自然之極尊也。

第二，體自然者。大道元氣，造化自然，强爲之容，即老君也。虚無爲體，自然爲性，莫能使之然，莫能使之不然。不知其所以然，不知其所以不然。故曰自然而然。葛玄仙公《序訣》云"老子體自然而然，生乎太無之先，起乎無因，經歷天地終始，不可稱載"是也。

第三，見真身者。老君乃無生之至精，兆形之至靈也。昔於空洞之中，結氣凝真，强爲之容，體大無邊，相好衆備，自然之尊,上無所攀,下無所躡,處虚空之中,如日月之光也。

第四,應法號者。老君挺生空洞,變化自然,智慧無窮,聖德周備。形既莫測,號亦無邊:在天爲萬天之主,在聖爲萬聖之君,在仙爲萬仙之總,在真爲萬真之先,在星爲天皇大帝,在教爲太上老君。或垂千二百號,或顯百八十名,或號無爲父,或號萬物母,與大道而輪化,爲天地而立根。浩浩蕩蕩,不可名也。約而言之,凡有十號,即降生之後,空中十方聖人贊十號是也。具降生段中所解。

第五,啓師資者。老君將顯明大教,布化萬方,乃曰道不可無師尊,教不可無宗主,乃師事太上玉晨大道君焉。大道君即元始天尊弟子也。道君審道之本,洞道之元,生於億劫之前,爲道氣之祖也。天尊爲五億天之主,億萬聖之君,亦生億劫之前,爲道氣之根本也。所以道君爲老君之師,天尊爲道君之師。二聖既立,乃曰"老"者,處長之稱,"君"者,君宗之號。以老君天上天下,歷化無窮,先億劫而化生,後億劫而長存,天天宗奉,帝帝師承,故賜以太上老君之號。三聖相師,乃垂教尊卑之本矣。《莊子》曰"吾師乎!吾師乎!齏萬物而不以爲義,澤及萬世而不以爲仁,長於上古而不以爲老,覆載天地、雕刻衆形而不以爲巧,在太極之先而不以爲高,居六極之下而不以爲深,先天地生而不以爲久"是也。

第六,歷劫運者。老君生於萬物之首,起於無始之前,經歷劫運,甚爲久遠。劫者,天地成壞之名,陰陽窮盡之數。陽盡則生陰,故爲大水。陰盡即生陽,故爲大火。陽極於九,故云陽九。陰極於六,故云百六。小則三千三百年,次則九千九百年,大則九九大數八十一萬年,爲劫終。老君長生行化,經此劫運不知其數矣。《西升經》云"上世始以來,所更如沙塵，動則有載劫，自惟甚苦勤”是也。

第七，造天地者。老君乃天地之根本，萬物莫不由之而生成。故立乎不疾之途，游於無待之場，御空洞以升降，乘陰陽以陶埏。分布清濁，開闢乾坤，懸三光，育群品，天地得之以分判，日月因之以運行，四時得之以代謝，五行得之以相生。故於九萬九千九百九十九億萬氣之初，運玄元始三氣而爲天，上爲三清三境，即始氣爲玉清境，元氣爲上清境，玄氣爲太清境是也。又以三清之氣，各生三氣三境，合生九氣爲九天。第一鬱單無量天，第二上上禪善無量壽天，第三梵監須延天，第四寂然兜術天，第五波羅尼密不驕樂天，第六洞元化應聲天，第七靈化梵輔天，第八高虚清明天，第九無想無結無愛天。此之九天，各生三氣，氣爲一天，合二十七天。通此九天，爲三十六天，則四民三界，上極三清，是其數也。初下六天爲欲界，第一太黄天，二太明天，三清明天，四玄胎天，五元明天，六七曜天是也。次十八天爲色界，一虚無天，二太極天，三赤明天，四恭華天，五曜明天，六皇笳天，七虚明天，八端靖天，九玄明天，十極瑶天，十一元載天，十二太安天，十三極風天，十四始皇天，十五太黄天，十六無思天，十七上揲阮樂天，十八無極曇誓天是也。次四天爲無色界，一霄度天，二元洞天，三妙成天，四禁上天是也。此二十八天，名爲三界。劫運所及，陰陽所陶，氣有窮極，人有歲數。則初第一太黄皇曾天人壽九百萬歲。一天加一倍，凡二十八天，年壽之數，極於一千二百七萬九千七百七十五萬五千二百萬歲。下至日月所交，四千四百四十四萬四千四百四十四億氣。一氣三千里也。此上又四天，名爲四種人天。一常融天，二玉隆天，三梵度天，四賈奕天。此四天超出三界，不生不滅，無年壽之數，無淪壞之期，大劫之交，災所不及。向下諸天諸地，隨劫淪滅，劫運再開，混沌復判，則此天之人承太上所命，下化人間，教世行法，一如此劫之初，三皇繼理矣。又上三天爲三清境，一曰大赤天，二曰禹餘天，三曰清微天。最上曰大羅天，包羅諸天，極高無上，玄都玉京鎮於其巔，三尊所處，萬聖朝軒，爲極道之域，成化之根也。既分諸天，即以三十六天滓陰之氣，下爲三十六地。每天立一天帝，每地立一地皇，七十二君同禀命於老君矣。其諸天境域，分布凡有五億之殊，皆三十六天之氣所生也。地中有三十六洞天，亦與上天相應。日月分精，玄照其間，則天文地理，六甲五行，陰陽變化，皆老君運玄妙之機，生之成之，行之化之矣。故曰道者萬物之宗元，天得以清，地得以寧，物得以生，神得以靈，海岳得之以安鎮，王侯得之以太平，道士得之以神仙，枯朽得之以發榮也。太上老君乃陰陽之主首，萬神之帝君，元氣之父母，天地之本根，先王之師匠，品物之魂魄。陶冶虚無，造化應因，衿帶八極，載地懸天，游馳日月，運走星辰，呼吸六甲，咤御乾坤，改易四時，推移寒温，驅使風雨，奮鼓雷雲，分别玄黄，歷數虚盈，君臣父子，禮義備矣。是知陰陽雖廣，天地雖大，非道氣所育，大聖所運，無由生化成立矣。

第八，登位統者。老君大聖之功，生化天地，運育萬物，豈復有品位名稱哉？然上有元始之尊，次有道君之聖，老君次道君之位，演化立功，既以三氣運行，萬天周布，衆法顯著，玄功克明，乃登證極道之果，居三尊之位。紹嗣太上之任，爲法王之尊，上總群聖，中理衆真，下制諸仙，而統攝三十六天，三十六地，七十二君，星辰日月，岳瀆萬靈，陰陽變化，一切神明。主領天上天下，地上地下，五億天界，有情無情，有識無識，有形無形，皆太上老君之所制御焉。由是常在太清境太極宫丹臺紫闕玉堂之中，有三大仙、九太帝、二十七天君、八十一卿大夫、千二百仙官、二萬四千靈司、七萬仙童玉女、五億天丁神王，并羅衛雲衔，巨虬師子、金翅孔雀、鳳凰靈獸、天馬麒麟，備衛左右。老君時亦上朝元始，疏奏罪福，中謁玉宸，賞校九宫，下統三界生死之簿，一切神官鬼僚，考察之司，仙官靈洞，福食之曹，無幽無隱，莫不仰隸之焉。或下理九天，在太微勾陳六星中，號天皇大帝曜魄寶所，以秉三使六把九樞機，統攝萬一千五百二十物，秉持仙籙，主領神人、真人、仙人、聖人、賢人、行人，悉係之焉。但見百億天王拜手在前，諮求風雨水旱、豐儉逆順、生死善惡之事焉。游行萬方，以玄道化而一。老君常在太清太極之宫也。

第九，隨機赴感者。老君極聖洞真，總領萬化。化隨方出，降德屈身。自億劫之初，至混沌之始，歷羲、娲一十八氏，三紀五十八統一百八十九代，代爲國師。及神農之後，或爲國主，或爲師君，或爲賓友，或爲人臣，乃有鬱華、録圖等號，以道德妙旨，更相發明。所謂應物無擇者，道也；赴感隨機者，聖也。常以經圖戒律，應化一切，分形應感，無量無邊。而老君之體，端寂無爲，凝然常住於太清之宫也。

第十，演上清者。老君於上三皇時，人尚淳樸，以龍漢元年，號玄中法師，以上清聖教一十二部大乘之道，開度人天也。

第十一，傳靈寶者。中三皇時，老君以赤明元年，號有古先生，降《靈寶真經》一十二部中乘之法，開化一切，救度兆人也。

第十二，出洞神者。下三皇時，人心樸散，老君以開皇元年，號金闕帝君，出《洞神經》一十二部小乘之法，開度萬品也。

第十三，垂文象者。伏羲之時，人已澆漓，未有法度。老君以清濁元年，號鬱華子，下爲師，説《元陽經》，教伏羲畫八卦，以通神明之德，以類萬物之情，仰則觀象於天，俯則取法於地，制嫁娶、敘人倫焉。

第十四，示好生者。神農之時，人食禽獸，茹毛飲血。老君以清漢元年，號大成子，下爲師，説《太上元精經》，教以化生之道，播百穀以代烹殺，和百藥以救百病，嘗桑得禾、柳得稻、榆得黍、槐得豆、桃得小麥、杏得大麥、荆得麻。五穀既登，獸禽免害止殺，所以長善除惡，所以全生。不食血肉，人無疾苦，五穀養性，人無宿業。其利人也大矣。

第十五，教陶鑄者。祝融之時，人食生冷，未知火食。老君以天漢元年，號廣壽子，下爲師，説《按摩通精經》，教陶鑄爲器，以變生冷，人保其壽焉。

第十六，制法度者。自下三皇以後，伏羲以前，未有典禮，鳥獸同群。老君以道開化，漸漸生心，辯形食味，參以五行，廣施經法，勸化兆人矣。

第十七，作形器者。自伏羲之後，老君示以世法，制禮樂以敘尊卑，造衣章以明貴賤，作宫室以代巢穴，爲舟車以濟不通，置棺椁以代衣薪，造弧矢以威不順，立刑獄以戒凶暴，造書契以代結繩，服牛乘馬，引重致遠，日中爲市，交易而退，耒耜杵臼之利，重門擊柝之規，并老君教於時君，以化於物也。

第十八，崆峒演道者。黄帝時，老君號廣成子，居崆峒山。黄帝詣而師之，爲説《道戒經》，教以理身之道。黄帝修之，白日升天。

第十九，衡岳授經者。顓頊時，老君下爲師，號赤精子，居衡山，授帝《微言經》，教以忠順之道。

第二十，江濱應化者。帝嚳時，老君下爲師，號録圖子，居江濱，授帝《黄庭經》，教以清和之道。

第二十一，姑射宣真者。唐堯時，老君下爲師，號務成子，居姑射山，授帝《政事離合經》，教以廉謹之道。

第二十二，傳道德者。帝舜時，老君下爲師，號尹壽子，居河陽，授舜《道德經》，説孝悌之道。此上下二經，出於兹焉。

第二十三，教理水者。夏禹時，老君下爲師，號真行子，居商山，授禹《戒德經》，説勤儉之道。又授靈寶五符，檄召神鬼，浚九江，通河海，決百川矣。

第二十四，述長生者。殷湯時，老君下爲師，號錫則子，居灊山，授《長生經》，説恭愛之道。

第二十五，寄胎慧者。老君愍時凋弊，欲反神降生。以殷第十八王陽甲十七年庚申之歲，托孕於玄妙玉女。就此門中，分爲五别：一曰大道應化，托孕人間，乘日精爲五色之象，以明陽德也。二曰乘九龍之車，凝結變化，五色玄黄，入玄妙玉女口中，又明九龍陽精之華也。三曰處胎寄慧，與俗不同，八十一年，極太陽九九之數，然後乃生。四曰玄妙玉女感夢之後，因而有孕，容顔益少，神氣安閑，八十餘年，悦豫無比，以明聖人降迹之異也。五曰玄妙玉女所居之室，四時和暢，六氣調平，冬無凝寒，暑無煩燠，祥光照室，靈風滿庭，衆惡不侵，萬靈潛衛。八十一年，不覺爲久，當殷二十二王武丁九年庚辰之歲降生也。

第二十六，顯降生。就此門中，又分一十七段。一曰老君降生，迥異凡品，雖依聖母之孕，乃剖左腋而生也。二曰老君生，登行九步，步生蓮華，陸地開敷，大彰神異。三曰老君降生之時，日童揚輝，月妃散華，七元流景，祥雲蔭真，四靈翊衛，玉女捧接。聖母因攀李樹，忽爾降生矣。四曰老君降生之時，九龍吐水，以浴聖姿。龍出之地，因成九井。于今見在亳州真源縣太清宫中也。五曰老君降生之後，即行九步，左手指天，右手指地，曰："天上天下，唯吾獨尊，代間之苦，何足樂聞？"六曰老君降生者，爲念時澆樸散，大道不行，委迹生神，以救於世。七曰老君以衆迷難曉，正道難宣，降生之時，故顯現禎祥，令物信悟。八曰老君欲明妙道，須在修功，示有鍊丹，以勸修習。今亳州宫中有鍊丹井、鍊丹檜并存焉。九曰老君教人習道，内外俱修，既鍊金丹，又習真氣。今有虚無堂，在亳州宫中，乃習氣之所也。十曰老君明此妙道，修之必得升天，示彼功成，輕舉而去。今亳州宫中有鹿迹檜，即老君乘白鹿升天之所。其樹見在。十一曰老君降生年代，即殷武丁九年庚辰歲二月十五日也。今詳殷周以子月爲歲首，二月即今之十二月丑月也。十二曰老君降生郡國，即古之楚國之分。苦縣因城爲名，瀨鄉因水爲名，曲仁里九井之西，靈溪之側。其縣本名苦縣，漢魏以來名谷陽縣，乾封元年改爲真源縣，中和二年升爲赤縣。十三曰老君降生之後，九日之中，身長九尺，七十二相，八十一好，蹈五把十，美眉方口，雙柱三漏，日角月淵，具大聖之相也。十四曰聖母玄妙玉女。老君降生之後，聖母乘八景玉輿，群仙侍衛，白日升天。大唐追尊爲先天太后。今有宫在真源縣太清宫之北，一宫在樓觀升天臺上。十五曰老君升天之後，歷代帝王欽慕真迹。漢桓帝、隋文帝皆崇修宫廟，命文臣刊碑以旌道德。故漢有邊韶

《碑》,隋有薛道衡《碑》,于今并在。十六曰聖唐受命之年,亳州舊宅枯檜再生,以彰子孫興昌,享無疆之祚。其樹見在,號再生檜。十七曰真源舊里,累降樹祥,甘露乍垂,卿雲時布,或真容顯現以弭妖凶,或雲霧凝空以護宫宇,或神烏銜箭,或瑞雪驟飛,或神龍躍九井之中,或文字顯三檜之上。代代昭驗,載在簡書。漢桓帝時感夢老君,修祠宇之日,卿雲見在其上。隋文開皇五年,卿雲白鹿,現於祠庭,帝遂修崇庭宇。武德三年,枯檜再生,其年卿雲現於其上。上元元年,枯檜樹於木枝上有朱書"乾元亨利貞"字,重重分明。太極元年,卿雲現於其上。天寶七年,鳳凰集於虚無堂上。寶應元年,有紫雲屬天,神光夜照,明日,龍見九井之上。大曆三年,卿雲現於宫上,甘露降於檜樹。會昌二年,甘露降於庭樹。咸通十年,徐州逆賊龐勛欲領徒據太清宫,老君應現,有黑氣遍川,賊徒迷失道路,其日敗滅。中和、廣明之際,黄巢侵逼宫宇,縱火焚燒,陰雲升現,雨降火滅,賊徒奔潰。又逆賊遍地,白刃圍逼亳州,其日黑氣大雪,賊徒隕仆凍死,解圍而去。又黄巢餘黨攻圍亳州,神烏繞城銜箭,有黑氣自宫中而來,賊黨驚奔,解圍而去。中和二年,敕吏潘稠奏:"自黄巢入關之後,一十八度凶徒侵逼宫宇,攻圍州城,皆有祥異,賊遂奔散。遠近户口,多就宫避難,并獲安全。請移縣就宫安置。"敕旨不允,遂升爲赤縣。光啓元年七月,九龍井中,五雲成蓋,高千丈,以來如此現者三度。汴州畫圖聞奏。此之符瑞,皆載於國史矣。

第二十七,彰聖號者。老君瓊胎寄慧,八十一年誕聖之辰,生而白首,聖母爲之立號,以示世人。於此門中,又分五段。一曰聖人降迹,與俗不同。聖母欲謂爲老,又是初生;欲謂爲子,又乃白首。兩字兼稱,因立老子之號焉。二曰道與俗反。夫老者長年之稱,子者幼稚之號。世人先幼而後老,老君先老而後幼,欲明攝迹還本也。三曰老者考校衆聖爲名,子者以孳生萬物爲義。所以老君爲萬物父母,衆聖祖宗,故有考校孳生之名,以爲老子之號。老子二字起於此時。老君之號先於億劫,非此一時。四曰聖人垂名,反終歸始。老者終也,子者始也。世人先始而後終,老君先終而後始。欲令世人修道,反老還嬰,故號老子。五曰委迹和光,以循於世者。老君以生而白首,故號爲老。子者,男子之通稱,亦如孔子、孟子、莊子、列子等,以姓爲號,老子、鶡冠子、抱朴子、淮南子,因事爲號。《序訣》云:"老子之號,始於無數之劫,杳杳冥冥,眇邈久遠矣。"斯乃不以降生而老爲號,乃以長於億劫之前,故以老爲號爾。夫托神李母,剖左腋而生,生即皓然,號曰老子。老子之號,因玄而出,在天地之前,無衰老之期,故曰老子。此《序訣》所證也。今考詳衆説,既不以因生立號,即是老君歷劫垂教,應代表形,常現老容,故有老子之號爾。

第二十八,明胄胤。《老子本記》及諸家史册,皆云生於李樹之下,指樹以爲姓,斯理爲當矣。今按《大唐天潢玉牒》即云:"顓頊之後,生大業,大業生媧,媧娶有喬氏之女,感月光貫昴而生咎繇,咎繇生伯翳,伯翳之後,代爲士師。至理徵避桀之亂,遁居伊侯之墟,食李實乃改爲李氏。"此言咎繇之後,以理獄爲功,遂姓理氏。其後子孫或改里氏,至伊侯之墟避難,遂改里爲李。徵生利貞,當殷湯之時也。利貞生昌祖,昌祖仕陳,爲大夫,因居苦縣。昌祖生明,明爲陳相,葬瀨鄉之北,立廟,因有相城。明生慶賓,慶賓生靈飛,一名虔會。

慶賓、靈飛皆白日升天。所言陳國，乃古之陳國，非周時所封胡公滿之國也。今按湯至陽甲一十八王，二百五十餘年。自李徵至虔會，五世相承，年代相類。當此之時，太皞之時，已爲陳國。及周封舜後，當是此陳既滅，乃封胡公而王其地也。靈飛之妻玄妙玉女，感日精之夢而生老君。此一説也。又按《本記》云："老君生而能言，指李樹曰：'此我姓也。'因遂姓李。"故隋内史舍人薛道衡《老君祠庭碑》云"感日載誕，莫測受氣之由；指樹爲姓，未詳吹律之本"是也。又《樓觀先師傳》云："老君既因聖母攀李樹，曰此汝姓也。"三家之説，經傳備載，今并明之，以彰國姓宗緒矣。聖母者，按《玄中記》云："李靈飛當殷之時，父子相承，得修生之道。父慶賓年百餘歲，常有少容，周游五岳諸山。一旦於所居，雲龍下迎，白日升天。靈飛感父飛升之異，深隱不仕，内修其道，以天水尹氏之女爲妻，居於瀨鄉。其妻嘗因晝寢，夢天開數丈，衆仙人捧日出於其處。良久見日漸小，從天而墜，化爲五色之珠，大如彈丸。夢中得而吞之，因即有孕。八十一年，容色益少，常若處女。靈飛亦百餘歲而升天。既誕生老君之後，即有五色雲輿，迎之升天而去。"又《李氏大宗譜》云："李氏之姓，其先黄帝之後，姓公孫，曰軒轅。元妃西陵氏生昌意，昌意之妃方雷氏，曰女節，感台光貫日而生少昊，曰青陽氏。少昊次妃名脩房，生大業。大業之妃名扶始，感白雲覆己而生皋繇。皋繇生伯益，伯益一名翳。帝舜封之於嬴，因姓嬴氏。翳妃姚氏生若水，若水生昌貴，昌貴生景僕，景僕生仲行。仲行爲周成王諸侯，謚曰非公，至宣王賜姓裴氏。裴氏之孫庭堅有女，貞潔不嫁，居楚國瀨鄉曲仁里，因食李實而有孕。歷八十一年，安愈無苦，常有神明潛衛其身，以周惠王之時二月十五日，因攀李樹，生於左脅。生而髮白，左掌中有玉印字，右掌中有七十卷經字，左脚下有救字，右脚下有治字。生而能言，問父何在。母曰：‘吾貞潔不嫁，今則老矣。吾因食李實而孕，汝無父也。吾以處女而孕於汝，恐爲鄉里所笑，欲飲藥而去之。神人告吾，不令呑藥，及今八十一年矣。因食李而生，李即汝姓也。既生而老，號曰老子。’老子作七十二經以記天地鬼神之名，述無爲長生之道。娶天水尹氏之女，生子名貞利，當定王之時。”此一説也。今詳尹喜是康王大夫，昭王時爲關令。老君已度關授經，此即年代縣殊，先後差爽。雖譜書所載，恐非真的。然李姓所起，今亦載得姓之由也。又《玄妙玉女元君傳》云：“老君在天，爲衆聖之尊，先億劫而行教，以無爲常存之道化於天人。長於億劫之前，爲萬聖之君長。故天尊、道君賜其真號，號曰老君。即在五太之前，歷劫有此號矣。雖代代應見，爲帝王師，而未有降世誕生之迹。乃於九清之上，命玄妙玉女降於人間，爲天水尹氏之女，嫁李靈飛爲妻。老君乃乘日精，駕九龍，化爲五色流珠，下入玄妙玉女口中，而寄胞托孕，歷八十一年。因攀李樹而生老君，誕於左脅。當孕之時，神靈衛聖母之身。既生之後，玉女捧接，祥雲滿庭，日童散暉，月妃擲華，衆聖來集。老君乃指李樹曰：‘此吾姓也。’在代凡有九名：一名耳，字伯陽；二名雅，字伯宗；三名忠，字伯光；四名石，字孟公；五名重，字子文；六名定，字元陽；七名元，字伯始；八名顯，字元生；九名德，字伯文。或云三十六號，或云七十二名，或云姓字眇眇，從劫至劫，非可悉記。老君有九變，以法太陽變化生育之功。有七十二相，八十一好，故爲聖中之聖，真中之真矣。聖母在天，即號玄妙玉女。既降育大聖，即爲太一元君。元君乃授老君化世行教之旨，内修九室三一之門，萬善萬惡之戒，百病百藥之訣，虚無清淨之規，九丹餌鍊之品，將以示世人有師資授受之法。”而太上大聖爲萬化之主，豈復待師受稟學乎？“受道既畢，即有天樂駭空，流雲靄野，千乘萬騎，五帝上真，擁九光八景之輿，迎聖母元君歸于玉清之上。至今爲太一元君。”國朝尊爲先天太后。具在前解，詳諸家所載。聖母本起，即玄妙玉女，爲老君之母，證太一元君事迹爲勝。國朝所尊云母益壽氏，爲先天太后，是宗譜所明。道經之中，未睹其事。所言降生年代，以殷武丁時爲是。自餘諸説，舛誤不同，前後差謬，今則載而不取也。

第二十九，興帝業者。老君道包萬有，澤被諸天，貽厥孫謀，光膺大寶。是以三十一代孫高祖神堯皇帝，光宅天下，奄啓我唐矣。所以天潢流瑞，源出於上清；瓊海澄瀾，潤涵於萬寓。德明皇帝，佐堯翊舜，興聖皇帝，握紀乘時。始輝映於唐虞之間，復恢拓於秦梁之野。比夫后稷古公之德、文昌武發之興，卜代卜年，帝枝帝葉，固無讓於姬周矣。

第三十，册鴻名者。乃向下明。乾封元年，册尊號也。

向來所解“老子”兩字，泛舉三十門，以彰應迹垂號也。

釋老君聖唐册號

夫所言太上者，統教之尊名，證聖之極果也。太者，大也。上者，高也。太者，大也，無大於太。上者，高也，無高於上。乃修因證果極位之稱也。世人修行，自凡而得道，自道而得仙，自仙而得真，自真而得聖。聖之極位，升爲太上。太上者，六通萬德，無不畢備，紹法王位，統臨萬聖，即得居此尊名。亦如代間皇帝，代代紹位，皆得稱之。自元始天尊之後，即有太上大道君、太上老君、太上丈人、太上高皇帝，皆極此位。而太上丈人、高皇帝，雖兼有尊極之名，而不行教。其傳祚行教，爲萬天之主，唯道君、老君耳。玄者，深也，妙也，亦云道也，天也。至道高妙，不可言詮，約妙與深，以玄爲證。言深妙玄遠，以明道體，故謂之玄。元者，初也，始也，祖也。《爾雅》云："肇道根源，萬物宗祖。"處世出世之法，皆爲之本始，故謂之元。皇者，大也，謂大道也。道大曰皇。《尚書序》曰："三皇之書，謂之《三墳》，言大道也。"帝者，天也，其德配天，次於道也。德大曰帝。道德兼稱，故云"皇帝"。又云："法道法天，謂爲皇帝。"秦始皇既一統天下，垂法後代，上采三皇之尊名，下取五帝之美號，兼而稱之，曰皇帝焉。《尚書序》曰："五帝之書，謂之《五典》，言常道也。"内號者，隱號也。老君千名萬號，不可備窮，以當時天下所稱，謂之老子。亦乃道尊德貴，不可斥名，天上人間，咸稱曰老子。是則以老子之内號也。

我大唐高宗天皇大帝，乃老子三十三代聖孫，大唐之第三帝，太宗文皇帝之第三子也。承平嗣極，握紀垂衣，耀仙李之靈葩，展升平之盛禮，迴鑾苦縣，謁聖真源，表大孝於奉先，贊玄元於聖號，以乾封元年太歲丙寅二月二十八日下詔曰："東臺：大道混成，先二儀而立稱；至人虚己，妙萬物以爲言。粤若老君，朕之本系。爰自伏羲之始，暨乎姬周之末，靈應無象，變化多方。游元氣以上升，感日精而下降。或從容宇宙，吐納風雲；或師友帝王，丹青神化。譬陰陽而不測，與日月而俱懸。屬交喪在辰，晦迹柱下，大弘雅訓，垂範將來。雖心齊於太虚，而理歸於真宰。若夫絶聖棄智，安排寡欲，寂寞杳冥之際，希夷視聽之表，淡爾無爲，宛然自得，酌之不竭，用之不盈，執大象而還淳，滌玄覽而遣累，邈乾坤以長久，跨陶鈞而亭育。至矣哉！固無得而名也。況復大聖所資，克昌寶祚；上德所履，允屬休期。朕嗣膺靈命，撫臨億兆，總三光之明，而夙宵寅畏；居四大之重，而寢興祗惕。盡孝敬於宗祧，罄懷柔於幽顯，行清淨之化，承太平之業，登介丘而展采，坐明庭而受記。飛烟結慶，重輪降祥，鶴應九皋，山稱萬歲。越振古而會休徵，冠帝先而爲稱首。大禮云畢，迴輿上京，迂駕瀨鄉，躬奠椒糈。仰瑞柏以延佇，挹神泉而永嘆，如在之思既深，敬始之情彌切。宜昭元本之奥，以彰玄聖之功，可追上尊號曰玄元皇帝。仍改谷陽縣爲真源縣。當縣宗姓特給復一年，冀敦崇遠之情，用申尊祖之義。布告中外，咸使聞知。主者施行。"又永淳二年癸未十二月四日下詔曰："君崇於道，宅紫微以垂衣；臣修於德，罄丹心而作礪。若使上守於義，下尊於禮，名教所以垂淳，忠信由其漸薄。在昔胥庭連陸，媧燧伏羲，不宰而天下化，軒頊堯舜，禹湯文武，至公猶行，深仁尚積。及秦居潤位，奢泰之漸聿興；漢襲霸圖，玄默之風已替。遐觀魏晋，近鑑周隋，代益囂浮，人逾僭侈。窮百王之弊俗，極千年之否運。以承大亂之後，方開大聖之期，既逾交喪之辰，必興交泰之緒。我高祖神堯皇帝，受鑣宫之景命，蕩轡野之妖氛，重懸日月，一匡宇宙。太宗文皇帝披圖汶水，杖鉞參墟，降斗極之神兵，滌懷襄之巨浸，張四維而安赤縣，勞百戰而徇蒼生，聲教遐覃，堤封遠亘，緬惟洪業，無得而稱。朕以寡昧，忝膺丕緒，未嘗不孜孜訪道，戰戰臨人，日慎一日，三十四載於今矣。況下安則上逸，時弊則君憂，雖身處九重，而情周萬姓，建本之懷愈切，抑末之念遽深。今庶績雖凝，而淳源未洽。朕之綿系，兆自玄元。常欲遠叶先規，光宣道化，變率土於壽域，濟蒼生於福林。屬想華胥，載勞寤寐。所冀内外寮寀，各竭乃誠，敦勸梨萌，俱崇簡質，舊染薄俗，咸與惟新，憑大道而開元，共普天而更始。宜申霈澤，廣被紘埏，可大赦天下，改永淳二年爲弘道元年。仍令天下諸州置道士觀，上州三所，中州二所，下州一所。每觀度道士七人，以彰清淨之風，佇洽無爲之化。主者施行。”是則奉先尊祖、復朴還淳之旨也。

卷之三

唐廣成先生杜光庭述

釋御疏序上

【疏】玄玄道宗，降生伊亳。

【義曰】玄，深妙也，亦不滯也。宗，主也，尊也。言太上老君，爲深妙道之主也。老君既不滯有，亦不滯無，因果兩遺，粗妙雙遣，先天後劫，尊爲教主，故云“玄玄道宗”也。“降生伊亳”者，自上而下曰降，言老君居三境之天，爲大道之主，愍鑑下土，降化人間，運大慈心，分形表瑞，乘九龍之駕，化旭日之精，下入玄妙玉女夢中，因而托孕，寓生於世，示見同凡，有出生之相，爲立化之首，故曰降生。此明表應化迹也。伊亳者，伊即伊侯之墟，是老君祖徵避桀難之所。其地在苦、相二城之間也。亳者，亳社之地，古謂之亳，後乃殷墟。殷自湯受命，至第十九王盤庚，八度遷都，方都於亳，即殷之都也。或云陳國者，即太皞之後所居，謂之陳墟，在宛丘之側也。按禹别九州，苦縣是豫州之分。武王伐紂，既有天下，乃封舜之後胡公滿於陳。此即古有太皞之子孫，已爲陳國，舜後亦已爲胡國。胡小而陳大，胡在沈、蔡之間，陳在今潁川。武王尊舜之德，追奬其後，故遷之於陳。此陳國自胡公滿之後，歷春秋時凡四十餘世，爲楚子所滅。漢祖滅秦，改陳爲淮陽郡。郡大縣小,郡管於縣,故有陽夏、寧平、苦、[1]柘四縣,隸爲淮陽。後漢章帝改淮陽爲陳郡。或云楚國者。楚以熊繹爲始封之君,都於荆。陳自淮之阻,其地連楚。春秋楚子滅陳,因而縣陳,故亦屬楚,遂爲楚地。或云楚國,或云楚縣,或云陳郡。春秋之日,郡小縣大,以郡屬縣,故云楚縣。秦并楚縣,置三十六郡,郡大縣小,以縣屬郡。或云譙國者,今老君舊宅太清宫東北四十里,有譙城是也。或云相人者,宫側有古相城也。或云苦縣,亦春秋統郡之縣也。故苦縣城在瀨水東,基址存焉。其苦縣後改爲谷陽縣。大唐乾封元年,高宗皇帝封禪東岳,迴駕幸老君舊宅,封册尊號,改爲真源縣。中和三年癸卯,亳州刺史潘稠上表於成都行在,以太清宫累有應見,自黄巢大寇之後,一十八度寇孽侵犯,皆有迅雷烈風震擊,其賊或顛沛而失道,或因至敗亡,侵宫宇不得,遠近居人就宫避難者數千户,皆保安全,請移縣就宫安置。奉敕移縣就宫,必恐褻瀆,所奏宜不允。遂升真源縣爲赤縣。以太清宫在部内故也,仍差使臣齎御詞修齋告謝。雖時代遷貿,名號不同,其於處所,由來一耳。後漢桓帝,夢見老君,特詔陳相邊韶,於生處舊宅修祠立碑。祠側有李母廟,祠内古有虚無堂,堂之前有三檜及餘檜千株,九龍井、鍊丹井、升天鹿迹樹,古迹依然。左帶靈溪,右環渦水,其地顯敞,實惟勝所。又瀨水在宫西,以水爲鄉名,故爲瀨鄉。或爲厲鄉,文字訛也。其宅累代帝王,每加修飾。隋開皇六年,文帝敕内史舍人薛道衡立碑修廟。唐天寶七年戊子,改

---

① “苦”,原作“若”,據上下文及《漢書・地理志》改。本書校勘所用二十四史,均據上海古籍出版社、上海書店影印清武英殿本,以下不再注明。

爲太清宫,以汴州節度使爲宫使,亳州刺史爲副使。國朝高祖、太宗、高宗、中宗、睿宗、玄宗,六聖真容,并列侍於老君左右焉。

【疏】肅肅皇祖,命氏我唐。

【義曰】肅肅,尊嚴莊敬也。皇,大也。祖,初也。老君乃大唐尊嚴之祖也。命氏者,氏族也,言得姓之由也。我唐者,言唐之立極,自聖祖垂裕,乃老君裔孫也。始因老君誕生,指李樹而爲姓,李氏之姓始於指樹,已具在前解義中。故云"命氏我唐"也。薛道衡《碑》云:"感日再誕,莫測受氣之由;指樹爲姓,未詳吹律之本。"昔京房吹律而定其姓也。

【疏】垂裕之訓,無疆之祉。

【義曰】裕,福善也。無疆者,無邊廣遠之貌也。祉,福也。老君垂善應之福,流廣遠之裕,光啓帝業,聿興我唐也。訓,教也。

【疏】《長發》遠祥,系本瓜瓞。

【義曰】《長發》,商詩篇名也。"浚哲維商,長發其祥。"祥,善也。言商家之德,久發見其禎祥,契布五教寬大之德,始有王天下之萌兆,歷虞夏之世,而湯有天下也。系本也,系者,單絲聯續之貌、不絶之象也。言聖系天枝,長發不絶也。瓜瓞者,《文王之什·綿綿》篇也。綿綿者,瓜紹也。瓞,瓝也。瓜本實繼先,一歲之瓜必小,狀似瓝,故謂之瓞。綿綿然若將無長大時,興者以喻后稷矣。后稷,帝嚳之胄,封於邰。其後公劉失職,遷居豳,于漆、沮之地,歷世亦綿綿然。至大王而益盛，得其民心，而成王業。舉殷、周之二代興業久遠之事，以明老君垂裕久遠，方興我唐業，將明受命建國，非一朝一夕人事之所能，乃積德傳裕，其來甚遠，乃能奄有天下，如殷、周之興也。

【疏】其出處之迹，方册備記。

【義曰】方，謂方所也。册者，編竹爲之，長尺有二寸，以記邦國之事。《春秋序》曰“大事書於册，小事簡牘而已”是也。出處者，“出”謂在朝，即老君伏羲之後，代爲國師，或爲藏史，或爲柱史，或爲太史儋，或云伯陽父，咸顯明於朝廷也；“處”謂隱逸，即老君西導流沙，東巡碧海，幽演傳經等是也。雖晦名隱世，其行藏之迹，化導之事，國家正史簡册之中，及諸子史道經之内，無不具紀也。《易》曰“或出或處”是也。

【疏】道家以爲玉晨應號，

【義曰】道家者，按太史司馬遷著六家之説，先黄老而後六經，道家居先，最爲通美。馬遷曰：陰陽者繁而致惑，儒者博而損慮，墨者苦而傷性，名者華而少實，法者酷而少恩，唯道家之教爲大道焉。以其清虚無爲，使人精神專一，動合無形，贍足萬物。其爲術也，因陰陽以大順，與時推遷，應物變化，無所不宜。指約而易操，事少而功多，其實易行，其辭難知。以虚無爲本，以因循爲用。無成勢，無常形，故能究萬物之情；不爲物先，不爲物後，故能爲萬物之主。此所謂道家也。《淮南子》曰：道家者，理性情，理心術，養以和，持以適，樂道而忘賤，寧德而安貧，聖賢之所貴，家國之所賴。故曰道家也。玉晨者，即太上大道君之别號也。《老君本紀》云：或號天尊，或號太上，或號大道，或號老君。即明玉晨君亦老君之應號也。太上虛皇常居紫瓊宫，在玄都玉京之上，亦名紫晨宫，亦名玉晨宫，即玉晨道君，乃老君之應號爾。

【疏】馬遷謂之隱君子，

【義曰】馬遷者，司馬遷也。遷字子長，河内温人，中山王相司馬喜之孫，太史令談之子，顓頊之裔。生于龍門。年十歲，誦《古文尚書》。年二十，游江淮、九疑、禹穴之間。仕漢爲郎中，使西蜀。父卒歲餘，爲太史令，而作《史記》。遷嘗因言李陵非罪，枉害其妻子，遂爲人所譖，下獄，受腐刑。《西京雜記》云：遷發憤而作《史記》，先達稱有良史之才。叙屈原、賈誼，詞旨抑揚，蓋一代之偉才也。桓譚《新語》曰：遷修《史記》，未行於代。其後外孫楊惲題爲《太史公》。或爲談爲太史令，遷繼爲世官，而身受腐刑，恐辱先人，我同太史家走使之人耳，故題爲《太史公》也。遷爲中書令，卒，有集二卷。《史記》云：老子或隱或顯，二百餘年，西入流沙，不知其終，蓋隱君子也。子者，有道之稱。古人稱師爲子，如孔子、列子是也。君子者，君師也。《禮記》云：爲學者能博喻，然後能爲師，能爲師然後能爲長，能爲長然後能爲君。爲君爲師，其德光大，故謂之君子。又解云：有德有道，雖在衆庶之中，爲人所敬，則爲君子；寡道鮮德，雖居高位，亦謂之小人。故道比於君，德比於師，然後謂爲君子。凡世之人，理猶若此，況玄元老君，爲道德之主，帝王之師，號曰君子，不亦宜乎！潛龍卑秩，故謂之隱也。

【疏】而仲尼師之。

【義曰】仲尼者，孔子也。孔子名丘，字仲尼。其先殷之後也。按《史記·殷本紀》云：帝嚳之妃吞燕卵而生契，爲堯司徒，有功，封於商，賜姓曰子。契裔孫湯，名天乙，亦名履，滅夏而爲天子。至湯孫三十七代，其王名帝辛，號之曰紂，無道，周武王起兵滅之，封其庶兄微子之子啓於宋。宋閔公有子弗父何，長而當立，讓其弟厲公。何生宋父周，周生勝，勝生正考父，考三命爲宋正卿，故其鼎銘云："一命而僂，再命而傴，三命而俯。循牆而走，莫敢余侮。"三命益恭，故《春秋》美其德焉。考父生孔父嘉，别爲公族，遂以孔爲氏。或云吞乙卵而生，後賜姓子，以子配乙，爲孔字，乙即燕也。此兩存焉。或以滴溜穿石而爲孔姓，此尤不經，今所不取。孔父嘉爲宋司馬，生木金父，木金父生皋夷父，皋夷父生防叔，防叔奔魯，生伯夏，伯夏生叔梁紇，即孔子之父也。孔子居魯國闕里鄒鄉。周靈王二十一年，魯襄公二十二年戊申十月十三日庚戌生，至魯哀公十六年，周敬王四十一年庚申歲四月十八日卒，年七十三。初，昭公七年，楚子成章華之臺，欲與諸侯落之，召昭公，孟僖子、仲孫貜爲介，遂如楚。三月，過鄭。鄭伯勞之，僖子不能相儀，及楚，不能答郊勞。四月，楚子享公于新臺。九月，至自楚，僖子病不能相禮，乃講學，苟能禮者從之。二十四年，僖子將死，召其大夫曰："禮者，人之幹也，無禮無以立。吾聞將有達者曰孔丘，聖人之後也，而滅於宋。其祖弗父何以有宋而授厲公，及正考父佐戴、①武、宣，三命兹益恭。其恭也

---

① "戴"，原作"載"，據《左傳·召公七年》改。本書校勘所用十三經，均據世界書局影印阮刻《十三經注疏》本，以下不再注明。

如是。臧孫紇有言曰:‘聖人有明德者,若不當世,其後必有達人。’今其將在孔丘乎!我若獲歿,必屬説南宫敬叔也。與何忌孟懿子也,皆僖子之子。於夫子,使事之而學禮,以定其位。”故何忌、敬叔師仲尼。仲尼謂敬叔曰:“吾聞老聃博古而達今,通禮樂之原,明道德之歸,則吾師也。”敬叔言於魯君曰:“孔丘聖人之後,將達者也。受先臣之命,屬臣必師之。今孔子將適周,觀先王之遺制,考禮樂之所極,斯大業也。君盍以車乘賚之?臣請與往。”魯君與車一乘、二馬,二豎子,敬叔俱至周,問禮於老聃,訪樂於萇弘,歷郊社之所,考明堂之則,察朝廷之度,觀明堂四門之墉,有堯舜、桀紂之象,而各有善惡之狀、興廢之戒焉。又有周公相成王,抱之而負斧扆,南面以朝諸侯之國。嘆曰:“吾乃今知周公之聖與周之所以王也。”將去周,老君送之曰:“富者送人以財,仁者送人以言。吾竊仁者之號,送子以言:‘凡當世之士,聰明深察而近於死者,好議人之非也;博辨閎大而危其身者,好發人之惡也。爲人臣者無以有已,爲人子者無以惡已。’”自周反魯,道彌尊,遠方弟子之進者蓋三千焉。孔子嘆曰:“自南宫敬叔之乘吾車也,吾道加行。不然吾道幾廢矣。”今《禮記》所引“吾聞諸老聃”皆是孔子師老君得禮之要也。

【疏】繙經中其太謾,

【義曰】繙䋣,亂取也。孔子西藏書於周室,以老君曾爲藏史,因而問焉。老君不許,於是繙六經以悦老君。老君曰:“太謾,願聞其要。”孔子曰:“要在仁義。”老君曰:“仁義,人性耶?”孔子曰:“然。君子不仁則不成,不義則不生。仁義,真人之性也。”老君曰:“噫,幾乎後言!夫蚊䖟噆膚,則通夕不寐。今仁義憯然，乃憒吾心，亂莫大焉。”此斥孔子不宗大道，而循有爲也。

【疏】問禮嘆乎龍德。

【義曰】孔子問禮於老君，而語老君以仁義。老君曰：“夫烏不日黔而黑，鶴不日浴而白。黑白之别不足以爲辯，名譽之勸不足以爲廣。泉涸，魚相與處於陸，相呴以濕，相濡以沫，不如相忘於江湖。子之所言，其人骨已朽矣，獨其言在耳。良賈深藏若虚，君子盛德，容貌若愚。去子之驕氣與多欲，態色與淫志，是皆無益於子之身。吾所以告子者，若是也。”孔子歸，三日不譚。弟子怪而問曰：“夫子見老聃，亦將何規哉？”孔子曰：“吾與汝處於魯之時，有人用意也浩如飛鴻者，吾飾意以爲弓弩而射之，未嘗不及而加之也；有人用意悠然如游鹿者，吾飾意以爲走狗而逐之，未嘗不及而頓之也；有人用意若井魚之没於九重之泉者，吾飾意以爲鈎繳而投之，未嘗不得而制之也。及吾見龍，則不能知也。夫龍者，合則成體，散則成章，乘乎雲氣，養乎陰陽，游乎泰清，吾不能逐也。吾今見老君，其猶龍乎？使子口張而不能噜，舌出而不能縮，形窮神錯而不能知所居。余又何規老聃哉！”

【疏】在周室久之，

【義曰】老君自殷武丁九年庚辰，生於楚國苦縣，至紂二十一年丁卯居岐山之陽，號燮邑子。風伯前驅，彭祖爲從，以觀西伯之化。西伯聞之，徵爲守藏史，作《赤精經》，教以仁信之道。西伯行之，禮賢好義，鳳集岐山。故《禮記》云“周之興也，鸑鷟鳴於岐陽”，即此時也。遂以岐山爲州之名，鳳翔爲府之號，乃其事矣。老君所居，去鳳翔城北一十八里。唐既受命於其舊所，置啓聖宮也。武王克殷，老君號育成子，作《璇璣經》，武王師之。成王時號經成子，康王時號郭叔子，仍爲柱下史。潛龍卑秩，以佐於周。至昭王二十五年，度關西化流沙。自武丁庚辰年至昭王癸丑年，二百一十五年，即司馬遷所言“老君在周二百餘年”是也。

【疏】將開道西極。

【義曰】《本相經》云：昔妙梵天王，爲貪快樂，不修功德，下生罽賓爲煩陁力王。復好畋獵，殺害無道。故老君以昭王時西入流沙，授以浮屠之術，而度之焉。又西戎雜俗，好淫多殺，皆學邪幻之法，好事邪神。老君乃往，歷化八十一國胡王，及九十六種邪法外道等也。故云“開導”。開即開悟，導即化導也。西極者，在中國之西，乃流沙八十一國等也。

【疏】關令尹喜請著書，

【義曰】尹喜者，天水人也。明習五經、天文、緯候、陰陽之書，無不該博。仕周，康王時爲大夫，至周昭王二十四年，知有聖人西度，請出爲函谷關令，遂遇老君傳經。就此門中，分爲八别：一曰示見禎祥者。昭王之時，天理星西行入昴，東南真氣，狀若龍蛇，而西度漢，融風三至，紫雲浮關。尹喜見之，請出爲關令，以候老君也。《仙公序》曰“尹喜宿命合道，預占見紫雲西邁，知有聖人當度”是也。二曰托試尹喜者。昭王二十四年壬子十二月二十五日，老君乘青牛薄板車，徐甲爲御，以來度關，云：“吾家在關東，田在關西，明日當臘，天寒取薪耳。”喜再拜稱弟子，曰：“今日見君，乃聖人也。願少留焉。”又謂之曰：“竺乾之國有古先生，吾欲升就。”皆寓托他事，以試尹喜。三曰傳授《道德》者。《道德序訣》云：“老君謂尹喜曰：‘爾應爲此，宛利天下，棄賢世界，傳弘大道，子神仙者矣。’”以其月二十八日中時，授《太上道德經》。則是以昭王癸丑年五月壬午去周，十二月二十五日度關，二十八日授經。自殷武丁庚辰年生，至紂二十一年丁卯文王受命，凡一百八年。至昭王二十五年癸丑，又一百七年。通前二百十五年，乃西度關。《史記》云“老子在代二百餘年，乃入流沙”是也。四曰示見神通者。老君御車人徐甲，本是枯骨，曝露草中。老君因見哀之，以太玄生符投之，遂化爲人，隨老君周游二百餘年。老君約云：“日雇百金，往至大秦、安息，以黄金並償之。甲至關，悦一婦人，不欲隨老君西去，遂作牒詣喜，以訟老君，索日雇之直。老君謂甲曰：“爾本枯骨，我以太玄生符救爾，所以爲人。今還我符，當償爾金也。”言訖，符從甲口中出，甲復化爲枯骨。喜見之驚怖，爲叩頭請謝，願乞恕之。老君又以符投之，甲乃復舊。尹喜見此神變，彌加勤敬也。五曰同還樓觀者。喜爲關令，即函谷關也。在陝州桃林縣南十二里，今有故關墟。大唐天寶元年壬午正月七日，老君於丹鳳樓降見，告陳王府參軍田同秀，出天寶靈符，云在函谷古關尹喜舊宅。敕道士及内臣往求之，於枯桑下，有紫雲白兔之瑞，掘獲石函，得天寶靈符於其地。大赦天下，改桃林縣爲靈寶縣，於其地置靈符觀，御制御書碑銘，今存焉。尹喜以二十八日受《道德》二經後，乃與老君同自函關歸盩厔終南山之陰尹喜所居之宅，宅即喜結草爲樓，觀星望氣之所。其宅尹喜升天之後，相傳謂之樓觀。周穆王招隱士杜冲與喜弟軌居之，有老君車板及支革樹。秦漢累朝謁板，始皇墨迹皆存焉。

六曰升入太微者。老君與尹喜説經，及授九丹諸訣畢，以昭王二十六年甲寅四月，於喜宅南山上，升入太微。《西升經》云："説經畢，忽失老君所在。斯須館舍光炎，五色玄黄。喜出中庭叩頭曰：'願神人復一見示，以一要得以守元。'忽見金人，存亡恍惚，老少無常，重謂喜曰：'除垢止念，静心守一。衆垢除，萬事畢。吾道之要也。'"七曰約會青羊者。老君將升太微，謂尹喜曰："千日功成，求我於蜀青羊之肆也。"喜遂稱疾棄位，除垢止念，静心守一。至昭王二十九年丁巳，入蜀見老君於青羊之肆也。其青羊肆在成都縣西南五里，前臨大江。古老所傳，常有靈應。以中和二年壬寅，僖宗皇帝駐蹕在蜀，因獲靈磚古篆符瑞，喜動行朝，皇帝駕幸其所，致禮瞻敬，敕置青羊宫。其磚篆文曰"太上平中和災"六字。自獲磚之後，明年收復長安，後年駕迴京闕矣。八曰俱化西極者。尹喜三年之後，千日功成，以丁巳年入蜀，於青羊肆見老君。老君與喜自蜀川乘雲駕，游天水，升三洞，歷九天，然後西化流沙八十餘國矣。中和二年九月十二日，以獲磚符瑞，下敕曰："昔者聖祖玄元皇帝，與弟子文始先生講真經於樓觀之臺，約後會於青羊之肆，共乘雲駕，俱化流沙，仙記傳聞，地圖標載。自周昭洎于此日，曆數約二千年，景象寂寥，踪基牢落。今因翠華巡幸，玄貺昭彰，珠光跳躍於庭前，靈篆申明於樹下，磚含古色，字驗休徵。中和之災害欲平，厚地之禎符乃見。足表玄穹降祉，太上垂祥，將殲大盜之兵戈，永耀中興之事業。宜摸勒文字，告示諸道及軍前，仍於其地賜内外行庫錢，置青羊宫，以旌符瑞，編付史館者，即流沙西化，益彰明驗矣。"著者，表記也，亦述作之謂也。今詳此經，乃帝舜時説，已曾授舜，今重授喜，非時著述也。

【疏】於是演二篇焉。

【義曰】於是者,發句之端也。演者,廣暢之理也。二篇者,指《道》《德》二經也。王子年《拾遺記》曰:"老君居景室之山,與世人絶迹。唯老叟五人,或乘鳴鶴,或著羽衣,共譚天地之數。所撰書經,垂十萬言。有浮提國獻善書二人,乍老乍少,隱形則出影,聞聲則藏形。時出金壺器,中有黑汁,狀若淳漆,洒木石皆成篆隸科斗之字,記造化人倫之始。老君所撰經,皆寫以玉牒,級以金繩,貯以玉函。及金壺汁盡,二人乃欲刳心瀝血,以代墨焉。"此乃洛州景山太室、少室也。所説《九變》《長生》等經,有百萬篇,多藏名山石室,秘而未行。今所出者,約六千卷,皆經國之微言,濟生之大用,則非止《道》《德》二篇而已。今明此二經,是函谷關所授尹喜之經耳。

【疏】明道德生畜之源,罔不盡此。

【義曰】道生德畜,爲化之本也。一切之法,因道而生,故云源也。亦喻泉源能流其水,無有窮竭。罔,無也。言此經所載法源化本,無所不盡而無窮也。

【疏】其要在乎理身理國。

【義曰】文子《通玄真經》曰:"道德者,匡邪以爲正,振亂以爲理,化淫敗以爲朴,淳德復生,天下安寧。"此道德之理國也。道德務者,百禍不能罹,險阻不能危,刑罰不能加,謗讟不能隨,代悖而不謬,代泥而不污,人惑而不疑,人欺而不詐,人善而不悦,人懼而不怖,内存其真,外和其人,享無窮之壽,而上賓于天。此道德理身也。

【疏】理國則絶矜尚,棄華薄,以無爲、不言爲教;

【義曰】文子問老君曰:“理國之本如何?”老君曰:“本在理身也。未聞身理而國亂、身亂而國理者。夫理國者静以修身,全以養生,則下不擾,下不擾則人不怨。爲理之本,在於足用;足用之本,在於勿奪;勿奪之本,在於省事;省事之本,在於節用;節用之本,在於去就;去就之本,在於無爲。夫天致其高,地致其厚,日月照,星辰期,陰陽和,非有爲也,正其道而物自然化也。”此乃絶矜尚,棄華薄,無爲不言之旨也。下經首章曰“大丈夫處其厚不處其薄,居其實不居其華”是也,上經第二章曰“是以聖人處無爲之事,行不言之教”是也。教者,訓教於人,可以垂訓於永久也。《論語》云“子以四教”、《詩序》云“教以化之”是也。《易》云:“聖人以神道設教。”言教者,以教於人。而世之衆教,皆以有執有爲爲本。今老君此教,以無爲不言爲化,故爲衆教所尊,理道所貴也。

卷之四

唐廣成先生杜光庭述

釋御疏序下

【疏】理身則少私寡欲，以虛心實腹爲務。

【義曰】"少私寡欲，虛心實腹"者，上經第十九章云"見素抱朴，少私寡欲"，上經第三章云"虛其心，實其腹"也。及上所引經文，并解在正經中，向下當辯。務者，總事之名也。君子有常務，《論語》云"君子務本"是也。

【疏】此其要旨，可得而言也，

【義曰】要，謂機要。旨，謂指歸。此經乃理身之指歸，理國之機要，可以言述，固得而言也。

【疏】及乎窮理盡性，閉緣息想，

【義曰】《易》云："窮理盡性，以至於命。"窮者，窮極萬物深妙之理，究盡生靈所禀之性。物理既窮，生性又盡，以至於一也。又解云：窮理者，極其玄理；盡性者，究其真性。玄理真性，考幽洞深，可以神鑑，不可以言詮也。"閉緣息想"者，隨境生欲謂之緣，因心繫念謂之想。於此門中，分爲四别:一曰意隨善境而生善欲,謂之善緣。二曰意隨惡境而生惡欲,謂之惡緣。三曰心繫善念而生善想。四曰心繫惡念而生惡想。雖同因境所起,分爲善惡,夫初修道者,既閉惡緣,又息惡想,以降其心,心澄氣定,想念真正,稍入道分,善緣善想,亦復忘之。窮達妙理,了盡真性,想緣俱忘,乃可得道,故云"窮理盡性,閉緣息想"也。

【疏】處實行權,

【義曰】處者,居也。實者,真諦玄微,所謂妙本之道也,大乘之趣也。權者,因事制宜,隨俗立教,謂中乘之道,以誘開悟,亦猶理國理身之旨,先資權教,後入大道。實教者,上經第三十五章云"執大象,天下往",又云"吾將鎮之以無名之樸",又云"自古及今,其名不去"是也。權教者,上經第三十六章云"將欲歙之,必固張之,將欲廢之,必固興之"是也。

【疏】坐忘遺照,

【義曰】坐忘者,隳肢體,黜聰明,遺形去智,以至乎大通,謂之坐忘。至道深微,不可以言宣,止可以心照。既因照得悟,其照亦忘,故曰"坐忘遺照"。此皆大乘之道也。

【疏】損之又損,玄之又玄,殆不可得而言傳者也。

【義曰】爲道之人,遺粗達妙,損之又損,漸入玄微,玄之又玄,即階真趣。下經第四十八章云"損之又損之,以至於無爲",上經首章云"玄之又玄,衆妙之門"是也。此乃得之於玄會,契之於無爲,非文字能詮,非言句能述。老君曰:"道若可獻,則臣獻於君;道若可傳,則父傳於子。"斯固非可言傳也。

損者，毁滅之謂也；玄者，深微之謂也。

【疏】其教圓，

【義曰】行有五教，分爲五别：一曰挫鋭解紛，和光同塵，初教也。二曰見素抱朴，虚心實腹，漸教也。三曰外其身而身存，後其身而身先，半教也。四曰損之又損之，以至於無爲，無爲而無不爲，則無不理，滿教也。五曰淡然常存，用之不勤，天地有終，大道無變，圓教也。合此爲教，五者俱備，萬行總包，故曰"其教圓"。圓者，圓通一切，道無不在之謂也。

【疏】其文約，

【義曰】約，限也，省也。不出二篇，包羅萬法，不曰"約"乎？

【疏】其旨暢，

【義曰】暢，通也。吾言甚易知，甚易行，言有宗，事有君，不曰"暢"乎？

【疏】其言邇，

【義曰】邇，近也。以身觀身，以家觀家，不出户知天下，不窺牖見天道，不曰"邇"乎？

【疏】故游其廊廡者，自以爲升堂睹奥，

【義曰】廊，步廊也。廡，堂下也。奥，内也，西南隅謂之奥。言世儒之士、習道之人，始睹此經，自謂窮理盡性，以極玄微耳。

【疏】及其研精覃思，然後知其於秋毫之端，萬分未得其一也。

【義曰】沉研鑽極，考情運思，探道之奥，極道之源，箋注詮疏，以求聖人之旨，所得之理逾少，聖人之意逾深。郭象曰："秋毫之端細矣，又未得其萬分之一也。"秋毫者，兔秋所生之毛也。端者，末也。

【疏】經曰："有物混成，先天地生。吾不知其名，字之曰道，强爲之名曰大。"

【義曰】此引上經第二十五章，以證妙道之名也。有物者，無中之有，恍惚之物也。混成者，天地未分，謂之混沌。天包於地，混混無端，天地浮載於水中，積聚於氣内，謂曰混元，以其道氣化生，分布形兆，乃爲天地。而道氣在天地之前，天地生道氣之後。故云"有物混成，先天地生"也。《莊子》曰："大道者，未有天地，自古以固存。"吾者，老君自稱也。混成之狀，恍惚之象，先天先地，混然獨立，名號未彰，言語路絶，所以老君强爲立字，字之曰道，强爲立名，名之曰大。其道廣博，包裹天地，貫穿萬物，故名大道也。

【疏】故知大道者，虚極妙本之强名，語其通生也。

【義曰】夫道有情有信，無爲無形，可傳而不可授，可得而不可見，在太極之表而不爲高，在六極之下而不爲深，故謂爲"虚極之妙本"也。以其生天生地，神鬼神帝，故言其"通生"也。道者，通也。虚者，至無也。極者，至高也。妙者，至玄也。本者，化源也。

【疏】莊子曰“太初有無，無有無名”者，未立強名也。故經曰：“無名，天地之始。”

【義曰】莊子，姓莊，名周，宋國蒙邑人也。當趙文王、齊宣王、梁惠王時，師長桑公子，受其微言，隱於抱犢山，服大丹升天，署位爲太極韋編郎，入侍帝晨。嵇康云：“又師涓子。”居世時爲漆園吏，著書三十三篇，皆言大道放曠無爲之理。大唐天寶四載四月，封爲南華真人，所著書爲《南華真經》。此則引第十二《天地篇》也。太初者，未見氣也。“有無無有無名”者，無有，故無名號也。此名未立強名之道以前，大道無名，強而名之，謂之道。強名之初，天地之始也。

【疏】強名通生曰道，故經曰：“有名，萬物之母。”

【義曰】道，通也。通以一氣生化萬物，以生物故，故謂“萬物之母”。母，茂養之稱也。經云者，指此經首章之詞也，引此首章以證大道之名爾。

【疏】莊子又曰：“物得以生謂之德。”

【義曰】《莊子・天地篇》之文也。虛無不能生物，明物得虛無微妙之氣而能自生，是自得也。任其自得，故謂之德也。

【疏】德，得也。言天地萬變，旁通品物，皆資妙本而以生成，得生爲德。

【義曰】德者，人之所得是也。夫三才萬物，資道妙用，各得生成，無不遂性，故謂之德。旁通者，周遍之謂也。品物者，衆物也。資者，取也，用也。妙本者，道也。

【疏】故經曰："道生之，德畜之。"

【義曰】此下經第十四章文也。引此正文，重明"道德生畜"之義，用合莊子"物得以生"之理。此明有以無爲本，無以有爲用。道德相須，爲上、下二經之目也。

【疏】則知道者德之體，德者道之用也。

【義曰】真實凝然之謂體，應變隨機之謂用。杳冥之道，變化生成，不見其迹，故謂之體也，言妙體也。《莊子》曰"其來無迹，其去無涯，無門無旁，四達之皇皇"是也。因此妙體，展轉生死，生化之物，任乎自然，有生可見而不爲主，故謂之用。此妙用也。《莊子》曰"昭昭生於冥冥，有倫生於無形"是也。

【疏】而經分上、下也，

【義曰】冥冥之道，上也；昭昭之德，下也。大聖説經，本無道上、德下之别，而詮釋之家，強爲箋解，言道非德無以顯，德非道無以明，道無爲無形，故居化物之先；德有用有爲，故在生化之後。道居先，故處於上；德居後，故處於下。由是分上、下二經，亦猶天清而居上，地濁而處下爾。

【疏】先明道而德次之。

【義曰】妙無生妙有，由精以至粗。次者，亞也，先後之謂也。

【疏】然體用之名可散也，

【義曰】精粗先後，可兩言之。體精而爲本，樸也；用粗而爲末，器也。故言散爾。

【疏】體用之實不可散也。

【義曰】同契乎無，故不可散。散者，分别之謂也。雖因用而有分别，在生化終始，倚伏相須，詣理源實，故不可散。言萬形之殊，含妙道也。

【疏】故經曰："同出而異名，同謂之玄。"

【義曰】妙體妙用，生於妙無，是"同出"也。由精而粗，是"異名"也。混而爲一，是"同謂之玄"也。

【疏】語其出則分而爲二，咨其同則混而爲一。

【義曰】分而爲二者，體與用也；混而爲一者，歸妙本也。《莊子》曰："巍巍乎，其終則復始也。"

【疏】故曰可散而不可散也。

【義曰】體用雖異，是何散也。[①] 相資而彰，不可散也。

【疏】則上經曰"是謂玄德"，又曰"孔德之容"，又曰"德者同於德"，又曰"常德不離"；

【義曰】《道經》之中明此德者，則明道資於德也。

【疏】下經曰"失道而後德"，又曰"反者道之動"，又曰"道生一"，又曰"大道甚夷"，

① "何"，據上下文意當作"可"。

【義曰】《德經》之中明此道者，則明德宗於道也。

【疏】是其體用互陳，遞明精要，

【義曰】道資於德，德宗於道，是互陳也。互者，交也，差也。陳者，布也。互觀其理，皆達精微，斯所謂不可散也。

【疏】不必定名於上下也。

【義曰】外分道、德之殊，而經有互陳之義，不可以《道經》爲上，《德經》爲下。今異之者，強而異之，非玄理精要之旨也。

【疏】經者，徑也。

【義曰】習道之蹊路，登真之徑門。左丘明曰："經者，不刊之書也。"精要之道，由徑而通。

【疏】又常也，言通徑常行之道也。

【義曰】因經通道，斯道常明，故曰常也。因凡悟仙，自仙極果，垂文永劫，普度無窮，太平長生，皆由玆教。故云"通徑常行之道也"。

【疏】每惟聖祖垂訓，貽厥孫謀，

【義曰】每，數也。惟，思也。訓，教也。貽，與也。厥，其也。謀，圖也。數思者，虔奉之義也。虔奉聖祖老君垂教之旨，與及聖孫。《詩・文王之什・文王有聲》篇云："貽厥孫謀，以燕翼子。"言武王能廣文王之聲，大其成功，而傳國於子孫。言玄元聖祖垂此無爲清静之訓，以及我唐子孫，興此帝圖，傳弘道化也。

【疏】聽理之餘，伏勤講讀，

【義曰】天子垂拱南面，以聽天下之政。理亦政也。聽政之暇，講讀二經，亦猶乙夜觀書之義爾。臨文曰讀，演義曰講。既宣其文，復講其義，遂爲注疏焉。伏勤者，尋繹不輟之義也。餘，暇也。

【疏】今復一二詮疏。

【義曰】詮，評也。講暢真義，評考玄微，一二敷陳，蓋得其理國修身、無爲清静之旨也。

【疏】其要妙者，書不盡言，

【義曰】要，精要也。妙，玄妙也。精要玄妙，非書可傳。理絶於言議之間，故云“書不盡言”矣。《易》曰：“書不盡言，言不盡意。”蓋無言之言，窮理之理，庶乎神洞幽賾，了悟忘言，此故非文字可詮評也。

【疏】粗舉大綱，以裨助學者爾。

【義曰】粗，不精也，麤也，略也。裨，益也。助，佐也。綱，紘繩也。網之上下有紘繩以總之，故張羅網者整其綱，猶衣之舉領耳。《淮南子》曰：“舉其綱，萬目張。”斯乃總衆目之稱也。舉其大綱，衆目可見矣。言此疏可以佐益講學之人，開廣其聞見耳。竊惟天章焕赫，揭日月以齊光，聖藻精微，與乾坤而并運，深入自然之室，宏開衆妙之門，竦崑閬於詞峰，浚滄瀛於義海，滯邪者望風而懸解，忘返者悟教而知歸，真祖闡至妙於前，睿孫贊玄微於後，二聖垂作，萬古無倫。而猶申裨助之言，示謙沖之訓，益明聖旨矣。

【疏】凡六卷。

【義曰】凡者，凡例之言，泛舉之謂也。《春秋序》曰："發凡以言例也。"上、下二經，疏各三卷，亦粗明一生三之意。六者，陰數也。三者，陽數也。三以象乾，合乾爲坤，離之則爲陽，合之則爲陰。言此疏包天地乾坤之要，窮陰陽變化之微，故成六卷爾。又凡者，生上起下之名也。

卷之五

唐廣成先生杜光庭述

釋疏題明道德義

【義曰】老子者，太上老君之内號也。釋解已具前篇。《道經》者，此經兩卷，上經以道爲目。夫化導群生，貫穿萬法，居衆法之首，故三皇尊其道焉；爲萬教之先，故大演虚其一焉。故一者道之數，道者一之本。下經云“道生一”是也。夫其道也，極虚通之妙致，窮化濟之神功，理貫生成，義該因果。縱之於己則物我兼忘，蕩之於懷則有無雙絶。道與德有相資相稟之義，故云《道德經》也。

今於道德義中，分三門解釋：一者釋名無名，方了玄教。故經云：“虚無常自然，強名字大道。”所以道義主無，理物有病；德義主有，理世無惑。故臧玄静云：道者通物，以無爲義。今就明之，道有三義：一理也，二導也，三通也。理者，理實虚無，以明善惡；導者，導執令忘，引凡入聖；通者，通生萬法，變通無壅。上經法陽象天，數奇，故三十七章也。老君説經，本亦不執上經爲道，下經爲德。昔賢相承分判，故有道先德後。其間經文互相明證，具如序中矣。次道衰而後有德，德衰而後有五常，是明道德爲衆行之先、五常之本。故《道經》居先，而《德經》次之也。今依名釋道，即前序所謂導也，通也，理也。夫道德雙釋分三門者，一釋名，二明體，三明用。

釋名第一。道德玄絶，自應無名。開教引凡，強立稱謂，故寄彼無名之名者，宣彼正理，令識名之無名，方可了達玄教，強名道德。其義者何？臧玄静曰：道以通物，以無爲義；德者不失，以有爲功。道無則能遣物有累，德有則能祛世空惑。今明道三義者，理也，通也，導也；德三義者，得也，成也，不喪也。所謂理者，理實虛無，言一切皆無，故云道在一切有。解云：理者兼通善惡。善道亦名道，惡道亦名道，善惡性空，不乖此義。但惡道稱道，其意不然，正以徒類稱道，非關就理爲釋。若言隨事近理，此説不妨。所謂通者，謂能通生萬物，變通無壅。河上公云："道，四通也。"所謂導者，導執令忘，引凡入聖。《自然經》云："導末歸本。"本即真性，末即妄情也。德有三義，所謂德者，得於道果。《太平經》云："德者，正相得也。"所謂成者，成濟衆生，令成極道。此就果爲名，亦資成空行就因者，經云熟成之。所謂不喪者，謂德不失也，故云不喪。《太平經》云"常德不喪"是也。此六義者，互可相通。《西升經》云："道德混沌，玄妙同也。"道中有德義者，《升玄經》云："德等無等等。"無等是道也，故云道有得義。道有成義者，河上公云："非但生之，乃復長之成之。"道有不喪義者，既言常道，常即不喪也。德中又有理義者，《生神經》云："感應理常通，應既是德。"故得有理義也。德有通義者，河上公云："德，一也。一至布氣而畜養之。"德有導義者，謂有開導之德，《論語》云"導之以德"是也。此就通門，則如前解矣。但道之言通，通無所通而無所不通；德之言得，得無所得而無所不得。故能忘己忘功，生物成物。今就此科，更分五别：

一、依名釋者。前義也。二、因待釋者。明非德無以言道，非道無以言德。道、德相待，强立假名，故離道無德，離德無道，道是德義，德是道義。經云“長短相形”是也。三、所表釋者。道德爲教，正表不道不德之理，所以説道則言“可道非常道”，明德則言“上德不德”，故不道不德爲道德之義。四、無方釋者。正一德名有無量義，如因迹有成，并其義也。道無不在，名何言屬，故謂無方以釋其義。五、無釋爲釋者。既以不爲名，亦以無義爲義。故自然之義，名無所有，原其所由，即是無義。

義曰：道者，因生以立稱；德者，從教以言名。道者德之通，德者道之功。有德故稱道，有道故稱德。德義取有體無爲言，道義取無通有爲説。陸先生《經》云：虚寂爲道體。謂虚無不通，寂無不應也。臧玄静云：智慧爲道體，神通爲道用也。又云：道德一體而具二義，一而不一，二而不二。二而不二，由一故二；一而不一，由二故一。不可説言有體無體，有用無用。蓋是無體爲體，體而無體，無用爲用，用而無用。然則無一德非其體，無一用非其功。尋其體也，離空離有，非陰非陽，視聽不得，搏觸莫辯；尋其用也，能權能實，可左可右，以小容大，以大容小。體既無已，故不可思而議之；用又無功，故隨方不示見。今不異此，但知道德不同不異，而同而異，不異而異。用辯成差，不同而同，體論惟一。不異異者，經云“道生之、德畜之”也；不同同者，《西升經》云“道德混沌，玄妙同也”。知不異而異，無所可異；不同而同，無所可同。無所可同，無所不同；無所可異，無所不異也。今更舉七義以通釋：一、本迹者。本則爲道，迹則爲德。本爲道者，以大智慧源常寂真身爲體；迹爲德者，以上德之君太上應身爲體。

二、理教者。理則爲道，教則爲德。理爲道者，悟説正性爲體；教爲德者，悟説正經爲體。三、境智者。境則爲道，智則爲德。智理爲道體，理智爲德體。四、人法者。人則爲道，法則爲德。人爲道者，以本迹二身爲體；法爲德者，以理教二法爲體。五、生成者。生則爲道，成則爲德。道以應氣化生萬物，以應氣爲體；成爲德者，德以成就衆生，法教爲體。六、有無者。無則爲道，有則爲德。無則爲道，以因地空觀、果地空智爲體；有爲德者，以因地有觀、果地有智爲體。七、因果者。果則爲道，因則爲德。果爲道者，以果地萬德爲體；因爲德者，以因地萬行爲體。以上七義，互相交絡，二而不二，一而不一。是知道德爲正體，非果非因，非本非迹。不本不迹，而開本迹，欲明顯本由迹。不果不因，而開因果，欲令修因趣果。其餘五雙，不言自顯。

明義用第三。德是不有之有，既能理無，亦能理有；道是不無之無，既能理有，亦能理無。惑者謂玉貌金容，道爲實有。今明道是虚無，此即理於有惑。河上公云："道者，空也。"王輔嗣云："道者，無之謂也。"惑者或謂常道乃至上德，實是虚無。今明是以有德，此則除其無病，故經云杳冥中有精，此是一往相翻，聞名遣病。及其進悟，義則更深。明道之爲無，亦無此無；德之爲有，亦無此有。斯則無有無無，執病都盡，乃契重玄，方爲雙絶。故經云仙道無不無、有不有也。此則道必資於德，德必稟於道。老君説經，亦不執言上卷爲道，下卷爲德。二經文義互相包含，後賢相傳，强分其義，是則《道經》含德，《德經》含道，聖旨序内已具舉明。

至於五千餘言，亦不確定其數。文質相半，義理兼通，不可局字數而妨文，剪文勢而就數，皆失其大旨也。司馬遷云五千餘言，則不定指五千字矣。其有删文約數，俯就四千九百九十九言，而云析三十輻字爲三十以滿五千字，此又膠柱刻舟，執迷不通也。

經字諸家所解，凡有四義：一由、二徑、三法、四常。一由者，三世天尊、十方大聖因由經教，證聖成真也。二徑者，開通道理，導達衆生，爲學者津梁，登真徑路也。三法者，真趣玄妙，至理精微，可以軌法群生，楷模衆聖也。四常者，妙理深遠，冥寂玄通，萬代百王不刊之典也。具兹四義，總稱爲經。或結氣成文，凝雲作篆，字方一丈，八角垂芒；或紫字瓊章，龍書鳳札，劫初降世，劫末歸天；或刻玉鐫金，竹木縑紙，流傳演化，篆隸隨時。雖復粗妙不同，皆玄聖之真訣，爲理病之良藥，乃出世之妙門。假使代變時移，金銷石化，而此經垂教，常布於人天，萬劫長存，故云經也。故題曰《老子道德經疏》卷上之上。

夫此二篇玄微，五千幽奥，統包萬法，冠冕衆經。而所説年代及過關時日、降生先後、宗趣指歸，諸家所説未爲準的。今則演四門，以祛所惑。

第一，重明降生者。老君至道之祖，元化之宗，長於上古而不爲先，生於末代而不爲後，況億劫之前即弘道化，豈復待胞胎誕孕而謂之生邪？今言降生者，蓋表迹人間，示有始也；托形聖母，示有生也；母事元君，示有尊也。今此按經誥前後，降生有三：一、以上和七年庚寅之歲九月三日甲子，生於北玄女國天岡靈鏡山李谷之間，聖母曰玄虚之母。當生之時，三日出於東方，九龍吐水以浴其形。因李谷而爲姓，名玄元，字子光，乃高上之胄，玉皇之胤，位爲長生大主太平正真太一君金闕後聖九玄帝君。今詳考其時，亦是劫運之前，朱靈上和,前劫之年號也。二、以殷武丁庚辰歲二月十五日卯時,生於陳國苦縣瀨鄉,聖母曰玄妙玉女。乃上帝之師,後位爲元君。詳此,即是亳州降生年月也。據皇甫士安《長曆》所證甲子,仙公云太歲丁卯下爲周師,此即紂元年丁未二十一年丁卯,老君居岐山,爲周西伯之師。自武丁九年庚辰至紂丁卯,凡一百八年,又至昭王二十五年癸丑出關一百七年,通計二百一十五年。司馬遷云二百餘年是也。惑者妄云平王、定王、幽王、厲王時老君降生,此皆曲説,信爲謬矣。何者?若幽、厲、平、定時生,即不得與文王、武王相見矣。三、以老君自樓觀與尹喜辭訣,當昭王二十六年甲寅,約會於蜀青羊之肆,遂即降生於蜀,乃昭王二十九年丁巳。尹喜千日之後到蜀,重見老君之時也。三度降生,此義爲定。

第二,過關年代者。老君以周昭王二十五年癸丑度關西化,與關令尹喜相遇,因授以《道》《德》二經。授經既畢,即以二十六年甲寅四月於樓觀與喜相别,升入太微。二十九年丁巳,尹喜入蜀,訪尋老君,乃於青羊肆相見。戊午年入流沙,即此過關年月也。何者?尹喜爲康王大夫,至昭王時爲關令,與老君相見。若據臧玄静云幽王時西出隴關,即與出天寳靈符故關處所不同矣。況幽王元年庚申,十一年庚午已滅,年内又無癸丑,此爲誤也。又文如海云成王二十二年癸丑度關,此又與尹喜不得相見,亦爲誤矣。又云平王四十三年癸丑度關,此又在尹喜之後,年代懸遠不同,皆誤説耳。今詳按今古,以昭王二十五年癸丑度關爲定,年代相合,可無疑焉。

第三,説經時節者。《葛仙公内傳》云:黄帝時,老君爲廣成子,爲帝説《道德經》及五茄之法。又《應號五聖圖》及《紀聖老君内傳》云:老君舜時號尹壽子,居河陽,説《道德經》,教以孝悌之道，舜行之，退身讓物，尊道貴德，天下之人從而化之。所以舉十六族，竄四凶，達四聰，明四目，外撫百姓，内親九族，得道於蒼梧之野、九疑之山。又諸家所引皆言周昭王時癸丑之歲，於函谷關爲尹喜作《道》《德》二篇、上下經焉。《史記》亦云老君爲關令尹喜著書五千餘言。又王子年《拾遺》云：老君周時居景室之山，常與五老人譚天地造化之事，著書十萬言，後删其繁蕪，作五千言矣。今按河上公授漢文帝上下二經章句，謂帝曰："余注是經以來千七百餘年，凡傳三人，連子四矣。勿示非其人。"成玄英法師解曰："傳三人者，務光、羡門子、高丘子是也。"以此詳之，《莊子》云"湯伐桀，後讓位務光，務光不受，抱石自沈於清泠之泉"。湯時務光既死，即授經在桀之前也。足明此經非是周昭王癸丑年及景室山中所著。又按《黄帝書》云："谷神不死，是謂玄牝。"全載此一章，則是黄帝時説經，所以黄帝著書，引此一章爾。又按年代推之，若是昭王時函關著經，至漢文帝時，未及一千年，則與注經以來數不同，益明此經是黄帝時及帝舜時説爲定矣。且帝舜在位六十餘年，一百一十二歲，傳位於禹，禹子孫相承十七帝，四百七十一年，爲湯所伐。湯子孫相承二十一代，三十王，六百四十四年，爲周所滅。周自武王至赧王，子孫相承四十一代，三十七王，八百六十九年，爲秦所并。秦昭襄王四十九年丁未滅周，歷始皇終子嬰，共四十五年，爲漢所伐。漢自高祖、惠帝、吕后至文帝元年，相繼二十八年。自舜至此凡計一千七百六十九年，則明説經在黄帝時，注經在舜時，非是函關特爲尹喜著此五千文，明矣。穎鑑之士，宜詳之焉。

第四，宗趣指歸者。道德尊經，包含衆義，指歸意趣，隨有君宗。河上公、嚴君平皆明理國之道；松靈仙人、魏代孫登、梁朝陶隱居、南齊顧歡皆明理身之道；苻堅時羅什、後趙圖澄、梁武帝、梁道士竇略，皆明事理因果之道；梁朝道士孟智周、臧玄静，陳朝道士諸糅，隋朝道士劉進喜，唐朝道士成玄英、蔡子晃、黄玄賾、李榮、車玄弼、張惠超、黎元興，皆明重玄之道；何晏、鍾會、杜元凱、王輔嗣、張嗣、羊祐、盧氏、劉仁會，皆明虚極無爲理家理國之道。此明注解之人意不同也。又諸家稟學，立宗不同。嚴君平以虚玄爲宗，顧歡以無爲爲宗，孟智周、臧玄静以道德爲宗，梁武帝以非有非無爲宗，孫登以重玄爲宗。宗旨之中，孫氏爲妙矣。

又此經以自然爲體，道德爲用。修之者於國則無爲無事，自致太平；於身則抱一守中，自登道果。得之者排空駕景，久視長生。於國，失道德則必敗亡；於身，喪道德則致淪滅。故在乎上士勤人抱之爲式也。

又《道德玄序》開元二十一年頒下，其所分别，上卷四九三十六章，法春夏秋冬，下卷五九四十五章，法金木水火土。則上卷從第一訖第九章，以無形無名爲宗，明春道；從第十訖第十八章，無知惚恍爲宗，明夏道；從十九訖第二十七章，以有精有信爲宗，明秋道；從二十八訖三十六章，以凝重清静爲宗，明冬道。其下卷自第一盡第九章，明仁德；次第十盡十八章，明禮德；從第十九盡二十七章，明義德；從第二十八至三十六章，明智德；從三十七盡四十五章，明信德。仁以履虚抱一，禮以不恃不宰，義以柔弱和同，智以無識不肖，信以執契不争。其大旨亦以玄虚恢廓、沖寂希微爲宗體，强名則有五有四，契理則無執無爲。而譚講之家，執文則多舛謬；古今所釋，獨學則或不周。今廣引衆文，窮其指當，明者詳采，則可明年代先後、宗趣是非矣。

卷之六

唐廣成先生杜光庭述

道可道章第一

【疏】此章明妙本之由起，萬化之宗源。

【義曰】此者，斯也。章，明也，分判科段，使義理彰明。《說文》曰："樂歌竟爲一章。"章字從音從十，謂一至十數之終。謂書言章，蓋因《風》《雅》凡有件段，皆謂之章焉。明者，皎淨之義，顯出之謂也。妙本者，道也，居經之首，明道之由。由，從也。起，興也。萬者，數之大也。化者，應變之謂也。言萬有變化，從道而興也。宗，主也。源，本也。萬化既從道而興，則知道爲萬化之宗本也。起自此章，出生諸法，如水之源，流注無竭也。

【疏】首標虚極之強名，將名衆妙之歸趣。

【義云】首者，元也，始也。《爾雅》云："初哉首基，始也。"標者，舉也。虚極，妙本也。強名，道也。此章先標可道爲體，可名爲用，末篇歸衆妙之門，攝迹歸本。趣，向也，復歸向於大道之本也。就此門中，分爲七別：一曰可道可名者，明體用也。義云，體用者，相資之義也。體無常體，用無常用，無用則體不彰，無體則用不立。或無或有，或實或根，或色或空，或名或象，互爲體用，轉以相明。是知體用是相明之義也。體者，形也，膚也。用者，資也，以也。二曰無名有名者，明本迹也。義云，本迹者，相生之義也。有本則迹生，因迹以見本，無本則迹不可顯，無迹則本不可求，迹隨事而立以爲本迹。本者，根也。迹者，末也。老君謂仲尼曰："六經者，先王之陳迹也。迹者，履之所出，而迹豈履哉！"迹出於履，以迹爲履，而復使人履之，愈失道矣。明迹爲末也。三曰明有欲無欲者，明兩觀也。義云，觀者，所行之行也。以目所見爲觀，音官；以神所鑑爲觀，音貫。悉見於外，凝神於内，内照一心，外忘萬象，所謂觀也，爲習道之階，修真之漸，先資觀行，方入妙門。夫道不可以名得，不可以形求，故以觀行爲修習之徑。謂有欲歸於死，無欲契於生也，是觀其生死，歸趣不同矣。四曰同出異名者，明樸散而爲器也。義云，大樸者，道也。道散爲神明，流爲日月，分爲五行，生爲萬物。器者，有形用也。《易》曰："形而上者曰道也，形而下者曰器也。"五曰同謂之玄者，明成器而復樸也。義云，神明、日月、五行、萬物，有形有器，皆合於道，故云復樸也。六曰玄之又玄者，辯兼忘也。義云，爲器之時，必存其樸，復樸之後，此樸亦忘，乃契於道爾。故謂玄之又玄也。兼忘者，器樸俱忘也。七曰衆妙之門者，示人行了出也。義云，器樸兩忘，了然契道，復歸生化之始、衆妙之門也。人與萬物同禀於道，有爲有欲則失道傷生，除欲守和則歸根復本。是謂知道要之門户也。了出者，出世也。

道可道，非常道。

【疏】道者，虚極妙本之强名也，訓通，訓徑。

【義曰】道者，至虚至極，非形非聲，後劫運而不爲終，先天地而不爲始。圓通澄寂，不始不終，聖人以通生之用可彰，尋迹而本可悟。故以通生之德，强名爲道也。

【疏】道，一字標宗也。

【義曰】經首道之一字，標舉爲宗也。

【疏】可道者，言此妙本，通生萬物，是萬物由徑，可稱爲道，故云"可道"。

【義曰】標宗一字，是無爲無形，道之體也。"可道"二字，是有生有化，道之用也。三字之中，自立體用。體則妙不可極，用則廣不可量。故爲虚極之妙本也。

【疏】非常道者，妙本生化，用無定方，強爲之名，不可遍舉，故或大或逝，或遠或返，是不常於一道也，故云“非常道”。

【義曰】散爲萬物，不拘一方，故用無定方也。但宗一道，故明萬物皆資道化，故不在遍舉。高而無上，無不包容，大也。高而無上，不滯於上，大而無外，不滯於外，逝也。逝，往也。窮於無窮，無所不通，遠也。虚心守一，道復歸之，返也。返，還也。此引《道經》第二十五“有物混成”章，以證此義。以此推之，不常厥所，是謂“非常道”也。

名可名，非常名。

【注】道者，虚極之妙用。名者，物得之所稱。用可於物，故云可道；名生於用，故云可名。應用者無方，則非常於一道；物殊而名異，故非常於一名。是則強名曰道，而道常無名也。

【疏】名者，稱也，謂即物得道用之名也。首一字亦標宗也。

【義曰】名者，正言也。標宗一字，爲名之本。“可名”二字，爲名之迹。迹散在物，稱謂萬殊，由迹歸本，乃合於道。是知道爲名之本，名爲道之末。本末相生，以成化也。

【疏】可名者，言名生於用，可與立名也。非常名者，在天則曰清，在地則曰寧，在神則曰靈，在谷則曰盈。得一雖不殊，約用則名異。是不常於一名，故云“非常名”也。

【義曰】無用則道凝，有用則名立。天得道垂象清明，地得道確然安静，神得道變化不歇，谷得道盈滿無虧。此引下經第二章以明其義。名散無極，是爲“非常名”也。

無名，天地之始；

【疏】無名者，虚極妙本，未立強名也。妙本之始，無有無名，從本降氣，開闢天地。天地相資以爲始，故曰“無名，天地之始”。

【義曰】大道吐氣，布於虚無，爲天地之本始。“無有無名”者，《莊子・天地篇》曰：“泰初有無，無有無名。”言泰初者，無之始也。無既無名，不可詰之以名，混漠寂寥，邈爲化主，元氣資之以爲始，玄化稟之而得生，故曰無名。天地始無名無氏，然後降迹，漸令兆形。由此而天地生，氣象立矣。

【疏】《易》之太極生兩儀，兩儀生三才，三才生萬物。按《爾雅》云：“權輿，始也。”

【義曰】太極者，形質已具也。形質既具，遂分兩儀，人生其中，乃爲三才也。《爾雅》者，周公所造，以教成王多識鳥獸草木之名，通詁訓之指歸，辯同實而殊號者也。成九流之津梁，涉六藝之鈐鍵，學覽者之潭奥，擒翰者之華苑也。蓋興於中古，隆於漢氏。言中古者，亦五帝之後，三王之間。故《易・繫》曰：“作《易》者其在中古乎？”

有名，萬物之母。

【注】無名者，妙本也。妙本見氣，權輿天地。天地資始，故無名也。有名者，應用匠成，茂養萬物，物得其養，故有名也。

【疏】有名者應用，應用匠成，有強名也。萬化既作，品物生成，妙本旁通，以資人用。由其茂養，故謂之母也。母以茂養爲義，然則無名有名者，聖人約用以明本迹之同異，而道不繫於有名無名也。

【義曰】萬化者，舉其多也。品物者，衆物也。衆物之中，道無不在。秋毫之細，道亦居之。故能生三才，母萬物。萬物道存則生，道去則死，含養之至，不曰母乎？大道無異無同，無本無迹，強立言教，而本迹彰矣。

常無欲以觀其妙，常有欲以觀其徼。

【注】人生而静，天之性。感物而動，性之欲。若常守清静，解心釋神，反照正性，則觀乎妙本矣。若不性其情，遂欲而動，性失於欲，迷乎道源，欲觀妙本，則見邊徼矣。

【疏】欲者，性之動，謂逐境而生心也。言人常無欲，正性清静，反照道源，則觀見妙本矣。若常有欲，逐境生心，則性爲欲亂，以欲觀本，既失沖和，但見邊徼矣。徼，邊也。

【義曰】夫機械之心，藏於胸中，即純白不粹，神德不全，存身者不和，此有欲也。若欲害之心忘於中，即虎尾可履，而况於人乎？此無欲也。有欲者任耳目以視聽，勞心慮以爲理，視聽逾迷，爲理愈亂，可謂見邊徼矣。無欲者神合於虚，氣合於無，無所不達，無所不通，與天地同功，乃合乎大通，可謂觀其妙矣。觀者外以目周覽，内以神照微。目覽則辯乎有無，神照則契乎冥寂矣。“人生而静，天之性”者，《樂記》篇之詞也。言性本清静，無欲無營，爲物所感，因境生欲，感於外而動於内，得不慎其所感哉？故聖人制法以檢其邪，制禮以檢其亂，制刑以檢其過，制樂以檢其淫。以道制欲，所以教民之崇德務善也。

此兩者同出而異名，

【注】如上兩者，皆本於道，故云同也。動出應用，隨用立名，則名異矣。

【疏】此指上事也。兩者，謂可道可名、無名有名、無欲有欲，各自其兩，故云“兩者”。俱稟妙本，故云“同出”。自本而降，隨用立名，則名異也。

【義曰】夫一氣分而萬化生，形兆立而萬有作。三者之變，各而兩之。有出於無，斯之謂矣。道顯而名立，名立而欲生。此乃有道可言，有名可謂。有欲之機，興於此矣。是迹從本而生也。若攝迹者棄欲忘名，復歸妙本，於道忘道，於名忘名，是謂還本矣。徇情者逐欲忘本，以至淪滑，能返乎物初，可與言乎至道矣。

同謂之玄。

【注】出則名異，同則謂玄。玄，深妙也。

【疏】玄，深妙也。自出而論則名異，是從本而降迹也；自同而論則深妙，是攝迹以歸本也。歸本則深妙，故謂之玄。

【義曰】有欲無欲之人，同受氣於天地。禀中和滋液，則賢聖而無爲；禀濁亂之氣，則昏愚而多欲。苟能洗心易慮，澄欲含虚，則攝迹歸本之人也。人能修鍊，俗變淳和，則返樸之風，可臻太古矣。

玄之又玄，衆妙之門。

【注】意因不生，則同乎玄妙，猶恐執玄爲滯，不至兼忘。故寄又玄以遣玄，示明無欲於無欲。能如此者，萬法由之而了出，故云"衆妙之門"。

【疏】攝迹歸本，謂之深妙，若住斯妙，其迹復存，與彼異名，等無差别。故寄又玄以遣玄，欲令不滯於玄，本迹兩忘，是名無住，無住則了出矣。注云"意因"者，《西升經》云："同出異名色，各自生意因。令不生意因，是同於玄妙。""無欲於無欲"者，爲生欲心，故求無欲，欲求無欲，未離欲心。既無有欲，亦無無欲，遣之又遣，可謂都忘。

【義曰】夫攝迹忘名，已得其妙。於妙恐滯，故復忘之。是本迹俱忘，又忘此忘，吻合乎道。有欲既遣，無欲亦忘，不滯有無，不執中道，是契都忘之者爾。

【疏】正觀若斯，是爲衆妙。其妙雖衆，皆出此門。故云"衆妙之門"也。

【義曰】衆妙門者，天門也。天門者，萬法所生之總名也。無有也，言萬物出乎無有，入乎無有，聚散隱顯，故有出入之名爾。徒有其名，實無其門，故謂之無爲之門，則無門也。無門無房，四達之皇皇，是歸於妙道矣。正觀者，因修之漸，證道之階也。前所謂目見者爲觀，音官。覽之觀也；神照者觀，音貫。行之觀也。道以三乘之法，階級化人，從初發心，至于極道，捨凡證聖，故有一十四等觀行之門。小乘初門有三觀法：一曰假法觀，謂對持也；二曰實法觀，謂心照也；三曰遍空觀，入無爲也。中乘法門觀行有四：一曰無常觀，二曰入常觀，三曰入非無常觀，四曰入非常觀。大乘門中觀行亦四：一曰妙有觀，二曰妙無觀，三曰重玄觀，四曰非重玄觀。聖何門中復有三觀：一曰真空觀，二曰真洞觀，三曰真無觀。以此觀行，修鍊其心，從有入無，階粗極妙，得妙而忘其妙，乃契於無爲之門爾。無爲有爲，可道常道，體用雙舉，其理甚明。今於體用門中，分爲五別：一曰以無爲體，以有爲用。可道爲體，道本無也，可名爲用，名涉有也。二曰以有爲體，以無爲用。室、車、器，以有爲體，以無爲用，用其無也。三曰以無爲體，以無爲用。自然爲體，因緣爲用，此皆無也。四曰以有爲體，以有爲用。天地爲體，萬物爲用，此皆有也。五曰以非有非無爲體，非有非無爲用。道爲體，德爲用也。又於本迹門中，分爲二別：以無爲本，以有爲迹，無名有名也；以有爲本，以無爲迹，互相明也。萬物自有而終，歸於無也。夫以玄源澄寂，妙本杳冥，非言象可求，非無有可質，固亦討論理絶，擬議道窮，而設教引凡，示兹階級。然在於冥心感契，漸頓隨機，不可滯教執文，拘於學相。澡心浴德之士，勤乎勉哉！

卷之七

唐廣成先生杜光庭述

天下皆知章第二

【疏】前章明妙本生化，入兩觀之不同；此章明樸散異名，因萬殊而逐境。逐境則流浪，善化則歸根。故首標美善妄情，次示有無傾奪，結以聖人之理，冀速還淳之由。

【義曰】夫悠悠衆趣，蠢蠢群生，涉境起情，去道逾遠。聖人憫其忘返，啓此妙門。前明兩觀之殊，自無而入有；此標六者之惑，因事以相傾。能知逐境之非，不隨流浪之變，則可以言虚心實腹之漸已矣。

天下皆知美之爲美，斯惡已；皆知善之爲善，斯不善已。

【注】美善者，生於欲心。心苟所欲，雖惡而美善矣。故云皆知已之所美爲美，所善爲善。美善無主，俱是妄情，皆由分執有無，分别難易，神奇臭腐，以相傾奪。大聖較量，深知虚妄，故云"惡已"。

【疏】天下者，舉大凡，言凡在天覆之下也。美者，心所甘美也；善者，身所履行也。言天下之人皆知已心所甘美者爲美，已身所履行者爲善，故論甘則忌辛，好丹則非素，共相傾奪，競起是非，皆由興動於欲心，所以遞成乎美惡。聖人知美惡無主，俱是妄情，妄則不常，故云"惡已"。已，語助也。注云"神奇臭腐"者，《莊子》云"所美爲神奇，所惡爲臭腐"是也。

【義曰】天下之人，知道者稀，常俗者衆，知修身者寡，徇物者多。皆知美善爲是，而莫能爲；皆知不善與惡爲非，而莫能改。聖人嘆之，故云“惡已”，“不善已”。夫載仁伏義，抱道守謙，忠孝君親，友悌骨肉，乃美善之行也，皆知之矣，而不能爲。反於此者，乃不善之行也，皆知之矣，而不能革。況於修無爲之道乎？故可嘆也。妄者，非真實之義也。因境起念，隨物生情，不守道循常，即爲妄矣。“神奇臭腐”者，《莊子・北游》篇黄帝謂知曰：“萬物一也，是其所美者爲神奇，所惡者爲臭腐。臭腐復化爲神奇，神奇復化爲臭腐，故曰通天下之一氣耳。聖人貴一也。”此明神奇、臭腐，物之偏性，百氏殊學，九流異名，遞執是非，互生臧否。理身理國者，能無爲任物，一以貫之，臭腐神奇，自然無二矣。

故有無之相生，

【疏】此明有無性空也。夫有不自有，因無而有，凡俗則以無生有；無不自無，因有而無，凡俗則以有生無。故云“相生”。而有無對法，本不相生，相生之名，由妄執，亦如美惡非自性生，是皆空，故聖人將欲救其迷滯，是以歷言六者之惑。

【義曰】老君嘆彼常徒，迷乎正道，妄生封執，滯此幻情，故明此義，以祛其執。夫執者，着也。執有即斥無，執無即斥有；執難即斥易，執易即斥難；執短即斥長，執長即斥短；執高即斥下，執下即斥高；執後即斥前，執前即斥後。有此執，故皆非究竟，故經云“執者失之”。但無偏執，自契中道，便入玄妙正觀之門矣。

難易之相成，

【疏】此明難易法空也。此以難，故彼成易；此以易，故彼成難。亦如工者易於木而難於埴，陶匠易於埴而難於木。故云難易於成。若同其所難則無易，同其所易則無難，難易無實，妄生名稱，是法空。故能了之者，巧拙兩忘，則難易名息，亦如美惡無定故也。

【義曰】夫難因於易，非易無以知其難；易因於難，非難無以彰其易。循環倚伏，遞爲之用。審而明之，於難無滯，於易無執，即可以語其齊物，通乎中道矣。工者，巧伎之稱也；陶者，和土爲器也。各擅其伎則爲易，更而使之爲難也。

長短之相形，

【疏】此明長短相空也。以長故形短，以短故形長。故云"長短之相形"。亦如鳧脛非短，以鶴之長，故續之則憂；鶴脛非長，因鳧脛之短，故斷之則悲。見短長相形，猶如美惡，既無定體，是皆妄情。形相既空名亦空，故特未定也。

【義曰】夫物之形也，有短長之相；事之興也，有難易之法；化之起也，有有無之變。俱自然也。若拘常俗之見，則長者不得不長，短者不得不短。有無難易，亦在兹乎！滯之則爲執，通之則爲道，惟有道者能無滯爾。鳧鶴之喻，亦《莊子·駢拇》篇之辭也。謂各自有正，不可以此正彼而損益也。此斥世人不任自然之旨也。

高下之相傾，

【疏】此明高下名空也。高下兩名，互相傾奪。故稱高必因於下，又有高之者；稱下必因於高，又有下之者。又高則所高非高，又下則所下非下。如彼代間，凡諸名位，遞爲臣妾，亦復無常，是皆空故，故無定位。

【義曰】夫高下之設，名形勢位，性智才業，萬殊之中，皆有高下，則不獨拘於名位也。但高忘其高，下忘其下，各安其分，守以天常，則無傾奪之事矣。臣者，男子之卑稱；妾者，女子之卑稱。卑伏於人，故稱臣妾。疏指名位之説，蓋以廣戒群情也。言尊卑之道，各安其分，不相傾奪，則保其始終。若棄卑而慕其尊名，厭下而圖其高位，不安素分，禍敗隨之。故經曰："知足不辱，知止不殆，可以長久。"可不戒乎？

音聲之相和，

【疏】此明和合空也。五音相和，成曲者誰？總彼衆聲，則能度曲。如代間法，皆和合成；即體非真，是皆空。故將欲定其美惡，豈云達觀之譚？

【義曰】夫天地噫氣而衆籟作焉，律吕合和而衆樂生焉。聲之作也，美惡隨之。故有安樂、怨怒、哀思、滮灄之别也。然此别者，人事强而隨之，政化因而應之。於達觀之士，忘其善惡矣。隨變責實，謂之妄情。美惡都忘，方爲達道。達道之士，雖天地之大，萬物之殷，猶無有也。《樂記》曰："凡音之起，由人心生。心感於物，而形於聲，聲相應，故成變，變成方，謂之音。比音而樂之，及干戚羽旄，謂之樂。故哀心感者，其聲噍以殺；樂心感者，其聲嘽以緩；喜心感者，其聲發以散；怒心感者，其聲粗以厲；敬心感者，其聲直以廉；愛心感者，其聲和以柔。是以先王慎其所以感，故禮以導其志，樂以和其心，政以壹其行，刑以防其奸。禮、樂、刑、政，其極一也。聲音之道，與政通矣。宫爲君，商爲臣，角爲民，徵爲事，羽爲物。五者不亂，則爲滮灄之音也。① 理世之音安以樂，其政和；亂世之音怨以怒，其政乖；亡國之音哀以思，其民困。宫亂則荒，其君驕；商亂則陂，其官壞；角亂則憂，其民怨；徵亂則哀，其事勤；羽亂則危，其財匱。五者皆亂，遞相淩謂之慢。鄭衛者，亂世之音，比於慢。桑間濮上者，亡國之音，其政散，其民流。夫知聲而不知音者，禽獸也；知音而不知樂者，衆庶也。唯君子能知樂。審聲以知音，審音以知樂，審樂以知政。不知聲者不可以言音，不知音者不可與言樂。知樂者，幾於禮矣。子夏對魏文侯曰：'鄭音好濫淫志，宋音燕安溺志，衛音趣數煩志，齊音傲假驕志。四者害其德，非正聲也。'"《春秋》：晏子對齊景公曰：先王之濟五味，以和五聲，以平其心，以成其政，聲亦如味矣。一曰氣，須氣以動也。二曰體，舞象文武也。三曰類，風、雅、頌也。四曰物，以四方之物成器也。

---

① "爲"，《禮記・樂記》作"無"。

五聲者，宫、商、角、徵、羽也。六律者，黄鍾、太簇、姑洗、蕤賓、夷則、無射也。六吕者，夾鍾、林鍾、仲吕、應鍾、南吕、大吕也。律主於陽，吕主於陰也。七音，武王伐紂所製也。自午及子，製七日爲七音。八風，八方之風也。東方曰明庶，東南曰清明，南曰景風，西南曰涼風，西方曰閶闔，西北曰不周，北方曰廣漠，東北曰融風也。九歌者，六府三事，九功之歌也。清濁、小大、短長、疾徐、哀樂、剛柔、遲速、高下、出入、周疏，以相成也，以相濟也。君子聽之，以平其心。心平德和，而後幾於道矣。舜作五弦之琴，以歌《南風》，夔始製樂，以賜諸侯理國之道。以音而知理亂，故吴公子季札歷聽三代古今之樂，而知其興廢也。修身之士，閉視反聽，以聽無聲，然後可與言道矣。

前後之相隨。

【注】六者相違，遞爲名稱。亦如美惡非自性生，由是妄情，有此名故。

【疏】此明三時空也。日夜相代，代故以新，如彼投足，孰爲前後？則前後之稱，由相隨立名。名由妄立，誰識其神？過去未來，及以見在，三時空故，旋旋遷改，亦美惡無定名也。

【義曰】前後之别，生於變動也。不變不動，誰後誰先？既有相隨，乃分前後。達觀之士，泯爾都忘；世間之法，彰其别爾。投足者，舉步之謂也。步之舉也，孰後孰初？明於此者，乃絶前後之競矣。老君傷憫世俗流蕩不還，争起妄情，忘其中道，歷指六事，以化愚迷耳。夫中道者，非陰非陽，無偏名也。處天地之間，傲然自放，所遇而安，了無功名，而反乎道本。雖堯桀之殊，生死之變，是非之别，壽夭之異，榮賤之隔，哀樂之感動，古今之遞代，皆忘之也。不知堯桀之殊，忘美惡也；不知生死之變，忘有無也；不知是非之别，忘難易也；不知壽夭之異，忘長短也；不知榮賤之隔，忘高下也；不知哀樂之感動，忘音聲也；不知今古之遞代，忘前後也。處乎無是之鄉，立乎不疾之途，遭之而不違，過之而不守，調而應之以道也，益之而不加益，損之而不加損，此了乎中道之士，忘前後之别，忘變動之機矣。

是以聖人處無爲之事，行不言之教，

【注】無爲之事，無事也，寄以事名，故云“處”。不言之教，忘言也，寄以教名，故云“行”。

【疏】是以者，説下以明上也。夫飾智詐者，雖拱默，非無爲也；任其素者，雖終日指揮，而未始不宴然矣。故聖人知諸法性空，自無矜執，則理天下者，當絶浮僞，任用純德，百姓化之，各安其分。安分則不擾，豈非無爲之事乎？言出於己，皆因天下之心，則終身言，未嘗言，豈非不言之教耶？

【義曰】夫聖人者，與天地合其德，日月合其明，四時合其序，鬼神合其吉凶，謂之聖人也。略而言之，凡有五種：一曰得道之聖，太上老君、諸天大聖是也。二曰有天下之位兼得仙之聖，伏羲、黄帝、顓頊、少昊、堯、舜是也。三曰有天下之位而無得仙之聖，殷湯、文、武是也。皆廓清六合，不言升天矣。四曰博贍之聖，無天下之位，周公、孔子制作禮樂，垂範百王，而無九五之位，而皆具天地合德之美也。五曰有獨長之聖，而無博贍之名，亦不具上衆美者，謂伯牙、師文爲鼓琴之聖，子卿、綬明能棊之聖，鍾期、延州知音之聖，韓娥、秦青謳歌之聖，龔叔、文摯智洞之聖，離朱、師曠視聽之聖，張芝、鍾繇草書之聖。今經中明者，指言理天下之聖也。理天下之聖，垂衣裳恭己南面而已矣。何爲哉？所謂處無爲之事也，原天地之美，達萬物之理，順四時之行，君無爲於上，物自化於下，可謂行不言之教也。理國如此，則人安其居，樂其俗，與道合矣。

萬物作而不辭，

【注】令萬物各自得其動作，而不辭謝於聖人也。

【疏】作，猶動作也。辭，謂辭謝也。言聖人善化，無事無爲，百姓不知，爰游爰豫，各自得其動作，而不辭謝於聖人。故擊壤鼓腹，而忘帝力。此人忘聖功也。

【義曰】聖人之於萬物也，萬物自古而固存，豈待爲之而後存哉？物自得其生育動作也。“爰游爰豫”，《太玄經》之詞。言上既無爲，其下自遂，故閑暇也。擊壤者，壤，土也。《莊子·馬蹄》篇云：“赫胥氏之時，民含哺而嬉，鼓腹而游也。”不知帝力者，王充《論衡》曰：“堯之爲君，蕩蕩乎，人無得而名。有年五十者，擊壤於路，鼓腹而游，歌曰：‘鑿井而飲，耕田而食，日出而作，日入而息，帝力何有於我！’”此衆庶之忘聖功也。

生而不有，爲而不恃，功成不居。

【注】令物各遂其性，不爲己有，各得所爲，而不負恃。如此，太平之功成矣。猶當日慎一日，不敢寧居。

【疏】令物各得成全其生理，聖人不以爲己有；令物各得其營爲，聖人不恃爲己功。如此，太平之功，弘濟日遠，猶宜慎終如始，不敢寧居。此聖人自忘其功也。注云“日慎一日”，《尚書》文也。

【義曰】夫聖人處物不傷於物，物遂其生。物遂其生，聖人不有之而恃其功，任自然也，處至順也。夫功者，王功曰勳，輔成王業，若周公也；國功曰功，保全國家，若伊尹也；民功曰庸，施法於民，若后稷也；事功曰勞，以勞定國，若夏禹也；理功曰績，制法成理，若咎繇也；戰功曰多，剋敵出奇，若韓信也。生成萬物者，玄功也，其功深遠曰玄也。功成而不居，所以全無爲之功也。“日慎一日”，以具疏解，言聖人有反物之功，不自伐自恃，惟恐失其所，以隳其功，故日加畏慎，不敢寧息爾。寧，安也。慎，謹也。聖人無爲，其功廣大，物遂其性，不失其宜。天清於上，地寧於下，四海平一，泰然而寧，是太平之謂也。

夫唯不居，是以不去。

【注】夫唯不敢寧居，而增修其德者，則忘功而功存，故不居而

不去。

【疏】彼聖人者，稠直如髮，慎終如始，本末不衰，未嘗寧居而逸豫。是以日新其盛德，忘功而功不去，光宅而天下安。故云“夫唯不居，是以不去”。

【義曰】“夫唯”者，發句之語也。謂上“不有”、“不居”之事也。夫聖人威加四夷而不爲有，澤被萬物而不爲惠，功濟天下而不爲己，德冠四海而不爲主，忘懷於至道，合志於虛無，處上而人不重，處前而人不害，天下樂推而不厭。故其德不去矣。王者不妄於喜怒，則刑賞不濫，金革不起矣；不妄於求取，則賦斂不厚，供億不繁矣；不妄於愛惡，則用捨必當，賢不肖别矣；不妄於近侍，則左右前後皆正人矣；不妄於土地，則兵革不出，士卒不勞矣；不妄於萬姓，則天下安矣。物得其分，不恃其功，無爲不恃之利，信哉博矣！“稠直如髮”者，《詩・小雅・都人士》篇之詞也。言情性密緻，操行正直，如髮之本末無降殺也。

卷之八

唐廣成先生杜光庭述

不尚賢章第三[①]

【疏】前章明萬殊逐境，善化則歸根；此章明貴上不行，無爲則至理。首標“不尚”，絶矜徇之迹；次云聖理，示立教之方；結以無爲，明化成而復樸也。

【義曰】夫聖人爲理，賢人輔之，魚水相資，安得不用？上自三五之主，至于霸王之君，開國建功，仗賢爲本。不尚者，矜徇誇衒之行也。賢人用則人自理，矜衒用則怨争興。不尚矜誇，自無怨争，不貴乎麗容珍貨，則人無貪求。乃合乎聖人虚心實腹、無知無欲之尚矣。

不尚賢，使民不争；

【注】尚賢有迹，徇迹則争興。使賢不肖各當其分，則無争矣。

【疏】尚，崇貴也。賢，才能也。人君崇貴才能，則有徇迹，徇迹則失真，失真必是尚賢之由，徇迹起交争之弊。不若陶之玄化，任以無爲，使雲自從龍，風常從虎，則唐、虞在位，不乏元、凱之臣；伊、吕升朝，自得台、衡之望。各當其分，人無覬覦，則不争也。

---

① “第三”，原作“第二”，據《老子》及上下文改。本書校勘所用《老子》，據上海古籍出版社影印《二十二子》本，以下不再注明。

【義曰】徇迹者，矯妄之謂也。尚賢之旨既興，矯妄之人必至。何者？賢難知也。詐而疑信，佞而疑忠，豈易辯哉？經云“智慧出，有大僞”，是則上好智，下應之以僞，上好賢，下應之以妄。不若正身率下，無爲御人，陶以太和，化以清静，則佐理之賢，則爲其用矣。乃雲龍風虎之謂也。“雲從龍、風從虎”者，《易·乾卦》孔子解九五之辭。九五飛龍在天，能廣感衆物，故叙水流濕，火就燥，雲從龍，風從虎，各隨其類，自相應感，以況帝王升九五之位，萬國來庭云。聖人作而萬物睹，本乎天者親上，本乎地者親下，此言水是陰，若流於地，必就濕處；火是陽，若焚於薪，必就燥處。言此二物，無識無情，爲氣相感，尚猶如此。又龍是水畜，雲是水氣，龍吟則景雲起；虎是威猛之獸，風是振動之物，虎嘯則谷風生。此二物是有識有情，與無識無情者因氣類同，亦相感如此。況聖人降世，飛龍在天，聖賢相須，萬物交感，故廣陳其事爾。“唐堯在位”者，帝堯號陶唐氏，姓伊祁，名放勛，帝嚳之子。母曰慶都，帝嚳之次妃，感赤龍而有孕，十四月而生堯。幼有聖德，十六歲，以唐侯即位。七十年，都於冀。年八十六，知子丹朱不肖，明揚側陋，廣求有德，遂舉舜而歷試之，聘以二女，用觀其德。二年，禪舜。舜即位二十八年而堯崩。堯壽一百一十七歲，葬於濟陰成陽里中。《謚法》曰：“翊善傳聖曰堯。”帝舜，有虞氏，顓頊之後，喬牛之孫，瞽叟之子。母曰握登，見大虹，意感而孕，生舜於姚丘，因爲姚氏，名重華。以孝聞，舉用，歷試二年，乃即帝位。二十八年而堯崩。舜年三十而徵用，歷試二年，攝位二十八年，服喪三年，爲天子五十年。巡狩南方，死於蒼梧之野，壽一百一十二年，命禹嗣位，葬於九疑之零陵。舜以其子商均不肖，不傳位於子。舜既入蒼梧不返，二妃望之，蒼梧九峰，處處相似，不知求舜之處，望皆疑之，泣竹皆斑，故號其山爲九疑。《書》云“舜陟方乃死”，《史》云“舜登遐”，蓋言舜升於高遠之處，而遂不迴。《道學傳》云：“堯爲太微真君，舜爲太極真君。”《九疑山記》云：“舜時降於山中。”此乃皆證位高真，差肩大聖，是則得道登遐，而爲神仙明矣。昔魚鳧游於湔山，飄然飛翥；望帝居於石紐，遽致超騰。軒皇升龍於鼎湖，夏禹乘飆於鏡水。《莊子·大宗師》云："狶韋氏得之，以挈天地；伏羲氏得之，以襲氣母；黄帝得之，以登雲天；顓頊得之，以處玄宫。"所以神農司於南極，殷湯莅於北玄，武丁位爲紫府，陽甲位爲蒼元，文王位爲太虚，武王位爲太平，康王位爲少華，穆王位爲九元，漢景位爲太一，漢文位爲通玄，八帝位爲八魁，漢武位爲玄成。此皆理國之君，登真得道，上列真官之任。則堯、舜登仙，固其宜矣。"元、凱之臣"者，即八元、八愷也。昔高辛氏有才子八人，伯奮、仲堪、叔獻、季仲、伯虎、仲熊、叔豹、季狸，忠肅恭懿，宣慈惠和，天下之人謂之八元。肅，敬也。懿，美也。宣，遍也。元，善也。高陽氏有才子八人，蒼舒、隤敳、擣戭、大臨、龍降、庭堅、仲容、叔達，齊聖廣淵，明允篤誠，天下之人謂之八凱。齊，中也。淵，深也。允，信也。篤，厚也。愷，和也。此十六族，世濟其美，不隕其名。堯不信用，舉舜爲堯臣，舉八元使布五教於四方。五教者，父義、母慈、兄友、弟恭、子孝。内平外成。高辛帝之後，八元其苗裔也，乃稷、契、朱虎、熊羆之倫也。舉八愷使主后土，乃揆百事，莫不時叙。地平天成。高陽，顓頊之號，八愷其苗裔也，及倕、①禹、咎繇、益之倫也。咎繇字庭堅是矣。卨作司徒，五教在寬，卨在八元中矣。禹作司空，平水土，后土地官，禹在八愷中也。内平者，内諸夏也。外成者，外戎狄也。舜舉十六族而天下理，外内和平。此《春秋·文公十八年》莒僕弑其君而奔魯，季孫行父使史克引此事以諫魯宣公也。伊、吕者，伊即伊尹，生於伊水之上，空桑之中，佐殷爲相，以輔太甲，謂之阿衡。其先伊摯，佐湯立社稷，致太平。伊尹之子伊陟，佐太甲之孫太戊。三臣之績，著於殷朝也。吕者，太公望也，姓姜，字子牙。釣於磻磎，獲大魚，剖之，得玉璜，中有兵鈐，子牙習之。年逾八十，周文王卜畋渭濱，其繇曰："非熊非羆，唯王者師。"遂畋，獲子牙，載之以歸。後以兵謀，佐武王克殷，肇興周業。初封於吕，或封於甫。故《尚書》穆王之時有吕

---

① "及"，據文義當作"乃"。

侯,或云甫侯,是其後也。太公既克紂,乃封國於齊。召康公命太公曰:"五侯九霸,汝實征之,以夾輔周室。"賜太公之履,東至于海,西至于河,南至于穆陵,北至于無棣。後桓公小白爲諸侯盟主。至春秋之末,其臣田和遂遷齊康公于海上,乃奪其國焉。"台、衡之望"者,天子置三公之宫,以象三台。三台六官者,太尉、司徒、司空、太師、太傅、太保也。三台六星,上、中、下台,各二星,在紫微之南,以拱衛帝座,起文昌,抵太微、天階,主三公九卿士庶,九州色明而行列相類,則君臣和,法令平。從上台至中台十六度,中台至下台十六度,二星間相去半度,拆則爲奢,狹則爲迫。又上星主天子,中星主伯子男狄人,下星主卿大夫。小匀而明白吉,摇動變色爲凶。一星去,天下危;二星去,天下亂;三星去,天下不可理矣。太師者,師範一人,儀刑萬國。太傅教以德義,太保保衛其身,太尉掌武統兵,司徒敬敷五教,司空主平水土。謂斯三公,上應三台也。阿衡者,阿,倚也;衡,平也。天子倚三公以平正天下。《尚書》云:"伊尹佐殷,爲阿衡也。"覬覦者,希望也。

不貴難得之貨,使民不爲盜;

【注】難得之貨,謂性分所無者。求不可得,故云難得。夫不安本分,希效所無,既失性分,寧非盜竊?欲使物任其性,事稱其能,則難得之貨不貴,性命之情不盜矣。

【疏】人之受生,所禀有分,則所禀材器,是身貨寶,分外妄求,求不可得,故云"難得"。夫不安性分,希慕聰明,且失天真,盡成私盜。今使賢愚襲性,能否因情,既無越分之求,自輕難得之貨。皆得性分,誰爲盜乎?故莊子曰:"不仁之人,決性命之情而饕貴富。"又解云:以人君不貴珠犀寶貝,則其政清静,故百姓化之,自絶貪取,人各知足,故不爲盜矣。

【義曰】人之生也,禀天地之靈,得清明沖朗之氣,爲聖爲賢;得濁滯煩昧之氣,爲愚爲賤。聖賢則神智廣博,愚昧則性識昏蒙。由是有性分之不同也。老君謂孔子曰:"易之生人,及萬物鳥獸昆蟲,各有奇偶,謂氣不同。而凡人莫知其情,唯達道德者能原其本焉。"文子云:"清氣爲天,濁氣爲地,和氣爲人。於和氣之間有明有暗,故有賢有愚。愚欲希賢,即越分矣;暗欲代明,即妄求矣。"此爲決性命之情而饕貴富,《莊子·駢拇》篇之詞也。夫貴富所以可饕,猶有尚之者,若乃無可尚之迹,則人安其分,將量力受任,豈直決已效彼,以饕竊非望哉?人君不貴珠犀寶貝之貨,下息貪人,人各自足,斯可謂不爲盜也。

不見可欲,使心不亂。

【注】既無尚賢之迹,不求難得之貨,是無可見之欲,而心不惑亂也。

【疏】希慕聰明,是見可欲。欲心興動,非亂而何?今既不崇貴賢能,亦不妄求越分,則不見可欲之事,而心不惑亂也。

【義曰】希慕,羨望也。性識有限而羨望聰明,是爲越分,名之爲欲。又修道之士,初階之時,願行未周,澄鍊未熟,畏見可欲,爲境所牽,乃栖隱山林,以避囂雜。及心泰志定,境不能誘,終日指揮,未始不晏如也。所謂小隱於山,大隱於鄽。未能絶欲,恐境所牽,仍栖遁山林,以避所見。及其澄心息慮,想念正真,外無撓惑之緣,内保恬和之志,雖營營朝市,名利不關其心;碌碌世途,是非不介其意。混迹城市,何損於修真乎?

是以聖人之治,

【疏】説聖人理國理身,以爲教本。夫理國者復何爲乎?但理身爾。故虚心實腹,絶欲忘知,於爲無爲,則無不理矣。

【義曰】天真皇人謂黄帝曰:"未聞身理而國不理者。夫一人之身,一國之象也。胸腹之位,猶宫室也;四肢之别,猶郊境也;骨節之分,猶百官也。神猶君也,血猶臣也,氣猶民也。知理身則知理國矣。愛其民,所以安國也;吝其氣,所以全身也。民散則國亡,氣竭則身死。亡者不可存,死者不可生。所以至人銷未起之患,理未病之疾。氣難養而易濁,民難聚而易散。理之於無事之前,勿追之於既逝之後。子勖之焉!"

虚其心,

【注】心不爲可欲所亂,則虚矣。

【疏】夫役心逐境,則塵事汩昏;静慮全真,則情欲不作。情欲不作,則心虚矣。《莊子》云"虚室生白",謂心虚則純白自生也。故曰"虚其心"也。

【義曰】惟道集虚,虚心則道集於懷也。道集於懷,則神與化游,心與天通。萬物自化於下,聖人自安於上,可謂至理之代矣。"虚室生白"者,《莊子·人間世》篇之詞也。室者,心也。視有若無,即虚心也。心之虚矣,純白自生。純白者,大通明白之貌也。《内觀經》云:"夫心者,非青非赤,非白非黄,非長非短,非圓非方,大包天地,細入毫芒,制之則止,放之則狂,清淨則生,濁躁則亡,明照八表,暗迷一方。人之難伏,惟在於心。"所以教人修道,即修心也;教人修心,即修道也。心不可息,念道以息之;心不可見,因道以明之。善惡二趣,一切世法,因心而滅,因心而生。習道之士,滅心則契道;世俗之士,縱心而危身。心生則亂,心滅則理。所以天子制官僚、明法度、置刑賞、懸吉凶以勸人者,皆爲心之難理也。無心者,令不有也;定心者,令不惑也;息心者,令不爲也;制心者,令不亂也;正心者,令不邪也;淨心者,令不染也;虚心者,令不著也。明此七者,可與言道,可與言修其心矣。

實其腹,

【注】道德内充,則無矜徇。亦如屬厭而止,不生貪求矣。

【疏】腹者,含受之義。足則不貪,欲使道德内充,不生貪愛,故云"實其腹"。注云"屬厭而止"者,《春秋傳》閻没、汝寬諫魏武子之詞也。欲以小人之腹爲君子之心，屬厭則足，而不貪也。

【義曰】夫心者嗜好無窮，腹者含受有足。心無窮故虚之，腹有足故實之。心虚則衆欲不生，腹實則貪求自止。懷忠信，抱質樸，可謂德充於内矣。《春秋》者，魯史記之名也。記事者以事繫日，以日繫月，以月繫時，以時繫年。年有四時，故錯舉以爲名也。天子有史官，諸侯有國史。楚謂之“檮杌”，晋謂之“乘”，魯謂之“春秋”。孔子述經，左丘明爲傳。起周平王四十八年、魯隱公元年、太歲丁巳，歲星在降婁，當晋鄂侯二年、衛桓公完十三年、蔡宣公考父二十八年、鄭莊公寤生二十二年、曹桓公終生三十五年、齊僖公禄父九年、楚武王達十九年、秦文公四十四年、宋穆公和七年、陳桓公鮑二十三年、燕穆公十八年，乃《春秋》之始年，至魯哀公十四年、周敬王三十九年、太歲戊午，凡二百四十二年，歷周一十四王，魯一十二公行事，當晋定公午三十一年、衛出公輒十二年、蔡成公怡十年、鄭聲公勝二十年、齊簡公嘉四年、楚惠王章八年、秦悼公十一年、宋景公頭曼三十六年、陳閔公越二十一年、燕敬公六年、吴夫差十五年，乃《春秋》獲麟絶筆之年也。其書凡三十卷，三十五萬二千二十五言，十九萬四千五百九十字本，十五萬七千九百六十六字解，晋征南將軍杜預字元凱注。閻没、汝寬諫者，《春秋·昭公二十八年》：“晋魏獻子舒爲政，以其子戊爲梗陽大夫。今晋陽也。冬，梗陽有獄，戊不能斷，以其獄上於獻子。訟人之太宗以女樂爲賂，魏子將受之。戊謂魏子二大夫閻没、汝寬曰：‘主以不賄聞于諸侯，若受梗陽之賄，貪莫甚焉。吾子必諫。’皆許諾。退朝，待于庭。饋入，魏子召二大夫食。比置，三嘆。既食，使坐。魏子曰：‘吾聞諸伯叔，諺曰惟食忘憂。吾子置食之間三嘆，何也？’同辭而對曰：‘他人賜二小人酒，不夕食。饋之始至，恐其不足，是以一嘆。中置，自咎曰：豈將軍食之，而以不足？是以再嘆。及饋之畢，願以小人之腹爲君子之心，屬厭而止。是以三嘆。’魏子辭梗陽之賄。”獻，謚也。疏云武子，則武子名顆，謚曰武。閻没、汝寬二大夫諫武子之言“願以小人之腹爲君子之心”，腹則易足，心則難滿。欲其息貪，不受梗陽之賂。小人腹飽，猶知厭足，君子之心，亦宜然矣。《春秋》美之。魏氏納諫，所以興也。

弱其志，

【注】心虛則志弱。

【疏】志者心之事，事在心曰志。欲令心有所行，皆守柔弱，故知心虛則志弱矣。

【義曰】《詩序》曰："在心爲志。"夫心之所起爲志，所行爲事。心既柔弱，則無險躁紛競之事，皆處和平矣。事和平，則爲理之本矣。

強其骨；

【注】腹實則骨強。

【疏】骨者體之幹。既其道德内充，常無貪取，不貪則腹實，腹實則骨強也。

【義曰】弱其志，則廉柔不犯於外；強其骨，則堅固有備於内。爲道之者筋骨堅強，百疾不能侵矣。腹實則骨強，和氣充也。理國者政清則民静，費省則力豐。民静者，志弱之謂也。力豐者，骨強之謂也。

常使民無知無欲，

【注】常使人無争尚之知，無貪求之欲。

【疏】聖人所以虛心實腹之教者，常欲使百姓無争尚之知、貪求之欲，令其自化爾。

【義曰】貪求則争起，有知則事興。争欲既無，清静自化矣。

使夫知者不敢爲也。

【注】清静化人，盡無知欲。適有知者，令不敢爲也。

【疏】無知無欲者，已清静矣，則使夫有知者漸陶淳化，不敢爲循迹貪求，而無爲也。

【義曰】下化於上，猶風之偃草，淳和普洽，則皆返無爲也。

爲無爲，則無不治矣。

【注】夫於爲無爲，而人得其性，是則淳化有孚矣。

【疏】夫得其性而爲之，雖爲而無爲也。且絶尚賢之迹，不求難得之貨，人因本分，物必全真，於爲無爲，復何矜徇？既無聲而無臭，人固不識而不知。淳風大行，誰云不理？

【義曰】無爲之理，其大矣哉！無爲者，非謂引而不來、推而不去、迫而不應、感而不動、堅滯而不流、捲握而不散也，謂其私志不入公道，嗜欲不枉正術，循理而舉事，因資而立功，事成而身不伐，功立而名不有。若夫水用船、砂用鋉、泥用橇、山用樏，夏瀆冬陂，因高而田，因下而池，故非吾所謂爲也，乃無爲矣。聖人之無爲也，因循任下，責成不勞，謀無失策，舉無遺事，言爲文章，行爲表則，進退應時，動静循理，美醜不好憎，賞罰不喜怒，名各自命，類各自用，事由自然，莫出於己，順天之時，隨地之性，因人之心，是則群臣輻輳，賢與不肖各盡其用。君得所以制臣，臣得所以事君。此理國無爲之道也。"無聲無臭"者，《詩・大雅・文王》篇也，言大道難知，耳不聞聲音，鼻不聞臭芳，儀法文王之事，則天下自信而順也。"不識不知"者，《詩・大雅・皇矣》篇，言人不識古，不知今，順天之法而行之者。此言天道尚誠實，貴性於自然，不尚賢貴貨，即合於此矣。

道沖而用之章第四

【疏】前章明貴尚不行，無爲則至理；此章明妙本之用，在用而無爲。首標道沖，示至虚之宗本；次云挫解，明沖用之釋紛。結以象帝之先，欲令盡知其趣爾。

【義曰】大道之用,其用不窮,廣包天地,細入毫髮,淡然自得,無虧無盈,行之於身則光塵混一,運之於内則紛鋭和平。綿乎億劫之前,乃居象帝之首。萬法之内,惟道可宗。故爲萬有所歸趣矣。趣,向也。

道沖而用之,或似不盈;

【注】言道動出沖和之氣,而用生成之功,曾不盈滿。云"或似"者,於道不敢定言。

淵兮似萬物之宗。

【注】淵,深静也。道常生萬物而不盈滿,妙本淵兮深静,故似爲萬物之宗主也。

【疏】沖,虚也,謂道以沖虚爲用也。夫和氣沖虚,故爲道用,用生萬物,物被其功。論功則物疑其光大,語沖則道曾不盈滿,而妙本深静,常爲萬物之宗。注云"或似"者,道非有法,故不正言爾。他皆仿此。

【義曰】道常謙虚而不盈滿,沖和澄淡,處乎其中,深玄寂静,爲物之主。故物失沖和之道必致害亡,人失沖和之道則至死滅,君失沖和之道則政擾民離,臣失沖和之道則名亡身辱。是以知沖和之道,萬物恃之以安,爲萬物之宗矣。語其及物之功,則光明遠大,求其妙本,則深静常虚。道非有法者,不可正言其有,而物皆有道也。仿,准效於此,不敢定言也。

挫其鋭,解其紛,

【注】道以沖和,故能抑止銛利,釋散紛擾。若俗學求復,則彌結矣。

【疏】挫,抑止也。鋭,銛利也。解,釋散也。沖虚之用,物莫之違，故銛利之心，多擾之事，念道沖和，自抑止釋散矣。此則約人以明道用。注云“俗學求復”者，《莊子・繕性》篇云：“繕性於俗，俗學以求復其初。”言銛利紛擾，因欲而生，故念道則挫解，俗學則彌結矣。

【義曰】理國用沖和之道，則無銛鋭之情以傷於物，無勞擾之事以傷於人。不傷於物，則萬國來庭，四夷向化，兵革不起，怨争不興，不尚於拓土開疆，淩弱暴寡矣；不傷於人，則使之以時，賦役輕省，家給人足矣。理身者解紛挫鋭，外無侵競，内抱清虚，神泰身安，恬然自適矣。“約人以明道”者，明人必資於道也。《莊子・繕性》篇云“俗學以求復其初”者，言人既理性於俗矣，而欲以俗學復性命之本，所以求者愈非其道也。“俗學則彌結”者，銛鋭之心，紛擾之事，不以道挫而解之，則拘於俗學，彌加結固，不可解也。俗學者，徇俗之學，非日損之道也。

和其光，同其塵，

【注】道無不在，所在常無，在光在塵，皆與爲一，一光塵爾，而非光塵。

湛兮似或存。

【注】和光同塵，而妙本不雜，故湛兮似有所存也。

【疏】道之沖用，於物不匱，在光則與光爲一，在塵則與塵爲一，無乎不在，所在常無。沖用則可混光塵，妙本則湛然不雜，故云“似或存”也。

【義曰】沖和之道，散被群生，泛然坦然，物無不在，可謂和光同塵矣。光者，明淨也。塵者，混亂也。有道之士，不介然標異，與衆同也。匱，乏也。道雖散被群生，至妙之本，凝寂沖虚，常不乏絶，故云常存也。

吾不知誰子，象帝之先。

【注】吾不知道所從生，明道非生法，故無父。道者，似存乎帝先爾。帝者，生物之主宰。象，似也。

【疏】吾者，老君自稱也。象，似也。老君云吾見至道沖用，生成萬物，尋責所以，不測由來，既無父道之人，故莫知道爲誰子。生物必資道，故似在乎帝先。注云“帝者，生物之主”，《易》云：“帝出乎震。”輔嗣云：“帝者，生物之主，興益之宗也。”又解云：兆見曰象。言此生物之帝，能兆見物象，故謂之象帝爾。

【義曰】帝者，萬化厥初，即有主宰，形象肇立，牧之以君，故言象帝。大道沖用，能生萬化，故在象帝之先也。老君大聖，豈不知至道之宗本耶？設此疑似之詞，用曉迷方之俗爾。亦如上大道不可正言義也。“帝出乎震”，《易·繫辭》也。震，東方卦也，少陽之氣，生化之源。今以太子居東宮少陽之位，御極爲出震之期，蓋取象天地生育萬物之始也。“兆見曰象”者，無形曰氣，兆形曰象，生物之首也。萬物之首，象帝居先，大道復在象帝之先，言其高遠也。然夫至道不終不始，孰知其先哉？亦強爲之容爾。《易》曰：“帝出乎震，萬物生也。齊乎巽，萬物潔齊也。相見乎離，聖人南面，向明而理也。致役乎坤，萬物致養也。説言乎兑，萬物所悦也。戰乎乾，陰陽相薄也。勞乎坎，萬物所歸也。成言乎艮，萬物終始也。”夫萬物出乎震而終乎艮，終而復始，循化無窮。而象帝者在此出震之先，道復先於象帝，故能爲生化之主、天地之元也。人君體道用心，志無滿溢，泉然澄静，以御萬方，外無銛鋭之争，下絶紛擾之事，和天光而燭物，含塵垢而居尊。其無爲之化，可齊乎象帝矣。

卷之九

唐廣成先生杜光庭述

天地不仁章第五

【疏】前章明妙本沖用，在用而無爲；此章明偏愛成私，偏私則難普。首標芻狗萬物，示天地之兼忘；次喻橐籥罔窮，明用虚而不撓；結以多言數窮，欲令必守中和。

【義曰】夫以仁爲仁則有執，不以仁爲仁則無私。帝王之視群生，猶天地之視萬物。萬物自生自化，天地不以爲功；群生爰居爰處，帝王不以爲惠。任妙氣以鼓鑄，任玄化以生成，乃爲至化矣。若言其仁惠，理或自窮。何者？天地之仁大矣，草木有冬榮夏枯；帝王之仁大矣，刑法有投荒用鉞。未若不以仁爲仁之大也。運彼沖和，守其清静，爲理身之要妙矣。

天地不仁，以萬物爲芻狗；聖人不仁，以百姓爲芻狗。

【注】不仁者，不爲仁惠也。芻狗者，結草爲狗也。犬以守禦，則有弊蓋之恩。今芻狗徒有狗形，而無警吠之用，故無情於仁愛也。言天地視人，亦如人視芻狗，無責望爾。嘗試論之曰：夫至仁無親，孰爲兼愛？愛則不至，適是偏私。不獨親其親，則天下皆親矣；不獨子其子，則天下皆子矣。是則至仁之無親，乃至親也。豈兼愛之乎？

【疏】仁者，兼愛之目也。芻，草也。謂結草爲狗，以用祭祀也。

《莊子》曰："師金謂顔回曰：'夫芻狗之未陳，巾以文綉。及其已陳，則庖者取而爨之。'"今天地至仁，生成群物，亦如人結草爲狗，不責其吠守之用，不以生成爲仁恩。故云不仁也。則聖人在宥天下，視彼百姓亦當如此。注云"弊蓋之恩"者，《禮記》孔子云："弊蓋不棄，爲埋狗也。""不獨親其親"，《禮運》文者也。

【義曰】古之祭法有爲人用者，皆象其形以列籩豆之間，故有芻狗之設矣。《莊子・天運》篇：孔子西游於衛。顔回字子淵，孔子弟子，魯人也，小孔子三十歲。二十九而髮白。孔子曰："自吾有顔回也，門人日益。"回以德行著名，居四科之首，孔子所以稱其賢也。三十二而早死，孔子哭之慟，故曰："苗而不秀，秀而不實，不幸短命死矣。"回，顔路之子也。回問師金："夫子之行奚如？"師金曰："惜乎，而夫子其窮乎！"顔回曰："何謂也？"師金曰："夫芻狗之未陳也，盛以篋衍，巾以文綉，尸祝齋戒以將之。及其已陳，行者踐之，樵者爨之而已。將復收於篋衍，必反爲怪。今夫子取先王已陳之芻狗，聚弟子而寶之。故伐樹於宋，削迹於衛，窮於商周，圍於陳蔡，是亦將鄰乎行者之踐、樵者之爨也。惜哉！"夫犬以吠守，今芻狗無吠守之用。天地之視萬物，聖人之視百姓，亦如芻狗，不責其吠守之能，不以仁恩之爲仁。不責其報，不彰其仁，是以不仁矣。人於狗也，有弊蓋瘞埋之恩。今於芻狗，亦無此恩矣。明聖人不以兼愛爲仁也。弊蓋者，《禮記・檀弓》篇曰："仲尼之畜狗死，使子貢埋之，曰：'吾聞之，弊帷不棄，爲埋馬也。君之路馬死，埋之以帷。弊蓋不棄，爲埋狗也。丘也貧，無蓋。於其封也，亦與之席，無使其首陷焉。恐其首直委於土也。'""不獨親其親"者，《禮運》篇云："大道之行，天下爲公。不獨親其親，不獨子其子。"泛愛於物，推公而行，不爲偏愛也。

天地之間，其猶橐籥乎；

【注】橐者，鞴也。籥者，笛也。橐之鼓風，笛之運吹，皆以虚而無心，故能動而有應。則天地之間生物無私者，亦以虚無無心故也。

虚而不屈，動而愈出。

【注】橐籥虚而不屈，撓動之而愈出聲氣，以況聖人心無偏愛，則無屈撓之時，應用不窮，可謂動而愈出也。

【疏】橐，鞴也，謂以皮囊鼓風以吹火也。籥，笛也。言天地能芻狗萬物者，爲其間空虚，故生成無私，而不責望。亦由橐之鼓風，笛之運吹，常應求者，於我無情，故能虚之而不屈，撓動之愈出聲氣，以況人君虚心玄默，淳化均一，則無屈撓，日用不知，故動而愈出也。

【義曰】橐乃皮囊以鼓風，籥乃竹管以運氣。橐鼓風，無籥不能運；籥運氣，無橐不能鼓。兩者相須而行，以明天地爲橐，五氣爲籥，含虚運動以生萬殊，而無屈竭矣。人君虚心用道，臣佐體君行化，如天地運五氣以不竭，則政無屈撓，四海和平也。動之愈出聲氣，言無窮也。"淳化均一"者，淳和之德，周被萬品。"日用不知"者，《易・繫辭》云："百姓日用而不知。"言百姓日日賴用此道以得生，而不知道之功力。蓋道冥昧，不以功爲功，故百姓用之而不知也。屈，竭也。

多言數窮，不如守中。

【注】多言則不詶，故數窮屈；兼愛則難遍，便致怨憎。故不如抱守中和，自然皆足矣。

【疏】多言者，多有兼愛之言也。多有兼愛之言，而行則難遍，故數窮屈不遂。是知不如忘懷虚應，抱守中和，則自然皆足矣。注云"不詶"者，詶，答也，謂空有其言，而行不詶答者也。

【義曰】多言多敗，多事多害，言之多也，謂或不應，故有窮屈矣。理國多言，謂政令。政令多出，朝令夕改，則謂數窮也。理身多言，其失可知也。故一言之失，駟馬不追，況多言之失，寧無辱乎？夫言者，離堅合異，反白爲黑。防人之口，甚於防川，不可不慎也。不如默守中和，於國不煩其政令，於身不招其恥辱。愛氣希言，守德於中，行不言之教，斯爲美善矣。

谷神不死章第六

【疏】前章明兼愛成私，偏私則難普；此章明至虛而應，其應則不窮。首標谷神，寄神用以明道；次云玄牝，辯玄功之母物；結以綿綿微妙，示虛應則不勤勞也。

【義曰】神者，陰陽不測之謂也，虛而能應，感而遂通。或以谷養爲言，養神則契乎不死；或以響應爲説，應物則如神不窮。玄牝則吐納元和，鍊神鍊氣，形氣長久，天地齊靈，綿綿永存，長生之道也。

谷神不死，

【注】谷者，虛而能應者也。神者，妙而不測者也。死者，休息也。谷之應聲，莫知所以，有感則應，其應如神，如神之應，曾不休息。欲明至道虛而生物，妙用難名，故舉谷神以爲喻説也。

是謂玄牝。

【注】玄，深也。牝，母也。谷神應物，沖用無方，深妙不窮，能母萬物，故寄谷神玄牝之號，將明大道生畜之功也。

【疏】谷神者，明谷神之應聲，如道之應物，有感即應，其應如神。神者不測爲名，死以休息爲義。不測之應，未嘗休息，故云“谷神不死”。玄，深也。牝，母也。谷神之應，深妙難名，萬物由其茂養，故云“是謂玄牝”。

【義曰】谷神之義，響應若神，分爲三別：第一謂谷神之含虛，有聲則應，道之體無，修之則得。第二謂神無形，有祈則赴感；道無象，修之則長存。第三謂響在谷，無聲則不應；道在身，不修則不成。不死者，非謂死生之死，是休息之死。若謂養身，解之則爲死生之死。一謂養神，則長生不死；二謂響應無休歇，爲休歇之死。夫玄，天也，於人爲鼻。牝，地也，於人爲口。元和之氣，慧照之神，在人身中，出入鼻口，呼吸相應，以養於身，故云谷神也。又天之五氣,從鼻而入,其神曰魂,上與天通;地之五味,從口而入,其神曰魄,下與地通。言人食氣則與天爲徒,久而不已,可以長生,陽鍊陰也;食味則與地爲徒,久而不已,生疾致死,陰鍊陽也。老君令人養神寶形,絶穀食氣,爲不死之道。故云玄牝門,天地根也。

玄牝之門,是謂天地根。

【注】深妙虚牝,能母萬物,萬物由出,是謂之門。天地有形,故資稟爲根本矣。

【疏】玄牝之用,有感必應,應物由出,故謂之門。天地,有形之大者爾,不得玄牝之用,則將分裂發泄,故資稟得一,以爲根本。故云"是謂天地之根"。根,本也。

【義曰】非獨人資玄牝運氣,乃得長生,天地之大,亦須資道氣運養,乃能清寧無改矣。下經云:"天無以清,將恐裂;地無以寧,將恐發。"天地失道,尚有傾淪發泄之變,況於人身而不守中存一乎?

綿綿若存,用之不勤。

【注】虚牝之用,綿綿微妙,應用若存,其用無心,故不勤勞也。

【疏】綿綿者,微妙不絶之意也。虚牝之用,應物無私。微妙則稱其若存,無私故用不勤倦爾。

【義曰】天地任氣自然,故長存也。人鼻口呼吸,當綿綿微妙,若可存,復若無有,不當煩急勞倦也。理國之道,政令所行,亦當寬以濟猛,猛以濟寬,所以政寬則民怠,令猛則民殘。能以清寧之道以理天下,人無動用勤勞之事,則下民親附,祚曆延長,綿綿常存,若瓜瓞葛虆之長永也。故云"綿綿若存,用之不勤"也。

天長地久章第七

【疏】前章明谷神虚應,虚應即不窮;此章明天地無私,無私故長久。首則標天地以爲喻,次則舉聖人以轉明,結以無私成私,蓋將欲勸勤此行。

【義曰】前章明玄化運氣,天地任之以自然。此標天長地久,以契任自然之用。聖人之理,亦當體天地之用,則人安國寧。天地不以其私,故能長久。聖人無私用道,萬物歸矣。

天長地久。

【注】此標天地長久者,欲明無私無心,則能長能久。結喻成義,在乎聖人後身外身、無私成私爾。

【疏】此標章問也。天以氣象故稱長,地以形質故稱久。

【義曰】老君將明天地長久之義,以教理世之君。故於章首自舉其問。"天以氣象"者,《列子》云:"天,積氣也,無處無氣;地,積塊也,無處無塊。"積氣爲象,象虛也;積塊爲形,形實也。《易·繫辭》曰:"在天成象,在地成形,變化見矣。"上象下形,故能變化,孳生萬物也。

天地所以能長且久者,以其不自生,故能長生。

【注】天地生物,德用甚多,而能長且久者,以其資稟於道,不自矜其生成之功故爾。

【疏】前句標問,此假答云:天地所以能長且久者,以其覆載萬物,長養群材,而皆資稟於妙本,不自矜其生成之功用,以是之故,長能生物。又解云:不自生者,言天地但生養萬物,不自饒益其生,故能長生。

【義曰】老君將明此長久之義,自設其問,亦如文章家亡是公子、烏有先生、東郭主人之例也。立理發問,因自答之,以顯其事爾。爲前句既問天長地久,此句方答云:以天地運元和沖用之氣,生育群品,群品得生,天地不恃其德,不有其功,故能長久。若恃其功,則功細矣;若恃其德,其德薄矣。不恃故德廣功大,萬物歸宗,而天地長久也。人君理國,當法天行化，任物無爲，衆庶熙熙，自臻平泰。理身無勞心役慮之事，無矜名徇欲之功，神安於中，氣和於内，如此則國祚長遠，身壽遐延。亦如天地無私，乃能長久也。

是以聖人後其身而身先，外其身而身存。

【注】後身則人樂推，故身先；外身則心忘淡泊，故身存。

【疏】是以聖人效天地，覆載必均，養而無私，故推先與人，百姓欣賴，爲下所養，故身先也；不自矜貴而外薄其身，天下歸仁，則無畏害，故身存也。

【義曰】理國不矜貴以有爲，不勞人以自奉，所謂後身、外身也。太古之君，志包天地，澤及天下，而不知其誰氏。其生無爵，不有其位也；其死無謚，不多其功也。其實不聚，其名不立，天下樂推，萬物欣戴，可謂後身而身先，外身而身存也。代之衰也，其君則不然。恣身之欲而役於人，殫人之力以奉其己，人勞政弊，天下去之。此所謂失外身、後身之道也。豈若碎琥珀之枕，焚雉頭之裘，罷一臺之費，卻千里之馬，德垂當代，名光竹帛乎？修身之士，不嗜榮爵，外其身也；不爲躁進，後其身也。如此，則身存而德充，德充則人服，可謂身先身存矣。反於此者，道遠乎哉！

非以其無私邪？故能成其私。

【注】天地忘生養之功，是無私而能長且久，是成私。聖人後外其身，是無私而能先能存，是成其私也。

【疏】天地所以長久，聖人所以先存者，非以其無自私之心，故能成此長久先存之私已乎？

【義曰】聖人之理也，任自然之化，無獨見之專，不厚其生，不伐其善。不爲天下之先，故能處人之上；不爲天下之貴，故能享祚久長。所以億兆宅心，夷蠻稽顙，干戈止息，宗廟安寧。此之爲私也大矣。由其不以私爲私，故成此光大。理身則德充人服，道契神明，享壽長生,其私大矣。亦由其不以徇私逐欲,成此大私也。《靈寶經》云:居世之人,貪歡逐欲,前樂後苦。何哉?極而逸樂,而墜於三塗也。學道之士,絶利忘名,寒栖鍊行,終得仙道,先苦後樂。何者?積其功行,升乎九天也。

卷之十

唐廣成先生杜光庭述

上善若水章第八

【疏】前章明天地無私，生成則能長久；此章明至人善行，柔弱故無尤。首標若水，示三能之近道；次云居地，盡七善之利物；結以不争，勸守柔以全勝也。

【義曰】夫水之爲德也，柔弱平和，居順處下，隨時壅决，任器方圓，流作泉源，散爲霧露。凡物失之則死，得之則生，擊之無傷，執之無有，所以不及於道者，水有形而道無形也。雖有形爲礙，其於利物之德，謙沖之用，近於道矣。老君舉水爲喻，以勸修道之人，欲令體七善三能，修身理國，兼以不争之德，故無尤過之事矣。

上善若水。

【注】將明至人上善之功，故舉水性幾道之喻也。

【疏】上善，標人也。若水者，喻也。至人虛懷，①於法無住，忘善而善，是善之上。上善若水行，如水之能，具在下文，皆含法

---

① "人"字原無，據《唐玄宗御制道德真經疏》(十卷本)補。本書校勘所用《唐玄宗御注道德真經》《唐玄宗御制道德真經疏》(十卷本)，均據文物出版社、上海書店出版社、天津古籍出版社三家影印《道藏》本，以下不再注明。

喻也。

【義曰】上善之士,體道修心,應變隨時,縱横利物。老君欲顯上善之德,以勸後學之人,以水與道相鄰,故舉水爲喻。上善有善而忘其善,如水之不矜其功。水不矜功,其功益大;善不伐善,其善益彰。既大且彰,爲善之上矣。上惟南面之主,下洎栖巖之人,能如水焉,必得道矣。法喻者,以水爲喻,以道爲法,以上士爲能行之人也。

水善利萬物而不争,處衆人之所惡,

【疏】水性甘涼,散灑一切,被其潤澤,蒙利則長,故云善利。此一能也。

【義曰】甘者,水之味也。涼者,水之體也。水爲氣母,王於北方,以潤下爲德,其色黑,其性智,其味鹹,其數六。北方者,陽德之始,陰氣之終也。生數一,與道同也。道亦爲一,即無一之一;水亦爲一,即有一之一也。無一之一爲道之體,有一之一爲道之用,則明水者,道之用也。一切物類,皆資潤澤而得生成,以能潤,故耐生萬物,故處三能之首也。

【疏】天下柔弱,莫過於水,平可取法,清能鑑人,乘流值坎,與之委順,在人所引,嘗不競争。此二能也。

【義曰】柔弱者,水之德也。《德經》第四十一章云:"天下柔弱,莫過於水。"重舉水德,以勸守柔矣。夫其水也,居平則不流,法以平恕爲本,故可取法也。水之不流,静能鑑物,故曰人莫鑑於流水,而鑑於止水,以其清且静也。水性平也,故值不平則逝,值坎澤則止。東西南北,隨引所行,不與人争,無所不可。校量衆德,又云不及生物之功,故次之二能也。

【疏】惡居下流,衆人恒趣,水則就卑受濁,處惡不辭。此三能也。

【義曰】人之性也,徇常者衆,謙順者寡。好居上位,惡處下流。唯夫水也,處下不争,居污不辱。比前之德,前德爲勝,故爲三能也。

故幾於道。

【注】幾,近也。

【疏】利物明其弘益,不争表其柔弱,處惡示其含垢。此水性之三能。唯至人之一貫其行,如此去道不遐,故云"近"爾。

【義曰】以前三能,故近於道。人君能宣弘益之德,秉謙沖之心,體含垢之行,則天下太平矣。理身者功務及物,柔以制性,處濁順俗,委迹謙光,則神仙可冀矣。

居善地,

【注】上善之人,處身柔弱,亦如水之居下,潤益一切,地以卑用,水好下流。

【疏】至人所居,善能弘益,如水在地,利物則多。又地道用卑,水好流下,同至人謙順,幾道性之柔弱,故云"居善地"。

【義曰】此明處下樂卑,爲安國存身之道也。天以清浮,故用其高;地以濁厚,故安其下。《易》曰"天尊地卑"、"卑高以陳",又云"地道卑而上行",則水順下而處卑,同至人之謙德矣。

心善淵,

【注】用心深静,亦如水之泉渟也。

【疏】至人之心,善於安静,如水之性,湛爾泉渟。水静則清明,心閒則了悟。泉深静也,故云"心善淵"。

【義曰】此明澄静清虚,爲潔己洗心之術也。"臣心如水,臣門如市",斯之謂歟?

與善仁,

【注】施與合乎至仁,亦如水之滋潤品物也。

【疏】至人弘濟,常以與人。善施之功,合乎仁行,如水潤澤,無心愛憎，故云“與善仁”。

【義曰】此明潤澤品物，爲博施濟衆之行也。既以與人己愈有，既以與人己愈多，亦斯義矣。

言善信，

【注】發言信實，亦如水之行險不失其信矣。

【疏】上善之人，言必真實，引化凡庶，善信不欺，如彼泉流，豈殊坎險？故云“言善信”。注云“行險而不失其信”者，《周易·坎卦》之詞也。

【義曰】此明信實無欺，爲真常審諦之教也。“行險不失其信”者，《周易·坎卦》曰：“習坎，重險也。水流而不盈，行險而不失其信也。”夫理國長民，率身從道，言必信實，可以動天地，感神明，所以善惡之詞，興於一室之中，應乎千里之外。此信之至也。孔子云：“去食去兵而存乎信。”至哉言乎！

政善治，

【注】從政善理，亦如水之洗滌群物，令其清淨也。

【疏】政，正也。至人於事，動合無心，正容悟物，物因從正。正則自理，非善而何？如彼水性，洗滌群物，令其清淨，故云“善理”。

【義曰】此明真正化物，爲革凡成聖人法也。“正容悟物”者，《莊子·田子方篇》：“子方名無擇，侍坐於魏文侯。文侯師子夏，而友子方。子方數稱谿工之道，文侯以爲谿工，子方之師也。子方曰：‘非也，無擇之里人耳。稱道數當，故無擇稱之。無擇之師，東郭順子也。其爲人也，人貌而天虚，緣葆真，清而容物。物無道，正容以悟之，使人心意也銷。無擇何足以稱之！’”此所謂物之失道，東郭順子正其容儀，心冥于道，物睹自悟邪？志盡銷，亦可謂不言而化，不化而行。真道也哉！

事善能，

【注】於事善能因任，亦如水之性，方圓隨器，不滯於物。

【疏】至人圓明，於物無礙。凡有運動，在事皆通。通則善能，是名照了。如彼水性，決之爲川，壅之爲池，浮舟涵虚，無所不爲，是善也。

【義曰】此明因機任物，爲變應圓通之用也。水以方圓任器，壅決隨時，故能習海浮天，且廣且大。人君垂裳理物，委任賢良，用之不疑，各得其職，可以無爲而理，臻乎泰寧之治矣。

動善時。

【注】物感而應，不失其時，亦如水之春泮冬凝矣。

【疏】至人之心，喻彼虚谷，方之鏡象，物感斯應，如彼水性，春泮冬凝，與時消息，故云"動善時"。

【義曰】此明出處從時，爲守道保生之戒。泮，散也。春布陽和，層冰釋散，冬有寒沍，流水堅凝，水之順時也。理國之道，理身之方，舒卷任時，因物之性，則至理矣，則保生矣。

夫唯不争，故無尤。

【注】上善之人，虚心順物，如彼水性，壅止決流，既不違迕於物，故無尤過之地。

【疏】尤，過也。至人善行，與物無傷，虚心曲全，未曾争競，波流頽靡，委順若斯，曾不違迕於物，故無尤過之地矣。

【義曰】不争之德，德之先也。凡人之性，不能無争。爲争之者，其事衆也。亂逆必争，暴慢必争，忿恚必争，奢泰必争，矜伐必争，勝尚必争，違愎必争，進取必争，勇怯必争，愛惡必争，專恣必争，寵嬖必争。王者有一於此，則興師海内；諸侯有一於此，則兵交其國；卿大夫有一於此，賊亂其家；士庶人有一於此，則害成於身。皆起於無思慮，慾禮法，不畏懼，不容忍，争乃興焉。故争城者殺人盈城，争地者殺人滿野。必當察起争之本，塞爲争之源，無不理矣。語曰："君子無所争。"又曰："在醜不争。"下經曰："聖人之道，爲而不争。"不争之德，何過之有哉？虚心者，虚心無欲也；曲全者，曲己全人也；波流者，任性自適也；頹靡者，放曠無滯也。波流者，《莊子·應帝王》篇云："變化頹靡，世事波流，無往不同矣。"委順者，委心順道也。體兹七善，遵彼三能，國泰長生之要也。

持而盈之章第九

【疏】前章明至人善行，柔弱故無尤；此章明凡俗溺情，驕盈故有咎。首標持盈揣鋭，示其難保；次云金玉富貴，戒在貪求；結以名遂身退，令忘功而不處也。

【義曰】前章舉水爲喻，顯明修學之行。此以持盈爲首，更彰貪滯之非，欲使忘功退身，以符至人之美爾。

持而盈之，不如其已。

【注】執持盈滿，使不傾失，積財爲累，悔吝必生，故不如其已。已，止也。

【疏】持，執也。盈，滿也。已，止也。言人心貪愛，求取無厭，執守保持，更令盈滿，積財爲累，悔吝必生，故聖戒云不如休止。

【義曰】持盈之喻，凡有四義：一者堅持欲心，至於盈滿；二者保持世財，至於盈滿；三者執持惡行，至於盈滿；四者持權恃禄，至於盈滿。大凡知進忘退，不念善道，執滯不迴，以至盈滿者，皆當有報。欲心盈滿者，得羸疾傷生報；世財盈滿者，得攻劫侵奪報；惡行盈滿者，得刑危殘害報；權禄盈滿者，得傾覆淪滅報。所以老君戒之，不如休止。不休不止，斯報必驗。

揣而鋭之，不可長保。

【注】揣，度也。鋭，銛利也。揣摩鋭利，進取榮名，富貴必驕，坐

招殃咎，故不可長保也。

【疏】揣，量度也。鋭，銛利也。凡情滯溺，貪求榮利，故揣量前事，銛鋭欲心，鬼瞰人怨，坐招殃咎，故不可長保也。

【義曰】夫王者鋭於開疆拓土，則人怨國亡；人臣鋭於貪利圖名，即身危禍及。縱或苟得，安能長久？況進無所補，退有憂患。故云“不可長保”。

金玉滿堂，莫之能守。

【注】此明盈難久持也。

【疏】假使貪求不已，適令金玉滿堂。象既有齒而焚身，雞亦畏犧而斷尾。且失不貪之寶，坐貽致寇之憂，以其賈害，豈云能守？此覆釋“持盈”也。

【義曰】假令明能揣度鋭解，貪求金玉珍奇，滿堂潤屋，必致攻奪之害，豈能保而守之乎？況人生有限，情欲無厭，既不救其死亡，豈能保乎金玉？“象有齒而焚身”者，《春秋·襄公二十四年》：“晋范宣子爲政，諸侯之弊重，鄭人病之。二月，鄭伯如晋，子産寓書於子西，以告宣子曰：‘子爲晋國，四鄰諸侯不聞令德，而聞重弊，僑也惑之。僑聞君子長國家者，非無賄之患，而無令名之難。夫諸侯之賄聚於公室，則諸侯貳。若吾子賴之，則晋國貳。注：貳，離也。諸侯貳，則晋國壞；晋國貳，則子之家壞。何没没也？將焉用賄？夫令名，德之輿也。德，國家之基也。無壞，亦無是務乎！有德則樂，樂則能久。《詩》云：“樂只君子，邦家之基。”有令德也夫！恕思以明德，令名載而行之，是以遠至邇安。無寧使人謂子“子實生我”，而謂子“浚我以生”乎？注：浚，取也，言取我財以自生。象有齒以焚其身，賄也。’宣子悦，乃輕弊。是行也，鄭伯朝晋，爲重弊故也。”“雞斷尾”者，《春秋》周景王子子朝之傅賓孟適郊，見雄雞自斷其尾，嘆曰：“犧牲之用，存乎全而肥碩。今自斷其尾，使己不全，冀免爲犧之用。雞之保其身也如此，況於人乎？貪利而忘其身，智不及雞矣。”“不貪之寶”者，鄭人有得玉，獻於子罕，曰："此寶也，將以獻之。"子罕曰："汝以玉爲寶，我以不貪爲寶。我若取玉，俱喪寶矣。不如兩全之。"遂不受玉。"致寇"者，《易·解卦》九三辭曰："負且乘，致寇至。"負者，小人之事也。負擔於物，合是小人。乘者，君子之器也。今小人捨負擔而乘車，是小人而乘君子之器矣，故竊盜之人思奪之矣。

以下原闕。①

鳥盡而良弓藏，狡兔死而獵犬烹，勢使然也。范蠡扁舟而脱禍，文種固位而喪身，此之謂矣。日中則昃，月滿則虧，暑往即寒來，春榮即秋落，天道然也。人能體盈虚於天道，忘成遂之功名，子房絶粒以優游，疏廣解印而高尚，固無上蔡、華亭之追痛矣。況乃居九五之位，臨億兆之人，光宅萬方，廊廡四海，而不守持盈滿堂之戒乎？

---

①《道藏》洞神部玉訣類才字號收録有四卷本《唐玄宗御制道德真經疏》(非十卷本《唐玄宗御制道德真經疏》)，學者多認爲是《道德真經廣聖義》的節選本，而非唐玄宗的御制。該書"持而盈之章第九"末云："功成名遂。義曰：御災除患曰功，富貴尊榮曰名，高鳥盡而良弓藏，狡兔死而獵犬烹，勢使然也。范蠡扁舟而脱禍，文種固位而喪身，此之謂矣。日中則昃，月滿則虧，子房絶粒以優游，疏廣解印而高尚，固無上蔡、華亭之追痛矣。"根據此段文字以及《唐玄宗御注道德真經》、《唐玄宗御制道德真經疏》，此處缺文大致如下：

富貴而驕，自遺其咎。

【注】此明鋭不可揣也，驕猶心生，故咎非他與。

【疏】遺，與也。富則人求之，故便欺物；貴則人下之，故好凌人。驕奢至而不期，殃咎來而誰與？因驕獲咎，驕自心生，故云"自遺"爾。此復釋"揣锐"也。

【義曰】(不详)

功成名遂身退，天之道。

【注】功成名遂者，當退身以辭盛，亦如天道虚盈有時，則無憂患矣。

【疏】此舉戒也。夫滿則招損，謙便受益。惟彼天道，尚不常盈，故功成者隳，名遂者虧。欲求长保，未聞斯語。當須忘功與名，退身辭盛，如彼天道，不失盈虚，則無憂責矣。

【義曰】御災除患曰功，富貴尊榮曰名，高……

卷之十一

唐廣成先生杜光庭述

載營魄章第十

【疏】前章明縱欲溺情，驕盈故有咎；此章明養神愛氣，不雜則無疵。“營魄”以下至“滌除”，戒修身所以全德；“愛人”以下至“明白”，示德全可以爲君；結以“生之畜之”，表玄功之被物也。

【義曰】此章明抱一之利，以表前揣鋭之非。抱一則神全魄安，揣鋭則盈而必覆。至於致柔玄覽之妙，愛人理國之規，同大道生畜之功，顯匡翼玄深之德。

載營魄抱一，能無離乎？

【注】人生始化曰魄，既生魄，陽曰魂。魄則陰虚，魂則陽滿。言人載虚魄，常須營護復陽，陽氣盈滿則爲魂。魂能運動，則生全矣。一者，不雜也。復陽全生，不可染雜，故令抱守淳一，能無離身也。

【疏】載，初也。營，護也。言人受生始化，但有虚象魄。然既生，則陽氣盈滿虚魄。魄能運動則謂之魂，如月之魄，照日則光生。故《春秋》子産曰：“人生始化曰魄，既生魄，陽曰魂。”言人初載虚魄，當營護陽氣，常使盈滿，人則生全。若動用不恒，敗散陽氣，復成虚魄而死滅也。《莊子》曰：“近死之心，莫使復陽。”故令營護虚魄，使復陽生全也。抱守淳一，不令染雜，無離乎身，則生全矣。此教養神也。

【義曰】載,運載也。言人之身,神氣所居,魂魄所舍。以身運載,如車載物。《西升經》云:"身者,神之車也。"既以喻車,固當運載矣。虚魄者,陰氣有象,人之形也;陽氣無形,人之神也。形之具矣,而陽氣未附,則塊然無知,如頑石枯木。陽氣既降,即能運動。故以形爲魄,魄屬陰也;以神爲魂,魂屬陽也。凡人有纖毫之陽氣未盡,不至於死;有纖毫之陰氣未盡,不至於仙。所以鍊陰氣盡,即超九天而爲仙,仙與陽爲徒也;鍊陽氣盡,則淪九泉而爲鬼,鬼與陰爲徒也。故當保守陽魂,營護陰魄,以全其生。抱一者,守道也。拘魂制魄,守道爲基。今人守道拘制,能無離乎? 虚象者,形質始具,謂之虚象。象,似也。如月之魄,照日則光生。《天元經》云:月本陰氣,有象而無光。日者太陽之精,常循黄道而東行,一日一夜行一度有奇,一度二千九百三十二里。月者太陰之精,其狀也圓,其質也清。禀日之光而見其體,日所不照則謂之魄。常循黄道東行,或出黄道表,或入黄道裹。行有遲疾,其極遲日行十二度十九分之二,平行一十三度三十七分,極疾日行十四度九分度之十三。遲則涉疾,疾則復遲,二十七日五十二分,日則四百一十七分,則遲疾之終也。終而復始。每月朔,與日同度,謂之合朔。月疾而日遲,故三日哉生魄,三日之外其光漸生。二弦之日,日照其側,人觀其傍,故半明半魄。晦朔之日,日照其表,人在其裹,故不見月。日望之日,日月相望,人居其間,以觀其明,故形圓而光滿。月望而晨見東方,謂之側,行遲也。月晦而夕見西方,謂之朓,行疾也。《天對》曰:沖其光如日,日光不極謂之暗虚。暗虚值月則月蝕,值星則星亡。日月朔,望行於中道,則值暗虚而蝕。日月各周圓三千里,徑一千里也。"人始化曰魄"者,《春秋·昭公七年》:初,鄭伯有爲政,駟帶殺之。鄭人相驚曰:"伯有至矣。"或夢伯有介曰:"壬子,余將殺帶。明年殺段。"於是,壬子,駟帶卒。明年,公孫段卒。鄭人益懼,或問子産曰:"伯有猶能爲鬼乎?"子産曰:"人生陰曰魄,陽曰魂。用物精多,則魂魄強。匹夫匹婦強死,而魂魄猶能憑依於人,以爲淫厲,況伯有三世執其政柄,而強爲鬼神,不亦宜乎?"伯有乃穆公之冑，子良之孫、子耳之子。故曰三世。子産立其子良止以撫之，乃止。“近死之心莫使復陽”者，《莊子·齊物》篇之辭也，以其利患生禍、陰結遂志有如此者也，蓋南郭子綦答子游天籟之旨爾。淳一者，淳和也。不雜者，除垢止亂，無令雜也。老君明此營魄守一之旨，以教人養神也。《上清隱書》有鬱儀奔日、結璘奔月之道，存日月中，各有五帝，呼日月内諱，想五帝形服，來降於己，乃吞日月之華，得其道者，與日月同壽。又有拘魂制魄之道，常以月三日、十三日、二十三日，存心中赤氣變化，而呼三魂之名，胎光、爽靈、幽精，乃密咒拘魂；又以月朔月望月晦之日，存鼻端白氣變化，而呼七魄之名，尸狗、伏矢、雀陰、吞賊、除穢、臭肺、非毒，乃密咒制魄。各有存念咒術，具上清品中。久久行之，可以輕舉。此太上營護虚魄、度世長生之道也。

專氣致柔，能如嬰兒乎？

【注】專一沖氣，使致和柔，能如嬰兒，無所分别矣。

【疏】專，專一也。沖氣，沖和妙氣也。人之受生，沖和爲本。若染雜塵境，則沖氣離散，神不固身。故戒令專一沖和，使致柔弱，能如嬰兒，無所耽著乎？此教養氣也。

【義曰】嬰兒未知，孩偶答對，專任沖和之氣，外無染雜，内無思慮，隨氣柔弱，故沖氣不散。守道之士，當如嬰兒，無染雜思慮，使神不離身。《西升經》曰：“哀人不如哀身，哀身不如愛神，愛神不如含神，含神不如守真。守真，長久長存也。”又曰：“神愛人，人不愛神。”是以老君教人養神養氣也。

滌除玄覽，能無疵乎？

【注】玄覽，心照也。疵，瑕，病也。滌除心照，使令清静，能無疵病乎？

【疏】滌者，洗也。除，理也。玄覽，心照也。疵，病也。人之耽染，爲起欲心，當須洗滌除理，使心照清静，愛欲不起，能令無疵病乎？此教人修心也。

【義曰】心之照也，通貫有無，周遍天地，因機即運，隨境即馳。不以澄静制之，則動淪染欲；既滯染欲，則萬惡生焉；萬惡生，則疵病作焉。老君戒令洗滌除理，翦去欲心，心照清静，則無疵病。《西升經》曰："生我者神，殺我者心。"故使制志意、遠思慮者，是謂教人修其心也。

愛民理國，能無爲乎？

【注】愛養萬民，臨理國政，能無爲乎？當自化矣。自上營魄皆教修身，身修則德全，故可爲君也。

【疏】愛民者使之不暴卒，役之不傷性；理國者務農而重穀，事簡而不煩。則人安其生，不言而化矣。此無爲也。能爲之乎？

【義曰】生民者，國之本也；無爲者，道之化也。以無爲之化，愛育於人，國本固矣。政虐而苛，則爲暴也；賦重役煩，則傷性也。使之不以時，則妨農也；不務儉約，則賤穀也。此教以理國也，爲君之體，以道爲基，以德爲本。失道喪德，何以君臨？此老君教以理國之要也。

天門開闔，能爲雌乎？

【注】天門，曆數所從出。開闔，謂理亂。言人君應期受命，能雌柔守静，則可以永終天禄矣。又解云：《易》曰"一闢一闔謂之變"，言聖人撫運，應變無常，不可以雄成而守雌牝，亦如天門開闔，虧盈而益謙矣。

【疏】修德可以爲君，爲君須承曆數，即天門者，帝王曆數所從出也。開謂天受，闔謂廢黜。天降寶命，以祚有道，能守雌柔，可享元吉，故云"能爲雌乎"。

【義曰】修愛民理國之事，爲垂衣南面之君，猶須恭己奉天，以順曆數。曆數者，謂受命之曆，五運之數也。舜命禹曰："天之曆數在爾躬。"天禄永終，謂曆數在躬，以承天命，故可大寶愛之，謂之寶命。自天而授，故謂受命於天。《易·繫》曰"聖人之大寶曰位"是也。天門開，則降非常之瑞，或黄星動彩，赤伏表符，紫氣充庭，五星聚井，流虹貫月，火電繞樞，然後稟岳降賢，誕星命輔，以佐佑之。故應天順人，拯物除害，而承曆數以有天下也。及乎臨御失所，刑政乖宜，衆叛親離，兵交禍起，逆亂生於下，氣象見於上，日實天開，山崩川竭，災凶蜂起，而國亡矣。是天門闔也。"一闢一闔之謂變"者，《易·繫辭》云謂開閉相循、陰陽遞至、倚伏之義也。"虧盈而益謙"者，《易·謙卦》辭。虧謂減損盈滿而增益謙退，若日中則昃，月盈則虧其盈也。盈既虧減，謙則受益，倚伏之勢矣。老君戒人君既受命臨人，當以雌静、柔和、無爲、清簡之政，順膺天數，以牧萬方矣。又《易·繫》云"闔户謂之坤"，坤，陰也，闔，閉藏也，凡物先藏而後出，若室之開闔其户，故云闔户也。"闢户謂之乾"，乾，陽也，闢，吐生也，在陽則舒，陽能吐生萬物，若室之開其户也。亦解闔爲暗昧，闢爲昭明也。"不可以雄成"者，《莊子·大宗師》曰"不逆寡，不雄成"，謂不恃其成而處物先，當守雌静以化也。

明白四達，能無知乎？

【注】人君能爲雌静，則萬姓樂推。其德明白，如日四照，猶須忘功不宰，故云"能無知乎"。

【疏】帝王既受曆數，臨御萬方，若能守雌静，則其德明白，如日之照，四達天下，功被於物，不以爲功，所謂忘功若無知者，故云"能無知乎"。

【義曰】明白，惠照也。惠照之心，照無遠近，焕然四達，無所隔礙。其照如此，當息念忘心，不滯於見，猶若無知。或矜其有知，則有所執而失道也。人君負獨見之明，以御四海，其政察察，民凋弊矣。老君戒之，令忘功息照，亦猶黈纊塞耳，以閉其聰，冕旒垂目，以杜其明也。

生之畜之。

【疏】下經云:"道生之,德畜之。"此云"生之畜之"者,謂人君法道清静,令物得遂其生成,效德弘濟,令物各盡其畜養。故云"生之畜之"。

【義曰】道以通生萬物,故云生之;德以畜養萬物,故云畜之。帝王法道體德,任物生畜,各隨其分,各達其情,咸得所宜,物無失所矣。法,則也。效,學也。

生而不有,爲而不恃,長而不宰,是謂玄德。

【注】令物各遂其生而畜養之,遂生而不以爲有,修爲而不恃其功,居長而不爲主宰。人君能如此,是謂深玄之德矣。

【疏】物得遂生,聖忘功用,遂生則生理自足,忘功則功用常全,斯乃無私而成私,不宰而爲宰也。故"生而不有"者,令物各遂其生,君不以爲己有也。"爲而不恃"者,令物各得動爲,而不自負恃爲己功也。"長而不宰"者,居萬民之上,故云長,不恃其功,故云不宰也。如是,是謂深玄之德矣。

【義曰】人君抱守淳一,洗心内照,愛人理國,動法天時,雌静平和,收視返聽,體道生物,順德養人,生物而不有其功,爲政而不恃其力,視聽四達,功成不居。此理身理國兼愛之道,順天之德也。玄,天也。

三十輻章第十一

【疏】前章明養神愛氣,不雜故無疵;此章明利有用無,相資而功立。故乾坤爲大易之藴,轅厢成用無之質,標器室以爲喻,存利用之結成爾。

【義曰】愛氣養神,則尚乎清静;用無利有,則在彼相資。資,取也。車、器、室三者,皆假其有而取其無以爲用也。車以運載,器以成受，室以居止，必資外有而用中無，故能成有用之功爾。“乾坤爲大易之輼”者，《易・繫辭》也。明易之所立，本乎乾坤。乾坤不存，則易道無由起。故云乾坤是易道輼積之根源，與易爲州府奥藏也，故下文云“乾坤成列而易立乎其中矣”。乾坤毁，則無以見易也。亦猶輪轂轅厢爲車之質，轅厢毁則無以見車，將明利用之因，故舉三物之喻。理國者民存則有國，民散則國危。理身者神存則有生，神逝則身滅。利用之道，實相資也。

三十輻共一轂，當其無，有車之用；

【注】此明有無功用，相資而立。三十輻者，明造車共一轂，因言少總衆。夫轅厢之有共則成車，車中空無乃可運用。若無轅厢之有，亦無所用之車。車中若不空無，則轅厢之有皆爲棄物矣。

【疏】輻三十貫於一轂，明少者多之所宗也。當其空無，方有車之運用，明無者有之所利也。

【義曰】轂總衆輻以成輪，車總衆材以成用。其所用者，用車之中空無之所爾。向無輪轂不得成車，今得成車，又虚中而運載，以喻人君内資輔相之謀，外委諸侯之助，乃能有國，如三十輻之輳一轂也。既有國矣，能虚心體道，則天下化成，如車中之空也。人之身也，外資百體之設，内仗五氣之和，如輻之輳而成於人。既爲身矣，能虚心體道，則元和潛運，而致長生矣。此明有無利用，互得相資也。

【疏】夫道者何？至無至一者也。故能鼓動衆類，磅礴群材，適使萬殊區分，成之者乃一象也。

【義曰】道之真一，無色無聲，衆類群材，資之以立。動者五靈、毛羽、鱗甲、昆蟲之屬也，植者草木之屬也。類者，狀也。材者，質也。動植材類，億萬不同，是萬殊也。物雖萬殊，而長養生成者，道也。道唯一象爾。經曰“惚恍中有象”，即此真精淳一、生化萬殊之物，可謂少者多之所宗也。

【疏】衆竅互作，鼓之者一響。原天下之動用，本天下之生成，未始離於至無至一者也。

【義曰】衆竅者，《莊子·齊物篇》南郭子綦謂子游曰："夫大塊噫氣，其名爲風。是唯無作，作則萬竅怒呺。大木百圍之竅穴，似鼻似口，似耳似枅。激者，謞者，叱者，吸者，叫者，譹者。冷風則小和，①飄風則大和。"然則衆竅之聲，大小萬殊，所鼓之者，一風而已矣。觀天下之動用者，《易·繫》曰"聖人有以見天下之動"者，言聖人有其微妙，以見天下萬物動用，明天下萬物生成，皆禀於淳一微妙之道。故云"未始離於至無至一者也"。

【疏】且就車而論，則轅廂有質，車中空無也。車中空無，乃可運用，若無轅廂之有，則空無之運用息矣。車中若不空無，則轅廂之數皆爲棄物矣。故乾坤成而易功著。

【義曰】此覆釋"乾坤成而易立乎其中"。喻轅廂之有，以成車中之空無也。

【疏】萬化流通而道用彰，是以借粗喻之用無，明至無之利有爾。

【義曰】萬化流通皆禀道用。若無萬化，道用不彰。亦猶轅廂爲車之用，乾坤爲易之韞也。車者常器，人所見焉。假此爲喻，以喻妙道，故云"粗喻"也。

埏埴以爲器，當其無，有器之用；

【注】埏，和也。埴，土也。陶匠，和土爲瓦缶之器者也。

【疏】埏，和也。埴，粘土也。注云"陶匠"者，《尚書》云"範土曰陶"，此云陶匠範和粘土，燒成瓦器，亦取其中空虚，以用盛受物也。

【義曰】和土爲器，亦彰因有而用無。凡曰器用，其形萬殊，大小不同，方圓各異，或巧或拙，或賤或珍，而其所用，皆用器中空無之處

① "冷"，《莊子·齊物篇》作"泠"。本書校勘所用《莊子》，均據上海古籍出版社影印《二十二子》本，以下不再注明。

爾。“範土曰陶”者,《尚書》之辭也。舜側微之時,耕於歷山,陶於河濱是也。《列仙傳》云:陶公與弟子師門皆古之陶者,善化五色之火而升天矣。

鑿户牖以爲室,當其無,有室之用。

【注】古者陶穴以爲室宇,亦開户牖,是故云“鑿”爾。

【疏】鑿,穿也。門傍窗謂之牖。古者穴居,故《詩》云“陶復陶穴”,謂穿鑿穴中之土,以復覆其上,故云“鑿”爾。後代聖人易之以宫室,取其室中空虚,所以人得居處。《莊子》曰“室無空虚,則婦姑勃蹊”,謂争路也。《爾雅》:“宫謂之室。”

【義曰】《毛詩·文王之什·緜緜》篇云:“古公亶父,陶復陶穴,未有家室。”古公者,邠公也。古,言久也。亶,公字也。文王之祖,處於邠,以德化人,歸之者衆。狄人侵之,公事之以皮幣,不得免焉;事之以犬馬,不得免焉;事之以珠玉,不得免焉。乃屬其耆老曰:“狄人之所好者,欲吾之土地也。吾聞君子不以其所以養人者害人,二三子何患乎無君?”遂策杖而去之,逾梁山而邑乎岐山之下。邠人曰:“仁人不可失也。”從之如歸市焉。未有居室,陶其土而復之,陶其壤而穴之。父子夫婦居謂之家。未有寢廟,亦未有家室也。《箋》云:諸侯之臣,稱公曰君也。復者,復於地上。鑿地曰穴,皆如陶焉。陶者,今之瓦窑也。此言其在邠創業之時爾。邠者,所封地名也。《易·繫》曰:“上古穴居而野處,後代聖人易之以宫室。蓋取諸《大壯》,以制造宫室。”大壯於穴居野處之時,故云“大壯”。《易》言上古者,言未造宫宇之前,止是夏巢冬穴,故制室宇以代之,非是後物以替前物,故云上古,乃在伏羲、黄帝之間也。《莊子·盜跖》謂夫上古之人夏栖木上、冬拾杼栗是也。巢穴之中,取其空而可居,今宫室所制,亦取其中空而居之,故云“當其無,有室之用”。婦姑勃蹊者,蹊,路徑也,勃,戾怒也。《莊子·外物》篇所云,言室中不空,蹊路湫隘,則婦姑争路而行。婦合順於姑,以爲孝敬,今乃争路忿怒,是室中隘狹,無所往來以容其私，則反戾而鬥争也。此謂室隘狹不空，則婦姑争路；心壅蔽不虚，則嗜欲交侵。《爾雅》曰："宫謂之室，室謂之宫。"大小異制也。今則禮有降殺，聖人所居爲宫，通衆所居爲家宅、屋宇、堂室等也。《論語》皇侃疏云：堂之内隔爲内外，分爲房室。故孔子弟子有升堂者、入室者，則堂爲通稱，室在堂内，復爲分别矣。

故有之以爲利，無之以爲用。

【注】有體利無以無爲利，無體用有以有爲用。且形而上者曰道，形而下者曰器，將明至道之用，約形質以彰，故借粗有之利無，以明妙無之用有爾。

【疏】有之所利，利於用，用必資無，故有以無爲利也。無之所用，用於體，體必資有，故無以有爲用也。

【義曰】夫道之無也，資有以彰其功，無此有則道功不彰矣。物之有也，資道以稟其質，無此道則物不生矣。物非道則不能生成，道非物則不顯功用。亦猶車、器、室三者，皆取其因無以利有，因有以用無也。

【疏】注云"形而上者曰道，形而下者曰器"者，《易・繫辭》文也。

【義曰】形而上者道之本，清虚無爲，故處乎上也。形而下者道之用，稟質流形，故處乎下也。顯道之用，以形於物，物稟有質，故謂之器。器者，有形之類也。聖人法道之用，制以爲器，畫卦觀象，以制文字，刳木爲舟，剡木爲楫，斷木爲杵，掘地爲臼，弦木爲弧，剡木爲矢，制以宫室，結爲網罟，服牛乘馬，負重致遠，鑄金爲兵，揭竿爲旗，斫木爲耜，揉木爲耒。一事以上，以利天下。此皆分道之用，以爲器物爾。皆《易・繫》所稱。此乃道是無體之名，形是有質之用。凡萬物從無而生，衆形由道而立，先道而後形，道在形之上，形在道之下。故自形而上謂之道，自形而下謂之器。形雖處道器兩畔之際，形在器上，不在道也。既有形質可爲器用，故云"形而下者謂之器"。夫道者無也，形者有也，有故有極，無故長存。世人修道，當外固其形，以實其有，内存其神，以宗其無，漸契妙無，然合於道，可以長生爾。

【疏】自無則稱道，涉有則稱器。欲明道用，必約形器以彰。雖借喻於三翻，終用無於一致爾。

【義曰】至一至無，道也；有象有形，器也。約器明道，復借喻於車、器、室等，謂三翻也。其用於無，皆一揆耳。聖人之理天下也，懸賞罰，制法度，垂教令，明上下，此皆有也。若無端默爲政，沖静率人，不言兹化，萬物自理，雖有賞罰之科，制度之設，教令之行，上下之别，而不用之，亦可謂假其有而用其無也。斯至理也。修身之道，因經而悟理，因悟而忘言，了達妙門，不執言教，亦此義歟？

卷之十二

唐廣成先生杜光庭述

五色令人目盲章第十二

【疏】前章明利有用無，相資故功立；此章明染塵逐境，馳騁即發狂。首標色聲滋味，戒傷當所以爲病；次云畋獵貪貨，明逐欲所以焚和；結以聖人去取，示全真保性之要爾。

【義曰】前章明利有用無，此章戒用之太過。色聲之所以養耳目也，過之則盲聾；食味所以養身也，過之則爲病。況復馳騁貪貨，甚於三者之傷耶？且耳目口之所急待之以養命，不可去也，尚欲損而去之，馳騁貪貨非性命之急，而欲害甚於聲色味，而不能去，是迷之甚矣。老君明此，使内去外損，以爲理國理身之要旨爾。

五色令人目盲，五音令人耳聾，五味令人口爽。

【注】目悦青黄之觀，耳耽宫徵之音，口嗛芻豢之味，傷當過分，則坐令形骸聾盲爾。

【疏】五色謂青黄白赤黑，音謂宫商角徵羽，味謂甘苦酸鹹辛。爽，差也。目視色，耳聽聲，口察味。傷當過分，則不能無損，故坐令形骸聾盲，爽差失味也。

【義曰】五音者，按漢劉向曰：宫者，中也，君之德也；商者，章也，物成章也；角者，甲也，物之發生也；徵者，祉也，物之盛大繁祉也；羽者，聚也，物聚而藏也。五色者，按王叔師曰：皎皎練絲，得藍則青，得丹則赤，得蘗則黄，得皂則黑，而爲五色也。目不見五色謂之盲。五色之設，本以彰五行之象，别尊卑之飾，玩而滯之，匪曰盲乎？耳不聞五聲謂之聾。五音之設，本以通天地之氣，彰五行之聲，悦而滯之，不曰聾乎？口不辯五味謂之爽。五味之設，本以彰五行之和，以養於人，美而耽之，不曰爽乎？姚信《士緯》曰：五音成而鄭衛作，五色成而綺縠生。傷當過分，内以致疾，滯而不已，外以害德。雖不傷於視聽，無廢於飲食，其於滯著不移，亦同乎病也。《易・頤卦》辭曰"慎言語節飲食"，斯亦戒之旨也。《春秋》富辰諫周襄王曰："耳不能聽五聲之和爲聾，目不别五色之章爲昧。"昧，盲也。理國者滯於一隅，民必壅閼而成釁；理身者滯於一隅，氣必憒薄而構病。所宜戒哉！

【疏】又況耽滯代間聲色諸法，不悟聲色性空。豈唯形骸之有聾盲，此亦智之聾盲爾。

【義曰】夫目悦妖麗之色，耳耽鄭衛之聲，口嗜珍鮮之味，則心有滯著不通，而流遁忘返，大則忘天地四時之序，次則違尊卑禮樂之倫，小則生侵淩怨争之禍。惟國惟家，皆失理矣。則自古及今，以色以聲亡其家國者衆矣，豈獨末嬉、妲己、褒姒、麗姬而已哉！味之起争，亦有羊羹、解黿之禍矣。羊羹者，《春秋・宣公二年》："鄭公子歸生受楚子之命伐宋，宋華元、樂莒帥師以禦之。二月壬子，戰于大棘。將戰，華元殺羊以食士。其御羊斟不預。及戰，曰：'疇昔之羊，子爲政，今日之事，我爲政。'與入鄭師，故宋師大敗。鄭人囚華元，獲樂莒及甲車四百六十乘，俘二百五十八，馘百人。宋以兵車百乘、文馬百駟以贖華元于鄭。半入，華元逃歸。立于羽外，告而後入。見羊斟曰：'子之馬然也。'對曰：'非馬也，其人也。'既答而叔牂奔魯（叔牂，斟字也）。君子謂羊斟非人也，以其私憾，敗國殄民，於是刑孰大焉。《小雅》所謂人無良者，其羊斟之謂乎？殘民以逞矣。"解黿者，《宣公四年》："楚人獻黿於鄭靈公。穆公太子夷也。公子子公、名宗。子家名歸生。將入見。子公之食指動，第二指，以示子家曰：'他日我如此，必嘗異味。'及入，宰夫將解黿，相視而笑。公問之，子家以告。及食大夫黿，召子公而弗與也。子公怒，染指於鼎，嘗之而出。公怒，欲殺子公。子公與子家謀先爲難。子家曰：'畜老猶憚殺之，而況君乎？'反譖子家。子家懼而從之。夏，弑靈公。書曰：'鄭公子歸生弑其君夷。'權不足也。子家權不足以禦子公，懼譖而從弑，故書首爲惡也。君子曰：'仁而不武，無能達也。初稱畜老，仁也；不討子公，是不武也。不能自通於仁道，而陷弑君之名。'"其實子公染指而成斯禍爾。復有滯金石之音者，不能聽無聲之聲；耽玄黄之狀者，不能見無色之色；嗜甘辛之味者，不能知無味之味。自喪真道，以掇死亡矣。

馳騁畋獵，令人心發狂。

【注】馳騁代務，耽著有爲，如彼畋獵，唯求殺獲。日以心鬥，逐境奔馳，静而思之，是發狂病耳。

【疏】此言耽滯聲色之人，馳騁欲心，亦如畋獵，但求殺獲，欲心奔盛，逐境如馳，静而觀之，是心發狂病。

【義曰】畋獵者，國之正禮也。時而行之則爲禮，不時而溺之則爲亂。亦猶人之四肢百體，屈伸動静，得其宜則合於禮，違之則爲狂矣。禮，天子諸侯每歲三畋，一爲乾豆，祭祀宗廟也；二爲賓客，交二國之好也；三充君之庖食，以時也。時而不畋，則曰不敬；畋不以時，則謂之暴。所以春蒐、夏苗、秋獮、冬狩，皆俟農隙以講武事也。獺未祭魚，網罟不施於川；豺未祭獸，罝罘不通於野；鷹隼未擊，罻羅不張於林。修祭禽之禮，展三驅之仁，順天時也。天子仲春教振旅，遂以畋獵；仲夏教茇田，遂以蒐；仲秋教理兵，遂以獮；仲冬教大閱，遂以狩。大司馬以掌其事，山虞、澤虞以供其職，蓋以教武事示民時也。則有不遵典故，外作禽荒，暴物犯時，十旬不返，馳騁莫已，遂爲發狂，人怨國危，失禮致禍也。況人之心馳騁，逐境争奔，外溺色聲，内傷神氣，發狂於身乎？

難得之貨，令人行妨。

【注】性分所無，求不可得。妄求難得，故令道行有所妨傷。

【疏】難得之貨者，言人身材器爲貨。難得之貨即性分所無，求不可得。夫不安其分，矯性妄求，既其乖失天倪，所以妨傷道行。

【義曰】材器者，性分之貨也；珠珍者，世間之貨也。性分所無之貨，矯竊即行傷；珠珍難得之貨，貪求則身辱。所宜任其性分，守彼天常矣。人君貪求珍異，則下怨民殘；理身貪求珍異，則行傷身辱。是乖失天倪也。天倪者，天然之分也。《莊子》曰："始卒者若環，莫得其端，是謂天均。"天均者，天倪也。夫物均齊，豈有妄哉？皆天然之分也。

是以聖人爲腹不爲目，

【疏】腹者，含受而無分別；目者，妄視滯於色塵。無分別則全和，故爲之；①滯色塵則傷性，故不爲也。

【義曰】不爲目者，以其妄見妄視，滯於色塵，傷性乖和，聖人不取。爲腹者，懷質朴，抱忠信，餐元和，薄滋味，可以致道，可以化民，聖人爲之。何者？目之視也，聖人爲之方，故制禮經以檢之。目無淫視，將入户，視必下，視瞻無回。其乘車也，立視五嶲，式視馬尾，顧不過轂，不妄指，不妄視，斯謹戒而敬慎也。不敬不慎者，理國則傷政，理身則傷性，聖人所以不爲之矣。色塵者，有形可見爲色，有染而不可見爲塵。塵細色粗，皆妨於行。修道之士，先除其色，反神照内；次除其塵，滅心忘外。塵者染之於心，關之於念，即名爲塵。故六根所起則爲六塵。染六粗塵淨猶有六細塵，染六細塵淨復有六輕塵，染六輕塵淨方契於道。見於無色，聞於無聲，味於無味，入於無形，了於無爲，乃謂之證道果也。

---

① "爲"，原作"謂"，據《唐玄宗御制道德真經疏》(十卷本)改。

故去彼取此。

【注】取此含受之腹，去彼妄視之目。

【疏】彼目妄視故去之，此腹含受故取之。

【義曰】腹者容受而無情，故取之；目者觸見而有欲，故去之。夫人君之心，睿聖爲本；理國之道，清淨爲基。其逐獸荒原，奔車絶巘，六龍逸足，萬騎莫追，與雕鶚以争先，共熊羆而賈勇，日月虧蔽，旌旗糾紛，畋獵忘歸，殺獲無已，風雨恒若，宫室或空。此謂之發狂也。若復貴遠方之物産，貪無用之土疆，嗜蒟醬而討西夷，伐大宛而取名馬，關塞有不歸之魄，邊城有怨曠之魂，天下流亡，户口減耗，赫赫宗社，幾陷寇讎。青史具書，百代爲戒。曷若去彼取此，遵老君之明誥乎？

卷之十三

唐廣成先生杜光庭述

寵辱若驚章第十三

【疏】前章明染逐塵境，馳騁則發狂。此章明寵辱皆驚，貴身故爲患本。首兩句標宗以起問，次十句因問以明理，“故貴”下假寄托以結成。

【義曰】馳騁貪貨既戒於前，寵辱大患故明於此。凡情得寵則喜，遇辱方驚，殊不知寵有辱隨，辱爲寵末，禍福倚伏，寵辱循環。聖人了知，故寵辱皆驚，棄而不取。若外身抱道，方免寵辱之來；徇世貪榮，難逃福禍之至。非獨爵位爲戒，亦以天下爲憂。故桎梏紱冕而糠秕億兆。或不獲已而處其位，則撝謙爲本，雌静爲心。故申寄托之喻，用明安危之旨爾。

寵辱若驚，

【注】操之則栗，捨之則悲，未忘寵辱，故須驚也。

【疏】若，如也，言寵辱之驚相如也。夫操之則寵，捨之則辱，言人不能心齊榮辱，矜徇功名，執權既以爲光寵，失位自驚於卑辱。光寵則矜徇，卑辱則驚嗟，故陳戒使其若驚，欲令齊其寵辱。

【義曰】聖人睿鑑，得喪混同，尚以死生爲一條，豈復寵榮而辱懼，故戒之曰得寵亦驚。此則寵辱齊一，得失混同也。所以言驚者，寵爲辱本，安得無驚？且人君富有天下，尊繼百王，告類上玄，君臨萬有，亦當馭朽自戒，納隍軫憂，乃能享此大年，保其遐祚矣。人臣之遭遇也，九遷三接之澤既已厚矣，兵符相印之任亦已重矣，高冠大旆，長轂朱輪，氣壓伊、皋，權傾衛、霍，亦當夙興夜寐，履薄臨深，乃能克保福祥，免貽覆餗矣。故令尹三已而無慍，考父三命而益恭，達其理也。夫富與貴是人之所欲，不以其道得之，不處也；貧與賤是人之所惡，不以其道得之，不去也。苟能達道，則富貴貧賤、寵辱得失，無所驚也。《易·繫》曰"吉凶與民同患"，《正義》謂"非獨凶者人之所憂患，吉者亦人之所憂患也"。何哉？既得其吉，又患失之，此亦"寵辱若驚"之旨爾。

貴大患若身。

【注】身爲患本，故矜貴其身，即如貴大患矣。此答云貴身如貴大患，而乃云"貴大患如身"者，欲明起心貴身即是大患，有貴即身是大患，故云"貴大患如身"。若，如也。此上兩句正標。

【疏】貴，矜也。若，亦如也。身者禍患之源，夫耽玩聲色，矜競榮華，皆爲有身，遂成患本。即貴其身者，復何貴乎？貴大患矣。即身是患，等無有異，未能無患，只爲有身，即此貴身同貴大患。若能無患，亦復忘身。是知患猶貴生，身爲患有，故云"貴大患若身"。

【義曰】夫至人順道，忘患忘身，内忘肝膽，外遺耳目，彷徨乎塵垢之外，逍遥乎無事之業。此即有身亦猶無也，豈復憂其患乎？所以世人之身，内則飢渴苦惱，晝夜相攻，外則風寒暑濕，循環相害，疼酸痛癢，聲色繁華，嗜欲是非，利名得喪，六情中撓，萬境旁牽，皆爲患本矣。《西升經》曰"身爲惱本，痛癢寒温，意爲形思，愁惱憂煩，吾拘於身，知爲大患，觀古視今，誰存形完"是也。患隨身立，身存則患生；寵與辱偕，寵極則辱至。老君恐世人不曉，故兩舉以明之，將細指陳，復下句發問矣。《列子·天瑞》篇云："人自生至終，大化有四：嬰兒也，少壯也，老耄也，死亡也。其在嬰兒，神專志一，德充氣和，善莫偕也。其在少壯,血充氣溢,欲盛心侈,德殆衰矣。其在老耄也,欲慮柔焉,體將休焉,物莫先焉,方於少壯,氣已間矣。其在死亡也,則之於息焉,反其極也。”此四者相須而行,相待而成,惟得道者反之矣。理身之士,其自勖焉爾。

何謂寵辱?寵爲下。

【注】前標“寵辱如驚”,恐人不了,故問“何謂寵辱”。夫得寵則驕盈,無不生禍,是知寵爲辱本。故答云“寵爲下”。

【疏】前標“寵辱若驚”,恐人不曉,故設問云“何謂寵辱”,自答云“寵爲下”。所以明“寵爲下”者,夫恃寵則驕盈,驕盈即生禍,因寵獲禍,則寵爲辱本,故知“寵爲下”也。

【義曰】老君恐人未曉前義,舉問欲以重明。既立問者之詞,乃爲對答之理。云“寵爲下”者,辱因寵至,寵是禍階,世人視寵以爲榮,聖人觀之以爲下也。“恃寵驕盈”者,《春秋·隱公四年》:①衛公子州吁恃寵而好兵,其臣石碏諫衛莊公曰:“臣聞愛子教之義方,不納於邪。驕奢淫佚,所自邪也。四者之來,寵禄過也。夫寵者不驕,驕而能降,降而不憾,憾而能眕者,鮮矣。”公不聽。明年,桓公立,州吁弑桓公,衛人殺州吁焉。是則因寵獲禍,可謂“寵爲下”矣。

得之若驚,失之若驚,是謂寵辱若驚。

【注】寵辱循環,寵爲辱本。凡情惑滯,驚辱而不驚寵。故聖人戒云:“汝之得寵,當如汝之失寵;得辱,亦如吾戒汝得寵而驚懼也。”故結云“是謂寵辱若驚”。

【疏】得則爲寵,失則爲辱。若驚者,夫寵辱循環,寵爲辱本。代間衆生,得寵則忻喜,得辱則驚懼。聖人戒云:“禍福循環,譬之糾纏,寵辱無定,豈可獨驚?”辱來既驚其禍患,寵至亦驚其驕逸。其驚相

---

① “隱公四年”,據《左傳》當作“隱公三年”。

若，故結云“寵辱若驚”。

【義曰】得寵不驚，得辱則懼者，常情也。寵至而懼其驕逸，辱來而知其禍患者，君子也。得寵而驚，日慎一日，即無禍患之辱矣。得寵不戒，以驕以矜，必有危亡之辱焉。人君恃天之寵，不恤於人，則景命遷革矣。人臣恃君之寵，持權傲下，則刑悔將及矣。纆，索也。糾，結也。糾纆，相循之貌也。

何謂貴大患若身？

【注】恐人不曉即身是患本，故問也。

【疏】恐人不曉，故設問以明。

【義曰】亦如“何謂寵辱”之義。世人得寵而不思其辱，故辱至則驚。老君欲戒於恃寵之人，故重自發問爾。

吾所以有大患者，爲吾有身。

【注】身相虚幻，本無真實，爲患本者，爲吾執有其身，痛癢寒温，故爲身患。

【疏】吾所以有此大患者，爲吾執有身相，好榮惡辱，辯是與非，不得則大憂以懼，心神内竭於貪欲，形體外勞於奔競。苶然疲役，非患而何？

【義曰】苶，疲役也。吾，我也，指名身也。身相既有，患累隨之。勢利相高，故好榮；防慮亡危，故惡辱。若夫強干人事，妄辯是非，得則驕侈以恣情，失則憂驚以損性。損性則心神内竭，恣情則奔競外勞，或憔悴江濱，或恓惶澤畔，形疲心役，爲患深焉。

及吾無身，吾有何患？

【注】能知天地委和，皆非我有，離形去智，了身非身，同於大通，夫有何患？

【疏】無身者，謂能體了身相虚幻，本非真實，即當坐忘遺照，隳體黜聰，同大通之無主，均委和之非我，自然榮辱之途泯，愛惡之心息，所謂帝之懸解，復何繫於大患乎哉？故云“及吾無身，吾有何患”。注云“委和”者，莊子承答舜問，云“身非汝有，是天地之委和”者也。

【義曰】無身者，非頓無此身也，但修道之士能忘其身爾。《業報經》云：“衆生苦惱，常爲有身，生死輪迴，不能自出。以何方便，妄想得除。”太上曰：“妄想顛倒，皆從心起，強生分别，繫念我身，觸境生迷，舉心皆妄，以此流浪，淪乎生死。但當定志觀身，盡皆虚假。既知虚假，妄想漸除。妄想既除，内外清淨。自悟真道，謂之忘身。既忘其身，患累息矣。”《莊子》曰：“適來者，夫子時也，時自生耳。適去者，夫子順也，理當死耳。安時處順，憂樂不入。”此達人之忘身也。幻者，假妄變化之謂也。真實者，契道之謂也。“坐忘遺照”者，安坐忘身之謂也。外忘萬境，内息一心，心若死灰，形如槁木，不知肢體之有，不知視聽之用，隳肢體黜聰明，遺形去智，以至於大通。通無不通，泛然無主，此達人之忘心也。顔回得之以告於夫子焉。如此，則天地之大，吾不知也；日月之明，吾不有也。何榮辱愛惡之可滯哉？帝之懸解者，性命之情得矣，寧復繫於大患乎？則無身無患，養生之要也。委和者，《莊子·知北游》篇承答爲曰：“身非汝有，天地之委形也；生非汝有，天地之委和也；性命非汝有，天地之委順也。”言天地結氣而生，氣上氣下曰順爾。若身是汝有，美惡生死當制之由汝。今氣聚而生，汝不能禁也；氣散而死，汝不能止也。明其委結而自成，非汝有也。故行不知所往，處不知所持，食不知所味，皆在自然中也。達此則近於道矣，何大患之可憂乎？

故貴以身爲天下者，若可寄天下；愛以身爲天下者，若可托天下。

【注】此章首標寵辱之戒，後以寄托結成者。夫寵辱若驚，未忘寵辱貴愛，以爲未忘貴愛，故以辱校寵，則辱不如寵；以貴方愛，則貴

不如愛。驚寵辱者尚有寵辱介懷，存貴愛者未爲兼忘天下，故初則使驚寵如辱，後欲令寵辱俱忘，假寄托之近名，辯兼忘之極致。忘寵辱則無復驚，忘身則無患本，忘天下則無寄托之近名也。

【疏】言人君自矜貴其身，以爲天下之主者，貴身則淩人，人故不附，可暫寄爾。

【義曰】夫人君自貴其身而爲天下者，必自尊自大，作福作威，以臨於人，以肆其欲，窮華侈之飾，極奢麗之求，外則殘物虐人，窮兵縱武，内則瑶臺瓊室，酒池肉林，斂天下之怨嗟，資一身之逸豫，尊其名號，深其溝隍，賞有臺榭陂池，宿以妃嬙嬪御，不知人之離心離德，而欲爲萬世之基，淪滅不暇，若暫寄於天下爾。

【疏】若自愛其身以爲天下之主者，愛身則慈人，慈人則推樂，故可托身於萬人之上，長爲之主矣。

【義曰】夫人君自愛其身而爲天下者，必以恭以謙，以儉以約，謙恭則怨敵不起，儉約則嗜好不行。無怨敵則人安，無嗜好則人富。如此内睦九族，下親萬民，遠懷近悦，上下交愛，卻千里之馬，惜十家之財，菲飲食，卑宫室，外無征伐，境無勞人，享祚久長，可以永托於天下。

【疏】然此一章首驚寵辱、結以寄托者，欲明驚寵辱不若忘寵辱，存貴愛不若忘貴愛，寄托天下不若忘天下。故爲大患爲吾有身，驚寵辱則未能無我都忘，則百慮一致，矜有則萬殊争長，故忘寵辱則無所復驚，忘身則無爲患本，忘天下則無寄托之近名，然後上有太上之君，下有下知之臣，無爲無不爲，不德爲有德矣。

【義曰】身爲患本，寵辱由身而生，能忘其身則忘寵辱矣。忘寵辱者，寵至不喜，時之來也；辱至不驚，時之去也。不充詘於富貴，不隕獲於貧賤，非至達之士，孰能與於此乎？忘身者身與道合，升爲雲天，與道無爲，當有何患乎？非至道之士，孰能造於此哉？忘天下者游心淡漠，冥神虚無，任物自然而然，不以汩其慮，無私而天下理。然後目無所見，耳無所聞，心無所知，氣無所滯，神將守形，形乃長生。

功蓋萬國而不自已，化貸品物而不爲有，無名無稱，使物自遂，立乎不測而游乎無有，與萬物爲體而歸乎虛無。故黄帝得之以登天，太皡得之以升玄。此聖人忘天下而至乎道也。太上之君，下知之臣，解在十七章矣。

卷之十四

唐廣成先生杜光庭述

視之不見章第十四

【疏】前章明貴身爲患，令兼忘而不有；此章明妙本無象，故在用而皆通。首三句言不可求之於色聲，次六句尋責必歸於無物，又五句示妙用之難測，後四句結引古以證今。

【義曰】前示忘身忘患，爲修證之基；此表非色非聲，宣至道之妙。既視聽之不得，乃混一以指名，雖皦昧難窺，隨迎不睹，執之以理身理國，爲成化之根源矣。

視之不見，名曰夷；

【注】此明道也。夷，平易也。道非色，故視不可見。以其於無色之中能色，故名之曰夷。

聽之不聞，名曰希；

【注】希者，聲之微也。道非聲，故聽之不聞。以其於無聲之中，獨能和焉，故名之曰希。

摶之不得，名曰微。

【注】摶，執持也。微，妙也。道無形，故執持不得，以其於無形

之中而能形焉，故名之曰微。

【疏】此明道也。夫視之者以色求道，聽之者以聲求道，搏之者以形求道。道非聲色形法，故竟求不得。以不得，故欲謂之無。乃於無色之中能應衆色，無聲之中能和衆聲，無形之中能狀衆形，是有無色之色、無聲之聲、無形之形，故謂之夷、希、微矣。夷者，所謂明道而非道也。夷者，平易也。希者，聲之微妙也。搏者，執持也。

【義曰】目之所視者，但見平易而不能見道，道無色也；耳之聽也，但惟希寂而不能聞道，道無聲也；手之搏也，但惟微妙不能得其形，道無形也。以神視之，見無色之色；以氣聽之，聞無聲之聲；以慧照之，識無形之形。而衆色之具，衆聲之和，衆形之立，非道不能生，非道不能成。道也者，獨能應衆色、和衆聲、狀衆形，故強名之曰希、夷、微爾。道不可言，言之非矣，所以明道皆強爲之容，而非道也。莊子曰：無視之以目，而視之以神；無聽之以心，而聽之以氣。能以微妙而合於道矣。

此三者不可致詰，故混而爲一。

【注】三者將以詰道，道非聲色形法，故詰不可得，但得夷、希、微爾。道非夷、希、微，故復混而爲一也。

【疏】三者，夷也、希也、微也。致，得也。詰，責也。混，同也。妙本微妙，精一難名，色聲形法，焉得詰責？欲以色聲形詰，但得夷、希、微爾。謂夷、希、微，則三也。夷、希、微但假名，欲明道用道，非色聲形等，則夷、希、微復混同爲一矣。

【義曰】夷、希、微三者，假標以名道，亦皆無也。三者凝化爲三境，次爲三界，下爲三才，明爲三光，於身爲三元，於内爲三一，皆大道分精運化之所成也。混而爲一，復歸於妙本之道也。三境者，三寶君之祖氣所凝，其色青黄白，亦名也玄元始三氣，乃諸天之祖宗，萬化之元本也。三界者，欲界六天以統九仙，色界十八天以統九真，無色界四天以統九聖。三才者，天一地二人三。《沖虚真經》云：清浮之氣爲天，濁滓之氣爲地，沖和之氣爲人。謂之三才也。三光者，太陽之光爲日，太陰之光爲月，日月之餘光爲星辰。謂之三光也。三元者，人身之中腦爲泥丸宫，以主上元；心爲絳宫，以主中元；臍下爲丹田，以主下元。三元尊神，各統陰陽萬二千神氣，以養於人。三一者，上元所主謂之元一，中元所主謂之真一，下元所主謂之正一。三一元神主運氣固精，實神留形。上清有迴風混合，修三一之道。昔黄帝以甯先生所教，詣峨眉山，謁天真皇人以受之，遂精思千日，與三一上真統三萬六千神，乘黄龍而升天矣。天浮於上，地結於下，人生其中。三者互相生化，未始有極。《列子》云："天積氣也，地積塊也，日月者，氣中有光耀也。"三一乃有中之無，三元乃無中之有，以有無相感，而爲精、神、氣。三者共生於人，故世人得之則生，失之則死。神者天之陽氣所生，人之動静對答、運用計智是也；精者地之氣，百穀之實、五味之華結聚而成是也；氣者中和之氣也，道一妙用降人身中，呼吸温暖以養於人是也。三者混合而成於身，是謂混而爲一也。

其上不皦，其下不昧，

【注】在上者必明，在下者必昧。唯道於上非上，在上亦不明；於下非下，在下亦不昧。

【疏】皦，明也。昧，暗也。夫形質之物，皆有定方，在上者則明，在下者則昧。惟妙本恍惚，不可定名，則在上亦不明，在下亦不昧，而能上能下，能明能昧。非天下之至賾，其孰能與於此乎？

【義曰】其爲明也，必皦然在上，謂積陽也；其爲暗也，必昧然在下，謂積陰也。陰陽有定分，明昧有定相，是則有形有質，皆有定方也。惟夫大道處於上，不皦然而明，道非陽也；處於下，不昧然而暗，道非陰也。故曰非陰非陽，而能陰能陽，不可以定相睹，不可以定分求。天得道而能清，是能上也；地得道而能寧，是能下也。陽得道而能動，是能明也；陰得道而能静，是能昧也。故爲天下之至賾。《易·繫》曰："非天下之至賾，其孰能與於此乎？"言至道功深如此，若非天下萬事之至極精妙，誰能參與於此也？

繩繩不可名，復歸於無物。

【注】繩繩者，運動不絶之意。不皦不昧，運動無窮，生物之功，名目不得。非物能物，故常生物，而未始有物。妙本湛然，故云"復歸於無物"矣。

【疏】繩繩者，運動不絶之意。妙本生化，運動無窮，生物之功，强名不得。物物而不物，生生而不生，尋責不得，妙本湛然，未曾有物，故云"復歸於無物"。

【義曰】道惟妙本，生化萬殊，運用生成，繩繩不絶。物物而不物，物自物也；生生而不生，生自生也。道之無迹，不恃其功。深妙湛然，不可爲有，是無物也。物者，象也。

是謂無狀之狀、無物之象，是謂惚恍。

【注】是謂無形狀之狀，無物質之象，不可名有，不可名無。無有難名，故謂之惚恍。

【疏】狀，形狀也。象，物象也。言妙本混成，本無形質，而萬化資稟，品物流形，斯可謂有無狀之形狀，有無物之物象，不可名之爲有，亦不可格之於無。無有難名，故謂恍惚。

【義曰】道以生育，動植成形，故能於無狀之中成其形狀，無物之中作其物象。謂其無也，則狀象資生；謂其有也，則杳冥難睹。非無非有，爲恍惚焉。恍惚者，非有非無之謂也。《易・乾卦》彖曰："雲行雨施，品物流形。"言品類之物，流布成形也。

迎之不見其首，隨之不見其後。

【注】無始，故迎不見其首；無終，故隨不見其後也。

【疏】至精無形，至大不可圍。故迎之者不得其首，隨之者不得其後。無首則無始，無後故無終。無始無終，故非隨迎所得。

【義曰】至道獨立，無始無終，既非前後可窮，莫得隨迎之所，故曰長於上古而不爲老，生於末代而不爲少，先萬物而不爲始，後億劫而不爲終。由此而言，豈隨迎得也？況充塞天地，周遍虚無，無處無道，無往無來，不今不古，何者爲始，何者爲終，固非先非後矣。凡物有往則隨之，有來則迎之。道無來往，非隨迎可求矣。

執古之道，以御今之有。

【注】執古無爲之道，以御今有爲之事，則還反淳樸矣。

【疏】此明古先帝王，常以無爲道化以化人。故戒云：今能執守古之所行無爲之教，以御理今之有爲之事，則不言而化也。

【義曰】御者，制也。古之化者無爲無事，今之化者有體有名。無爲故易理，有體故難化。若今之帝王，執用古之大道，無爲以理，自速太平也。玄古之君，上德不德，是無爲也。季葉之化，約名約器，是有爲也。以無理有，庶可向方；以有制有，亂兹兆矣。

能知古始，是謂道紀。

【注】能知古始所行，是謂道化之綱紀。

【疏】前云"執古之道"，將引之使行；此云"能知古始"，明道行必化。故重云帝王能知古始，無爲而理，當抱守淳樸，爰清爰静者，是知爲理道之綱紀。

【義曰】恐帝王難於用古，不遂執行無爲，故重舉斯文，再加勉勵。能知無爲易化，古道易行，弘之在人，豈惟澆淳之異？理道綱紀，其在兹乎！故曰引其綱，萬目張；引其紀，萬目起。理身理國，亦猶此歟？"爰清爰静"者，《太玄經》之辭也。理國執無爲之道，民復樸而還淳；理身執無爲之行，則神全而氣王。氣王者延年，神全者升玄，理國修身之要也。

古之善爲士章第十五

【疏】前章明妙本無象，則在用而皆通；此章明玄通之人，常不盈而能弊。首標“古之”五句，明善爲所以微妙；次云“豫若”七句，示德容所以難明；“孰能”下兩句，表進修之徐生；“保此”下終篇，結證成而不滯。

【義曰】將明前章執古之妙，再叙古之爲道之人德行周深，廣加喻説，或豫兮猶兮而畏慎，或儼兮涣兮而卷舒，或敦兮曠兮而深廣，或渾兮静兮而清濁。隨機應變，其德如斯，人能體而用之，必無盈滿之失矣。

古之善爲士者，微妙玄通，深不可識。

【注】士，事也。言古之善以道爲事者，於彼微言妙道，無不玄鑑通照，而德容深邃，不可識知矣。

【疏】古，昔也。士，事也。言古昔之人善以道爲事者，精微要妙，玄寂通達，體道了言，涣然無滯，而其宇量沖邃，不可識知矣。

【義曰】士者，指古昔有道之人也。有道之人，行道之行，凡有所立，在野在朝，皆謂之士。刻意尚行，離世異俗，此山谷之士也；語仁義忠信，恭儉推讓，此平世之士也；語大功，立大名，正君臣，明上下，此朝廷之士也；就藪澤，居閑曠，釣魚避世，此江海之士也；吹呴呼吸，吐故納新，熊經鳥伸，此導引之士也；若夫不刻意而高，無仁義而修，無功名而理，無江海而閑，不導引而壽者，爲道之士也。前之五士，其用可測，其事可涯。唯爲道之士，道微妙，應變玄通，其用沖寂，難以智察，無不無也，無不有也，淡然無極，而衆美從之，是不可識也。

夫惟不可識，故强爲之容：

【注】夫惟德量難識，故强爲容狀，以明之下文也。

【疏】夫惟善士，雖正容可以悟物，而宇泰發於天光，德量難窺，故强爲容狀，且求委順之迹，將以引化凡愚。

【義曰】善爲道之人，正其身而人化，正其行而人隨，睹其德容，物自開悟。德宇泰然而定，其所發明者，天光也，非人曜矣。天光自發,則人見其人,物見其物。物各自見而不見彼,則德宇泰然而定,不可窺量,示委心順物之方,爲化俗引凡之行。故莊子承答舜曰:“性命非汝有,天地之委順也。”

豫若冬涉川,

【注】豫,閒豫也。善士於代間法如涉冬川,衆人貪著故畏懼,今我不染故閒豫。

【疏】豫,閒豫也。若,如。冬川,喻代間愛欲所以陷溺衆生,善士雖處代間,不爲愛欲所染,如涉冬川,故多閒豫。所以閒豫者,冬冰堅壯,無陷墜之憂爾。

【義曰】疏解以閒豫無憂,冬川可涉,堅冰不能陷,愛欲不能侵,以喻善爲道之人。此聖旨也。夫豫之言疑也,猶豫皆疑難之象爾。亂流而渡,深曰厲,淺而揭,由膝以上爲涉。冬月涉川,寒沍侵骨,將爲涉者,因亦疑難,冷既傷心,冰仍痛足。至人睹世俗貪求之事無益於身,如冬涉川,有疑難也。且代之愛欲,逐境生迷,萬緒雲蒸,千途蜂起。功名聲色,争先鋭進之心;厚利豐財,競起貪求之迹。或烹燔取樂,或傷殺恣情。投身於愛欲之川,隨流不返;溺性於漂沉之浪,有去無歸。豈獨冰痛爲難,抑且報應明驗。何者?溺利欲之人,涉遠營求,有水陸邀劫之報;淩抑於人,有忿争刑網之報;上網於君,有誅殛喪家之報;下虐於民,有召寇起讎之報。況於傷生害己、破國亡家之甚乎?至道之人,知此爲憂,故設涉川之喻。斯爲至戒,信可實焉。

猶若畏四鄰,

【注】猶豫,疑難也。上言善士不染,故閒豫,及觀行事,甚疑難。如今代人懼鄰戒也。

【疏】猶,疑難也。夫善士無愛欲,故多閒豫。及難其行事,舉動施爲,恐不合道,故多疑難。如今之人有事,畏四鄰之知,而加戒慎。

【義曰】猶,犬也。壠右之人謂犬爲猶。亦云古有良犬,其名曰猶。言犬隨主行,必豫於其前偵邏,疑有善惡,須復來報其主。故云猶則多豫,狐則多疑。故言狐涉河冰,聽其下流水聲絶,然後敢渡。今北人渡河冰,見有狐迹,則車馬於冰上,無所陷矣。此則猶豫皆疑難之象也。且常人不知修道,恣欲任情,無懼無疑,動貽陷溺。爲道之士,知愛欲而不爲,若冬將涉川,有凝沍之憂,畏居將爲事,懼鄰里之間知,既暗室不欺,每屬垣爲戒也。此爲道之行也。夫人爲惡於幽暗者,鬼神知之;爲過於明顯者,鄰里知之。得無戒慎矣。《論語》曰:"毋!與汝鄰里鄉黨乎?"此言十家爲鄰,五鄰爲里,萬二千五百家爲鄉,五百家爲黨也。

儼若客,涣若冰將釋,

【注】雖則儼然若客,無所造爲,而不凝滯於物,涣然若春冰之釋散。

【疏】善士於愛育無所造作,如客對主人,但儼然肅敬爾。雖於愛欲如客對主,而爲善之行不凝滯於物,涣然若春冰之釋散,無留礙爾。

【義曰】儼,肅敬也。涣,散也。釋,解也。出門如見大賓,言主之敬客也。儼兮其若客,言客之敬主也。賓主盡敬,各慎禮容,世之常也。至人静默,戒慎檢身,常如對主之恭,固無肆情之欲。爲善不滯,散釋變通,若泮春冰,豈復膠固矣。

敦兮其若樸,

【注】雖涣然冰釋,曾不自矜,而能敦厚,若質樸無所分别矣。

【疏】敦,敦厚也。樸,質樸也。言雖不滯於物,而絶浮競,其德行敦厚,若質樸無所分别。

【義曰】至人也,外雖散釋通變,縱横順物,内則温柔敦質,凝寂其心,故無紛競之傷,自得恬和之趣。

曠兮其若谷，

【注】其德量曠然寬廣，無不含容，有若彼空谷矣。

【疏】曠，寬也。言善士懷道抱德，宇量曠然，寬大於物，悉能含受，如彼虛谷，無不包容。

【義曰】德既敦實，量乃寬弘，善惡無所不容，是非固當無撓，曠然吞納，若虛谷焉。

渾兮其若濁。

【注】和光混俗，若濁而清。

【疏】善士心照清淨，而能容物，和光同塵，不自殊異，渾然如濁，物莫能知。

【義曰】水之清也，能鑑物之善惡，而物亦測水之淺深。及其秋潦乍興，濁波初鼓，澶漫也，牛馬莫辯，洶涌也，深淺難知，望之茫然，詎可揭涉？至人和光接物，混迹隨流，不顯其機，有同濁水，其容可見，其迹難窺。人君理國乘時，在於明德，不爲察察之政，示以淳淳之方，使民不識不知，順帝之則，斯爲道化，善莫大焉。

孰能濁以静之徐清？

【注】孰，誰也。孰能於彼混濁，以静澄止之，令徐徐自清乎？

【疏】因上文云“若濁”，便舉水之澄清，以況善士之心無撓，則自然静止，故云孰能於代間愛欲混濁之中，而以清静道性静止之，令愛欲不起，亦如水之濁而澄静之，令徐徐自清乎？孰，誰也。

【義曰】至人外示混濁，將明不異於常；内本澄清，固亦常同於道。亦猶水之濁也，而清明之體常存；心之清也，渾濁之塵不雜。若世人能澄其塵染，淨彼心源，如水可以徐清，自入至人之境。老君愍世之耽欲，念俗之澆浮，争投迹於愛欲之津，競鋭意於利名之浪，渾是非之濁，溺生死之河，不務競修，誰爲拯拔？演兹法喻，用救迷途，善趨澄鍊之門,冀速清虚之道。

孰能安以久動之徐生?

【注】誰能安静於此清以久,更求勝法,運動修行,令清淨之性不滯於法,而徐動出也。生,猶動出也。

【疏】此教法無滯也。誰能以清淨之性,静止愛欲,如水之性,已得徐清,若便安於此清,而以久滯,滯則非悟,未名了出,當須更求勝法,運動精修,爲道既損之而又損,按行亦次來而次滅,則清静之性不滯於法,而徐徐動出也。

【義曰】大道好生,誘人垂法,千門鍊性,萬行修心,因悟乃修,因修乃證。修證之理,泛舉其網,則有吐納元和,咽漱雲液,茹松食柏,絶粒餌芝。或隱朝上清,密伺玄斗,或五金八石,或水玉流珠,陰鼎陽爐,五華九轉,或素文丹籙,檄召鬼神,金鈕青絲,質盟天地,則有正一道德,升玄洞神,靈寳明真,三清衆法,并革凡登道,證品升真。又有奔二景,朝五辰,據極攀魁,騖網飛紀,吞日咽月,制魄拘魂,八道望雲,九真受事,升玄卧斗,方諸洞房,左右靈飛,陰陽六甲,三部八景,二十四真,存服三元,注想三一,紫房黄闕,絳景朱嬰。紫虚南岳之篇,青童東海之訣,内視五藏,下制六天,導引吞符,御風養氣,騰舉之道溢於真經,或修勵一門便可得道,遂能拔玄祖於長夜,飛我身於太虚,瞬息而歷九陔,那慚若士,顧面而周六合,豈讓鴻蒙?而世之大迷不能耽味,即曰神仙之事非積學可求,又云得道之人皆有壽限,運終數盡,還至淪滑。殊不知得道者自仙登真,從真證聖,登聖極果,與道合真,無壽考之期,無終盡之數,斯須而經億劫,指掌而越萬天。《文選》曰"少别千年,暫游萬里",《步虚詞》云"八天如指掌,六合何足遼",皆其事也。但修之既契,即忘其修,旋修旋忘,無所滯著,即爲妙矣。夫法者,所以詮道也,悟道則忘法;言者,所以觀意也,得意而忘言。若滯於法,則道不能通;滯於言,則意不可盡。故令於法不滯,轉更增修;於言不滯,旋新悟入。"次來次滅"者,《西升經》云:"子能按行，次來次滅。”此喻小乘有爲之法，以教初門；既得其門，漸以中乘之法，以熟其行；既熟其行，乃以大乘之法，令忘其執。則目凡而得證，累證而階聖，雖仙真聖果二十七品，而所修之行不可執滯。斯謂徐生徐清、次來次滅之旨也。

保此道者不欲盈。

【注】欲保此徐清徐生之道，當須無所執滯。若執清求生，是謂盈滿，將失此道。故云“不欲盈”爾。

【疏】滯法安清，是名盈滿。故云“若欲保全此徐清徐生之道，當須無所滯著”，得無所得。今復滯清求生，是傷盈滿。盈滿則妨道，故云“不欲盈”。

【義曰】能明次來次滅之法，是得徐清徐生之要。保此要旨，不滯滿盈，當契下句之理。

夫唯不盈，故能弊不新成。

【注】夫唯不盈滿之人故能以新證之，行爲弊薄，不以其新成而滯著。

【疏】夫能無欲凝滯，以至無爲，於法無住，不盈滿者，常以新證之法爲弊薄，更求勝致，不以爲新成而便滯著爾。

【義曰】既了舊法，又證新法，謂自小乘入中乘道也。中乘之道，或權或實，猶滯於修。又捨此權實有修之門，求入大乘無爲之趣。若執於修著，不悟無爲，是曰新成，還爲盈滿，故當損之又損，階粗入妙矣。其於國也，則古之聖主賢臣，謂之善爲士者，玄通道德，德不可稱，猶復如冬涉川履冰爲懼，畏鄰表戒，若客無爲，通變從民，屈伸不滯而冰釋，含容若谷，懷抱樸素以訓人，政昏昏而外濁，心明明而內照，無滿溢驕盈之變，守弊薄不新之規，祚必延洪，人其清泰。淳古之迹，復何遠哉？

卷之十五

唐廣成先生杜光庭述

致虚極章第十六

【疏】前章明玄通之士，常保道而不盈；此章明守静之人，必歸根而復命。復命爲知常之要，守静是致虚之由。文相次以轉明，理同歸於用道。故知常則明了，行道乃久長。

【義曰】保道運修，前章得徐清徐生之用；致虚内守，此章明歸根復命之常。雖公正以爲王，必法天而體道。體道則久，故無殆危矣。

致虚極，守静篤。

【注】虚極者，妙本也。言人受生，皆禀虚極妙本，及形有受納，則妙本離散。今欲令虚極妙本必致於身，當須絶棄塵境染滯，守此雌静篤厚，則虚極之道自致於身矣。

【疏】虚極者，妙本也。言人受生，皆禀虚極妙本，是爲正性。

【義曰】虚極者，妙本之道也。人之受生，禀道爲本。所禀之性，無雜無塵，故云正也。既生之後，其正遷訛，染習世塵，淪迷俗境，正道乃喪，邪幻日侵。老君戒云：修道之士，當須息累欲之機，歸静篤之趣，乃可致虚極之道爾。篤，厚也。

【疏】及受生之後，六根受染，五欲奔競，則正性離散，失妙本矣。

【義曰】禀道之性，本來清静。及生之後，漸染諸塵，障翳内心，迷失真道。六根者,一曰眼根,能見諸境;二曰耳根,能聞諸聲;三曰意根,能生攀緣;四曰鼻根,能辨香臭;五曰舌根,能知諸味;六曰身根,能生諸惱。以此六種,生諸罪因,展轉相生,障弊真性。喻如草木,結花吐實,相生不窮,尋其所起,不離六種,如根生物,名曰六根。五欲者,眼欲諸色,耳欲諸聲,鼻欲諸香,口欲諸味,心生衆欲,障弊五情,煩惱縈纏,皆由此起。内心悦慕謂之愛,外境著心謂之染,因境生心謂之欲,制止不已謂之奔,意想交侵謂之競。正性流散,隨念生邪,以生邪故,乖失正本。

【疏】欲令虚極妙本必自致於身者,當須守此雌静篤厚性情而絶欲,無狹而不厭,則虚極妙本自致於身。

【義曰】隨念生邪,既云失道,欲其妙道卻復於身者,當須守雌柔真静之行,篤厚恬和之性,以制其情。情者,末也。性者,本也。自性而生情,則隨境爲欲;自情而養性,則息念歸元。歸元則五欲不生,六根不動,無厭其氣,無狹其心,則妙本之道自致於身矣。"無狹其所居,無厭其所生",《德經》第三十四章之詞也。《西升經》曰:"心之虚也,則和氣歸。"

【疏】亦由水之流濕,火之就燥矣。致者,令必自來,如《春秋》"致師"之義。

【義曰】"水流濕,火就燥"者,《易·乾卦》九五爻詞也。言水火二者,無情之物,而以形氣相感,水流其地,先就於濕,火焚其物,先就於乾。無識無情,猶感應如此,況虚心静慮,而不能致道乎?固可不求而道自至也。"致師"者,《春秋·宣公十二年》:"楚莊王圍鄭,旬有七日,鄭人卜行成,不吉。國人大臨,楚莊退師。鄭人修城。圍之,三月克之。鄭伯肉袒牽羊以逆楚王。既而許之平。潘尫入盟,子良出質。夏六月,晋師救鄭。及敖、鄗之間,楚莊乃求成於晋,盟有日矣。楚許伯御樂伯,攝叔爲右,欲單車挑戰,示不欲和,以致晋師。許伯曰:'吾聞致師者,御靡旌摩壘而還。'樂伯曰:'致師者,左射之以菆,代御執轡,御下兩馬,掉鞅而還。'攝叔曰:'致師者,右入壘,折馘、斬俘而還。'皆行其所聞而復。晉人逐之。樂伯左射馬,右射人,逐不能進。時魏錡、趙旃有憾於晉,請使於楚,皆欲晉敗。彘子又不設備,戰于邲,晉師敗績焉。"以此致師,師必成敵,亦猶以静致道,道必可求也。

萬物并作,吾以觀其復。

【注】老君云:何以知守此雌静,則能致虚極乎?但觀萬物動作云爲,及其歸復,常在於静,故知耳。

【疏】此明守静篤必致虚極之意。夫萬物萬形,動作不同,觀其歸復,常在於本。

【義曰】物雖動作萬殊,必復歸其本;人能虚心念道,道必集其虚。故戒令虚心以念於道也。

【疏】《易》曰:"雷在地中,復。"復者,反本之謂也。故静則歸復,動則失本。

【義曰】《易·復卦》象曰"雷在地中,復"者,雷是動物,《復卦》以動息爲主,故曰"雷在地中"。"先王以至日閉關,商旅不行,后不省方",皆取動息之義,以復其本也。萬物并作者,動也;以觀其復者,息也。當息而動,當動而息,則失其本矣。

夫物芸芸,各復歸其根。

【注】又云:所以知萬物歸復常在於静者,爲萬物花葉芸芸,生性皆復歸於其根本。或有作"云云"者,云云,動作也。言夫物芸芸動作者,及其歸復,皆在於根本爾。

【疏】此舉喻明觀復之意也。根者,本所受氣而生也。今觀萬物花葉芸芸,乃其生性,皆復歸於其根而生。

【義曰】芸芸,茂盛貌也。百草衆木,芸芸茂盛,及其枯落,則各歸其根而更生。茂盛,動作也;歸根,復息也。物理皆然矣。人禀道而生,本源澄静,既生於世,利欲所牽,妍醜盛衰,富貴貧賤,萬途千慮,勞性役神。或轉地迴天,有非常之勢;或立功懋績,有不世之名;或扛鼎拔山,或伸鉤索鐵,或輕車肥馬,或高蓋朱輪。權傾於許史金張,榮邁於五侯七貴。芸芸之盛,固不可偕。及其數極勢移,俄爲丘壠。此以歸其根而靜矣。若能厭棄榮禄,了悟浮華,虚心谷神,靜慮思道,豈不能致道哉?

【疏】虚極妙本,人之所禀而生也。今觀性欲熙熙,能守靜致虚,則正性歸復命元而長久矣。本作"云云"者,如注釋之。

【義曰】熙熙,佚樂之貌也。人之情欲熙熙,如華葉茂盛也。茂盛則不久枯落,熙熙則必致傷生。故令去欲閉情,以復於道。云云者,或爲衆多之貌爾。

歸根曰靜,靜曰復命。

【注】花葉者,生性歸根則靜止矣。人能歸根至靜,可謂復所禀之性命也。

【疏】物歸根則安靜,人守靜則致虚。木之禀生者根,歸根故復命之。人禀生者妙本,今能守靜致虚,可謂歸復所禀之性命也。

【義曰】物以茂盛爲動作,凋落爲歸根;人以逐欲而動則遷情,息念而靜則合道。遷情則流遁,合道則還元。所以靜而致道者,是復歸所禀妙本之性命也。

復命曰常,

【疏】能守雌靜篤厚,以致虚極妙本。致虚則復命,可謂得常矣。

【義曰】去情欲,守沖和,復契章首致虚守靜之教,則得其常矣。

知常曰明。

【注】守靜復命,可謂有常。知守常者,更益明了也。

不知常，妄作，凶；

【注】不恒其德，或承之羞。失常妄作，窮凶必然矣。

【疏】能知守常，是曰明了。失常妄作，可謂無恒。不恒其德，窮凶必矣。注云“不恒其德，或承之羞”者，《易·恒卦》文也。

【義曰】常者，垂久不移之義也。天地日月得常，而清寧久照；人君理國得常，而貞正無爲。人能守常，則終始不易。故常者，道德之紀也。去欲守静，復命得常，可謂照明了達矣。反於此者，乃是妄作非道，故致災凶。“不恒其德”者，《易·恒卦》九三曰：“不恒其德，或承之羞。”恒，常也。處不得中，進退不定，雖在恒中，而乖恒體，實可恥惡，故曰“或承之羞”。《象》曰：“不恒其德，無所容也。”

知常，容。

【注】知守真常，則心境虚静，如彼空谷，無不含容。

【疏】知常曰明，明則鑑物，物來必應，無不含容。故曰“知常，容”。

【義曰】恒常其德，即有所容，此反契前《象》詞之義也。得常體道，玄鑑無遺，應物順常，含弘光大也。

容乃公。

【注】含容應物，應物無心，既無私邪，故爲公正矣。

公乃王，

【注】能公正無私者，則爲物所歸往。

【疏】能含容應物，乃公正無私，則天下歸往，是爲王矣。

【義曰】知常順道，故能公正而爲王也。有道之人，不言而自化，不召而自來，故天下歸往也。王者以物歸往爲義。

王乃天，

【注】群物樂推，如天之覆，則與天合德矣。

天乃道，

【注】王德如天，乃能行道。

【疏】惟天爲大，惟王則之。其德同天，而無不覆，故曰“王乃天”。王德如天，則無爲而理，道化乃行，故云“天乃道”。

【義曰】以物歸往，乃可配天，子育萬方，告類上帝，法天廣覆，法地無爲。王以法天，天以法道也。

道乃久，

【注】道行天下，乃可以久享福祚矣。

殁身不殆。

【注】同天行道，則終殁其身，長無危殆之事。

【疏】言守静致虚，歸根復命，其德如此，可以爲王。王德合天，乃能行道。道行乃久享福祚，天下之人，就之如日，戴之如天，澤之如雨，望之如春，故終殁其身，復何危殆之事？故曰“殁身不殆”。

【義曰】此教人君積德之謂也。人君雖承平御極，握紀臨人，若乖道德，豈能長久？所以先虚其心，次守其静，虚静致道，乃復於常。而能公正無私，人所歸往，應天合道，行道化人，道化大行，天下欣戴，故能運祚長久，不殆不危。如日之照臨，如天之覆育，如雨之潤澤，如春之温和，雖終殁其身，盛德不泯，如今之歌詠堯舜，鼓舞羲農矣。“戴之如天，就之如日”者，堯之德也。

卷之十六

唐廣成先生杜光庭述

太上下知章第十七

【疏】此章上論淳古之風，下逮澆漓之俗，欲明失道之漸，將辯致弊之由。故前章明守静則致虚，此章示無爲則復樸。樸散則親譽遂作，無爲則謂我自然。庶夫道化之君，專此不言之教。

【義曰】太古上古，無事無爲，君任自然，人懷大樸。太古者，乃天地之初也。《列子》云：昔者聖人因陰陽以統天地，故有形生於無形。則天地之前有太易，未見氣也；有太初，氣之始也；有太始，形之始也；有太素，質之始也。通謂太極。故云五太者，即太古也。氣形質具而未相離，故曰混沌，言萬物相渾沌而未分判也。既而渾沌分判，輕清爲天，重濁爲地，而上下分焉，陰陽定焉。人稟天地陰陽沖和之氣，居于天地之中，日月照之，氣象成之，陰陽輔之，寒暑循之，與天地并號爲三才。則上三皇、中三皇、下三皇迭理其化，司牧於人，此謂上古也。天職生覆，地職形載，聖職教化，物職所宜，而展轉生化。初以道德，次則仁義，故親譽畏侮，恩信不孚，須資復古之風，冀返淳和之化。《春秋·僖公二十四年》："周王欲以狄師伐鄭，富辰諫曰：'太上以德撫民，無親疏也。其次親親以相及也。'"言先親以及疏，推恩以成義爾。

太上，下知有之；

【注】太上者，淳古之君也。下知者，臣下知上有君，尊之如天，而無施教有爲之迹。故人無得而稱焉。

【疏】太上者，淳古之君也。謂太上者，尊之也。言太上之君，處無爲之事，行不言之教，臣下但知有君，尊之如天，大而在上，被四時生育之義，不知何以稱其德，是故云“下知有之”。

【義曰】太者，大也。上者，高也。至高至大，以表其名。上古之君，無有謚號，行淳厚之化，以化於人，任物無爲，不言而信，不施典法，以蕩物心。故臣下知其上有君，而不聞其教令。其卧居居，其起于于，其行填填，其視顛顛，山無蹊隧，澤無舟梁，耕而食，織而衣，四時自行其上，萬物自行其下。至德玄遠，不可名稱，故曰太上。或云上古太古之君者，昔有容成氏、大庭氏、柏皇氏、中央氏、栗陸氏、驪連氏、軒轅氏、赫胥氏、無懷氏、昊英氏、尊盧氏，葛天氏、陰襄氏、祝融氏、列山氏、伏羲氏、神農氏，皆結繩無爲之代。黄帝乃垂衣裳，造書契，有作有法，漸以化民矣。三皇者，以道理人，無制令，無刑罰，謂之皇，有制令，無刑罰，謂之帝。所以三古異宜，步驟斯變矣。太上之化，不其遠歟！

其次，親之譽之；

【注】逮德下衰，君行善教。仁見，故親之；功高，故譽之。

【疏】太上之君殁，黄帝堯舜氏作，施教行善，仁及百姓，故親之；柔服致平，功高天下，故譽之。親譽生前人之迹，矯徇爲後代之患。

【義曰】譽，褒美也。矯，妄也。以身從物曰徇也。殁，死也，謂前太古上古之君相次死殁也。作，起也。黄帝者，有熊國君少典之次子也，姓公孫氏，生而神靈，弱而能言，長而敦敏，成而聰明。母有喬氏，曰附寶，見電光繞北斗，樞星照野，感而有孕，十四月而黄帝生焉。神農德衰，蚩尤暴横，諸侯侵伐，黄帝修德振兵，殺蚩尤於涿鹿之野。天下尊之，立爲天子，曰黄帝焉，以代神農之位。師廣成子於崆峒山，問理國之道，取天地之精，以養兆民。造書契，服牛馬，舟車，杵臼，宫室，弧矢，調律吕，鑄鼎制琴。其所居有縉雲之瑞，或號縉雲氏，以雲紀官。禮樂既作，其臣大撓造曆，容成造算，倉頡造文字，風后造五兵，而萬慮興焉，名迹顯焉。帝乘飛龍，周游四海，名山大川，皆有其迹。於是采首山之銅，鑄鼎於荆山，以合九丹，丹成，有龍垂胡髯而下迎之，黄帝乘黄龍而升天。其大臣同升者七十二人，其小臣有攀斷龍髯而墮，抱帝之弓而號，故號曰烏號弓。其升天處，今在虢州閿鄉縣皇天原，亦名鼎湖是也。帝堯睦九族，親百姓，師務成子，定歲時，正律度，以化天下。帝舜師尹壽子，以孝德彰聞，代堯爲天子，其解具在第三章中。言黄帝、堯、舜制作法度，天下化之，民乃親其德而譽其功，乃真親真譽也，非黄帝、堯、舜使民親譽，而民自親譽之。後代則不然，覬覦前迹而有矯親矯譽，所以矯竊之患生之矣。

【疏】故莊子曰："吾語汝，大亂之本，必生堯、舜之間。"何也？以其迹存乎千歲之後故爾。

【義曰】親譽之迹，起於黄帝、堯、舜，千載之後，人慕其迹，而生矯徇。《莊子》庚桑楚謂其弟子曰："夫堯舜又何足以稱揚哉？以其揖讓相禪，而後世法也。且舉賢則人相軋，任智則人相盜，固不足以厚民。子有弑父，臣有弑君，正晝爲盜，日中穴阫。大亂之本，必生乎堯、舜之間。其末存乎千世之後，必有人與人相食者。"此言尊賢任能，遂至大弊，更相齧食，起自唐、虞之間，人矯徇不休，失其真性，故至於大亂也。

其次，畏之，侮之。

【注】德又下衰，君多弊政，人不堪命，則驅以刑罰，故畏之；懷情相欺，明不能察，故侮之。

【疏】黄帝、堯、舜氏殁，下及三王五霸，浸以陵遲，嚴刑峻制，故畏之；明不能察，故侮之。下議罪而求功，上賞奸而生詐。相蒙若此，可爲寒心。

【義曰】堯舜既殁，三王繼之。三王者，夏、殷、周也。夏禹姓姒，名文命，高陽氏之孫也。母曰修己，於石紐山下泉中，得月精如雞子，吞之而孕。生禹，左手有水字，右手有台字，合爲治字。禹父鯀爲堯治水九年，績用不成，舜殛鯀於羽山，舉禹代父，使之治水，通九江，浚百川，百谷既同，四海無壅，手足胼胝。鑿龍門，闢伊闕，浚九河，所經者七百餘國，乘四載而奠，名山大川，靡不周遍。其爲人也，其仁可親，其言可信，聲爲律，身爲度。師真行子，得太上靈寶五符，檄召鬼神，移山塞川。治水既畢，天錫玄珪，以告成功。舜遂禪位，作九鼎，立九州。五岳名山，皆刻石科斗篆文，以表其高下。在位四十一年，年一百歲。子孫十六代，都平陽。起癸亥終己巳，四百八十七年。禹既禪位，自以德不及堯、舜，去帝稱王，即三王之一也。其後夏桀無道，殷湯以諸侯起兵伐桀，而代其位焉。殷湯，契之後也，黄帝十七代孫子，名履，一名天乙，佐夏征葛伯有功，開三面之網，歸其仁者三十六國。夏桀暴虐，天下叛之。湯征桀於鳴條之野，放之於南巢，有白狼之瑞。師錫則子，以伊尹爲相，大旱七年，以身爲牲，天乃大雨，四海美之。在位十三年，年一百一十九歲。子孫二十一代三十王，都於亳。起庚午伐桀即位，終乙酉年紂滅周興，共六百五十六年。三王之二也。其後殷紂無道，斮朝涉之脛，剖比干之心，置炮烙之刑，刳剔孕婦，天下叛之。周西伯以丁卯年霸於邠岐，武王以己卯年嗣位，至乙酉年伐紂於牧野，①克之，遂興周業，而代殷位焉。周，后稷之後，姬姓。后稷名棄，母曰姜嫄，帝嚳之元妃，出野，見巨人之迹，悦而踐之，感而有孕。期年而生，以爲不祥，棄之陋巷，牛馬避之，遷於冰上，蜚鳥以其翼覆薦之。姜嫄以爲神，遂收而養，因名曰棄。爲兒時吃，好相地之形，善耕農，帝堯聞之，舉爲農師，天下得其利。封於郃，號曰后稷。其十世孫古公亶父，積德行義，國人戴之。亶父娶大姜，生季歷，季歷娶大任，生文王昌，昌爲西伯。殷紂疑其賢，囚於羑里。其臣

---

① "伐紂"，原作"代紂"，據文意改。

閎夭求有熊之馬、有莘之女、異方珍怪，以獻於紂。紂赦西伯，賜以弓矢斧鉞，得專征伐。師老君於岐山之陽，鸑鷟爲瑞。天下之人歸周德者，三有其二焉。西伯以丁卯年受弓矢之錫，當紂二十一年也。武王以乙酉年克紂正位，放牛於桃林之野，歸馬於華山之陽，倒載干戈，示不復用。有亂臣十人，而天下大理。在位九年。文王年九十七，武王年九十三。子孫三十七代四十一王。起乙酉，終赧王壬子，共八百六十八年。此三王之三也。五霸者，在三王之内，諸侯之間，以兵服四方，爲盟會之主，内扶天子，外威諸侯，以禮樂征伐權於當代，不及於王，故謂之霸。夏之霸者，有昆吾，黄帝之後也。殷之霸者，有大彭、豕韋，帝堯之後也。周之霸者，有齊桓，僖公之庶子，名小白，魯莊公九年立，管仲相之，九合諸侯，一匡天下。周惠王、襄王之時也。晉文公者，獻公之子，名重耳，母曰狐姬，以魯僖公二十二年立。文公以僖公四年避驪姬之禍，奔于齊，歷曹、衛、陳、楚、鄭、秦諸國，凡十八年。秦伯以師納之于晋，周襄王加九錫，賜彤弓、彤矢、圭瓚、秬鬯，得專征諸侯。教民二年，欲用之。子犯請教之以義，於是出定襄王，入務利民，伐原以示信，大蒐以示禮，而後用之。出穀戍，釋宋圍，一戰而霸。言其能任禮智，征伐以取霸。盛興兵得衆盟謂之霸。霸者，把也，謂把攬英雄，以致強大也。夫仁義禮智，征伐之道也。嚴刑以束人心，峻法以鉗人口，法愈細而民愈亂，網愈密而罪愈多，禍起而不知，奸生而不悟，上下相詐，故或畏之，或侮之。有道之士見其危迹，爲之悚栗，所謂寒心也。《沖虚真經》孔子對商太宰曰：三皇善因時，順物而理。五帝善任仁義，彰善而成功。三王善任智勇，智以決之，勇以行之。五霸善任機權，因勢以制宜，托機以成務，而猶檢之以禮，約之以信。禮信或虧，即霸道隳矣。

信不足，有不信。

【注】“畏之侮之”者，皆由君信不足，故令下有不信之人。

【疏】此覆釋“畏之侮之”。百姓畏君之刑法，侮君之教令者，皆爲君信不足於下,故令下有此不信之人爾。

【義曰】言著而不欺曰信,賞及無功,罰及無罪,則爲不信。教令失信,民得欺之矣。形曲則影邪,源混則流濁,上行下效,其應若斯。《春秋·宣公十一年》:"楚子伐鄭,及櫟,鄭大夫子良曰:'楚、晋不務德而兵争,與其來者可也。晋、楚無信,我焉得有信?'乃從楚。夏,及楚子盟于辰陵,陳、鄭服也。"此乃信不足焉,有不信焉。

猶其貴言。

【注】"親之譽之"者,猶君有德教之言,故貴其言,而親之譽之也。

【疏】此覆釋"親之譽之"也。百姓所以親愛君之仁善、稱譽君之功業者,由君有德教之言,故貴重君之言而稱譽之爾。古"猶"字與"由"字通用。

【義曰】君教令不一,民畏侮之。君教令仁善,民親譽之。《書》曰:"民靡常懷,懷于有仁。"又曰:"撫我則后,虐我則讎。"故賤其苛暴之令,而貴其仁善之教。猶者,尚也,從也。古文或少,故通用之。

功成事遂,百姓謂我自然。

【注】功成而不執,事遂而無爲,百姓日用而不知,謂我自然而成遂,則所以"太上下知有之"也。

【疏】此覆釋"太上下知"也。夫淳樸不殘,孰爲犧樽?道德公行,親譽焉設?故太上之代,下忘帝力,適令功成事遂,百姓皆以爲自然合爾,不知所以親譽報施也。

【義曰】首標太上之化,次述澆淳不同,末以此句覆釋太上無爲之理。當太上之代,窊地爲樽,抔抔,步侯反。水而飲,不親其親,不子其子。上有生成遂長之功,不矜於下,下見物得其所,不知上化所爲,以爲自然而然也。"淳樸不殘"者,《莊子·馬蹄篇》曰:"淳樸不殘,孰爲犧樽?白玉不毁,孰爲珪璋?道德不廢,安取仁義?情性不離,安用禮樂？五色不亂，孰爲文采？五聲不亂，孰應六律？夫殘樸以爲器，工匠之罪也；毀道德以爲仁義，聖人之過也。”《梁書》劉香答沈約曰：①“古者彝器，皆刻木爲鳥獸形，鑿頂及背，以出納酒。魏朝有人，於魯郡野中耕，得齊大夫子尾送女器，有犧樽作犧牛形。晋永嘉中，賊曹嶷於青州發齊景公冢，得二樽，形亦爲牛。乃知皆古犧樽之制也。”夫太古上古之時，大道之行，上德不德，人知其上有君長焉。中古之時，大道既隱，仁德可見，恩惠及人，故有親譽之美焉。下古之衰，道德皆隱，教令鬱興，信義澆薄，其上失信，下則以不信應之。故見其峻令則畏之，聞其失信則侮之。老君所戒，欲使後代帝王，棄禮智之末迹，慕道德之古風，遺功忘名，復歸大樸矣。親譽者，有仁愛之迹則親之，有美善之迹則譽之。報施者，上加其恩曰報，下立功勞曰施。《春秋・僖公二十四年》：“周襄王使狄伐鄭有功，富辰諫王曰：‘報者倦多，施者未厭。’”言施功勞也，有勞則望報過甚也。此爲周王怨鄭，使狄伐之，狄有功而王欲以其女爲后，大夫富辰諫王之辭也。“百姓日用而不知”者，《周易》之辭也。

---

① “劉香”，《梁書・文學傳下》作“劉杳”。

卷之十七

唐廣成先生杜光庭述

大道廢章第十八

【疏】前章明步驟殊時，道存故淳樸不散；此章明風俗頹靡，道失則仁義遂行。秃施髢而病求醫，雖云由愈；數米炊而簡髮櫛，何其傷性！故直舉八句，將以明其積弊，冀速返於淳古也。

【義曰】前以淳樸漸散，澆薄繼生，原其澆薄之由，乃彰道德之廢。步者安徐於皇化，驟者趨急於帝功。俗靡風頹，仁興義作。執仁義而飾性，立刑賞以訓人，亦由既秃而加髢求妍、已病而求醫望愈矣。《淮南子》曰"數米簡髮，煩而不察"，有爲之甚也，何異乎以膝搔背、以踵解結矣？能明四者之非，可致還淳之望也。髢，髮也。頹，壞也。靡，傾也。櫛，梳也。

大道廢，有仁義。

【注】澆淳散樸，大道不行，曰仁與義，小成遂作。濡沫生於不足，凋弊起於有爲。然則聖人救代之心未嘗異，而夷險之迹則不得一爾。

【疏】大道廢者，代俗澆漓，人民浮競，玄風斯泯，穆清之化不存，失夫至道無爲之事，故云廢也。

【義曰】廢者，陵替不行也。皇道帝風，陵頹已遠；興王圖霸，譎詐交馳。時既遷訛，情惟浮競。玄深宴安之風日以泯滅，穆和清静之化日以銷平。大道不行，斯爲廢矣。《禮運》云"大道既隱，天下爲家"是也。澆，沃也。漓者，水入地也。淳古之質，如水沃地，散不可收，故云澆漓也。

【疏】廢則有兼愛之仁、裁非之義蹩躠於其間矣。

【義曰】蹩躠爲仁，强行兼愛之貌也；踶跂爲義，詐立裁非之貌也。皆局促其狀，勉强其容，非廣大也。去道日遠，聖迹已彰，仁義不真，禮樂離性，徒得其强飾之形表，皆非自然真一之誠心也。

【疏】故《莊子》曰："道隱於小成。"小成謂仁義等各自其成，不能大通，故謂之小成。

【義曰】大道既隱，上德亦隳。仁者自仁，義者自義，不能混然同化，各成一名，方之於德，固以小矣，況於大道乎？"道隱小成"者，《莊子·齊物篇》南郭子綦謂子游曰："道於乎隱而有真僞？言於乎隱而有是非？道於乎往而不存？言於乎存而不可？道隱於小成，言隱於榮華。此謂小成，仁義之道也。榮華，竄句之辭也。執言滯教，故爲隱。故有儒墨以是其所非，以非其所是。"以此紛紜，莫能質定，亂由是而作焉。

智慧出，有大僞。

【注】用智慧者，則將立法也。法出而奸生，則有大僞矣。并竊符璽，可不信然？

【疏】智慧出者，謂後代之人役用智慧，立法以檢俗，制典以詰奸。恐其不信，作符璽以信之；恐其不平，爲斗斛以量之。而不仁之人，兼盜符璽，并竊斗斛，則夫智慧之作法，適足侈大其詐僞，故云"有大僞"矣。

【義曰】智，心慧也。慧，識解也。檢，束約也。詰，責也。符，信也。璽，印也。道德隱而仁義行，仁義興而智慧用，法繁於秋荼，網密於凝脂，而人愈亂也。夫弓弩畢弋機變之智多，則鳥亂於其上矣；鈎餌網罟罾笱之智多，則魚亂於水矣；削格羅落罘罝之智多，則獸亂於澤矣;智詐漸毒、頡滑堅白、解垢同異之變多,則俗惑於辯矣。故天下每每大亂,罪在好智矣。法,則也,謂立法則以束於人也。典,常也。奸,詐也。謂作常法以詰責奸詐也。符者,刻文相合以驗,若金虎竹使兵信之符也。璽者,天子曰璽,諸侯曰印,上下等差以爲信也。斛之所起,起於圭,六十四黍爲圭,十圭爲抄,十抄爲撮,十撮爲勺,十勺爲合,十合爲升,十升爲斗,五斗四升曰斛,所以量物也。智慧之人設此符印斗斛之法,將以限量拘制,以驗其盜,安知不爲大盜之積者乎?田常矯仁義於齊國,一旦弑其君而竊其國,傳十二世。齊之符璽斗斛聖智之法,皆田常有之,是則智慧作法而生此大僞。其後竊國者,往往因田氏之法焉。王莽竊之於漢,司馬宣王竊之於魏,梁武帝竊之於齊,隋文帝竊之於周,豈若焚符破璽而使民樸鄙、掊斗折衡而使民不爭、殫殘天下之聖法而民可以議於道乎?

六親不和,有孝慈。

【注】父子夫婦兄弟,六親也。疏戚無倫,不和也。各親各子,有孝慈也。皆由失道,故有偏名也。

【疏】六親者,父子兄弟夫婦也。夫大同之俗,無自私之親。及乎上下不和,冤恩斯起,則有扇枕溫席,人謂之孝。

【義曰】大道之世,天下爲公,無非親也。澆末之代,六紀有辯,孝慈彰也。有不慈則慈者著焉,有不孝則孝者顯焉。天下爲公,則大同之俗也。冤,屈折也。恩,惠愛也。扇枕溫席者,宋有劉苞字孝,嘗三歲而孤,其伯父悛等皆顯貴,苞見之常泣,母陳氏疑其畏憚而怒之。苞曰:"自悲早不識父,今見諸父相似,心中悲爾。"因歔欷,母亦悲慟。苞奉其母,夏則扇枕,冬則溫席焉。孝者,事親之名。《禮·祭統》曰:"孝,畜也。"《釋名》曰:"孝,好也。"謚法曰:"至順曰孝。"總而言之,則事親之道恒畜在心,盡其色養,中情悅好,承順無違之義也。《爾雅》曰:"善事父母爲孝也。"

【疏】出顧入復謂之慈。被孝慈之名,有自矜之色,殊不知大道之代,天下爲家,上承下綏,自然之分。視人如己,不獨親其親,則天下之人皆可孝也。人亦視之猶已，不獨子其子，則天下之幼皆可慈也。孝慈之名，復何所施乎？

【義曰】《禮運》篇云："仲尼仕魯，與於蜡賓，事畢，游象魏之觀，見祭禮之不備，睹象魏之舊所，喟然而嘆。弟子言偃問焉，仲尼曰：'大道之行，三代之英，丘未之逮也，而有志焉。大道之行，天下爲公。選賢與能，講信修睦。人不獨親其親，不獨子其子。使夫老有所終，世有所用，幼有所長，鰥寡孤獨廢疾者皆有所養；男有分，女有歸；貨惡其棄於地，不必藏諸己，力惡其不出於身，不必爲己。是故謀閉而不興，盜竊亂賊而不作，故外户不閉，是謂大同。'"此則扇枕温席、出顧入復無所施矣。人盡親也，何偏名之有乎？矜恃也哉！

國家昏亂，有忠臣。

【注】太平之時，上下交定，何異名乎？昏亂之日，見危致命，有忠臣矣。

【疏】忠者，人臣之職分，而云"有忠臣"者何乎？由人主失御臣之道，令佞主之人獲進，規君於昏，使生禍亂，則有見危致命，蒙死難以匡社稷，而獲忠臣之名。

【義曰】讜正曰忠。《春秋》曰："忠，社稷之固也。"爲臣事君，以忠爲本。事親孝者，則事君忠矣。阿諂曰佞，不明於理曰昏，上下不理曰亂。夫佞臣在側，君鑑不明，不能退佞進賢，陷己於昏亂。昏亂既作，紛争生焉。外有寇敵之侵，内有蕭牆之釁，所以良臣效命，排難扶危，或生著功名，或死節王事。忠臣之目，由斯立焉。向使唐堯爲君，虞舜爲臣，上得臨御之宜，下盡弼諧之道，則忠臣偏美，何所顯哉？

【疏】若夫道化大行，無爲清静，思皇多士，盡是夔龍，彝倫攸叙，無非作乂。

【義曰】大道之化，玄風廣行，上既無爲，下自清静。《詩》曰："濟濟多士，文王以寧。"多士，衆臣也。夔龍，舜佐也。《尚書》曰：夔作典樂，八音克諧。擊石拊石，百獸率舞。《簫韶》九成，鳳凰來儀。龍爲納言，出納王命。彝，法也。倫，等也。攸，所也。叙，次也。乂，理也。《書》曰"彝倫攸叙"，言舜得良臣而典法不失其正也。

【疏】然後忠孝之名息，淳樸之道興，則於忠臣乎何有？此四者頽弊之極也，焉得不返之於淳樸乎？

【義曰】頽，墮也。弊，替也。四者，謂仁義、智慧、孝慈、忠臣也。道廢智生，家争國亂，而四者是顯。因頽弊之極而立其名，大樸壞隳，淳風訛替，德衰道喪，可勝言哉！所以大道既隱，下德有爲，仁義用而巧智興，小惠成而大僞作。忠臣名著於昏亂，孝慈事彰於不和，弊極風頽，所宜反樸。反樸之謂，詳具在於下章。

絶聖棄智章第十九

【疏】前章明風俗頽靡，失道而仁義遂行；此章明絶棄多門，還淳則盜賊無有。首六句且絶矜徇之迹，次三句將明立教之方，後四句示行門之由趣。

【義曰】道廢俗訛，偏名遂立。將復樸素，須絶僞名。既前章四者不行，則此章三者宜絶，孝慈自復，盜賊不生，乃尊樸素之風，除私欲之患，天下之利，其何博哉！

絶聖棄智，民利百倍；

【注】絶聖人言教之迹，則化無爲；棄凡夫智詐之用，則人淳樸。淳樸則巧僞不作，無爲則矜徇不行。人抱天和，物無夭性，是有百倍之利也。

【疏】聖者，有爲制作之聖；智者，凡俗矜徇之智。制作之聖則有迹，矜徇之智則非真。失真是生巧僞，逐迹坐令喪本，故皆絶棄之，而全其淳樸。天和既暢，矜徇不行，是人有百倍之利也。

【義曰】無爲之聖，内明之智，應物周遍，隨時感通。比之聖智，杳冥無迹。制作之聖，矜徇之智，既有其迹，人往迹存，以所存之迹，非應變之具，執而用之，去道愈遠。何者？聖智設法，所以守國也。

大盜至矣,則聖智之法并其國而竊之。其故何哉?若不盜其聖智之法,則無以取其國。是知聖智設法,本以守國,智詐極矣,乃翻爲盜國之盜資也。老君戒之,忘聖則爲理,涉迹則爲亂。能忘其有迹之迹,棄其矯智之智,則淳樸復而巧僞息矣。人復怡和,無傷無夭,俗臻樸素,無怨無爭,各保其生,是有百倍之利也。

絶仁棄義,民復孝慈;

【注】絶兼愛之仁,棄裁非之義,則人復於大孝慈矣。

【疏】前章云"大道廢有仁義",此章云"絶仁棄義,民復孝慈"者,明大道之代,所謂玄同,民無私親,悉皆慈孝。故理至則迹滅,事當而名去矣。

【義曰】六親不和,則孝慈之名偏立;天下有道,則淳樸之化復行。淳素既行,人皆慈孝,可謂無私親矣。斯則絶名迹之仁義,復玄同之孝慈。無私親者,是不獨親其親也。

【疏】今六紀廢絶,則孝慈名彰。若絶兼愛之仁,棄裁非之義,江湖無濡沫之迹,慈孝有自然之素,故民復於大孝慈矣。

【義曰】六紀者,亦曰六親,是君臣父子夫婦也。六者和則皆孝皆慈,六者不和則有孝有不孝,有慈有不慈。不孝者衆,則孝者顯其名;不慈者衆,則慈者彰其美。所以然者,仁義制於其間,而昭其名迹。若化之以大道,鼓之以淳風,棄名迹之仁義,則民復於皆孝皆慈矣。魚處於陸,相呴以濕,相濡以沫,不如相忘於江湖。何者?相呴相濡,言其相愛矣。相忘於江湖,各得其適,豈俟濡沫之小愛乎?偏孝偏慈,濡沫之謂爾。《莊子·天運》篇老子謂孔子曰:"子以仁義之道行之於世,亂莫大焉。夫仁義憯然乃憤吾心,豈若使天下無失其樸,放風而動,總德而立,又奚桀桀然若負建鼓而求亡子矣?黑白之樸不足以爲辯,名譽之觀不足以爲廣,魚相濡沫不如相忘於江湖,人相仁愛不如相忘於道術矣。"

絶巧棄利，盜賊無有。

【注】人矜偏能之巧，必有争利之心。故絶巧則人不争，棄利則人自足，斯不爲盜賊矣。

【疏】絶巧者，絶雕琢非法淫過之巧；棄利者，棄徇財兼并乾没之利。夫盜賊者，生於羨欲不足。今絶巧則人不争，棄利則人自足。人各自足，復誰爲盜賊乎？故云“無有”。

【義曰】雕琢淫過之巧工既不當，雖巧奚爲？則衛人之刻棘猴，宋人之琢楮葉，徒云悦目，終曰蕩心，所宜絶也。徇財則妨行，兼并則奪人，乾没則欺詐，有一於此，非盜而何？斥而棄之，循分而足矣，何盜賊之有乎？又修道之人，宜絶心内嗜欲之巧、身外浮華之利、六情鋭進之巧、六根耽著之利，則三元清淨，六賊自無矣。

此三者以爲文不足，故令有所屬：

【注】此三者但令絶棄，未示修行，故以爲此文不足垂教，更令有所屬著，謂下文也。

【疏】三者，謂“絶聖棄智”一也，“絶仁棄義”二也，“絶巧棄利”三也。此三者且令絶棄，未有修行，故以爲此三者於文不足以垂教，更令有所屬著，謂下文“見素”等是也。

【義曰】聖智絶棄則人享其利，仁義絶棄則皆復孝慈，巧利絶棄則民無盜賊。三者既絶既棄，將示修真復古之方。故云此爲未足，屬於下文。屬，著也。

見素抱樸，少私寡欲。

【注】見真素，抱淳樸，少私邪，寡貪欲矣。

【疏】欲求“絶聖棄智”，則常見真素。

【義曰】同乎無欲則謂素樸，素樸則民性得矣。無知無欲則合真素，真素合則聖智之迹絶矣。

【疏】欲求“絶仁棄義”，則懷抱質樸。

【義曰】淳質敦樸以守其心，則兼愛之仁、裁非之義絶矣。

【疏】欲求“絶巧棄利”，則當少私邪，寡貪欲。

【義曰】私邪不汩於性，貪欲不起於心，則淫奢之巧、專冒之利絶矣。

【疏】三絶雖於文不足，四行則修身有餘。將欲禁邪於中心，故必取資於内行。

【義曰】聖智、仁義、巧利，此六者行之初以拯物，執之末以妨道。故奸詐盜竊因而生焉。絶而棄之，可復真素。真素已復，乃資内修，顯四行於結成，爲真道之要妙矣。夫有迹之聖作，則矜詐之智生。仁起於不仁，義出於不義，孝彰於不孝，慈顯於不慈。能絶有迹有爲，自復至慈至孝。斥淫巧則私利息，私利既息，盜賊不生，然後凝旒於樸素之鄉，杜念於私欲之境，人登富壽，國致遐長。此人君行道之效也。若夫心除嗜欲，身蕩浮華，翦鋭進之情，鋤耽著之本，六賊不作，三元坦夷，四行克修，久視何遠？此行人修之之效也。

卷之十八

唐廣成先生杜光庭述

絶學無憂章第二十

【疏】前章明絶棄多門，還淳則盜賊無有；此章明畏除俗學，若昏故獨異於人。首一句標門以示絶，次七句舉喻以明理，又一十七句格凡聖以對辨，後兩句論獨行以結成。

【義曰】絶日益之學，以務恬和，除浮華之事，則無憂患。舉唯阿恭慢之譬，將喻絶與不絶之理爾。絶與不絶，皆出於心；唯之與阿，皆應於口。絶則契沖静而歸道，不絶則溺智見而喪真；唯則恭謹而無尤，阿則傲慢而招罪。同出於心、口而吉凶異焉。人之所畏者，畏招罪與喪真，而不能絶知見而恭謹。既知之矣，不可不畏。此勸勉於絶學也。衆人行反於道，聖人故獨異之。棄太牢之滋味，閑春臺之心目，除明察之弊，去有以之爲，繩繩悶悶，内襲氣母如嬰兒之行，以合乎至真也。

絶學無憂。

【注】絶有爲俗學，則淳樸不散，少私寡欲，故無憂也。

【疏】絶學者，絶有爲之俗學也。夫人之稟生，必有真素，越分求學，傷性則多。若令都絶不爲，是使物無修習。今即乃絶有爲過分之學。

【義曰】絶者，除斷之義。老君將令後代之人，漸慕淳和，斷絶妄習，故有純學之文。有爲俗學者，謂俗間有爲之學也。自三代以下匈匈焉，終以賞罰爲事，則天下之人，何暇安性命之情哉？故悦於明者，是淫於色也；悦於聰者，是淫於聲也；悦於仁者，是亂於德也；悦於義者，是悖於理也；悦於禮者，是助於詐也；悦於樂者，是助於淫也；悦於聖者，是助於藝也；悦於知者，是助於疵也。此八者學之大也。安其所禀之分，則無過求之悦矣。若所禀之外，越分過求，悦而習之，則致淫悖之患，而傷其自然之和，亂其天禀之性矣。若令都絶，又失所修，但任真常，於理爲得。

【疏】《莊子》所謂“俗學而求復其初”者爾。若分内之學，因性之爲，上士勤行，未爲不絶，故曰“絶學無憂”。

【義曰】《莊子·繕性》篇云“俗學求復其初”者，謂世間之人已治性命於俗矣，而欲以俗學復性命之本，則愈非其道也。斯爲蒙蔽之民，去道遠矣。曷若無以知爲而任其自知？雖智周萬物，而恬然自得矣。分内者，謂因其性分而任其真素也。夫任真，智則智矣，矯於分外則爲詐也；任其真，禮則禮矣，矯於分外則爲亂也；任其真，忠則忠矣，矯於分外則佞矣；任其真，仁則仁矣，矯於分外則諂也；任其真，義則義矣，矯於分外則盜也；任其真，信則信矣，矯於分外則誣也。矯於分外則失而多憂，任於分内則真而無懼，故曰“絶學無憂”也。“上士勤行”者，守真樸不妄爲也。

唯之與阿，相去幾何？善之與惡，相去何若？

【注】唯則恭應，阿則慢應。同出於口，故云“相去幾何”。恭應則善，慢應則惡，以喻俗學絶之則無憂，不絶則生患，只在心識迴照，豈在相去遠哉？

【疏】唯，恭應也。《禮》曰：“先生召無諾，唯而起。”

【義曰】唯者，聲謹而貌恭。應，應答也。先生，父兄師長也。召，呼召也。父兄之召，若應之以諾，尚慮遲迴，聞命即往，故“唯而起”也。《論語》曰：“有酒食，先生饌。”注云：“先生，謂父兄也。”從先生不得越道與人語言，恭謹而從之。其義皆同於恭謹也。

【疏】阿，慢應也。《漢書》曰“不誰何綰”，謂何問也。此舉喻也。唯之與阿，同出於口，唯恭則善，阿慢則惡。學之絶否，只在於心，而絶之則無憂，不絶則生患。同出於口，故云“相去幾何”；只在於心，故云“相去何若”。若能了學無學，學相皆空，於知忘知，不生分别，則唯阿齊致，善惡兩忘。

【義曰】此明恭應慢應同出於口，而善惡異焉；絶學不絶同出於心，而憂樂異焉。不絶則憂心役慮，絶學則志泰神和。學無學者，日損之謂也。《化胡經》曰：“文始學無學，能伏于闐雄。”言以無爲之道，能伏強獷之俗也。《西升經》云：“吾學無所學，乃能明自然。”《德經》云：“學不學，服衆人之所過。”此皆絶除之旨也。能知此旨，則學相皆空矣。夫世間萬法，無非有爲，有爲之事，皆當滅壞，故皆空也。唯無爲無事，清静恬愉，内合真常，外無分别，以此則唯阿齊其一致，善惡以之，謂兩忘也。

人之所畏，不可不畏。

【注】凡人之所畏者，慢與惡也；善人之所畏者，俗學與有爲也。皆當絶之，故不可不畏。

【疏】人之所畏者，畏慢與惡也。夫慢則爲過，惡則被嫌。被嫌則人所棄薄，爲過則物多尤怨。以況有爲俗學，增長是非，若不畏而絶之，是皆違分傷性，故不可不畏而絶之。

【義曰】慢與惡招過，人知畏之，而不知俗學增長是非，動生尤悔而不畏也。故有道之士，畏於俗學越分傷性，棄而絶之，愈於俗中之人畏慢之與惡也。

荒兮，其未央哉！

【注】若不畏絶俗學，則衆生正性荒廢，其未有央止之時。

【疏】荒，廢也。慢惡爲過，俗學失真，是皆可畏，故當棄絶。若不絶而棄之，則正性荒廢，其未有央止之時。

【義曰】央，中也，亦旦也，止也。俗學者，明則生苛察，智則生是非，邪則生荒淫，妄則生誇誕，少則生企慕，多則生疲勞，勇則生紛競，藝則生優劣。惡勝己而求勝，慕多聞而求多，苦忘勞神，役心損性，是乖於真素也，故曰失真。既乖真素，則荒廢正性，如彼美土，本無穢雜，而蒿蘭荆棘滋蔓於其間，荒而穢之，傷土真性。俗學荒人真性，亦如草之滋蔓，故云荒也。《春秋》曰"無使滋蔓難圖也"，"蔓草不可除"，是其義矣。

【疏】《詩》曰"夜未央"，言更漏尚多也。此云"其未央"，言俗學傷性，無息止期，故前途尚多，云未央。

【義曰】俗學之長，觸類而生，若不絶除，方將日益，故荒亂渺然，殊未央止也。《周詩·小雅·庭燎》篇云："夜未央。"央，旦也。未央，言夜未巨央也。俗學不絶，未可盡也。

衆人熙熙，如享太牢，如登春臺。

【注】衆人俗學有爲，熙熙逐境，如臨享太牢，春臺登望，動生貪欲也。

【疏】熙熙者，情欲淫動之貌也。此明不畏絶學之人也。夫俗學有爲，動生情欲，熙熙逐境，役役終身。若餒夫之臨享太牢，恣貪滋味；冶容之春臺登望，動生愛著。

【義曰】冶容者，《易·繫》云："冶容誨淫。"言女之容色夭冶，而不精慤其行，動生淫泆，況春臺登望乎？熙熙，和悦之貌也。俗學之人動溺其性，熙熙自悦，不覺爲勞，然而逐境牽情，是非相擾，吉凶得喪，由此而生。則有六印垂腰，五府交辟，一怒而諸侯懼，安居而天下息，繁華忽其滿志，富貴樂其當年。五鼎列食，厭太牢之盈味；衆芳悦性，喜春臺之縱目。至有燕姝洛艷，楚舞吴歌，八音聵其聰，五色熏其鑑。樂則樂矣，終復如何？其或泰往否來，福終禍起，變熙熙之樂爲惴惴之憂也。仲尼謂顔回曰:“昔吾以樂天知命之不憂,今乃知樂天知命,憂之大也。”聖人猶若此,況於常乎?豈若縱神於自得之場、適性於忘知之境乎?

【疏】太牢者,牛羊豕也。

【義曰】《禮器》云:“太牢而祭,不必有餘。”言稱牲之大小也。又云:“諸侯七牢,大夫五牢。”故《春秋》吴徵魯之百牢是矣。夫牛羊豕三牲,通謂之牢。牛者,祭之牢也。天子以犧牛,謂全色也,諸侯以肥牛,大夫以牽生,求得即用,無所擇也。牛謂“一元大武”,將祭,必繫於牢,芻之三月,所養必有其式,以備不常。如《左傳》鼷鼠食郊牛角,乃改卜牲也。羊者,天子釁廟,開冰告朔,皆用之,謂之“柔毛”。孟春食麥與羊是也。豕者,天子之祭皆用之,以備三牲。則牛曰太牢,羊曰中牢,豕曰少牢,曰“剛鬣”是也。禮,天子無故不殺牛,大夫無故不殺犬彘,謂其皆祭禮所用,非祭而殺,是曰無故也。牢者,取其四固以養犧牲,故通謂之牢矣。

【疏】春臺所以爲愛著者,謂其卉木滋榮,禽鳥鳴匹,陽和陶然,易淫蕩也。故《邠詩》云:“春日遲遲,采蘩祁祁,女心傷悲,迨及公子同歸。”

【義曰】築土曰臺,又曰因高爲臺,言升高肆望也。夫春之氣也,天地絪緼,萬物交感,和風舒暖,陽景遲遲,登臺肆目,煦然蕩矣。倉庚既鳴,春之候也。采蘩,生蠶之時,蘩,皤蒿也。祁祁,衆多也。傷悲,感事之苦也。春女感陽而悲生,秋男感陰而思起,此固陰陽常理,物化使然也。迨,始也。及,與也。思歸嫁於公子,故言同歸。禮,二月爲匹偶之月,女心傷春,思匹配也。《邠詩國風·七月》篇之辭也。倉庚,《箋》云鵹黄也。

我獨怕兮,其未兆,如嬰兒之未孩。

【注】我獨怕然安静,至於貪欲,略無形兆,如彼嬰兒,未能孩孺也。

【疏】我,老君自稱言也。我畏絶俗學,抱道含和,獨能怕然安静,於彼代間有爲之事情欲等法,略無形兆,如彼嬰兒未能孩笑,無分别也。孩者,别人之意。《莊子》曰:“不至于孩而始誰。”

【義曰】怕兮者,安静無爲之貌也。兆,形狀之初也。老君見代之人物變化云爲,馳騁利名,耽營俗學,留連情欲,凋喪天和,皆歸於空,非爲了出,乃教其冥視聽之域,絶思慮之源,令若嬰兒,無所分别,不知不識,深含玄虚。嬰兒者,未分别於人。孩者,有分别也。萬事無形兆,忘懷之至也。《莊子·天運》篇老君謂子貢曰:“三皇五帝之理天下不同。舜爲天下也,使人心競。故孕婦十月生子,子生五月而能言,不至乎孩而始誰。”此言心競者,有分别也。既有分别,和氣將離。五月能言,時漸急也。自此物多夭落也。《家語·本命》篇曰:“人生三月而微眴,然後目能見。八月生齒,然後能食。期而生臏,然後能行。三年間合,然後能言。”今五月而言,和散而澆急也。

乘乘兮,若無所歸。

【注】至人無心,運動隨物,無所取與,若行者之無所歸。乘乘,運動貌也。

【疏】乘乘,運動之貌。衆人動生耽著,常有所求,故若有所歸往。我本無心,怕然安静,乘流則逝,值坎則止,若彼行道之人,無所歸趣,不汲汲也。

【義曰】衆人耽著所求者,趣於俗學,有求勝之心,耽其世欲,有營爲之念,運動心慮,奔逐所求,故若有歸也者。若無心不著諸見,悠悠自得,何所滯焉?喻如水也,決之則流,壅之則止,不與物競,亦無所求,故“若無所歸”也。

衆人皆有餘,

【注】耽著塵務,矜誇巧智,自爲有餘,以示光大也。

而我獨若遺。

【注】常若不足，有所遺忘也。

【疏】衆人俗學耽著，矜誇巧智，是法皆執，自爲有餘。我獨損之，未嘗凝滯，心無愛染，故若遺忘。

【義曰】衆人矜誇俗學，以立功名，巧智相高，財利相勝，於彼世法，各言有餘矣。老君忘心息智，無滯無矜，恍惚任心，若遺忘也。

我愚人之心也哉，純純兮！

【注】我豈愚人之心，遺忘若此也哉？但我心純純，故若遺爾。

【疏】言我於諸法中，體了無著，故若遺忘。豈則若愚人之心也哉？但我心純純，質樸無愛欲，故若遺忘爾。

【義曰】老君爲化物之本源，乾坤之宗主，萬智周備，聖德玄通，而示以無心而泯合乎道者，所務世人淳樸其志，以反澆漓，收視滅聽，以歸道德爾。非謂本來所禀，愚冥而若遺失也。

俗人昭昭，

【注】矜巧智也。

我獨若昏；

【注】自韜晦也。

俗人察察，

【注】立法制也。

我獨悶悶。

【注】唯寬大也。

【疏】昭昭者，自矜衒巧智也。若昏者，如昏昧無所分别也。察察者，於教立法以繩下也。悶悶者，無心寬大之意也。所以昭昭矜衒、察察施教者，皆由不絶俗學與有爲，故聖人畏絶若昏默也。

【義曰】上惟君后，下及兆人，徇俗學之心，忘大樸之本，理國則昭昭矜其聖智，察察申其典章，聖智愈作而政愈煩，典章益明而人益弊。老君昏昏默默，不化而自行也。《莊子》曰："至道之極，昏昏默默。"昏昏者，韜光；默默者，不言也。

忽若晦，寂兮似無所止。

【注】容貌忽然若昏晦，而心寂兮絶於俗學，似無所止著也。

【疏】絶學行人，忽忽無心，常若昏昧，而心寂然，曾不愛染，於法無住，故似無所止著爾。

【義曰】晦，昧暗也。寂，虚静也。既絶俗學，不矜其智，不著有爲，不住有法，不止於有，不滯於無，空有都忘，深入玄要矣。

衆人皆有以，

【注】衆人於代間皆有所以，逐境俗學之意者也。

我獨頑似鄙。

【注】頑者，無分别。鄙者，陋不足。而心實了悟，外若不足，故云"似"爾。

【疏】凡俗之人不畏俗學，常有所以，耽滯逐境，未曾休息。我於代間獨無分别，有所鄙陋。頑者，無分别也。鄙者，陋不足也。而心實了悟，故云"似"爾。"衆人熙熙"下，皆對明也。

【義曰】世之衆人，動循俗法，皆執有爲，故云"有以"。以者，爲也。老君内了萬法，深洞道源，外示昏愚，若似頑鄙。下經曰："天下皆謂我道大，似不肖。若肖，久矣其細也夫！"亦此旨也。自"衆人熙熙"下，六番聖行以對俗學是俗，明其必須絶除而宗大道也。

我獨異於人，

【注】人有情欲，我無愛染；人與道反，我與道同爾。

而貴求食於母。

【注】求食於母者，貴如嬰兒無營欲爾。故上文云“如嬰兒之未孩”，下經云“含德之厚，比於赤子”。如此所以獨異於人也。先無“求”、“於”兩字，今所加也。且聖人説經，本無避諱，今代爲教，則有嫌疑。暢理故義不可移，臨文則句須穩便。便今存古，是所庶幾。又司馬遷云老君説五千餘言，則明理詣而息言，不必以五千爲定格也。

【疏】此兩句結成也。我獨異於人者，異於不絶俗學之凡人也，即上對明諸與凡人異。凡人愛染有爲，我獨遺忘情欲；人於諸法分别，我獨等無是非。故云“異於人”。

【義曰】首標“絶學”兩字，恐人未能頓明，相次對持，凡有十一别：一者絶學無憂，不絶學則多憂；二者唯則恭應而爲善，阿則慢應而爲惡；三者善則人所尚，惡則人所惡；四者衆人有太牢、春臺之美，我則守淡泊嬰兒之行；五者衆人有所趣，我則無所歸；六者衆人矜有餘，我獨若遺忘；七者俗人昭昭而明，我獨昏昏若暗；八者俗人察察立法，我獨悶悶寬大；九者衆人有所止，我獨無所著；十者衆人皆有爲，我獨若不足；十一者衆人耽榮味，我獨餐元和。此十一者與俗對持，即明俗學可絶，而無爲可習也。故疏云衆人有愛染，我獨忘情欲，衆人於諸法分别，我獨無是非，所以異於人也。

【疏】老君戒人守樸全和，少私寡欲，絶視聽之耽著，杜聲名之奔競，令如嬰兒，但求食於母爾。故云“而貴求食於母”。

【義曰】如嬰兒之行，無外所牽，但知求食於母，而無紛競之累也。此聖旨所解，今詳其理。母者，氣也。人之禀象，因氣而生，氣爲茂養，故謂之母。十一門中，皆明有爲之學無益於身，習道之人俱令棄絶，行與俗異，故云“獨異於人”。俗學既已絶除，唯餌氣餐和，歸根復命，是所行之法爾。《黄庭經》曰“人皆食穀與五味，我食太和陰陽氣”,又曰“百穀之實土地精,五味外美邪魔腥,臭亂神明胎氣零,那能反老得還嬰,何不食氣太和精,故能不死入黄寧”是也。《家語》云“食氣者神明而壽”,理無疑矣。大約理國則在於守静默,除淫苛。人君服道而鶉居,臣下崇德而弘道。前則修身之旨,此乃理國之規也。

卷之十九

唐廣成先生杜光庭述

孔德之容章第二十一

【疏】前章明畏絶俗學，若昏故獨異於人；此章明從順至道，甚真則能閲衆甫。首標"孔德"兩句，明德人之順道；次"道之爲物"下十句，暢妙本之精真；"自古"下五句，辨應用之名，結生成之德。

【義曰】前以俗學爲滯對持，示棄絶之門；此明至道非常恍惚，表栖真之所。窮衆甫之本始，惟至道之可依爾。

孔德之容，惟道是從。

【注】孔，甚也。從，順也。設問甚有德之人容狀如何，言此德人所行，唯虚極之道是順也。

【疏】孔，甚也。從，順也。容，狀也。欲明行人所以順合至道，故云甚有德之人容狀若何，言甚有德之人容狀，唯虚極之道是順也。

【義曰】道無名也，唯德是顯之；德無本也，自道而成之。至人能順於道，德乃彰矣。故云甚有德之人，唯能順於道。夫帝王君臨天下，資順道以居尊，統御域中，必抱道而立極。故《尚書·堯典》《舜典》皆云"曰若稽古"者，言順考古道也。

道之爲物，惟怳惟惚。

【注】此明孔德所從之道，不有不無，沖用難名，故云怳惚。

【疏】此明虚極妙本爲物形狀，即孔德所從之道也。虚極妙本，強名曰道。道之爲物，其運動形狀若何，言此妙本不有不無，難爲名稱。欲謂之有，則寂然無象；欲謂之無，則湛似或存。無有難名，故謂之爲怳惚爾。

【義曰】怳惚者，不無不有，非有非無。謂之有焉，乃隨迎不得；謂之無也，乃應變多方。

【義曰】道者，虚無之稱也。以虚無而能開通於物，故稱曰道。無不通也，無不由也。若處於有，則爲物滯礙，不可常通。道既虚無爲體，無則不爲滯礙，言萬物皆由之而通，亦况道路以爲稱也。寂然無體也，而天覆地載，日照月臨，冬寒夏暑，春生秋殺，萬象運動，皆由道而然，不可謂之無也。及乎窮其動用，考彼生成，豈見其所營爲，豈知其所運化？不可謂之有也。乃是無中之有，有中之無，不得指而定名，故謂之爲怳惚爾。

惚兮怳，其中有象；

【注】惚，無也。怳，有也。兆見曰象。自無而降有，其中兆見一切物象。

【疏】此明降生本迹也。惚，無也。怳，有也。兆見曰象。妙本無物，故謂之惚。生化有形，故謂之怳。斯則自無而降有，其中兆見一切物象，從本而降迹也。

【義曰】自上而下謂之降。妙本之道，出乎虚無。虚無之體，清浮在上，欲生化品物，運道神功，於妙無之中而生妙有。妙有融化，自上而下降於人間，兆見物象。妙無爲本，妙有爲迹。本則淡然常存，迹乃資生運用。由是言之，一切物象皆由道生，一切形類皆道之子矣。

恍兮惚，其中有物。

【注】物者，即上道之爲物也。自有而歸無，還復至道，故云“其中有物”。

【疏】物者，即上道之爲物，謂妙本也。妙本降生，兆見物象，修性返德，則復歸無物。無物即道也。

【義曰】物是妙無之本象，爲妙有之迹。既從本而降迹，則是道生萬法。循迹歸本，則萬法復宗於道。言自妙有，卻歸妙無，無始無終，常生常化矣。

【疏】言人修性返德，不離妙本，自有歸無，還冥至道，故云“其中有物”，言有妙物也。此攝迹以歸本也。

【義曰】自道所禀謂之性，性之所遷謂之情。人能攝情斷念，返性歸元，即爲至德之士矣。至德之本，即妙道也。故言修性返德，自有歸無。情之所遷者有也，攝情歸本者無也。既能斷彼妄情，返於正性，正性全德，德爲道階，此乃還冥至道也。冥者，契合也。妙物爲道，故云攝迹歸本。此乃攝有用之迹，歸無爲之本也。

杳兮冥兮，其中有精；

【注】恍惚有無，杳冥深昧也。虚極降生，修性返德，攝迹歸本，妙物存無，杳冥深昧，不可量測，含孕變化，中有至精。故云“其中有精”者也。

【義曰】初則妙本降生，自無而顯有；次復攝迹還本，自有而歸無。明此二句，強爲終始，恐世人迷惑，言道不復存，執有則必無，執無則必有，兩邊爲滯，不悟中道之門，故示之曰“其中有精”，甚真甚信，則明妙道常在，不始不終，了悟玄言，即契中道矣。又就生成門解之，則恍惚之象者，清虚之氣也，在上爲天；恍惚之物者，厚濁之氣也，居下爲地；杳冥之精者，沖和之氣也。此三氣交感，而爲人焉。人者，三才之中最靈之智，用天法地，無所不能，亦自妙本分氣而生。若失性任情，則離本而湮滅；若修性返德，則得道而超騰。其沖和之氣，禀於身中，修之則存，甚真甚信也。

其精甚真，其中有信。

【注】杳冥之精，本無假雜，物感則應，應用不差，故云“有信”。

【疏】至道妙物，既本非假雜，變化至精，故“其精甚真”。生成之功，遍被群有，物感必應，曾不差違，故云“其中有信”。

【義曰】被，及也。差，爽也。違，失也。道之至也，微妙玄通，不可以有推，不可以無喻。去此之外，不名爲道，豈有諸法可假雜乎？可謂真矣。垂變化之功，功無不在；彰感應之用，用不可窮。故爲至精至信也。《尚書》曰“人心惟危，道心惟微，惟精惟一”是也。

自古及今，其名不去，

【注】言道自古及今，生成萬物，物得道用，因用立名。生成之用，既今古是同，應用之名，故古今不去。

以閱衆甫。

【注】閱，度閱也。甫，本始也。言至道應用，度閱衆物本始，各遂生成之用。

【疏】閱，度閱也。甫，本始也。言道德生成之功，本冥真精之信，始終無極，今古不渝。

【義曰】渝，變也。杳冥真道，化育群情，物有始終，道無今古，常爲物本，而道本無爲也。

【疏】故物得道用之名，天清地寧之類，自古至今，常不去也。故注云“生成之用，既今古是同，應用之名，故古今不去”也。以此真精之信，度閱萬物本始，令各遂生成之用也。

【義曰】前解云“天覆地載，日照月臨”，皆道與之用也；“天清地寧，谷盈物生”，皆道與之名也。此名此用，則今古不移；至信至精，則古今常在。不稱功於萬有，各被其生成；但著用於群情，群情豈睹其終始？爲化之主，玄哉妙哉！

吾何以知衆甫之然哉？以此。

【注】以此令萬物皆稟道妙用生成故耳。

【疏】又詳質云，吾何以知萬物本始皆資稟於道，道必度閲之，令遂其生成之用而然哉？答云："以此。"以此者，以此甚真甚信。凡今萬物，皆稟妙用生成，故知之爾。

【義曰】道之生育萬殊，度閲衆類，爲物之本，爲化之先，天以之清，地以之寧，萬物以之生，日月以之明。其既然矣，何以知其然哉？以其甚精甚信，今古不移，物稟道生，道爲物本故也。然則甚大之德者，天地也；至明之象者，日月也；用道法天者，帝王也。帝王富有天下，尊居域中，子育萬靈，首出庶物，安静以象地，被衮以象天，職官以象四時，明賞罰以象秋夏，而能體道清淨，法道無爲，撫之以至仁，示之以至信，使衆生知道爲本始，各捨末而歸元，知道爲祖宗，慕還淳而復樸，洪圖克固，玄化克昌矣。

曲則全章第二十二

【疏】前章明從順至道，甚真故能閲衆甫；此章明抱一爲式，不争則所以曲全。首六句示誠全之行，"是以"下兩句標聖行以明，次四句覆釋"曲全"至"弊新"，"夫惟"下結不争必全而歸爾。

【義曰】前既彰明妙道廣弘生化之功，此則標示全和，教以修行之行。曲枉窪弊，皆因謙而益光；抱一爲法，將明少能統衆。棄自見、自是之迹，除自矜、自伐之非，克致誠全，孰於争者？

曲則全，

【注】曲己以應務則全。

【疏】曲者，委曲從順也。言人能委曲從順，不與物逆，則可以全身，故云“曲則全”。

【義曰】理身之道，先理其心。心之理也，必在乎道。得道則心理，失道則心亂。心理則謙讓，心亂則交争。謙讓則曲己而順物，交争則飾躬而非過。曲己順物者不與物逆，物亦順之，曲己全人，人必全之，不與物争，乃全身之道也。《尚書》曰：“萬方有過，在余一人。余一人有過，無以汝萬方。”此帝王曲己責躬之道也。

枉則直，

【注】枉己以申人則直。

【疏】枉者，受屈於物；直者，可以正曲也。《春秋》曰：“正曲曰直。”言人雖不與物逆，物來枉己，己能受屈，彼必慚懼而自修整，則是己之直可以正曲，故云“枉則直”。

【義曰】得道之心，不與物逆，物來枉己，己能受之，彼必知慚，及自修整者。如廉頗、藺相如同仕於趙，頗位在相如之下，因怒曰：“吾有功於國而居相如之下，吾所恥也。塗見相如，吾必辱之。”相如知其言，常引車以避之。其從者怪而問之曰：“相國不畏強秦而懼廉頗，何也？”相如曰：“秦所以不敢輕趙者，畏吾與廉將軍耳。吾若與廉將軍相遇，兩虎既鬥，勢不俱全。趙國之危，秦之利也。吾所以避者，存國耳，豈私於身乎？”頗聞之，負荊肉袒而謝焉。此乃彼必懼而自修整，以己之直能正於曲之效也。“正曲曰直”者，《春秋・襄公七年》：“冬十月，晉卿韓獻子厥告老，其子穆子無忌有廢疾，將立之。辭曰：‘《詩》云：豈不夙夜，謂行多露。又曰：弗躬弗親，庶人弗信。無忌不才，讓其可乎？請立起也。與田蘇游，而曰好仁。《詩》曰：靖恭爾位，好是正直，神之聽之，介爾景福。恤民爲德，正直爲正。正己心也。正曲爲直。正人曲也。三和爲仁。德正直三者備爲人也。如是，則明神聽之，介福降之。立之，不亦可乎？’庚戌，使韓起朝獻子，遂請老。晉侯謂韓無忌仁，使爲公族大夫焉。”

窪則盈，

【注】執謙德則常盈。

【疏】窪，坳下也。盈，滿也。此喻説也。夫地之坳下，水必流滿，人守撝謙，德便光大。能曲能枉，坳下也；則全則直，滿盈也。故云“窪則盈”。

【義曰】地道變盈而流謙者，謂丘陵川谷之屬也，高者漸下，則下者益高，是故變其盈者而流布謙者也。盈則被變，高不可恃也；謙則流布，下可以守也。地坳下，水則就之，以致盈滿；人謙下，德則歸之，以致光益矣。撝謙者，指撝揖讓，無非謙謹，不違法度，動合卑柔，德乃歸之，亦如地坳水聚矣。能曲能枉窪者，皆謂下其心也。則全則直則盈者，皆謂益其德也。理國之君，納污含垢，下士禮賢，遠近歸之，國乃昌大也。

弊則新，

【注】守弊薄則日新。

【疏】弊，薄惡之謂也。曲、枉、窪等，皆自處弊薄也。能處弊薄，人必推先，故其德行日新矣。故云“弊則新”。

【義曰】薄惡之處，弊屈之事，人所不取。今我取之，自處薄惡，則爲衆人所嘆美矣。修道之士，行人之所不行，學人之所不學，安人之所不安，樂人之所不樂，爲人之所不爲，得人之所不得。所行所爲，無非謙静淡泊，故能德光而道成，可謂德行日新矣。

少則得，

【注】抱一不離，則無失矣。

多則惑。

【注】有爲多門，則惑亂也。

是以聖人抱一,爲天下式。

【注】聖人抱守淳一,故可爲天下法式。

【疏】謂少自取也。夫少自取者則無失,故云得多。自與者必爭,故云惑。修身既爾,修道亦然,當須抱守淳一,自全真素。若欲廣求異門,則招亂惑,故亡羊必因岐路,喪生諒在多方。是以聖人抱一不離,可爲天下法式矣。式,法也。

【義曰】廉士可以分財,言其自取必少也。自取其少者無貪心,無貪心者人不爭,人不爭,故得矣;自取多者必不平,不平則爭起,爲人所奪,反乃失之,故惑矣。此舉喻以明修道也。修道之法,則有萬殊,其致道者,在於守一爾。守一不失者,理身則得道,理國則無爲。無爲化物,物自寧泰。故聖人抱一爲天下法矣。理身不欲多其事,修道不欲多其門。多其事者,萬慮營營以害一生,生能無傷乎?萬人彎弧以射一鵠,鵠能無中乎?多其門者,玄教萬途,丹經萬卷,以一人之心,兼累聖之道,形疲於外,神亂於内,故去道愈遠矣。理國多事者,晋政多門,故諸侯不附;秦網煩密,故四海心離。一國三公,自然難理;十羊九牧,詎可化人?亡羊者嘆於多岐,喪生者由其多事。理故然矣。

不自見,故明;

【注】人能不自見其能,常曲己以應務,則德全自明矣。

【疏】此覆釋"曲則全"也。言人能不自見其美,常委順於物,則其全德日益明白。故云以"故明"。

【義曰】自見不美,必有爭尚之心,故不能委曲順物矣。能委曲順物、不自見己美者,是以德全而益明也。夫德全則形全,形全則氣全,氣全則神全。神全之人表裏無隔,洞見八極,則不自見之明,其明廣矣。

不自是,故彰;

【注】人能不自以爲是,而枉己申人,則其直自彰矣。

【疏】此覆釋“枉則直”也。言人能爲物受枉，不自申説以己爲是，是必無尤，故其直自彰著也。故云“故彰”。

【義曰】自是其事者，必有執著之心，故不能枉己從屈矣。能枉己從屈，不自執是其事，故直顯而益彰也。夫直彰則善彰，善彰則德彰。德彰之人，則萬物歸之，德益光大，則不自是之彰，其彰明矣。

不自伐，故有功；

【注】人能不自伐取，則其功歸己。

【疏】此覆釋“窪則盈”也。言人不自伐取，當爲謙讓，則人不與競，其功歸己，如地坳下，水必盈焉。故云“有功”。

【義曰】自稱己善曰伐也。人好自伐，必有貪競之心，則不能坳下守謙矣。坳下守謙，不自伐其善者，故善著而有功矣。有功之人，人荷其惠，物受其賜，善功所及，孰不悦隨？則不自伐之功，其功大矣。顔回曰“願無伐善”，《尚書》曰“汝惟不伐，天下莫與汝争功”，此之謂也。

不自矜，故長。

【注】人能長守弊薄，不自矜衒，則人推其長。

【疏】此覆釋“弊則新”也。人能守弊薄，不自矜衒，則人必讓，善行能益長。故曰“故長”。

【義曰】矜，恃也。自恃己長之人，必有誇衒之心，則不能自處弊薄矣。能處弊薄，則人必共推而美之，則其不矜恃之美益長矣。《尚書》曰“爾惟不矜，天下莫與汝争能”是也。

夫唯不争，故天下莫能與之争。

【注】不與物争，誰與争者？

【疏】夫唯曲全等行，皆是委順不争。柔弱既勝於剛強，謙虚自歸於是直。則天下人物，誰能與不争者争乎？故云“莫能與之争”。

【義曰】夫好争之人，故非道矣。不争之德，德之大焉。前舉曲全、枉直、窪盈、弊新四者，爲因修之行；覆明不自見、自是、自伐、自矜四者，彰果應之功。行四行之人，謙虚柔弱，不與物争，故天下莫能與之争，而得“故明”、“故彰”、“故有功”、“故長”四善之報矣。

古之所謂“曲則全”者，豈虚言哉？誠全而歸之。

【注】古有曲全之言，豈虚妄哉？實能曲者，則必全理歸之。

【疏】此引古以結曲全也。言自古有此曲全之言，豈虚有此言而無實者哉？若能曲順不逆者，信有全理歸之於己爾。故云“誠全而歸之”。誠，信也。

【義曰】此所明曲者，是柔順屈曲之曲，非回邪之曲也。聖人抱此曲全之道，以垂法於天下。天下既理，聖人不自見其美，不自是其行，不自伐其功，不自矜其能，萬物歸宗於聖德，聖人謙順而處之，則曲全之德自然歸矣。自古及今，此言久著，行而必效，信實非虚。但人君抱一撝謙，歸根安静，必顯誠全之德，臻乎太平矣。

卷之二十

唐廣成先生杜光庭述

希言自然章第二十三

【疏】前章明抱一爲式，不争故所謂曲全；此章明契道忘言，執滯則自同於失。首一句標宗以明理，次五句舉喻以申教，"故從"下理喻結成。

【義曰】夫言教不繁，必契自然之道。風雨爲暴，固非長久之資。希言將漸於忘言，舉暴戒令其息暴。息暴歸静，道必應之。信不足則民違，應之以不信。天爲暴而不久，風雨豈能常貴？夫忘言之言，漸契自然之理爾。且器莫大於天地，權莫重於神明，暴雨飄風尚不能久，人君恃尊怙貴，侮蕩寰區，信非久長之道。夫何故哉？秦皇並吞四海，平一九州，豕畜黔黎，草視甿庶，深宫複道，自侈自尊，縱暴爲昏，極奢極貴，祚傾運滅，曾不崇朝；項籍叱咤中原，吞噬六合，無君於其上，無敵於其前，烏江之敗，亦不旋踵。老君戒其强暴，令守無爲自然之至道云爾。

希言自然。

【注】希言者，忘言也。不云忘言而云"希"者，明因言以詮道，不可都忘。悟道則言忘，故云"希"爾。若能因言悟道，不滯於言，則合自然之理矣。

【疏】此明言教不可執滯也。希言者，忘言也。夫言者在理，執滯非悟教之人；理必因言，都忘失求悟之漸。則明因言以詮理，不可都忘。悟理則言忘，故云“希”爾。若能因彼言教，悟證精微，不滯筌蹄，則合於自然矣。故曰“希言自然”。

【義曰】教必因言，言以明理。執言滯教，未曰通途，在乎忘言以祛其執。既得理矣，不滯於言，是了筌蹄之用也。筌蹄者，《莊子》曰：“筌者所以在魚，得魚而忘筌；蹄者所以在兔，得兔而忘蹄；言者所以在意，得意而忘言。吾安得夫忘言之人而與之言哉?”筌者，以竹爲之，取魚之器也。蹄者，以繩爲之，取兔之器也。魚兔既得，則筌蹄可忘。若執筌蹄，乃非魚兔矣。若執於言，又非教意矣。

飄風不終朝，驟雨不終日。

【注】風雨飄驟，則暴卒而害物；言教執滯，則失道而生迷。

【疏】飄風，狂疾之風也。驟雨，暴急之雨也。夫風者所以散物，雨者所以潤物。若狂疾暴急，則害物而不久。

【義曰】此風雨者，喻也。夫狂疾之風，暴急之雨，理身理國，於教爲喻，其别有三，何者？風之散物，雨之潤物，若其狂疾暴急，反害於物也。氣者所以生身也，心之所以總神也，若其狂疾暴急，反以害於身矣。政之所以理民也，令之所以齊民也，若政嚴而狂疾，令峻而暴急，則民散而國危矣。言之所以明理，理之所以宣教也，若執滯局守，則於教不行，於道不通矣。

【疏】以況言教所以詮理者，若執言滯教，則無由了悟，必失道而生迷。故風雨不可飄驟，言教不可執滯，欲明忘言即合自然，故舉飄風、驟雨之喻。

【義曰】夫執滯於言教，則致不通，失至道之宗，迷言教之説。能明筌蹄之用，則無封執之迷，亦無飄驟之害，而彰散潤之德。

孰爲此者？天地。天地尚不能久，而況於人乎？

【注】天地至大，欲爲暴卒則傷於物，尚不能久，以況於人，執言

滯教，則失於道，欲求了悟，其可得乎？

【疏】孰，誰也。設問云誰爲此飄風、驟雨者，答云天地。天地至大，欲爲狂暴尚不能久，況於凡人執滯言教，而爲卒暴，不能虚忘，漸致造極，欲求了悟，其可得乎？

【義曰】老子欲明飄風、暴雨不久之義，以喻理國修身之人。恐人未曉此意，托以發問，因自答之，以彰其理。言天地有形之大也，爲狂暴之事，尚不能終日；人君統臨邦國之大也，而爲狂暴，必傷於民。修道之士而爲狂暴，必傷其行，皆不可矣。凡人乃欲恣性縱心，狂猛躁急以爲政，執言滯教以修道，了無通變，但局一隅，而能致國泰身安，可得乎？必不得矣。

故從事於道者，

【注】故從事於道之人，當不執滯言教。

【疏】從，順也。虚極至道，沖用無方，在物則通，未嘗凝滯。故凡人欲體斯妙而順事者，不當有所執滯爾。故云"從事於道者"。

【義曰】大道圓通，物感則應，由謙和柔順，可以致之君。剛狠躁戾之人，如飄風暴雨之行，即失道矣。所以人君執道以理民也，事來而循之，物動而因之，萬物之性，無不順也。大行之大得福，小行之小得福。深淺之應，由人感通爾。如下文焉。

道者同於道，

【注】體道者悟道忘言，則同於道。

【疏】順事於道之人，故謂之"道者"。謂能順事於道，則不凝滯。了悟言教，一無封執，可與道同，故云"同於道"爾。

【義曰】道者，虚無、平易、清静、柔弱、淳粹、素樸。此六者道之形體也。虚無者，道之舍也；平易者，道之素也；清静者，道之鑑也；柔弱者，道之用也；淳粹、素樸者，道之幹也。行此六者，謂之道。人行與道同，故曰能順事而不滯，悟言教而同道也。

德者同於德，

【注】德者，道用之名。人能體道忘功，則其所施爲同於道用。

【疏】德者，道用之名也。謂其功用被物，物有所得，故謂之德爾。謂體悟之人順事於道，豈惟自能了出，抑亦功濟蒼生。蒼生被其德，德者忘其功。凡所施爲，同於道用。故云“德者同於德”。

【義曰】德爲道用，故次於道。所謂大行之大得福者，指上同道之行也。次行於代則恩及生靈，功濟邦國，上未階於至道，下復越於仁義，物得遂性，各得所得，故謂之德。有德及物，鄰於道乎！蒼者，廣遠之色，衆同之貌。《莊子》曰：“天之蒼蒼，其正色邪？”遠而視之，則有色象；近而觀之，與庶物同。言庶物資道而生，有情無情，有識無識，動植飛走，皆曰蒼生矣。

失者同於失。

【注】執言滯教，無由了悟。不悟則迷道，故曰“同於失”。

【疏】失者，謂執滯言教而失道也。夫言教者，道理之筌蹄也。筌蹄者，乃取魚兔也。今滯守筌蹄，則失魚兔矣；執滯言教，則失妙理矣。失理則無由得道，自同於失也。故云“失者同於失”。

【義曰】取魚之器曰筌，以竹爲之。取兔之器曰蹄，以繩爲之。取魚則器包其身，故謂之筌，言其可生全而致之也。取兔則繩束其足，故謂之蹄，言可致足而致之也。愚人不知筌蹄可取魚兔，執筌蹄以爲魚兔，失之遠矣。言者所以宣理，教者所以告人。道不可無言而悟，因言以宣之；法不可不告而悟，故立教以告之。愚人不知言教所以悟道，執言教以爲道，亦失之遠矣。夫至虛至静，方能集道。滯言束教，何以契真？至虛以忘言，至静以忘教，不可執矣。經云“執者失之”是也。

同於道者，道亦得之；同於德者，德亦得之；同於失者，失亦得之。

【注】方諸挹水，陽燧引火，類族辯物，斷焉可知矣。

【疏】此明氣同則應也。故虎嘯風起，鶴鳴子和，性殊則肝膽楚越，道合則夷夏同人。以類相從，物無違者。故同道則道應，同失則失來。

【義曰】夫習静則道降，積功則德充，氣之相從，其來尚矣。故彈宫則宫應，彈角則角應者，聲相感也。枯桑動而天風，暑雨降而礎潤，氣相感也。龍吟雲起，虎嘯風生，有情感於無情也。銅山崩而鐘應，類相感也。葭灰鈌而暈虧，事相感也。鶴鳴子和，性相感也。積善餘福，積惡餘殃，行相感也。同舟共濟，胡越不患於異心，勢相感也。流濕就燥，無情感於無情也。《西升經》曰："行善善氣至，行惡惡氣至。"同於失者，固當失之矣。① 肝膽楚越者，性分異也。夷夏同人者，所志同也。君子千里同風，小人隔陌異俗，此之謂乎？

【疏】猶方諸挹月而水流，陽燧照日而火就爾。故云"同於道者，道亦得之"。

【義曰】東海方諸之間，有巨蚌焉，長尺有二寸者，因名方諸。取其殼以柔帛拭之良久，以月照之，以器承之，則得水焉。陽燧者，範金爲器，其形若杯，或類鏡焉，以玄繒潔之，以日照之，以艾承之，則得火焉。此二者因日月之光，以氣類相感，而能生水火。古者祭法尚潔，必以方諸之水、陽燧之火薦於神明焉。物之無情，猶資感應，況人之最靈，道之通變，而豈不能感致乎？言可致也。

信不足，有不信。

【注】執言滯教，不能了悟，是於"信不足"也；自同於失，失亦樂來，是"有不信"也。

【疏】言人之所以不能體了證理忘言，謂於信悟不足而生惑滯。

---

① "失"，原作"矢"，筆誤，據文意改。

既生惑滯，則執言求悟，執言求悟，則卻生迷倒，是有不信應之。故云“有不信”也。

【義曰】道既無形無狀，在精感而致之。但云精感，則人無由可悟，故廣叙應感之事，以勸於人，欲使世人知物有感通，事有因應，然後能推誠於道爾。能推心篤信，静默恬愉，道豈不應哉？所以不應者，由世人不能静默其心，恬愉其志。知者則執言局教，疑者則若存若亡。信既不足，了無感應，是有不信也。其有初則鋭精於習道，中乃懈惰於修行。一念退心，前功并棄。不能專精勤久，而謂大道我欺。若知道能行，行之勤久，玄鑑非遠，寧無應乎？人君法道化人，以信御下，推誠待物，布德如春。上有推誠之君，下無不信之士。

跂者不立章第二十四

【疏】前章明理契言忘，執滯則同於失者；此章明自見自是，矜伐則物或惡之。首二句舉喻示難求，次四句明雖求亦不得，“其於道”下將申戒勸，令有道之人不處爾。

【義曰】上文以不信不足，於道有不信之疑。此復跨而求行，跂而求久，自是、自見、自伐、自矜，去道逾遠。喻如“餘食贅行”，豈可致玄同之道乎？故有道之人不處於此，修真之士以斯爲戒焉。

跂者不立，跨者不行。

【注】跂，舉踵而望也。跨，以跨挾物也。以喻自見求明，明終不得，何異夫跂求久立、跨求行履乎？

【疏】跂，舉踵而望也。跨，以跨挾物也。此舉喻也。夫延頸舉踵，欲求遠望，翹跂則危，故不可立；以跨挾物，物必爲礙，挾物爲礙，必不可行。亦如衆生自見、自是等也。故跂則不立，跨則不行，自見則不明，自是則不彰，斷可知矣。

【義曰】以足指躡地謂之跂，暫有延望，或可爲之，而希久立，斯爲難矣。“延頸舉踵”者，陳后《長門賦》望幸之辭也。跨挾於物，而求久行，亦不可得也。喻人不能推心信真，懷疑於道，暫興一念，便望有成。無冥心淡寂之功，無隳體黜聰之漸，而欲振衣汗漫，接軫崆峒，亦如跂立、跨行，欲希長久爾。

自見者不明，

【注】露才揚己，動而見尤，故"不明"。

【疏】夫自見之人，失之殷鑑，露才揚己，欲以自明。殊不知動則見尤，物無與者，己之事業，終於昧然。故云"自見者不明"。

【義曰】聖人之明也，精神四達，無所不極，上際於天，下蟠於地，猶泛然若無，不以爲有也。凡人以己之見，蔽人之光，露其微才，揚其片善。以此爲明，其可得乎？

自是者不彰，

【注】是己非人，直爲怨府，故"不彰"。

【疏】言人不能曲全而自爲是，且欲大誇諸己，而以出衆爲心，求彰名迹，以自光大，直爲怨府，人所不堪，衆毀日聞，故難彰著。故云"自是者不彰"。

【義曰】聖人之行也，内修其本，外抑其末，屬其精神，偃其知見，漠然無爲而無不爲，猶怕然若虛，不以爲是也。凡人以己之行，蔽人之善，鋭於出衆，務於矜誇。以此爲是，其可彰乎？

自伐者無功，

【注】專固伐取，物所不與，故"無功"也。

【疏】夫謙者德之柄，讓者禮之文，苟失斯道，無從而行，況自專固伐取，以求其功？不讓則争功，斯濫矣。故云"自伐者無功"。

【義曰】聖人之業也，操天爲蓋，無不覆也；以地爲車，無不載也；四時爲馬，無不使也；陰陽爲御，無不備也。而猶因自然之用，不以爲功也。凡人以己之美，掩人之能，内懷專伐，外無謙讓，以此爲功，其可全乎？《春秋·襄公二十九年》："齊放其大夫高止于北燕。"《傳》曰："高止好以事自爲功，且專，故及於難也。"《春秋》：趙簡子與鄭戰，爲鄭人所擊，踣於車中，失其蜂旗，公孫龍率徒五百人助之。宵攻鄭師，取蜂旗，鄭師大敗。既戰，簡子曰："吾伏弢嘔血，鼓音不衰，今日我上也。"衛太子蒯聵爲右，曰："吾救主於車，退敵於下，我，右之上也。"御者卸良曰："我兩靷陣將絶，吾能止之，我，御之上也。"此言簡子不讓，故其下皆自伐其功，故不克和矣。此乃自伐者之無功也。

自矜者不長。

【注】矜衒行能，人所鄙薄，故"不長"矣。

【疏】盛德若愚，昔賢通議，矜衒名器，醜行則多，人所鄙薄，坐招嗤誚。自矜雖欲求益，胥怨物不推長，故云"自矜者不長"。

【義曰】聖人之德也，不以身役物，不以欲滑和，不謀而當，不慮而得，其爲樂也不訢訢，其爲憂也不惋惋，是以高而不危，安而不傾，而猶超然不居，不以爲大也。凡人以己之短，易人之長，緣醜飾非，衒耀名器，以此爲長，其可久乎？"盛德若愚"者，《史記》云"君子盛德，容貌若愚"是也。《論語》云"回也終日如愚"，斯之謂矣。胥，相也。

其於道也，曰餘食贅行。

【疏】餘食者，殘餘之食也。贅行者，疣贅之行也。殘餘，食之穢。疣贅，身之病。以此自見、自是等行，其於道而論之，如殘餘、疣贅，人所共惡也。

【義曰】自見、自是、自伐、自矜，四者之弊，妨於修道。比之於物，如殘餘之食；取之於身，如疣贅之病。疣者，結病也。贅者，餘肉病也。亦如餘食，爲衆所惡也。

【疏】謂爲贅行者，自見、自是等爲德行之疣贅，故云"贅行"。《春秋》曰："人將不食吾餘。"《莊子》曰："附贅懸疣，出乎形哉，而侈於性。”

【義曰】累仁爲德，景迹爲行。自見、自是，非累積之仁；自伐、自矜，非景善之行。其以此於德行，愈於疣贅之病乎？“不食吾餘”者，《春秋·莊公六年》：“楚文王伐申，過鄧，鄧祁侯曰：‘吾甥也。’止而饗之。祁侯之三甥騅甥、聃甥、養甥，請殺楚子。祁侯不許。三甥曰：‘亡鄧國者，必此人也。若不早圖，後若噬臍，其及圖之乎？圖之，此爲時矣。’祁侯曰：‘人將不食吾餘。言自害其甥，必爲人所賤也。’對曰：‘若不從三臣之言，抑社稷實不血食，而君焉取餘？’弗從。伐申還，遂伐鄧。十六年，復伐鄧，滅之。即莊公十六年也。”“附贅懸疣”者，《莊子》外篇曰：“附贅懸疣，出乎形哉，而侈於性。”言物長者不爲有餘，短者不爲不足。駢贅皆出於形，性非假物也。於衆爲多，故曰侈也。侈，多也。

物或惡之，故有道者不處。

【注】自見等行，於道而論，是曰殘餘之食、疣贅之行。凡物尚或惡之，故有道之人不處斯事矣。

【疏】此自見、自是等，既如餘食、贅行，凡物尚或惡之而不爲，故有道之君子，不處身於此事。

【義曰】累仁爲德，習善爲行。有道之士，修行累德，及其證果了出，乃復忘之，以合乎大通，而歸乎無有。況四者之弊，如附贅、餘食，豈肯安而處之哉？此四者，理身處之，則隳德傷性；理國用之，則拒諫矜己，亂政害民，亡之本也。豈餘食、疣贅，毫芒之醜，而可比方哉？

卷之二十一

唐廣成先生杜光庭述

有物混成章第二十五

【疏】前章明自見自是，於道爲餘食贅行，末云有道不處；此章明大曰逝，質道乃先天混成，終令法道自然。首標"有物混成"六句，將明妙本之緣起，物被其功；次云"吾不知"下六句，表强名之由緒，名亦不可得；"故道"下六句，示知四大之生育，申戒人君之法；下至終篇，教以法道自然，無爲清静爾。

【義曰】在昔三氣未分，一元未立，形質猶隱，恍惚莫窮，混然首出者，惟虚極之妙本爾。洎乎孕神布化，天地生焉，萬物育焉，生之成之，故爲化母。然後定以名實，頤其功用，或大或逝，或遠或返，包三才而運氣，首四大而居尊，遞爲憲章，以施法度，方復混融不宰，默體自然，宣大道沖用之功，功成復歸於道本也。"有物混成"者，道之宗也。"先天地生"者，道之元也。"寂兮寥兮"者，道之質也。"獨立而不改"者，道之常也。"周行而不殆"者，道之用也。"可以爲天下母"者，道之功也。"吾不知其名"者，道之無也。"字之曰道"者，道之有也。"强爲之名曰大"者，道之體也。"大曰逝"者，道之微妙也。"逝曰遠"者，道之深玄也。"遠曰返"者，道之常存也。"道大、天大、地大、王大"者，道之統三才也。"域中有四大而王居其一"者，此明王爲最靈之首，當用道也。三才相法，明王當法天行道，契乎自然也。故疏云申戒人君用道法天，而當宗清静也。

有物混成，先天地生。

【注】將欲明道立名之由，故云有物混然而成，含孕一切，尋其生化，乃在天地之先也。

【疏】有物者，有妙物也，即虚極妙本也。將欲申明強名所由，不可即稱道，故云“有物”爾。言有此妙物混然而成，含孕衆象，尋其生化，乃在乎天地之先。故曰“先天地生”。

【義曰】道之起也，無宗無祖，無名無形，沖而用之，漸彰於有。其初也，示若無狀之狀，無象之象，無物之物，無名之名。天地未立，陰陽未分，清濁未判，混沌圓通，含衆象於内而未明，藏萬化於中而未布，不可以名詰，不可以象言。故云“有物混成，先天地生”也。《九天經》曰：天地未有而先有道氣，謂之玄元。始三氣，而生三清。三清各生三氣，合爲九氣，而成九天。自此而分，方有圓清方濁之別，陽日陰月之異，三才於是乎生焉，萬類於是乎立焉。衆經之中，皆明此理，斯則先天地生者，大道也。其五太之次，具在第八卷中，解之“太上下知”章矣。

寂兮寥兮，獨立而不改，周行而不殆，

【疏】寂寥者，嘆有物之體寂寥虚静，妙本湛然，故獨立而不移改。物感必應，應用無心，遍於群有，故周行而不危殆。

【義曰】寂寥者，無之謂也。無聲可聞，無色可見，無形可執，無象可求，無名可稱，無法可擬，故云“寂兮寥兮”也。獨立者，道一無侶也。周行者，道氣旁通也。不殆者，在高非高，在大非大，無窮無竭，玄妙常存，不危殆也。殆，危也。

可以爲天下母。

【注】有物之體，寂寥虚静，妙本湛然常寂，故獨立而不改，應用

遍於群有，故周行而不危。而萬物資以生成，被其茂養之德，故可爲天下母。

【疏】妙本生化，遍於群有。群有之物，無非匠成。萬物被其茂養之德，故可以爲天下母爾。母以茂養爲義也。

【義曰】於至無之中而妙氣旁通，生育萬物。萬物非道無以生成，以其生物，故爲天下之母。然道之生成於物，有形有類，皆從道生，故不拘於天上、天下。今言天下者，舉其大也。而道之生化，無所不生矣。《字林》云："茂養於物，故謂之母。"

吾不知其名，字之曰道，強爲之名曰大。

【注】吾見有物生成，隱無名氏，故以通生表其德，字之曰道，以包含目其體，強名之曰大也。

【疏】字者表其德，名者定其體。老君云妙本生化，應用莫窮，寂寥虛静，不可定其形狀，先天地生，難以言其族氏，故云"吾不知其名"。但見其大通萬物，欲表其通生之德，故"字之曰道"。

【義曰】夫名物者以其體，字物者以其德。物生而名立，事之常也，未有無名之物矣。唯大道之用，居乎物先，物象未彰，乾坤未闢，而道在其先也。運道之用，施道之功，而後有天地萬物也。以此功深用廣，無形無狀，不可以氏族求，不可以名字得，老君取其通生萬物之美，字之曰道。道者，通生之謂也。道之爲通也，無所不通。《西升經》云："夫道也者，包裹天地。"秋毫之細，道亦居之。《莊子》云："道在稊稗。"道在衆物，無不在也。故有形有生者，道皆居之，失道則死矣。

【疏】見其包含無外，將欲定其至無之體，故強名曰大。凡物先名而後字者，以其字小而成大，以道先字而後名，是以從本而降迹焉。

【義曰】夫物有體，則能包含於物。故大能容小、外能藏内者，物之常也。今道無體而能包含萬物者，以其無體之體，體大無邊也。以其體大，因體立名，故名曰大。大者，無不包也，無不容也。有形無形，皆在道體之内矣。凡物先名而後字者，禮，男子生三日，以桑弧一、蓬矢六以射天地四方，以示男子有事於四方也。既三月，妻以子見其夫。入門，升自阼階，妻抱子出，自升階，父執之右手，孩而名之，撫其首焉。二十而冠，謂之成人。冠適子於阼階，以著代也。醮於客位，有成人之道也。三加其冠，始以緇布，次以皮弁，次以爵弁，言益尊之。冠而字之，敬其名也。女子十五而笄，笄而字之。故冠禮者，禮之始也，嘉事之重也。此則先名而後字，取其自小而成大也。人倫之道，始則有終，故自小而成大、自大而復終也。《春秋・桓公六年》："九月丁卯，子同生。公問名於申繻。大夫也。對曰：'名有五，有信，有義，有象，有假，有類。以名生爲信，唐叔虞、魯公子友是也。以德命爲義，文王昌、武王發是也。以類命爲象，若孔子像尼丘山是也。取於物爲假，如伯魚生，有人饋魚，因名曰鯉是也。取於父爲類。若子同生，與父同日生是也。不以國，以國則廢名；不以官，以官則廢職；不以山川，以山川則廢主；不以畜牲，以畜牲則廢祀；不以器幣，以器幣則廢禮；不以隱疾。故名終將諱之。故晋以僖侯廢司徒，宋以武公廢司空，①先君獻、武廢二山。具、敖二山也。是以大物不可以命。'公曰：'是其生也，與吾同物，命之曰同。'"氏族者，《春秋・隱公八年》："冬，公子無駭卒，公子羽父請謚與族。公問族於衆仲。對曰：'天子建德，因生以賜姓，胙之以土而命之氏。諸侯以其王父字或以謚，因以爲族。官有世功，則有官族。謂取舊官舊邑爲族也。邑亦如之。'公命以字爲展氏。"無駭即公子展之孫也。夫道也，先字而後名，言道無所始，亦無所終。示用降迹，故字曰道；妙體廣遠，故名曰大。無始無終也，而此名此字，其強立焉。大道之妙，名言路絶也。

大曰逝，逝曰遠，遠曰返。

【注】妙用無方，強名不得，故自大而求之，則逝而往矣；自往而

---

① "武公"，原作"武功"，據《左傳・桓公六年》改。

求之，遠不及矣。若能了悟，則返在於身心而證之也。

【疏】夫滯於一方者，非天下之至通也。故天職生覆而不能形載，地職形載而不能生覆。唯妙本之用，用無定方，雖強名曰大，而復不繼於大。

【義曰】天下之至通者，道也；滯於一方者，天地也。夫天地日月，春夏秋冬，皆天之所運也。天運氣廣大焉，生物周普焉，能覆而不能載，能清而不能濁，能上而不能下也；地布氣周遍焉，載物廣厚焉，能載而不能覆，能濁而不能清，能下而不能上；日主晝而不能於夜，月主夜而不能於晝；春職於生而無長養收藏之功，夏職於長而無收藏發生之力，秋主於成而無生長閉藏之用，冬主於藏而無生長肅殺之效；風職於散而不能於潤，雨主於潤而不能於散。若此局於一方者衆矣。唯大道能覆載照臨，能生成長育，能寒暑散潤，能陰能陽，能柔能剛，能今能古，能圓能方，能清能濁，能短能長，無不可也，無不能也。故用無定方，雖名曰大，而不拘於大，此可謂天下之至通乎！

【疏】自大而求之，則逝而往矣；自往而求之，則遠不及矣；自遠而求之，則復返在人之身心矣。故云"遠曰返"。《莊子》曰："大道於大不終，於細不遺。"

【義曰】求之於大則彌大矣，故曰"逝而往"也；求之於逝則彌遠矣，故曰"遠不及"也；求之於遠不離乎身，故曰"返"也。人之起居運動，上下屈伸，不離於道，道豈遠乎？"於大不終"者，《莊子·天道篇》老君謂士成綺曰："夫道也，於大不終，於細不遺，故物備矣。廣乎其無不容也，淵乎其不可測也。形德仁義，神之末也。非至仁，其孰能定之?"此言天地，形之大者也；秋毫，形之小者也。物之至大，道復大之，其大無極，故不終也；物之至細，道之在焉，故不遺也。道無不在，何足以測之哉？匪一方之可拘，豈四者能詰矣？

故道大，天大，地大，王亦大。

【注】因其所大而明之。得一者，天、地、王。天大能覆，地大能

載,王大能法地、則天、行道,故云“亦大”。

【疏】因強名曰大,所以次大者,故天能顛玄在上,垂覆萬物;地能凝静於下,厚載萬物;王能清静無爲,而化萬姓。此三大也者,吾道一以貫之。

【義曰】天之清也,積氣於上,體乎純陽,運動不息,剛健而文明,故次於道也。地之濁也,積形於下,體乎純陰,寂然不動,柔順而安貞,故次於天。王之正也,總二氣之柄,居萬靈之首,順陰陽之序,法天地之宜,仰觀俯察,順考古道,清以則天,静以應地,故清静其化,無爲其心,而齊於三大也。此三大皆局於一方之德,無圓通沖用之能,故我妙道通貫三大,而爲之主矣。“一以貫之”者,《論語》仲尼謂曾参曰:“参乎,吾道一以貫之。”顛,頂也。玄,遠也。

域中有四大,而王居其一。

【注】王者,人靈之主,萬物繫其興亡。將欲申其鑑戒,故云“而王居其一”,欲以警王,令有所法,謂下文也。

【疏】域者,限域也。今云域中之大道,不只在域中,若云約所見而言,則天地自爲限域,亦不在域中矣。夫遺語以存玄理,亦不必曲生異義,申文以防疑難,衆説皆未盡通。

【義曰】夫限域之域,理自多途,大約有四:其一生化之域,二氣之内,陰陽所陶之所也;其二妙有之域,在二氣之外,妙無之間也;其三妙無之域,居妙有之外,絪緼始凝,將化於有也;其四妙無之外,謂之道域,非有非無,不窮不極也。此域中者,言道之所化,自無生有,分别二氣而天地生焉。天地之中而萬兆形列,而君王統焉。亦如道大而有天地,有天地後有王也。則四大之名,遞相統攝,自無入有,自有歸無,終始包含也。況下文云“人法地,地法天,天法道”。此既遞相法象,則四大互相統攝矣。

【疏】今明域者,名也,名爲體域,物無名外之體,故曰“域中”。若舉道名,則道在其中矣;舉天名,則天無遺體矣,故云“域中”。即有名之中，有此四大云。“而王居一”者，王爲人靈之首，有道即萬物被其德，無道則天地蒙其害。故特標“而王居其一”，欲令法道自然。

【義曰】聖旨以名爲體域者，則包統衆義，復爲妙焉。此亦以道爲名體，外包天地，天地之中，以王爲首，其義同也。夫王者有道，則日月如合璧，五星如連珠，甘露降，醴泉出，河不滿溢，海不揚波，景星見，卿雲生，神龍游於沼，麟鳳來其庭，四氣調和而爲玉燭，萬物遂性而洽太平也。人君無道，則天返時爲災，地返物爲妖，人返德爲亂，沴氣咎徵時見於上，物妖形怪或出於下，星亡日鬥，冬雷夏霜，天裂石賁，川竭山崩，事興於人而氣感於天，是天地蒙其害也。王之爲大，繫天地之安危，豈可不抱自然而法天、任無爲而體道耶？

人法地，地法天，天法道，道法自然。

【注】人謂王也。爲王者先當法地安静，既爾又當法天運用生成，既生成已，又當法道清静無爲，令物自化。人君能爾者，即合道法自然之性也。

【疏】人謂王者也。所以謂人者，謂人能法天地生成，法道清静，則天下歸往，是以爲王。若不然，則物無所歸往，故稱人以戒爾。爲王者當法地安静，因其安静，又當法天生化，功被物矣，又當法道清静無爲，忘功於物，令物自化。人君能爾，則合道法自然。

【義曰】道職生成，天職包覆，地職厚載，而乾坤之象著，品物之形列，王居其間，行道之化，順天之時，法地之宜，民則安静而自理，生化而有常，清静而無擾，合大道自然之理也。

【疏】言道之爲法自然，非復仿法自然也。若如惑者之難，以道法仿於自然，則是域中有五大，非四大也。又引《西升經》云：“虚無生自然，自然生道。”則以道爲虚無之孫，自然之子，妄生先後之義，以定尊卑之目，塞源拔本，倒置何深！

【義曰】疑惑之人不達經理，乃謂大道仿法自然，若有自然居於道之上，則是域中兼自然有五大也。又以道爲自然之子，無爲之孫，皆爲妄見，故具下文以解之。“塞源拔本”者，《春秋·昭公九年》：“晋梁丙、張趯率陰戎伐潁，以周甘人與晋閻嘉争閻田故也。周景王使大夫詹桓伯辭於晋曰：‘我自夏以后稷，魏、駘、芮、岐、畢，吾西土也；巴、濮、楚、鄧，吾南土也。及武王克商，蒲姑、商奄，吾東土也；肅慎、燕、亳，吾北土也。吾何邇封之有？文、武、成、康之建母弟，以藩屏周，亦其廢墜是爲，豈如弁髦，因而以敝之。先王居檮杌于四裔，以禦螭魅，故允姓之奸居于瓜州。伯父惠公歸自秦，而誘之以來，使逼我諸姬，入我郊甸，則戎焉取之。戎有中國，誰之咎也？后稷封殖天下，今戎制之，不亦難乎？伯父圖之。我在伯父，猶衣服之有冠冕，水木之有本源，民人之有謀主也。伯父若裂冠毁冕，拔本塞源，專棄謀主，雖戎狄，其何有余一人？’叔向謂宣子曰：‘文之霸也，豈能改物？翼戴天子，而加之以恭。自文以來，世有衰德，而暴蔑宗周，以宣示其侈。諸侯之貳，不亦宜乎？且王辭直，子其圖之。’宣子説。王有姻喪，使趙成如周弔，且致閻田與襚，反潁俘。王亦使賓滑執甘大夫襄以説於晋，晋人禮而歸之也。”

【疏】且嘗試論之曰：虚無者，妙本之體，體非有物，故云虚無。自然者，妙本之性，性非造作，故曰自然。道者，妙本之功用，所謂强名，無非通生，故謂之道。約體用名，即謂之虚無、自然、道爾。所以即一妙本，復何相仿法乎？則知惑者之難，不詣乎玄鍵矣。

【義曰】鍵，關鍵也。此明大道以虚無爲體，自然爲性，道爲妙用，散而言之，即一爲三，合而言之，混三爲一。通謂之虚無、自然、大道，歸一體耳，非是相生相法之理、互有先後優劣之殊也。非自然無以明道之性，非虚無無以明道之體，非通生無以明道之用。熟詳兹妙，可謂詣於深玄之關鍵也。

卷之二十二

唐廣成先生杜光庭述

重爲輕根章第二十六

【疏】前章舉域中稱大，終令法道自然；此章明重静爲君，以戒身輕天下。首兩句標宗以示義，次兩句舉喻以卻明，又四句傷人君之失道，末兩句述輕躁以爲戒也。

【義曰】前以人君爲理，體道法天；今示重静之文，戒輕與躁；將明重静之益，舉喻以申詞，又述輕躁之傷，垂文而深嘆。夫至人修道，聖主垂旒，必重慎爲先，安静爲本。以重静爲國，則俗和而化行；以重静保身，則道通而神泰。若其輕而守器，躁以處身，君輕躁而民無所遵，心輕躁而神無所保。神散則身逝，民潰則國危，固爲深戒矣。

重爲輕根，静爲躁君。

【注】重者制輕，故重爲根；静者持躁，故静爲君爾。

【疏】根，本也。草木根蒂重，花葉輕，花葉稟根蒂而生，則根蒂爲花葉之本，故曰重爲輕根。夫重則静，輕則躁，既重爲輕者根，則静爲躁者君矣。是知重有制輕之功，静有持躁之力。故權重則屬鼻之纊斯舉，心静則朵頤之求自息。

【義曰】重者安静而合道，躁者輕浮而喪真。舉喻則花葉爲輕，根蒂爲重，花葉輕則易敗，根蒂重則難傷，此比於行也。若夫重静於國則民安,重静於身則神泰。故政將亂也,積德以鎮之;心將躁也,積和以制之。可謂得制輕持躁之術,無朵頤貪婪之誚。所以周勃以嚴重而蒙顧托,郗莊以弁急而委炎爐。惟君惟臣,此乃明戒。"朵頤"者,《易·頤卦》初九之辭也。言人之開發言語,咀嚼飲食,皆當動頤,君子觀此頤象,故謹慎言語,裁節飲食也。先儒曰:"禍從口出,患從口入。"宜慎於頤也。初九"朵頤",言陽處於下而爲動,始不能使物賴己而養,在自動以求養,是躁求損己,是以凶也。頤,養也。頤者口之樞機,故曰"樞機之發,榮辱之主",得不戒哉?

是以君子終日行,不離輜重;

【注】輜,車也。重者,所載之物也。輕躁者貴重静,亦由行者之守輜重。失輜重則遭凍餒,好輕躁則生禍亂。

【疏】君子者,謂人主也。言其德可以君人子物,故云君子。輜,屏車也。重者,所載之物也。此舉喻也。言人君常守重静,猶如行者之不離輜重。行者若失輜重,則無所取給,必遭凍餒;人君若好輕躁,則臣下離散,必生禍亂。故云"終日行,不離輜重"也。

【義曰】人君之重静也,則事省而理,求寡而贍,不施而仁,不言而信,不求而得,不爲而成,懷自然,抱真樸,而天下泰矣。人身之重静也,則和氣積,心慮平,視聽不惑於外,情欲不攖於内,而壽命延矣。

雖有榮觀,燕處超然。

【注】人君守重静,故雖有榮觀,當須燕安而處,超然不顧。

【疏】夫人君好重静,則百姓不煩勞。若高臺深池,撞鐘舞女,以爲榮觀,則人力凋盡,亂亡斯作。故戒云雖有榮觀,當須燕爾安居,超然遠離而不顧也。

【義曰】榮觀,華盛也。若人君飾榮觀於耳目,竭人力於淫奢,麗色冶容,以蕩其志,則國亡身辱,不俟旋踵乎!有崇臺榮觀之盛,當忽之而不顧，勿以蕩心也。燕，安也。超，遠也。雖有榮觀，其可樂之乎？“高臺深池”者，《春秋·昭公二十年》：“冬十月，齊景公疥，遂痁，期而不瘳。諸侯之賓問疾者多在。梁丘據與裔、欵二大夫言於公曰：‘吾事鬼神豐，於先君有加矣。今君疾病，爲諸侯憂，是祝、史之罪也。諸侯不知，其謂我不敬，君盍誅於祝固、史嚚以辭賓？’公悦，告晏子。晏子曰：‘宋之盟，屈建問范會之德於趙武。趙武曰：夫子之家事治，言於晋國，竭情無私。其祝、史祭祝，[1]陳信不愧；其家事無猜，其祝、史不祈。建以語康王，康王曰：神、人無怨，宜夫子之光輔五君，以爲諸侯王也。五君，文、襄、靈、成、景也。’公曰：‘據與欵謂寡人能事鬼神，故欲誅於祝、史。子稱是語，何故？’對曰：‘若有德之君，外内不廢，上下無怨，動無違事，其祝、史薦信，無愧心矣。是以鬼神用饗，國受其福，祝、史與焉。其所以蕃祉老壽者，爲信君使也，其言忠信於鬼神。其適遇淫君，外内頗邪，上下怨疾，動作僻違，縱欲厭私，高臺深池，撞鐘舞女；斬艾民力，輸掠其聚，以成其違，不恤後人；暴虐淫縱，肆行非度，無所避忌，不思謗讟，不憚鬼神，神怒民痛，無悛於心。其祝史薦信，是言罪也；其蓋失數美，是矯誣也。進退無辭，則虚以求媚。是以鬼神不饗其國以禍之，祝、史與焉。所以夭昏孤疾者，爲暴君使也，其言僭嫚於鬼神。’公曰：‘然則若之何？’對曰：‘不可爲。山林之木，衡鹿守之；澤之萑蒲，舟鮫守之；藪之薪蒸，虞候守之；海之鹽、蜃，祈望守之。縣鄙之人，入從其政；福介之關，暴征其私；承嗣大夫，強易其賄；市當無藝，[2]徵斂無度，宫室日更，淫樂弗違。内寵之妾，肆奪於市，外寵之臣，僭令於鄙。私欲養求，不給則應。民人若病，[3]夫婦皆詛。咒若有益，詛亦有損。聊、攝以東，姑、尤以西，其爲人也多矣。雖其善祝，豈能違億兆人之詛？君若欲誅於

① “祭祝”，《左傳·昭公二十年》作“祭祀”。
② “市當”，《左傳·昭公二十年》作“布常”。
③ “若”，《左傳·昭公二十年》作“苦”。

祝、史，修德而後可。'公悦，使有司寬政，毁關，去禁，薄斂，已責。十二月，景公畋于沛。"此言晏子言之所利，而景公從諫修德，而疾速愈，遽能畋獵也。

奈何萬乘之主，而以身輕天下？

【注】奈何者，傷嘆之詞也。天下者，大寶之位也。言人君奈何以身從欲，輕用其身，令亡其位乎？

【疏】天子提封百萬，[①]出賦六十四萬，出戎馬百萬匹，兵車萬乘，天子是爲萬乘之主。奈何者，傷嘆之詞也。天下者，大寶之位也。夫萬乘之主，四海必同，當令子孫千億，本枝百代。善建則無爲偃化，善抱則有截歸仁。奈何承此重器，耽樂是從，以身充欲，淪胥以敗。是以一身之欲，而輕大寶之位，甚可傷嘆，故曰奈何。

【義曰】天子父天而母地，告類上帝，承統昊天，謂之天子。亦云法天行道，子育萬人，謂之天子。提封者，疆土四方之内也。萬井者，井田也。方里爲井，百萬井則辟十萬里，出戎馬百萬匹，兵車萬乘。輿賦之多，富有四海，故云"萬乘之主"也。齊大司馬田穰苴爲兵法，有車乘之賦，其法起於步，人舉一足曰跬，跬三尺也；兩足曰步，步六尺也；百步爲畝，即其地廣六尺，長百步，六百尺爲一畝。畝者，母也。既長百步，可植苗稼，有母養之功，曰畝也。百畝爲夫，夫者農夫也。《王制》云"上農夫食田百畝"也。三夫爲屋，并而言之，則長百步，廣三百步。謂之屋者，言人一家有夫、婦、兒，三百具則爲家爲屋也。三屋爲井，一屋長百步，廣一里，則三屋之地方一里也。名井者，因夫間有遂，水縱横相通，爲井字。何者？畝廣六尺，長百步，用耜耕之；耜廣五寸，兩耜爲耦，耦廣一尺，"長沮、桀溺耦而耕"是也。畝廣六尺，以一尺耦耕，坺爲畝以通，水流甽然，因名畝也。而夫田田首倍之，廣

① "百萬"下，《唐玄宗御制道德真經疏》（十卷本）有"井"字。下文"六十四萬"下也有"井"字。

二尺，深二尺，謂之爲遂。九夫爲井，井間廣深四尺，謂之爲溝，取其遂相通，如井字。故謂之井田。十井爲通，并之，其地長一里，廣十里，合三十里相通，共出士一人，徒二人。十通爲城者，地方十里，謂之爲城，言兵賦一乘成也。城出革車一乘，士十人，徒二十人。千乘之國，則其地千城，出士一萬人，徒二萬人也。萬乘之國，地方萬城，出兵車萬乘，士十萬人，徒二十萬人。此《司馬法》所出也。《王制》云：一城之地九萬頃，出兵車一乘，甲士三人，步卒七十二人。萬乘之地，甲士三萬，步卒七十二萬人。《王制》與《司馬法》不同，故兩存之。“大寶之位”者，《易・繫》云“聖人之大寶曰位”。言大寶可愛者，天下之位也。位是有用之地，寶是有用之物，以居盛大之位，能廣用無疆，故稱大寶。“何以守位？曰仁”，言人居此大寶之位，當須保守之，以仁愛爲心，道德爲體，重静爲用，儉約爲基，令四海同文，萬方述職，天枝帝葉，傳於子孫，善崇建於根蒂，善抱守其淳樸，使天下慕其仁而歸之。不可以耽樂畋游，荒禽惑色，斂天下之力以養其身，率天下之怨以充其欲，使運窮祚滅，衆叛親離，以天下之大，而一身輕失之，如夏癸、殷辛、周赧、漢獻，以萬乘之尊，死匹夫之手。故傷嘆之曰“奈何”也。

輕則失臣，躁則失君。

【注】君輕易則人離散，故失臣；臣躁求則主不齒，故失君。

【疏】夫君多輕易，則必煩擾，煩擾則人散，誰與爲臣？故云“輕則失臣”。此戒人君也。

【義曰】人君懷輕易之行，不重静其心，或畋獵爲荒，或巡游不息，或朝令夕改，或變法易常，事多則政煩，政煩則人困，人困則兵戈四起，户口流亡，人散民流，失臣之謂也。則如夏后洛汭之畋，十旬不返；隋煬遼東之役，百萬淪亡。蓋此謂也。

【疏】爲人臣者，當量能受爵，無速官謗，若矯迹干禄，飾詐祈榮，躁求若斯，禍敗尋至，坐招竄殛，焉得事君？故云“躁則失君”。此申誡人臣也。

【義曰】謗，誹也。干，求也。詐，誑也。竄，逃也。殛，殺也。申，重也。人臣貪榮躁進，亂侮國常，大則有誅殛之凶，小則有竄逐之戾。非天作孽，自失其君。況習道之人，懷輕躁之行，則恬和虛寂之旨，安所容其窺伺哉？申者，重戒之也。竄三苗、殛鲧之例是也。

卷之二十三

唐廣成先生杜光庭述

善行無轍迹章第二十七

【疏】前章明重静爲君，以誡身輕天下；此章明言行無滯，欲令常善救人。守重静，理國在無爲；善行言，貴乎忘遺。首標五善之行，次明善救之慈，"善人"下暢兼忘之訓，"雖知"下結妙要之旨爾。

【義曰】前垂輕躁之戒，乃君臣守位之規；此標五善之文，明修道參真之行。至於救人救物，表無棄之慈；爲師爲資，暢相須之旨。再彰要妙，戒彼久迷爾。

善行無轍迹，

【注】於諸法中體了真性，行無行相，故云"善行"。如此則心與道冥，故無轍迹可尋求也。

【疏】此明法性清淨也。行謂修行也。法性清淨，是曰重玄。雖藉勤行，必須無著，次來次滅，行無行相，心與道合，故云"善行"。如此則空有一齊，心境俱淨，欲求轍迹，不亦難乎？故云"善行無轍迹"。

【義曰】法性清淨，本合於道。道分元氣而生於人。靈府智性，元本清淨，既生之後，有諸染欲瀆亂其真，故去道日遠矣。善修行之人，閉其六欲，息其五情，除諸見法，滅諸有相，内虚靈臺，而索其真性，復歸元本，則清淨矣。雖約教法三乘之行，修復其性，於法不住，行相之中，亦不滯著，次來者修，次修者滅，滅空離有，等一清淨，故無心迹可得而見。於内曰心，心既寂矣；於外曰境，境亦忘之。所以心寂境忘，兩途不滯。既於心而悟，非假遠求，無車轍之迹出於四外矣。帝王以清淨之道以化於人，混然大同，萬國風靡，固不煩車轍馬迹布於天下，此謂理身與國，皆得善行之妙也。

善言無瑕讁，

【注】能了言教，不爲滯執，遺象求意，理證言忘。故於言教之中，無瑕疵讁過也。

【疏】此明善行之人不滯言教也。瑕，病也。讁，責也。言，謂言教也。夫善行無迹，則能了言教，不爲執滯，於言忘言，是善言也。能如此遺象存意，理照言忘，於彼言教，一無病責。故云“善言無瑕讁”。

【義曰】疵，病也。聖人知代人不可無言以訓，故立言以明教，因教以訓人。衆人則執教而滯言，故有瑕疵之病、讁責之過，不通於理，不達於道，言愈多而道愈遠矣。善修行之人，因言而悟教，因教而達理，尋理而契道，契道而忘言，故無瑕疵之病、讁責之過也。《易略例》云：“言生於象，故可尋言以觀象；象生於意，故可尋象以觀意。意以象盡，象以言著，故得意而忘象，得象而忘言。存言者非得象也，存象者非得意也。象生於意而存象焉，所存者乃非其象也；言生於象而存言焉，所存者乃非其言也。”象者，似也。以所詮義理非言説所及，非心智所思，不異忘言絶慮之真體，故云“象，似也”。喻如臨鏡照影，影非骨肉之身，若執影爲身，即失真影。若不因影，無以識其真身。鏡，喻言也。影，喻象也。身，喻意也。言得意者，但冥契真心矣。於法有三，謂言、象、意也。言喻能詮，意喻所詮，象通所能，是則遺象而存意，得理而忘言。達於此者，則無瑕疵讁責之事矣。

善計不用籌算，

【注】能了諸法，本無二門，一以貫之，不生他見。故無勞籌算，

自能照了,計無計相,非善而何?

【疏】此明言教無滯,則不計異門也。夫執言執行,辨是與非,適令巧曆,亦不能計。若能了諸法,皆方便門,究竟清淨,不生他見,則無勞籌策算數,自能深入一乘。善計若斯,何勞籌算?故云"善計不用籌算"。

【義曰】籌、計、策,皆算也。算長尺有握,握者算之本,手執處也,握外長尺矣。投壺、射皆用算以記勝負,故《射禮》云"多算飲少算"是也。《投壺禮》曰:"左右告矢具,則司射坐而釋一算焉。卒投,司射執算請數,二算爲純,一算爲奇。遂以奇算告曰某賢於某,或多或鈞。勝者飲不勝者。"是知凡籌量計數,皆用算以定之。故國有算學,始自黄帝之臣隸,首始以數演算。數者,生於道也。《春秋》曰:道生而有氣,氣生而後有滋,滋生而後有象,象生而後有數。由是而算興焉。夫明天地之度,察品物之數,考陰陽之變,窮律曆之元,皆以算而後能定其少多也。故數之大約,有數有度,有量有衡。數起於一至十,十至百,百至千,千至萬,萬至億,億至兆,兆至京,京至垓,垓至秭,秭至壤,壤至溝,溝至澗,澗至正,正至載。下數言十即變,中言萬即變,上數言萬萬而變也。度之所起,起於忽。十忽爲絲,十絲爲氂,十氂爲毫,十毫爲分,十分爲寸,十寸爲尺,十尺爲丈;三尺爲跬,六尺爲步,七尺爲仞,八尺爲尋,倍尋爲常,三百步爲里,二千九百三十二里爲度矣。量之所起,起於圭。六粟爲圭,十圭爲抄,十抄爲撮,十撮爲勺,十勺爲合,十合爲升,十升爲斗,十斗爲石;四升爲豆,四豆爲甌,四甌爲釜,四釜爲鍾,十六斗爲庾,六斗四升爲斛,十六斗亦爲藪,十六斛爲秉。《聘禮》又云:"十斗曰斛,十六斗曰藪,十藪曰秉。"鄭玄又云"斗二升曰斛"矣。衡之所起,起於黍,十黍爲絫,十絫爲銖,二十四銖爲兩,六銖爲分,十六兩爲斤,三十斤爲鈞,四鈞爲碩,二十兩爲鎰是矣。此四等之數,蓋人間籌算之法。大則品量天地,考校陰陽,造化不能藏其機,鬼神不能逃其數矣。若修道之士不計異門,守一而已,何用計術乎?夫一者道也,至貴無偶。一而不二,萬化之首,靡不由之。天得一以清，地得一以寧，恍惚之象，杳冥之精，皆謂一也。聖人抱一以法天下，至人得一以升雲天。故一者能存能亡，能晦能光，能圓能方，能柔能剛。渴者思一，一與之漿；飢者思一，一與之糧。守一以成，道固不用籌算而爲善計也。

善閉無關鍵而不可開，

【注】兼忘言行，不入異門，心無逐境之迷，境無起心之累。雖無關鍵，其可開乎？

【疏】此明不計異門，則欲心自閉也。横曰關，豎曰鍵。夫善行善言，不耽不滯，心照清淨，境塵不起，故云善閉，雖無關鍵，其可開乎？故云"善閉無關鍵而不可開"。

【義曰】夫關鍵之設，所以限内外也。《易・繫》云"重門擊柝，以待暴客"，謂關鍵隔限，時其啓閉。若善閉於國，則均一玄化，遐邇大同，外無干戈，邊無烽燧，不設關塹，而人無交侵，天下有道，守在四夷是也。不善閉於國者，則四郊多壘，壓境興師，雖有山川之險，關防之固，守之非德，釁生牆廡，敵起舟中，雖有關防，莫能制也。豈可謂之善閉乎？善修行之人，守真抱一，無欲無營，知萬法之門，是階修之漸，不滯於法，不執於言，不計異門，不求博贍，閉三關而自静，祛衆念而自安，聲色不能惑其心，軒冕不能啓其志。此之善閉，其可開乎？

善結無繩約而不可解。

【注】體了真性，本以虚忘，若能虚忘，則心與道合。雖無繩索約束，其可解而散乎？

【疏】此明善閉之人心與道合也。結，繫也。繩，索也。約，束也。解，散也。夫坐忘遺照，深契道源，於諸法中，盡能不滯，繫心於此，故云"善結"。夫用繩約者，繩散則爲約解，以道結者，心静則道冥，適使萬緣盡興，終能一無所染，雖無繩索約束，豈可解而散乎？故云"善結無繩約而不可解"。

【義曰】繩約之結，可解可散，世之常法也；結人之心，或離或合，世之常交也。理國之善結者，其德如天，物無不覆，其仁如地，物無不載，其明如日，物無不照，其利如水，物無不潤。則六合之心，億兆之衆，可結而不可散也。不善結者，臨之以威，峻之以令，檢之以法，脅之以兵，人或畏之，暫結而散矣。其散也，雖誘之以賞，啖之以利，榮之以爵，貴之以位，已散之心，不可復結矣。理身之惑者，務以博聞，旁求術數，學日益而心日散，法愈多而神愈勞，欲以淡泊結其心，不可得也。善修行之人，萬慮都忘，一念不二，静契於道，與真合同，萬緣不能侵，諸見不能誘，此之善結，其可解乎？

是以聖人常善救人，故無棄人；

【疏】"是以"者，引下以明上也。言聖人心雖冥寂，教則流通，故常用五善以救人，令必釋然而達解，大慈平等，無所偏隔，凡是於人盡皆善誘。故云"常善救人而無棄人"。

【義曰】聖人者，謂用道之聖人也。聖人常以善道，廣誘於人，人聞法音，皆能悟解，隨其深淺，必獲利焉。開悟之門，數以甚衆，或因言得悟，或因教得悟，或聞經得悟，或睹相得悟。開悟之由不一，誘勸之法亦多。大慈悲心，等無憎愛，一一接引，令入法門。既入法門，捨惡爲善，人皆爲善，則無棄人矣。夫棄人者，謂其爲不善之行，興害物之心，物被其害，與之爲敵。惡積於明顯者，人得而誅之；惡積於幽暗者，鬼得而誅之。爲人鬼所誅者，是爲人鬼所棄矣。今若皆修善行，無惡無尤，悉變善人，何棄之有？五善者，謂善言、善行、善計、善閉、善結等行也。《論語》云孔子善誘於人。誘者，導引之也。

常善救物，故無棄物。

【注】是以聖人常用此五善之教以教之，故無棄者也。

【疏】物者，通有識無識也。救人善教，故不棄人，救物善心，亦無棄物，令動植咸遂，無有夭傷者也。故云"常善救物，故無棄物"。

【義曰】用道聖人，以前五善之教教人爲善，人皆化善，故無棄人。又以無事無爲，不勞於物，物皆遂性，無害無傷，信及豚魚，澤周草木，人皆化善，不害於物，此明聖人“救物”也。物無所害，各遂其常，此明“故無棄物”。

是謂襲明。

【注】密用曰襲。五善之行，在於忘遣，忘遣則無迹矣，故云“密用”。密用則了悟矣，故謂之明爾。

【疏】襲，密用也。明，了悟也。善行救人，在於忘遣。若滯教矜有，轍迹必存。故雖常善救人，終使慧心無滯，如此密用，則能了悟，故云“是謂襲明”。

【義曰】聖旨以密用善功，了悟無滯，不存於迹，謂之“襲明”。又解：襲者，承續也。言人靈府之性，本來明淨，爲塵所翳，迷惑天真。今以五善之行内洗其心，真性復明，慧照如本，然當常行善救，無起妄塵，承襲慧明，無使昏翳，不矜於迹，不滯於常，可謂襲明也。

故善人，不善人之師；

【注】師，法也。夫善人者，離諸愛染則心清淨，於法無滯則教圓通。取喻於水，物來斯鑑，所鑑者照形而有象，能鑑者見象而無心。善人正慧若斯，故可爲不善人師法。

【疏曰】夫不爲諸惡，守法循常，無侵於人，無傷於物者，善人也。人之爲善者，天地愛之，神明護之。不習道而行合於道，不明法而心契於法。不傷於物，物亦不傷之；不害於人，人亦不害之。如此，則動静運爲，常獲貞吉。惡人慕其貞吉，亦當化而爲善。是可爲不善人之師也。《春秋》云：“鄭人以鄉校論其執政，然明以其謗議國政，欲毀之。子産曰：‘若朝夕游之，聞執政之善否，其所善者，吾則行之；其所惡者，吾則改之。是吾師也。若之何毀？我聞忠善以損怨，不聞作威以防怨。若遽止之，由防川也。夫決，傷人必多，不克救矣。不如小決使導。’然明悦之。孔子曰：‘人謂子産不仁，吾不信也。’”《書》曰：“能自得師者聖人也。”夫師者，有法可範之謂也。《學記》曰：“安其學而親其師，樂其友而信其道，雖離師輔而不及也。① 若隱其學而疾其師，若其難而不知其益也。② 君子知教之所由興，又知教之所由廢，然後可爲人師。獨學而無友，孤陋而寡聞，是故擇師不可不慎也。”

【義曰】君子知至學之難易，而知其美惡，然後能博喻，能博喻然後能爲師，能爲師然後能爲長，能爲長然後能爲君。故師者，所以學爲君也。當其爲君，不爲臣也。太學之禮，雖詔於天子，無北面，所以尊師也。善學者師逸而功倍，不善學者師勤而功半，又從而怨之，言先王事師之道無北面。王行而西，折而南，面東而立，師尚父面西，以道書之旨，以教於王。故曰在三之義，君父師也。師無當於五服，五服不得不親，是則爲師之道，不亦重乎？況至人心無染著，於法不滯，應物而爲鑑，鑑物而無心，乃真道之師也。善人者，邦國之所貴也。《春秋》羊舌職曰：“吾聞之，禹舉善人，不善人遠矣。《詩》云：‘戰戰兢兢，如臨深淵，如履薄冰。’此善人在上也。”此謂宣公十六年，晋滅赤狄，士會獻狄俘于定王，王以黻冕卿服命士會將中軍，且爲太傅。於是晋國之盗逃奔于秦。故羊舌職美之曰：“善人在上，國無幸人。人之多幸，國之不幸，無善人之謂也。”若此，則善人者邦國之寶，豈惟師乎？

不善人，善人之資。

【注】師，法也。資，取也。善人可師法，不善人可取以役使也。

【疏】資，取也。夫火有其炎，寒暑附之。聞道勤行，必資宗匠。既悦先生之善，須伏弟子之勞，則不善之人，善人可取使役耳。

【義曰】善人既以善行，能化不善之人，則不善之人景慕服從，爲

---

① “不及”，《禮記·學記》作“不反”。

② “若其難”，《禮記·學記》作“苦其難”。

之使役。《論語》云:“有事,弟子服其勞。”先生者,父兄師長也。則弟子事師,服膺從教也。夫人之立身,有三尊焉,事父母以孝,事君以忠,事師以敬。身體髮膚,父母生之也;道德禮樂,師以教之也;爵禄品位,君以榮之也。雖道在即請,學無常師,凡申請益之儀,便有在三之敬矣。

不貴其師,不愛其資,

【注】此章深旨,教以兼忘,若存師資,未爲極致。今所以貴師,爲存學相,學相既空,自無所貴。所以愛資,爲存教相,於教忘教,故不愛資。貴愛兩忘,而道自化矣。

雖知大迷,是謂要妙。

【注】師資兩忘,是謂玄德。凡俗不悟,以爲大迷。以道觀之,是謂要也。

【疏】夫初地修進,兩存學相,未能忘言教,故貴愛師資。若能了悟行門,則學無所學。師資之名既失,貴愛之目不存。

【義曰】初地修行者,謂從凡覺悟,回向正道,捨凡從信,初入法門,謂之初地。《本際經》云:“夫爲學者,初修十事以爲階梯。如人緣梯,從初一桄至第二桄,乃至於頂。升階之人,自下至高,要須先習此十行法,然後乃能深入正觀。一者,初地之人,先因善欲,有欲樂心,乃能進趣。二者,親近善友,導引其心,深信正道。三者,篕詣明師,師有妙法,廣能宣告,示以要術。四者,既聞正教,能受讀誦。五者,能出家,專行柔弱,永斷有爲,離諸桎梏。六者,參受正戒,防身口心。七者,幽隱山林,栖遁獨處,求離囂塵,修寂静志。八者,當念大道,是真法王,能度衆生,越生死海,猶如船師拯濟沈溺。九者,當念經教,是妙醫方,能示衆生理煩惱藥。十者,當念法師,是真父母,善能生我法身慧命。以是十法品。”初地因次以小乘柔伏之法,又進中乘進修之法,後入大乘觀行之法。以此法故貴愛師資。師者,父也。我若無師，不能得道。是故應當遠近隨逐，心眼觀想，恒在目前，不替須臾，無他雜想，非師不度，非師不仙。既了悟已，學相皆空。諸方便門，本無文字，解了大道，貴愛兼忘，入衆妙門，達真常境。

【疏】然此章大宗，教之忘遣，語以漸頓，不無階級，論其造極，是法都空。故前舉爲師爲資，示修進之路，後云不貴不愛，導悟證之門。則所以貴師，爲存學相，學相既空，自無所貴；所以愛資，爲存教相，於教兼忘，故不愛資。相忘江湖，自無濡沫。乍聞斯旨，凡俗不悟，執學滯教，則必以爲大迷。故老君格量云：雖知凡俗以爲大迷，於道而論，是謂要妙矣。

【義曰】師資之道，相因之義也。玉因琢而成器，人因師而悟道。言於教，則有念師禮師之法，垂以訓人，歷劫典憲非同，不善之人暫爲資取矣。故天子上丁釋奠於先師，太子太學謁先師，皆存其道以垂教也。若以達觀之理，大則忘天地，内則忘其身，物我都忘，豈復有師資之限？如齧缺問道乎被衣，被衣曰："正汝形，一汝視，天和將至；攝汝知，一汝度，神將來舍。德將爲汝美，道將爲汝居。汝瞳焉如新生之犢而無求其故？"言未卒，齧缺睡寐。被衣大悦，行歌而去之。曰："形若槁木，心若死灰，真其實知，不以故自持。媒媒晦晦，無心而不可與謀。彼何人哉！"言其初與變化，俱末而獨化者也。當此時也，齧缺形骸天地俱忘矣，豈唯忘其師乎？師資貴愛之道，於斯達矣。其於理國也，不立德於人，不衒仁於物，百姓日用而不知，固無師資貴愛之尚，契太古忘言之道。衆人不達，初爲大迷，了而達之，信爲要妙矣。濡沫者，《莊子·天運》篇老子答孔子之詞也。

卷之二十四

唐廣成先生杜光庭述

知其雄章第二十八

【疏】前章明言行不執，常善所以救人；此章明雌辱爲行，常德於焉復樸。首標"知雄"等三段，明行修則漸造於極；次云"樸散"下兩句，示造極則必有成；終云"大制"一句，論聖功之御用，以結成其深旨。

【義曰】夫前明善行、善言既爲不執，救人、救物所以行慈，皆外助之行也；此標知雄、知白以全和氣，復嬰、復樸所以成功，即内修之要也。行於外，五善之應也，如上文；修於内，三知之極也，如下説。修既復樸，可不守樸而不移？然後散布萬殊，以彰玄功廣大，唯聖人能宰制其器，無所割傷也。

知其雄，守其雌，爲天下溪。

【疏】知，辯識也。雄，剛躁也。雌，柔静也。夫物貴全和，法求中道，雄則過亢，雌則卑弱，俱未適中於善行，必當緣篤以爲經。故知其雄躁，則當守其雌静；守其雌静，亦當知其雄躁。守雌則可，知雄則敗。①

① "守雌則可，知雄則敗"，《唐玄宗御制道德真經疏》（十卷本）作"知雄守雌則可，知雄守雄則敗"。

敗則妨行，持戒守雌。能守雌柔，是爲謙德，物所歸往，如水歸溪矣。

【義曰】夫於内修也，辯識剛躁，知必敗傷，故以雌柔之道制之矣。亢，極也。篤，厚也。性剛躁而雄，則多亢極。亢極則尤過生焉。所以厚其柔静之心，制其雄剛之性，乃無亢極之敗。溪者衆流所歸，以其謙下故也。人謙下則物歸，地謙下則水聚。上清有雌一之道，又有三奔五雌之法，皆柔弱其志，和静其神，以致長生也。理國以謙静，則萬物從順，如水之赴溪矣。

爲天下溪，常德不離，復歸於嬰兒。

【注】雄者患於用壯，故知其雄則當守雌。謙德物歸，是爲天下溪谷。則真常之德不離其身，抱道含和，復歸於嬰兒之行。

【疏】知雄守雌，是爲善行，物所歸往，爲天下溪。能如此者，則真常之德，曾不離散。常德不散，即是全和。全和之人，少思寡欲，泊然未兆，乃如嬰兒。故云"復歸於嬰兒也"。

【義曰】理國在於謙静，理身在於雌柔，萬物順從，衆德歸湊，則常享其祚，克全其身。嬰兒者，未分善惡，未識是非，和氣常全，泊然凝静，以喻有德之君、全道之士。其德若此，乃合道真。理身則神所歸，理國則民交會之也。

知其白，守其黑，爲天下式。

【疏】白，昭明也。黑，暗昧也。式，法也。夫能守雌静，則德行昭明。德雖昭明，不以矜物，當如暗昧，自守淳和。能如此，則可以爲天下法式矣。

【義曰】爲君有獨見之明，爲道有昭顯之德，皆當若昏若晦，不衒不矜，則氓庶攸歸，淳和内足，以此爲天下法式也。《史記》老君謂孔子曰"君子盛德，容貌若愚"是也。夫有德不矜，有明不衒，豈唯内充道行，固亦克俱聲光矣。

為天下式，常德不忒，復歸於無極。

【注】能守雌静，常德不離。德雖明白，當如暗昧。如此則爲天下法式。常德應用，曾不差違，德用無窮，故復歸於無極也。忒，差也。

【疏】忒，差忒也。極，窮極也。知白守黑，是謂德全。德全之人，可爲天下法式。則真常之德，隨應而用，應無差忒，用亦不窮。故云“復歸於無極”。

【義曰】爲君爲道，外晦其明，内積其德。淳和既著，天下化之。於國則聖德無窮，於身則長生無極。

知其榮，守其辱，爲天下谷。

【疏】榮，尊榮也。辱，卑辱也。夫爲天下法式，則其德尊榮。德雖尊榮，常守卑辱，以和爲量，無不含容。如彼空谷，物來斯應。故云“天下谷”也。

【義曰】人君富有八極，君臨九圍，是尊榮也。自稱孤、寡、不穀，是卑辱也。名號所設，則古之制也。能當理思亂，居安懼危，戒慎卑躬，晝乾夕惕，則德廣體弘，如虚谷矣。爲道之人外其德譽，自守卑柔，如庚桑避嵔壘之祠，莊子嘆擁腫之木，則其材德不顯，心虚德全，若空谷矣。

爲天下谷，常德乃足，復歸於樸。

【注】德雖尊榮，常守卑辱。物感斯應，如谷報聲。虚受不窮，常德圓足，則復歸於道矣。

【疏】樸，道也。虚受應物，如彼谷神，真常之德，是乃圓足。足則復歸於樸矣。夫道爲德體，德爲道用。語其用則云“常德乃足”，語其體則云“復歸於樸”。歸樸則妙本清淨，常德則應用無窮。非天下之至通，其孰能與於此？

【義曰】既富於德，則合於道。道爲德體，則淡寂無爲；德爲道用，則施行有作。人君以五善之化，誘民於無爲；以廣濟之德，積功而合道。故云"復歸於樸"。夫道無爲而無不爲也，通生萬物，應變無方，故謂天下之至通也。《易》曰"形而上者謂之道，推而行之謂之通"是也。夫聖人之理國，至士之修身，當知其雄強、明白、尊榮三者非持久之益，乃當執雌柔、暗昧、卑辱三行而制之。則前五善外以化人，此三行内以修己。人化則道彌廣，己修則德愈昌。道廣德昌，理國理身之至要矣。

樸散則爲器，聖人用之，則爲官長。

【注】含德内融，則復歸於樸；常德應用，則散而爲器。既涉形器，必有精粗。故聖人用之，則爲群材之官長。

【疏】器，形器也。自"知雄"下，論性修德，反則復歸於道。此云樸散爲器者，明德全合道，即能應用。應用迹粗，涉於形器，故云"樸散則爲器"。聖人弘濟，則爲群材之官長矣。

【義曰】形而上者謂之道，形而下者謂之器。道惟無，非是可見可慱之質，乃是虚寂之妙本也；器涉有，乃是可知可稱之用，非是質礙之常形也。聖人理天下，用材用德，委以牧人，共振玄風，以弘道化，故云"爲官長"也。夫四海之廣，兆庶之繁，不可下人以爲理，故立群官師長，各司其任。在昔唐虞建官惟百，夏、商、周、漢，所立愈多，以德居官，以材莅任，各當其器，而萬方理焉。若爲道之士，則布德施惠，救物立功，亦猶器用，以利於人爾。爲國則用材化物，爲道則施功濟人，合於道樸之化也。《尚書》曰"學古入官"，《左傳》曰"能官人則民無覦心"是也。《春秋・昭公十七年》："秋，郯子朝魯，對昭子曰：'黄帝以雲紀官，炎帝以火紀官，共工以水紀官，太皡以龍紀官，少昊以鳥紀官，以鳳鳥爲司曆，玄鳥爲司分，伯趙爲司至，青鳥爲司啓，丹鳥爲司閉，祝鳩爲司徒，雎鳩爲司馬，尸鳩爲司空，爽鳩爲司寇，鶻鳩爲司事。五鳩以鳩民，五雉爲五工正，九扈爲九農正。扈，止也，止民使不淫放也。自顓頊以來,不能紀遠,乃以民師而命民爲官。'”設官分燭止,尚矣。蓋以宣道行德,以教於人者也。官非其人,物罹其害,豈可輕授哉?《書》曰:“官不必備,惟其人。”斯之謂也。

故大制不割。

【注】聖人用道,大制群生,暄然似春,蒙澤不謝,動植咸遂,曾不割傷。

【疏】此明聖人用道也。夫聖人德全,大制群有,法乾坤之施,灑雨露之恩,各暢其和,不知其力,令動植之物,咸遂其生,曾不割傷,以爲己用。故云“大制不割”。

【義曰】聖君臨極,宰制萬方,德被群生,各遂其性。故動物植物,有情無情,自生自成,不宰不割。所以玄德之世,太上之君,不言不化,惟清惟静,下知其上有君,而不聞其制令之法,此所謂大爲主宰,而無所制割也。修道之士,不察察於存視,不孜孜於漱咽,無爲無欲,自全其和,可階於道矣。

將欲取天下章第二十九

【疏】前章明雌辱之行,常德必歸於樸;此章明矜執必失,故神器不可爲。首標“將欲”下六句,明實位之有所在,以戒奸亂之臣;次“執者”之一句,示曆數之不干常,將警淫昏之王;“故物”下辯物倚伏之數,“是以聖人”下戒人君甚、泰之尤。

【義曰】前明聖人宰制群物,此恐臣下非妄亂常,故舉此大戒其奸宄。又慮人君執有神器,淩虐於民,明倚伏不常,以亡在德,去奢去泰,可保延洪。故云下戒奸亂之臣,上警淫昏之主也。

將欲取天下而爲之,吾見其不得已。

【注】天下者,大實之位也。有道者必待曆數在躬。若暴亂之

人，將欲以力取而爲之主者，老君戒云“吾見其不得已”。

【疏】天下者，大寶之位也。夫皇天命帝，大制群生，必待曆數在躬，然後君臨萬宇。而奸亂之賊，凶暴之夫，將欲力取天下而爲之主，既誅夷之不暇，何天禄之可望？故老君戒云：吾見其斯人，必不得所爲之事。已，語助也。

【義曰】普天之下，人君統之。人君之位，皆上天降命，曆數所歸，應天之心，順人之望，而後君臨四海，子育群生，而爲之主也。莫不世傳積德，身有殊祥。履巨迹而誕伏羲，感神龍而孕炎帝，軒轅乃電光繞斗，少昊乃星彩流虹，顓頊、高辛生資睿聖，唐堯、虞舜天表神奇，堯火運於赤龍，舜土德於虹瑞，月精命禹，燕卵降湯，紫氣靄於碭山，赤光照於漢室，此并身有殊祥也。積玄勳而黄軒受命，稟前功而顓頊叶符。黄帝十七世而祚有殷湯，后稷十三世而興西伯。此皆積世累功也。或生而神聖，或誕而能言，日角犀文，龍顔鵠步，重瞳八采，反羽奇毫，玉斗横身，鱗文遍體，或全於囹圄之内，或逃於溝竇之中，而復兆應天文，德諧人願，然後驅雄駕傑，拯溺救焚，康濟黎元，克昌帝業，斯可謂生靈徯望，曆數在躬者也。《尚書》曰“天之曆數在爾躬”是矣。若乃器非神授，才乏天資，積善不顯於先人，鍾異靡聞於奇兆，恃水草之力，縱豺狼之心，假狐媚而竊國權，因佞倖而窺神器，興問鼎之計，運胠篋之謀，王莽、董卓則梟戮於前，侯景、桓玄則敗亡於後，流惡名於萬古，取大笑於四方。欲以力而爲之，其可得也？況劍聞神授，力可拔山，喑嗚則鬼伏神驚，叱咤則堅摧敵潰，終乃艤舟莫濟，刎頸陰陵，不聞聚井之祥，徒益五侯之賞。苟不及於此者，又何矯竊而欲非望哉？老君戒曰：“吾見其不得已。”大寶之位，已具前解。

天下神器，不可爲也，爲者敗之，

【注】大寶之位，是天地神明之器，故不可以力爲也。故曰“爲者敗之”。此戒奸亂之臣也。

【疏】天下大寶之位，所以不可力爲也者，爲是天地神明之器，將以永終聖德之君，而令流布愷悌之化，豈使凶暴之夫力爲而得，毒螫天下乎？是知必不可爲，爲亦必敗。此戒奸亂之賊臣也。

【義曰】天神曰神，地神曰祇，日月之照曰明。言天地日月之間，森羅萬象，必有主宰而司牧之。故天地神明以此司牧之，大位授於聖德之君，而令布和平悦樂之化以養民也。愷，樂也。悌，易也。《詩·大雅·泂酌》篇召康公戒成王曰："愷悌君子，民之父母。"言樂以強教於民，易以悦安於民，民敬愛其君如父之尊，如母之親，故云愷悌之化。若凶暴之夫力取天下，必以強兵殘忍誅害於民，如吴國爲封豕長蛇，項羽比狼貪羊狠，則生民罹其蠆毒矣。毒出於口曰螫，毒出於尾曰蠆。明此凶暴之夫，毒螫天下，必不得其大寶之位，而自致敗亡。故云"爲者敗之"矣。

執者失之。

【注】曆數在躬，已得君位，而欲執有斯位，淩虐神主，天道禍淫，亦當令失之。此戒帝王者也。

【疏】人君者或撥亂反正，或繼體守文，皆將昭德塞違，恤隱求瘼。若執有斯位，淩虐神主，坐令國亂無象，遂使天道禍淫，神怒人怨，是生災沴，亂離斯作，誰奉爲君？亦當失斯位矣。此戒帝王也。

【義曰】人君繼體承乾，不以其德，毒流海内，禍起寰中，號令不行，戈鋋内向，天下既亂，海岳沸騰，真主應運救人，撥亂反正，如夏禹、殷湯、周武、漢祖，創業之君也。天下既定，授於子孫，故嗣主繼明，守文承統，如夏桀、殷紂、周赧、漢獻，爲繼體之君也。且創業之君，必資聖德，塞違補過，明德顯仁，招懷隱淪，求采瘼病，初有大寶，罕及敗亡。蓋其勵精求理故也。而繼體之君，不知稼穡，長於婦人之手，生於深宫之中，八音五色亂其心，麗服淫聲溺其性，或窮兵四境，流毒九州，視赤子若仇讎，顧生人如草芥，動致芟刈，不循憲章，反道違天，淩虐神主。神主者，民也。於是干戈四起，水旱不時，神怒衆離，鬼哭人怨，遂有南巢放逐，牧野梟夷，殞身黔庶之中，失政奸雄之手,洪圖一去,大業不歸。此明"執者失之",足爲後王之戒。"昭德塞違"者,《春秋·桓公二年》:"宋華督殺孔嘉父,而弑殤公,立公子馮,是爲莊公。以郜鼎賂於魯桓公,公納之於廟,大夫臧哀伯諫曰:'君人者,將昭德塞違,以臨百官,猶懼失之。今置其賂器於太廟,明示百官。百官象之,又何誅焉?昔武王克商,遷九鼎于雒邑,義士猶或非之,而況將昭違禮之賂器於太廟,其君之何?'"①瘼,病也。沴,妖氣也。内起曰眚,外起曰災。亦天火曰災也。

故物或行或隨,或呴或吹,或強或羸,或載或隳。

【注】明爲則敗,執則失,故物或行之於前,或隨之於後,或呴之使暖,或吹之使寒,或扶之則強,或抑之即弱,有道則載事,無德則隳廢。

【疏】此明凡物不常事,亦倚伏也。呴,暖氣也。吹,寒氣也。強,壯也。羸,弱也。載,事也。隳,壞也。且夫爲之則敗,執之則失,亦如凡物或行之於前,或隨之於後,或呴之使暖,或吹之使寒,或扶持之使強,或抑損之令弱,或有引而載事,或推之而隳壞,且同糾纆,不可準繩。唯當以欲從人,方可樂推不厭爾。②

【義曰】物之倚伏,固以不常。人事推移,安能長保?是以爲者敗之,執者失之,或後者居前,或前者反後,或寒者變暖,或暖者反寒,或弱者爲強,或強者爲弱,或成者致壞,或隳者獲全,如糾纆之縈紆,無準繩之正定矣。纆,大索也。準,的也。繩,正也。無道之君以人從欲,有道之主以欲從人。以欲從人者,天下悦樂而推尊之,不厭其德也。"以人從欲"者,《春秋·僖公二十年》:"宋襄公欲合諸侯。臧文仲聞之曰:'以欲從人則可,以人從欲鮮濟。'"言屈己之欲,從衆之善也。明年秋,宋公與楚、陳、蔡、鄭、許、曹盟于盂,諸侯執宋公以伐宋。言宋公無德争盟,

---

① "君之何",《左傳·桓公二年》作"若之何"。

② "爾",原作"巠其",據《唐玄宗御制道德真經疏》(十卷本)改。

衆共執之，如文仲之言也。文仲，魯大夫也。

是以聖人去甚、去奢、去泰。

【注】聖人睹或物之行隨，知執者之必失，故去其過分耳。

【疏】是以理天下之聖人，睹行隨之不常，知矜執之必失，故約己檢身，割貪制欲，去造作之甚者，去服玩之奢者。論名數且分爲三目，徵其實乃同於一條。甚、奢、泰者，皆謂之過分耳。

【義曰】聖人之於天下也，觀倚伏之勢，見推移之機，於施爲之中，不使過分。知甚者必極，奢者必貪，泰者必盛，極則必反，貪則必怨，盛則必衰。有一於此，必爲亡敗，故皆去之。爲道之士，明執失之理，知奢泰之非，謙抑自居，沖虚内保，則可以參真矣。

卷之二十五

唐廣成先生杜光庭述

以道佐人主章第三十

【疏】前章明矜執則失，是以去其甚、奢、泰；此章明兵強好還，不可果其矜伐。首云以道戒臣，不以兵爲輔佐；“師之所處”下，明好兵必致不祥；“故善者”下，示不得已而用果；“物壯”下，論恃強而必敗。

【義曰】前明人主理國，去奢泰而爲君；此戒人臣事君，用文德而匡佐。若怙兵尚武，必誘敵起争。是明兵強好還，不可以矜伐爲事也。首章直戒人臣，次言用兵非善，妨農害歲，是有凶年。然後果於勿強，強必喪敗；強壯非道，宜速止之也。

以道佐人主者，不以兵強天下，其事好還。

【注】人臣能以道輔佐人主者，當柔服以德，不用兵甲之威取強於天下。何則？兵者凶器，戰者危事，抗兵加彼，彼必應之。其事既好還報，則勝負之事未可量矣。

【疏】以，用也。佐，輔也。還，報也。言爲人臣者，當用道化無爲輔佐人主，致君堯舜，是曰股肱。舞干羽於兩階，修文德於四海，令執大象而天下往，太階平而寰海清。若震耀戈甲之威，窮瀆侵伐之事，抗兵以加彼，彼必應之。其事能還報，則勝負之事，誰能預剋也哉？

【義曰】夫臣之事主，以道爲先。所宜清静匡君，勿以兵謀輔國。化既清静，君遂無爲，平泰可圖，堯舜何遠？致君者，言臣以道德助化，則君德自齊於堯舜也。股者，足也。肱者，手也。君爲元首，臣爲股肱，猶一身耳。君臣之道，其可忽乎？《書》云"元首明哉，股肱良哉"是也。"舞干羽"者，《尚書・大禹謨》曰：舜以禹之功，命之嗣位。時有苗之民數干王誅，命禹徂征之。於是會諸侯之師，誓衆而往，奉辭伐罪。三旬，苗民逆命。益謂禹曰："惟德動天，無遠不屆。至誠感神，況於有苗乎？"禹班師振旅，誕敷文德，舞干羽于兩階，七旬而有苗格。有苗左洞庭，右彭蠡，在荒服之例，去京師二千五百里。征之不服，不征自來，言以文德道化撫之也。干，楯也；羽，翳也。舞者所執之物。既還師振旅，不用干戈，乃修文德，以文舞舞於賓主兩階之間，以抑武事，而苗人來格。格，至也。《禮》曰：舞者所以飾喜也。執其干戚，習其俯仰屈伸，容貌得莊焉；行其綴兆，要其節奏，行列得正焉。羽籥干戚，舞之器也；屈伸俯仰，舞之容也；綴兆舒疾，舞之列也。故天子八佾，八人爲列，六十四人也。諸侯六佾，大夫四佾，士二佾。佾，列也，二人爲列矣。"執大象"者，第三十五章之詞也。太階者，三台六星爲太階六符。起文昌抵太微，以主三公。君臣和，法令平，則其星光明，行列相類。星或明或暗，或狹或闊，或變色，或亡失不見，皆爲災凶。若三星亡失，革命易姓；六階匀明，天下太平也。今若大臣以兵謀輔主，不能以文德懷人，侵伐圖功，加兵於彼，彼必還報，則勝敗之勢，未可知也。或自焚焉。負，敗也。抗，以手抗拒也。瀆，亂也。

師之所處，荆棘生焉；大軍之後，必有凶年。

【注】軍師所處，戰則妨農。農事不修，故生荆棘。兵氣感害，水旱繼之。農廢於前，災隨其後，必有凶荒之年矣。

【疏】師，軍師也。又《易》曰："師，衆也。"夫興師動衆，則人勞於役；行齎居送，則妨工害農。農事不修，故生荆棘。大軍之後，積費既多,和氣致祥,兵氣感害,水旱相繼,稼穡不生,故必有凶荒之年,以報窮兵之怨爾。

【義曰】人臣以兵輔主,主則習用其兵。主貪不急之功,臣冒無厭之賞,或憑淩下國,侵伐鄰封。危器一施,生民受弊,行者有齎糧之苦,居者有轉饋之勞,男廢耕農,女妨蠶績。所以云懸軍十萬,日費千金,杼軸其空,輓輸莫息,田生荆棘,人遂飢荒。設無水旱之侵,已有耕耘之闕。夫和氣結則祥瑞降,兵氣盛則災害生。疾疫流亡,由斯而作。窮兵之弊,可勝言哉?惟君惟臣,所宜深戒也。修身之士,以嗜欲交侵,猶國有兵戈也。真氣耗散,猶生民疲弊也。所以嗜好不節,則神氣散亡,神氣散亡,則疾疹交構。氣亡疾作,何福善之可冀乎?何延益之可希乎?於國於身,俱可深戒也。

故善者果而已,不敢以取強。

【疏】《春秋傳》曰:"殺敵爲果。"今明殺敵者,令不相侵,止其爲暴,是知殺敵爲果,即止敵也。老君云事不得已而欲用兵,用兵之善但求止敵,令不爲寇,必不以衆暴寡,淩人取強。取強則事好卻還,是以戒令不敢。故云"不敢以取強"。

【義曰】王者化人,貴乎道德。道德未洽,恩信未孚,或有外敵來侵,不得已而方應。應變制敵,豈在殺人?能取勝於伐謀,自可期於止殺。故於文曰"止戈爲武",但止其敵,不在殺人,可謂止戈矣。其若封尸流血,白刃相交,或勝之於前,或敗之於後,好卻還報,非曰能軍,不敢取強,是合天道矣。"殺敵爲果"者,《春秋·宣公二年》:"春,鄭公子歸生受楚之命伐宋,宋華元禦之,戰于大棘。宋師敗績。囚華元,獲司空樂莒,甲車四百六十乘,俘二百五十人,馘百人。宋大夫狂狡逆鄭人,鄭人入於井,倒戟而出之,獲狂狡。君子曰:'失禮違命,宜其爲擒也。戎,昭果毅以聽之謂禮。常存於耳,著於心,想聞其政令。殺敵爲果,致果爲毅。易之,戮也。言易而反之,必爲戮矣。'"

果而勿矜，果而勿伐，果而勿驕，

【注】善輔相者，果於止敵，蓋在安人和衆，不敢求勝取強。故雖果於止敵，不敢爲寇，慎勿矜功伐取，以自驕盈。驕則敗亡，故以爲深戒也。

【疏】夫用兵之善，果於止敵。止敵自矜，未名善勝。故雖能止敵，慎勿矜誇。矜誇則傷於取功，故雖果於止敵，戒云勿伐其功。伐取其功，是則自爲驕泰。驕泰則樂殺，故敗不旋踵。此爲炯戒，可不慎乎？

【義曰】矜，誇大也。伐，自稱己善也。驕，慢也。"安人和衆"者，《春秋・宣公十二年》："楚子圍鄭。三月，克之。鄭伯肉袒牽羊以逆。楚子將舍之，左右曰：'不可許也，得國無赦。'楚子曰：'其君能下人，必能信用其民矣。'退三十里而許之平。潘尪入盟，子良出質。夏六月，晋師救鄭。荀林父將中軍，先縠佐之，趙括、趙嬰齊爲大夫；士會上軍，郤克佐之，鞏朔、韓穿爲大夫；趙朔將下軍，樂書佐之，荀首、趙同爲大夫。韓厥爲司馬。及河，聞鄭及楚平，林父欲還，曰：'無及於鄭而剿民，焉用之？楚歸而動，不後。'士會曰：'善。會聞用軍，觀釁而動，德刑政事典禮不易，不可敵也，不爲是狂。[①] 楚君討鄭，怒其貳而哀其卑。叛而伐之，服而舍之，德刑成矣。伐叛，刑也；柔服，德也。二者立矣。昔歲入陳，今兹入鄭，民不疲勞，君無怨讟，政有經矣。荆尸陣法也。而舉，商農工賈不敗其業，而卒乘輯睦，事不奸矣。蔿教爲宰，[②]擇楚國之令典。軍行，右轅，左追蓐，前茅慮無。中權，後勁。百官象物而動，軍政不戒而備，能用典矣。其君之舉也，内姓選於親，外姓選於舊，舉不失德，賞不失勞，老有加惠，旅有施舍，君子小人，物有服章，貴有常尊，賤有等威，禮不逆矣。德立刑行，政成事時，典從禮順，若之何敵之？見可而進，知難而退，軍之善政也。兼弱

① "狂"，《左傳・宣公十二年》作"征"。
② "教"，《左傳・宣公十二年》作"敖"。

攻昧,武之善經也。子姑整軍而經武乎!'先縠曰:'不可。晉之所以霸,師武、臣力也。今失諸侯,不可謂力;有敵不從,不可謂武。由我失霸,不如死。且成師以出,聞敵而退,非失也。[①] 命爲軍帥,而卒以非失,唯群子能,我弗爲也。'以中軍佐濟。荀首曰:'此師殆哉!《易》有之:師出以律,否臧,凶。順成爲臧,逆爲否。有帥而不從,臨孰甚焉?果遇必敗。先縠尸之,雖免而歸,必有大咎。'韓厥、林父帥軍遂濟。楚子北師次於郔。聞晉師濟,王欲還。嬖人伍參欲戰,令尹叔敖不可。參曰:'若事之捷,孫叔爲無謀矣。'令尹南轅返旆。伍參言於王曰:'晉之從政者新,未能行令。其佐先縠剛愎不仁,未肯用命。其二帥者,[②]專行不獲,衆誰適從?此行也,晉師必敗。且君而逃臣,若社稷何?'王病之,告令尹改轅而北之,次於管以待之。晉師敖、鄗之間,鄭皇戌使如晉師,曰:'鄭之從楚,社稷之故也,未有貳心。楚師驟勝而驕,其師老矣,而不設備。子擊之,鄭師爲承,楚師必敗。'先縠曰:'敗楚服鄭,於此在矣。必許之。'欒書曰:'楚自克庸以來,其君無日不討國人而訓之,于民生之不易,禍至無日,戒懼之不可以怠。在軍,無日不討軍實而申儆之。民生在勤,勤則不匱,不可謂驕。先大夫子犯有言曰:師直爲壯,曲爲老。我則不德,而激怨於楚。我曲楚直,不可謂老。其君之戎,分爲二廣,廣有一卒,卒偏之兩。右廣初駕,數及日中,左則受之,以至于昏。内官序當其次,[③]以待不虞,不可謂無備。師叔,楚之崇也,入盟于鄭。子良,鄭之良也,在楚。楚鄭親矣。來勸我戰,我克則來,不克遂往。以我卜也,鄭不可從。'趙括、趙同曰:'帥師以來,唯敵是求。克敵得屬,又何俟智焉?'莊子曰:'趙括、趙同,咎之徒也。'趙朔曰:'欒伯善哉!實其言,必長晉國。'楚少宰如晉師,曰:'寡君少遭閔凶,不能文。此行也,將鄭是訓定,豈敢求

---

① "失",《左傳·宣公十二年》作"夫"。下文"卒以非失"之"失",亦作"夫"。
② "二",《左傳·宣公十二年》作"三"。
③ "次",《左傳·宣公十二年》作"夜"。

罪于晉？二三子無淹久。'隨會對曰：'昔平王命我先君文侯曰：與鄭夾輔周室，無廢王命。今鄭不率，寡君使群臣問諸鄭，豈敢辱候人？敢拜君命之辱。'先縠以爲諂，使趙括從而更之，曰：'行人失辭。寡君使群臣遷大國之迹於鄭，曰無避敵。群臣無所逃命。'楚子又求成于晉，晉人許之，盟有日矣。楚許伯御樂伯，攝叔爲右，以致晉師。晉魏錡使於楚，請戰而還。趙旃請入楚，召盟二子，皆欲晉敗。郤克曰：'二憾往矣，不備必敗。'先縠曰：'鄭人勸戰，不敢從也。楚人求成，弗能好人。[①] 師無成命，多備何爲？'士會曰：'備之善。若二子怒楚，楚人乘我，喪師無日矣。楚若無惡，除備而盟。'先縠不可。士會使鞏朔、韓穿師七覆于敖前，故上軍不敗。趙嬰齊具舟于河。潘黨逐魏錡，楚子乘左廣逐趙旃。晉師使軘車逆二子。楚人懼王之入晉軍也，遂出陣。孫叔曰：'進之。寧我薄人，無人薄我。'車馳、卒奔，疾進乘晉軍。林父不知所爲，鼓於軍中曰：'先濟者有賞。'中軍、下軍争舟，舟中之指可掬。晉師右移，上軍未動。工尹齊將右拒逐下軍。潘黨、唐侯從上軍。郤克欲待之，士會曰：'楚師方壯，若萃於我，必盡，不如收而去之。'殿其卒而退，不敗。及昏，楚師於邲。晉之餘師不能軍，宵濟，亦終夜有聲。潘黨曰：'君盍築武軍而收晉尸以爲京觀？臣聞克敵必示子孫，以無忘武功。'楚子曰：'非爾所知也。夫文，止戈爲武。武王克商，作《頌》曰：載戢干戈，載櫜弓矢。我求懿德，肆于時夏，允王保之。又作《武》，其卒章曰：耆定爾功。其三曰：鋪時繹思，我徂惟求定。其六曰：綏萬邦，屢豐年。夫武，禁暴、戢兵、保大、定功、安人、和衆、豐財者也。故使子孫無忘其章。今我使二國暴骨，暴矣；觀兵以威諸侯，兵不戢矣。暴而不戢，安能保大？猶有晉在，焉得定功？所違民故猶多，[②]民何安焉？無德而强争諸侯，何以和衆？利人之幾，而安人之亂，以爲己榮，何以豐財？武有七德，我無一焉，何

---

① "人"，《左傳・宣公十二年》作"也"。
② "故"，《左傳・宣公十二年》作"欲"。

以示子孫？其爲先君宫，以告成事而已。武非吾功也。古者明王伐不敬，取其鯨鯢而封之，以爲大戮，於是乎有京觀，以懲淫慝。今罪無所，而民皆盡忠以死君命，又可以爲京觀乎？'祀于河，作先君宫，告成事而還。是役也，鄭石制入楚，將以分鄭，而立公子魚臣。辛未，鄭殺石制、魚臣。君子曰：'無恬亂者，①謂是類也。'"且夫伐謀而得勝，彼敵敢侵，止殺濟危，信爲善矣。若矜伐其善，自衒其功，身享功名，心必驕泰。驕泰則淩物，淩物則怨生，禍敗可期，功名難保。韓信見擒於雲夢，白起齒劍於杜郵。矜伐生驕，因驕致禍，不可不戒也。

果而不得已。是果而勿強。

【注】前敵來侵，不得休止，故用兵以止之。如是，則果在於應敵，非果以取強。

【疏】夫果於止敵者，非好勝而淩人也。但前敵來侵，事不得已。故云"果而不得已"。已，止也。用兵應敵，是非求勝，能如此者，勝不恃強，故云"果而勿強"。

物壯則老，是謂不道，不道早已。

【注】物之用壯，猶兵之恃強。物壯則衰，兵強則敗。是謂不合於道，當須早止不爲。

【疏】凡物壯極則老，兵強極則敗。故兵之恃強，猶物之用壯。物用壯適足以速其衰老，兵恃強則不可全其善勝。兹二事者，是謂不合於道。賢臣明主，知其不合於道，爲須早止不爲。故云"不道早已"。已，止也。

【義曰】兵之恃強，必致死敗。苻堅壽春之役，李密洛口之師，王尋昆陽之兵，煬帝征遼之衆，皆號百萬，信爲多焉，而非道恃強，敗不旋踵，兵強故也。亦如物壯則老，用壯必傷矣。昔秦吞七國，一統九

---

① "恬"，《左傳・宣公十二年》作"怙"。

州，力盛兵強，天下莫敵。土崩瓦解，曾不逾時。扶蘇死於長城，子嬰降於軹道。鷹揚鶚視，夫何足云？聖人以爲非道之基，不如早止。理身則嗜欲傷性，亦猶兵焉。若制欲捐情，澡神滌慮，止其妄想，守彼虚玄，自無物壯之譏，可謂全和之要。師亦有老，《春秋》曰師曲爲老，謂出師無名，不以其理，理屈於敵，亦爲老焉。故曰“師直爲壯，曲爲老”也。

卷之二十六

唐廣成先生杜光庭述

夫佳兵章第三十一

【疏】前章明強兵好還，不可果其矜伐；此章明佳兵物惡，不得已而用之。首則陳戒不祥，明有道者不處；次云勝而不美，示樂殺之爲非；"吉事"下舉喻以明，結以喪禮處之，所以表非樂戰。

【義曰】先戒人臣以道佐國，不以兵強；今明佳兵乃是不祥之器，以兵佐國，必果於矜伐，果矜伐則必敗亡。所以直指佳兵物之所惡，敵來侵己，不得已而用之。有道之人不處於此，不以勝敵爲美，而以正殺爲先。此戒其樂殺也。處之以喪禮，非欲於戰也。

夫佳兵者，不祥之器。

【疏】佳，好也。兵者，《韜》《略》之屬也。祥，善也。器，材器也。君子進德修業，必慎厥初，藏器於身，俟時而動，當游心道德之囿，閲思墳誥之林，使光昭今古，開濟成務。

【義曰】《韜》，《六韜》也。齊太公姜子牙釣於磻溪，剖魚得玉璜，中有此書。一曰文韜，經邦立國，不越天常。二曰武韜，剋定禍亂，威伏八方。三曰龍韜，燮理陰陽，不逾時令。四曰虎韜，善用爪牙，群凶自挫。五曰豹韜，膺時戡難，智在權機。六曰犬韜，采聽至微，或成奇變。韜者，藏也。兵機權變，不可輕以示人，故以韜藏隱晦爲義。

《略》,《三略》也。《三略》者,謂漢留侯張子房於下邳圯橋遇黄石公,授以《三略》,曰:"子得之可爲帝王之師。"亦機鈐用兵之術也。子牙用之,佐武王剋商伐紂而成王業;子房用之,佐漢祖滅項籍而有帝圖。進德者,德冠五帝,爲美行之一首。修業者,業兼六藝,爲習學之先。故君子務本,本立而道生。習學之業,慎其初始。習文儒道德則爲君子,習貪驕殘暴則爲小人。昔孟軻幼孤,居近葬者,乃學爲墓。軻母賢,見其所習非美,徙居避之,又近陶匠之家,軻又學爲陶瓦之器。母又徙居,近儒學之家,軻乃學習墳典。後爲大儒,道亞周、孔,名高韓、墨。昔孔子爲兒,好以俎豆爲戲,後爲禮樂之祖,道冠百王,化融四海。后稷爲兒,好以耕農爲戲,後爲農正,播植之業,功濟天下。漢張湯爲兒時,因鼠竊肉,爲父所責,湯薰穴得鼠,及所殘肉,笞鼠,訊鞫論報,款占其辭,如老獄吏。後仕漢爲法官,詳定刑律,垂法著令。所以習爲善者,善功必著矣。所慎善惡之習在厥初爾。厥,其也。初,始也。"藏器於身"者,《易・下繫》曰:"公用射隼于高墉之上,獲之,無不利。子曰:'隼者,禽也。弓矢者,器也。射之者,人也。君子藏器於身,待時而動,何不利之有?'"言君子得時,即有成功,不得其時,動有結閡之患,故無功也。注言:公者,無私也。高墉,喻高位也。隼在高墉則難射,人處高位即難除。處高位而貪殘如隼,將除之者,在得其時,無不剋矣。言君子有可大之德,可久之業,亦當得時而可動矣。《史記》云:"君子得其時則駕,不得其時則蓬累而行。"所謂邦有道,危言危行,邦無道,危行言遜。得其時則功濟天下,失其時則獨善其身。是明進退之度也。游心在乎道德,閲思在乎典墳。囿,園囿也。典,謨典也。墳,三皇之書,爲三墳也。誥,訓誥也,如《湯誥》《酒誥》例也。林,叢木爲林,言書史之多也。光,大也。昭,明也。令,善也。乃能大明善美之名也。"開濟成務"者,《易・上繫》云:"夫《易》開物成務,謂天下之道如斯而已者也。"此言易道可以覆,謂天下開濟萬物,亦如君子之德業,光大昭明,爲世之範,乃復游心道德之園囿、墳誥之叢林,美名揚顯,成其大務也。《春秋》宋穆公屬其臣立殤公,云

“先君以寡人爲能賢，光昭令名”是也。修道之士，亦當慎其所習，游心大道，閲思無爲，道可冀也。若其滯是非之境，束言教之墟，迷嗜玩之津，窺浮誕之牖，其道彌遠矣。人君理國，習皇風帝道，可叶於升平；效王業霸圖，罕偕其清静矣。況兵戰之術乎？所宜戒也。

【疏】而乃有以兵謀韜略爲佳好者。夫謀略之設以正爲奇，兵鈐之書先聲後實，皆在乎攻取殺伐，故爲不善之材器爾。

【義曰】謀，圖度也。奇，變詐也。攻，擊也。取，言其易也。言此《六韜》《三略》之書，金版玉鈐之術，皆圖度機謀之用，非祥善之道。兵法尚詐，故以正爲奇，先其虚聲，後其實用，開張詭譎，非君子之所宜。於國爲貪殘，於身爲不善，於物爲憎惡，豈可習而行諸？且人之所習，務在有成。業成而用，用而求達。習善器者，進則利物，退則全身，用則懋功，顯則彰德。今習兵道，以詭詐爲本，欺譎爲能，殺獲爲功，誅伐爲事。譎詐則非信，殺伐則非仁，佐於國則陷君爲征伐之主，行於身則造迹於詭妄之徒，固爲不善之事矣。老君説經之時，但有戰鬥之説，則是阪泉涿鹿、丹浦用兵，未有《六韜》《三略》之書。然用兵亦以機討相謞，譎詐相傾，得勝爲功，殺人爲美，非爲道者所務。故切戒之。今引《韜》《略》之書，取近而證遠爾。

物或惡之，故有道者不處。

【注】佳，好也。兵者，謀略也。凡人修辭立誠，不能以道德藏器，而以兵謀韜略爲好，謀略之用只在於攻取殺伐，故爲不善之材器，凡物尚或惡之。是以有道之人，不處身於此爾。

【疏】畜德於身，是爲能事。既爲不祥之器，是以凡物尚或惡之，況有道之君子，焉肯處身於此？故云“有道者不處”。

【義曰】有道之士，以德潤身，以善救物，動資簡正，静合虚無，不萌殺伐之心，肯尚兵謀之事？兵以殺伐爲用，凡物望而惡之矣。“修辭立誠”者，《易・乾》九三之詞。君子忠信，所以修德也。修辭立其誠，所以居業也。

君子居則貴左,用兵則貴右。

【注】左,陽也。陽和則發生,故平居所貴。右,陰也。陰凝則肅殺,故用兵所貴也。

【疏】左,陽也。右,陰也。陽好生,陰好殺,好生故平居所貴,好殺故用兵所貴。

【義曰】帝出乎震,物生於東。春主發生,夏爲長養。天道左旋,所以左爲陽,而順生成之道也。萬物肅殺於西,秋主殺也;藏伏於北,冬主藏也。月配陰而主刑,金居西而主兵,所以右爲陰,而逆殺伐之道也。君子體仁以利物,故平居則貴左;用兵法義而尚刑,故貴右也。

兵者,不祥之器,

【注】祥,善也。好兵者尚殺,故爲不善之材器。

非君子之器。

【注】君子以道德爲材器,不尚兵謀。

【疏】上文云"佳兵者不祥之器",所以明用兵則尚右而好殺,有道者故不處之。此云"兵者不祥之器",對結上文,明非君子之器。君子以道德爲材器,故無利爾。

【義曰】君子所習也,稽十三皇五帝之道德,祖述唐虞夏殷之仁義,憲章文武周孔之禮樂,將以經天下,濟萬物,垂後王,祐來世。時之遇也,則開物成務;時之不也,則卷而懷之。故無所不利矣。上云佳兵爲不祥之器,有道者不處,示其所習之初,務在於道德,不在於兵謀,而習兵謀者,非君子所務。習之已成,必將用之。用兵之旨,明在下文。

不得已而用之,恬淡爲上。

【注】戎狄來侵,故"不得已"。善勝不争,故"恬淡爲上"。

【疏】夫文德者,理伐之器;兵謀者,輔助之材也。故云文則經緯天地，武則剋定禍亂。雖天生五材，廢一不可，而武功之用，定節制宜。是知用之有本末，行之有逆順，在乎事不得已，然後應之，謂四夷來侵，王師薄伐，所當示之以恩惠，綏之以道德。既同蚊蚋之螫，故無憑怒之心。推此而言，是以"恬淡爲上"。

【義曰】聖人制法垂訓也，隨時降殺，與代污隆，太上之君以道爲化，其次以德，其次以仁。道德既衰，澆訛時扇，故文武之道用焉。文，訓之以禮樂仁義；武，訓之以奇正權謀。文經天地，而武定禍亂；文爲本，而武爲末；文爲體，而武爲用。夫子云："不教民戰，是謂棄民也。"有文事，必有武備。所以夾谷之會，宣武備而斬俳優，齊侯畏之，歸龜陰之田，成禮而退。斯則武爲文之輔，文爲武之主也。經緯天地者，南北爲經，東西爲緯，窮鬼神之情狀，明造化之變通，九流以清，百度以貞，所謂觀乎人文以化成天下，故文王以爲謚焉。剋定禍亂者，謂凶暴及人曰禍，反德肆逆曰亂，得俊曰克，所以黄帝誅蚩尤，舜誅三苗，湯克桀，周克紂，秦殄六國，漢定三秦，除暴害之政，剪亂逆之根，拯活生靈，非殺人以取勝也，故武王以爲謚矣。此則明本末，審逆順，不得已而乃用之矣。四夷來侵者，周宣之時，犬戎數犯中國，出師禦之，故《詩》稱伐殺獫狁是也。天生五材，五者，謂金木水火土也。五行遞運，帝王執而用之，若用材器爾，故曰五材。言其所用互爲終始，闕一不可也。師稟帝王之命者，謂之王師。師，衆也。在《易》爲《師卦》，坤上坎下。薄伐者，薄，辭也，言我伐於彼也。凡曰王師，有鍾鼓曰伐，無鍾鼓曰侵。王師所征，先示武威，取其畏伏，兼示恩信，使其懷來，非逞志於梟擒，非肆怒於剪撲。師出有名曰順，無名曰逆。觀夫四夷侵斥，類蚊蚋之噆膚，非爲中國大患，固無傷於道德，所宜綏以恩惠，化以淳和，無憑怒之心，是恬淡爲上也。所以宜僚弄丸而解難，叔敖安寢而投兵，不舉干戈，坐以制勝，此其上也。

勝而不美，而美之者，是樂殺人。

【疏】夫不能以德懷來，而用兵求戰勝，故雖剋勝，猶慚德薄，不以爲美。夫勝必多殺，故以勝爲美者，是樂殺人。

【義曰】聖人之柔服四夷，底平禍亂，以文德懷之，使其化善，不在用兵。今既德之不逮，方以兵威取勝，既勝於敵，樂而美之，無内慚之德，無惻隱之心，是樂殺人也。昔季札觀《大護》之舞曰："聖人之弘也，猶有慚德，聖人之難也。"言湯之伐桀，始用干戈，故有慚德。《論語》曰："《武》盡美矣，未盡善也。"言以征伐取天下，故曰未盡善也。

夫樂殺人者，不可得志於天下。

【注】制勝於敵，必喪其人，故不以爲美也。夫勝必多殺，若以勝爲美者，是樂多殺人也。樂多殺人，人必不附，欲求得志，不亦難乎？

【疏】夫天地好生，物皆含養。仁人者當順天德，以全濟爲務，焉可苟逞詐力，以快貪殘？貪殘之人，人必不附，欲求得志，不亦難乎？故好樂殺人，則不可得志於天下矣。

【義曰】夫仁者之心，稱物平施，順陽和以愛育，行慈惠以撫安。其於物類也，尚懷憫護，不欲一物失所。《禮》云：見其生不忍見其死，聞其聲不忍食其肉。又弊蓋埋狗，弊帷埋馬，弊車瘞牛。陳安世暑月不行，畏踐蟲蟻。殺伐草木，若其時昆蟲未蟄，不以火田。此皆仁憫之道也。順天養物，理在兹乎！安肯剿衆命而取功名，樂殺人而圖富貴哉？若以伐殺之多爲美，譎詐之勝爲能，恣毒貪殘，必爲人之所畏。人畏則孰敢親附之矣？既無親附之衆，獨運暴横之心，欲求得志於天下，信爲難矣。東昏歸命，昌邑高洋，禍敗滅亡，足爲鑑戒。

吉事尚左，凶事尚右。

【疏】左陽而生則吉，故"吉事尚左"。右陰而殺則凶，故"凶事尚右"。《禮記·檀弓》曰："夫子與門人立，拱而尚右，二三子亦尚右。夫子曰：'二三子之嗜學也，我則有姊之喪故也。'二三子復尚左。"

【義曰】左爲陽德，主生，故居常則尚左。今人賓主之位及拱手之禮，皆左爲上而尊也。右爲陰，主死，今人喪禮皆尚右。夫子有姊之喪，拱而尚右。弟子不知其故，因而效之。夫子言其好學也，如此及知非吉，故復尚左。《檀弓》，《禮記》第四篇名也。顔回習夫子之道，首冠諸生，稱爲亞聖。嘗問於夫子曰："夫子言，回亦言，夫子辯，回亦辯，夫子不言而信，不比而周，無器而成，回不知所以然而然。瞠視塵躅，則不及矣。"弟子嗜好於學也如此，尚不能盡夫子之道，況於不學乎？

偏將軍處左，上將軍處右，

【注】偏將軍卑而處左者，不專殺也。上將軍尊而處右者，主以兵謀也。

言以喪禮處之。

【注】喪禮尚右，今上將軍居右者，是以喪禮處置之。

【疏】上將軍專殺則處右，偏將軍爲副不專殺，故處左。今左尊而右卑，上將軍居右者，言用兵之道同於喪禮。喪禮尚右，今上將軍居右，是以喪禮處置之爾。

【義曰】喪禮尚右，死事屬陰，上將軍專殺，故主死事。國之出軍，上將軍登壇，天子齋戒，授以斧鉞，蓋使其專殺也。鑿凶門而出，主死事也。故云兵者凶器，又云兵者人之司命也。將有謀則死者反生，將無謀則生者反死，況戰者危事，投之死也，豈非喪禮乎？偏將軍既不專殺，居吉位而處左也。

殺人衆多，以悲哀泣之；

【注】以生靈之貴而交戰，殺之有惻隱心，故以悲哀傷泣之爾。

【疏】夫戰而求勝，必殺人衆多。勝而不美，故悲哀傷泣。夫人惟邦本，本固邦寧。今交戰殺之，故仁心惻隱。爲之哀泣，不亦宜乎？

【義曰】以戰而勝者，則殺人衆多矣。且人之生也，九天分氣，十月孕神，含陰吐陽，法天象地，萬物之内，人稱最靈。國之得人，猶魚之有水。故《尚書·五子之歌》曰："皇祖有訓，民可近，不可下。人惟邦本，本固邦寧。"此言太康尸位，盤游無度，有窮後羿，因民不忍，拒於河。以其滅德，民棄之而不固也。所以民弱則國危，民聚則國霸。今圖功名而好戰，貪土地而殺人，驅彼生靈，陷之死所。有道之士，君子之人，安得不哀傷之乎？故下經云："抗兵相加，哀者勝。"泣，悲也。

戰勝，以喪禮處之。

【注】勇士雄人，戰而獲勝，勝則受爵，居於右位。尚右非吉，是以喪禮處置之。但以爲不祥之器，何必縞素爲質也？

【疏】夫戰而獲勝，勝則受爵，武功居右，是非吉位，故云"喪禮處之"。但以戰爲不祥之器爾，亦何必服縗扶杖，然後稱之爲喪禮乎？諸注此義者，皆云古有斯禮，尋閲墳典，既無所據，今所未安，故不録也。又引秦伯向師而哭者，此乃哀敗，非戰勝也。

【義曰】獲勝受爵者，功高遷上將之位，亦是處以喪禮也。兵爲不善之器，戰爲殺伐之資。勝則殺彼，敗則殺此，皆吾民也，安不痛哉？聖人以之悲傷，君子以之惻惘，故當處之以喪禮也。縗杖者，喪服也。但殺於人即宜悲愍，何必縗杖然後爲哀乎？或者云古者出師，天子素服，泣而送之。禮經之中，墳典之内，皆無此説。以此無據，疏特明之。典者，五帝之五典也。墳者，三皇之三墳也。"秦伯向師而哭"者，《春秋·僖三十二年》："秦伯伐鄭。秦大夫杞子戍鄭，使告于秦曰：'鄭人使我掌其北門之管籥，若潛師而來，國可得也。'秦伯訪於大夫蹇叔，蹇叔曰：'勞師以襲遠，非所聞也。師勞力竭，遠主備之，無乃不可乎？師之所爲，鄭必知之。且行千里，其誰不知？'秦伯辭焉。召孟明、西乞、白乙，使出師于東門之外。蹇叔哭之曰：'孟子，吾見師之出，而不見其入也。'秦伯使人謂之曰：'爾何知？中壽，爾墓之木拱矣。’蹇叔之子預於師，哭而送之，曰：‘晋人禦師必於崤，崤有二陵焉。其南陵，夏后皋之墓；其北陵，文王之所避風雨。必死是間，余收爾骨焉。’秦師遂東。過周北門，左右免胄而下，超乘者三百乘。王孫滿尚幼，觀之，言于襄王曰：‘秦師輕而無禮，必敗。輕則寡謀，無禮則脱，入險而脱，又不能謀，能無敗乎？’及滑。鄭商人弦高將市於周，遇之，以乘韋先牛十二犒師，且使遽告于鄭。鄭穆公使視客館，則束載、厲兵、秣馬矣。使之武子辭焉：‘吾子淹冬於弊邑，①唯是脯資、餼牽竭矣。爲吾子之將行也，鄭之有原圃，猶秦之有具囿。吾子取其麋鹿，以間弊邑，若何？’杞子奔齊，逢孫、楊孫奔宋。孟明曰：‘鄭有備矣，不可冀也。攻之不克，圍之不繼，吾其還也。’滅滑而還。晋原軫曰：‘秦違蹇叔，而以貪勤民，天奉我也。奉不可失，敵不可縱。縱敵患生，違天不祥。必伐秦師。’欒枝曰：‘未報秦施而伐其師，其爲死君乎？’先軫曰：‘秦不哀吾喪，而伐吾同姓。秦則無禮，何施之有？吾聞之，一日縱敵，數世之患也。謀及子孫，可謂死君乎？’遂發命，遽興姜戎。襄公墨縗，梁弘御戎，萊駒爲右。夏四月辛巳，敗秦師于崤，獲百里孟明視、西乞術、白乙丙以歸。遂墨以葬文公，晋於是始墨。文嬴請三帥，曰：‘彼實構吾二君，寡君若得而食之，不厭，君何辱討焉？使歸就戮于秦，以逞寡君之志，若何？’公許之。先軫問秦囚。公曰：‘夫人請之，吾舍之矣。’先軫怒曰：‘武夫力而拘諸原，婦人暫而免諸國，隳軍實而長寇讎，亡無日矣。’不顧而唾。公使陽處父追之，及諸河，則在舟中矣。釋左驂，以公命贈孟明。孟明稽首曰：‘君之惠，不以纍臣釁鼓，使歸就戮于秦，寡君之以爲戮，死且不朽。若從君惠而免之，三年將拜君賜。’秦伯素服郊次，向師而哭曰：‘孤違蹇叔，以辱二三子，孤之罪也。不替孟明。孤之過也，大夫何罪？且吾不以一眚掩大德。’”蹇叔之哭，知其師必敗也；秦伯之哭，哀其師之敗也。皆非勝而哭之矣。聖旨制疏，委曲明之，恐後人增飾其謬耳。夫用兵好殺，君子不

① “冬”，《左傳・僖公三十二年》作“久”。

爲;大道好生,聖賢是則。但戰之勝敗,皆害於人,自可戒之而戢兵,豈必殺之而後哭?理身者,五欲内侵則五神疲散,六情中盛則六識交争,氣喪神疲,將虞殞謝,當固抑情斬欲,克保恬和,亦猶理國之君,不尚佳兵之美也。

卷之二十七

唐廣成先生杜光庭述

道常無名章第三十二

【疏】前章明佳兵不祥，故有道不處；此章明侯王守道，則萬物下賓。首標無名將以明道，次舉守道而能降瑞，“始制”下廣其制用，“譬道”下將示結成。

【義曰】兵之佳也，爲天下之凶；樸雖小也，爲天下之大。王侯能守，萬物所宗，道化既行，天地降瑞，不煩教令，民自和平。君保制御之功，物得依歸之所，萬國親附，如水朝宗于海焉。以兹善化之君，不在兵強之美也。

道常無名。

【注】道以應用爲常，常能應物，其應非一，故於常無名。

【疏】應用不窮，惟感所適，道之常也。常在應用，其應非一，故於常無名，故云“常無名”。

【義曰】道之爲用，無爲焉而無所不爲。統御陰陽，包羅覆載，乾以之動，坤以之寧。其通生也，爲天下之至通焉；其幽奥也，爲天下之至賾焉。應用無窮，周流不極，纖芥得之而生植，天地得之以圓方。而真常之道，淡然冥寂，不可得而名也。名言理絶，故常無名。

朴雖小,天下不敢臣。

【注】朴,妙本也。妙本精一,故云小;而應用匠成,則至大。故無敢以道爲臣者。

【疏】朴,妙本也。語其通生,則謂之道;論其精一,則謂之朴。妙本精一,故云小耳。而應用匠成,通生一切,則至大也。故無敢以道爲臣者爾。

【義曰】端寂無爲者,道之真也,故謂之朴;生成應變者,朴之用也,故謂之道。道、樸一耳,非一而一,是謂真一。真一者,杳冥之精,真中之真也。一非多法,故云小。以此真一,生化萬殊,其大無大,其上無上,孰敢以道爲臣乎?臣者,下於君者也。《春秋》曰:"天有十日,人有十等。下所以事上也,上所以供神也。男曰臣,女曰妾。故王臣公,公臣大夫,大夫臣士,士臣皂,皂臣輿,輿臣隸,隸臣僚,僚臣僕,僕臣臺。馬有圉,牛有牧,以待百事。普天之下,莫非王土;率土之濱,莫非王臣。"而自古及今,無敢以道爲臣也。

侯王若能守,萬物將自賓。

【注】侯王若能守道精一,無爲而化,則萬物將自賓服矣。

【疏】言王侯若能抱守妙本精一,無爲無事,則八埏仰化,四海歸仁,沐德飲和,將自賓服矣。

【義曰】王者,四海之尊。侯者,五等之二。周設五等之爵,公、侯、伯、子、男也。先王制法,則有天子、諸侯、卿、大夫、士,亦有五等,而兼王焉。其制服土地,禮節降殺,亦有五等。則以王統天下,諸侯各理其國,卿大夫士以爲陪臣,佐王者也。言侯王能守道者,舉其有土之尊,能守道化物,則八埏四海之人,仰其道德,歸其至仁,沐其盛德,飲其和煦,而自賓服矣。埏,封域邊陲也。賓,順也。外國順化,謂之賓服。要、荒之外來附中國,則客禮而賓。附,率服也。

天地相合，以降甘露。

【疏】侯王守道以致和平，則無淩沴災害。地平天成，二氣交泰，以相和合，降洒甘露，善瑞侯王也。

【義曰】諸侯守道於其國，王守道於天下，則能致天地和平，無災害氛沴之變。地平天成，不失其序，天地二氣，交泰和合，而能降瑞也。《易·泰卦·彖》云："天地交泰。"又云："天地交而萬物通也，上下交而其志同也。"夫天地之道，陰陽相感，寒暑相循，氣交則萬物生化，各得其宜。萬物得宜，和氣交合，則禎祥降焉。甘露者，美露也，神靈之精，仁瑞之澤，其凝如脂，其甘如飴。一名甘露，一名天酒。《禮斗威儀》曰：人君乘土王，其政太平，則甘露降。《稽命徵》云：稱謚正名，則甘露降於竹柏。《孝經援神契》云：德至天則甘露降。甘露者，中和之氣也。《鶡冠子》云：聖人之德，上及太清，下及太寧，中及萬靈，則甘露降而物無不盛也。得而飲之，壽八百歲。《天文録》云：天乳一星在氐宿北，主甘露，星明則甘露降也。《逸書》曰：地平天成，稱也。言地平其化，天成所施，上下相稱爲宜也。淩者，氣相亂也。沴，妖氣也。災，禍也。害，傷也。瑞，祥符也。致者，不召而至也。

人莫之令而自均。

【注】侯王抱守精一，則地平天成，交泰致和，故降洒甘露。夫甘露之降，蕭蘭俱澤，不煩教令而自均平，取譬侯王稱物平施者矣。

【疏】莫，無也。言天降甘露，惠施無心，人無命令，自均若一。亦如侯王稱物平施，無偏無黨。既惠化而大同，自東自西，亦何思而不服？又解云：言侯王守道以致善瑞，則人自和平，無煩命令，自然均一爾。

【義曰】蕭，艾蒿也。蘭，香草也。澤，潤也。侯王以道化人，天賜嘉瑞，國既有道，人自和平，不煩施令，自然均普。《尚書·洪範》曰："王道平平，無黨無偏。王道蕩蕩，無偏無黨。"民既和平，無偏曲之私，黨附之勢也。"稱物平施"者，《易·謙卦》象曰："君子裒多益寡，稱物平施。"言物之多與寡，皆得其施。裒其多者，以益於寡，是曰均平矣。惠化，仁化也。大同者，天下爲公也。"自東自西"者，《詩·文王之什·文王有聲》篇云："自東自西，自南自北，無思不服。"言武王作邑鎬京，行辟雍之禮，四方來觀者，皆感其德，心無不歸伏。自，從也，用也。謂有道侯王，天致善瑞，人自和平，東西南北，無不率服，不煩教令，均一平普，亦如四方之人，樂文武之化也。

始制有名。名亦既有，

【注】人君以道致平，始能制御有名之物。故有名之物，亦盡爲侯王所有矣。既，盡也。

【疏】制，御也。有名者，天下有名之物也。既，盡也。言侯王抱守精一，則天降善瑞，惠化無心，均平若一。如此始能制御有名之物，物歸有道。故有名之物，亦盡爲王侯所有矣。

【義曰】有道侯王，天地合德，善瑞應之，上下無間，四海歸之，有名之物，皆歸善化矣。四海者，侯王所統也。弘道建德，人皆化之。境寓之内，率土之濱，孰非侯王之物？亦猶山林非欲於飛鳥虎狼，茂盛深密，飛鳥虎狼自來歸之；江湖非欲於魚鱉蛟龍，廣大渺漫，魚鱉蛟龍自來歸之；王侯非欲於有名之物，道德仁惠，有名之物自來歸之；修身非欲於道，虚無沖寂，道自歸之。萬物感致，在於所修也。均一周普，天下和平，在於所化也。善之歸己，道之感通，物之從順，在於崇德也。

夫亦將知止，知止所以不殆。

【注】若侯王能制有名之物，則夫有名之物而將知依止於侯王。知依止有道之君，所以無危殆之事。

【疏】殆，危殆也。侯王守道而化，萬物自賓服。則夫有名之物，亦將依止於侯王。能依止有道之君，所以無危殆之事矣。故云"知止所以不殆"。

【義曰】侯王道化合天，中外寧一，壃域之内，動植有名之物，皆隨其壃土爲王侯所有。物依有道之境，故無殆壞之危，任春夏以生成，隨秋冬之摇落，不夭不殰，無札無瘥，不爲外敵所侵，不爲淫刑所及，一一遂性，何危殆之有乎？此聖旨也。今釋：侯王以道化人，應天降瑞，人歸其化，天下均平，侯王當守道撝謙，膺受符瑞，知止畏慎，以副天心，則無危殆之事。若睹其天瑞，束此人和，縱大其心，改易其志，矜功伐善，則祥不勝驕，其身危殆矣。昔紂宫中小鳥生大鳥，以爲國興之瑞，矜驕肆欲，造作多端，以至亡滅。老君恐後之帝王恃有祥瑞，因此驕矜，故戒之云“知止所以不殆”。

譬道之在天下，猶川谷之與江海。

【注】天降甘露，以瑞有道之君，在宥天下，天則應之，猶川谷與江海通流爾。

【疏】此結侯王守道，則天必應之，故云譬有道之君在理天下，陶以仁德，則自致太平，和氣感天，天瑞必應，猶川谷之水而與江海通流爾。

【義曰】守道侯王，德與天應，善化和合，以感太平。天應之禎祥，如川谷之通海，此聖旨也。今釋云：若侯王上感天瑞，下得人心，四海萬方，率爲臣妾，復能因其感瑞，夕惕兢修，翼翼乾乾，日慎一日，既無危殆之事，遠人慕其善化，重譯來賓，如川谷之朝宗，江波之赴海，遠近歸往，國祚繁昌矣。理身者以心爲帝王，藏府爲諸侯，若安静心王，抱守真道，則天地元精之氣納化身中，爲玉漿甘露，三一之神與己飲之，混合相守，内外均和，不煩吐納存修，各處玉堂瓊室，陰陽三萬六千神，森然備足，栖止不散，則身無危殆之禍，命無殂落之期，超登上清，泛然若川谷之赴海，而無滯著也。

知人者智章第三十三

【疏】前章明侯王守道，則萬物自賓；此章明以賓服有道之君，皆由自知自勝。自知則明了，自勝則全強；結以死而不亡，戒令不違天理爾。

【義曰】侯王所以守道化行，萬物歸宗者，以其能了自知之明，自勝之強，知足不貪，勤行於道，所以道合天地，不失其常，得全分理之終，不爲夭枉之喪，故能允合，不違天理之戒也。

知人者智，自知者明。

【注】智者役用以知物，明者融照以鑑微。智則有所不知，明則無所不照。

【疏】知，識察也。夫心與境合，是以生知。生知之心，識察前事，是名知法。

【義曰】心之惠照，無不周偏。因境則知生，無境則知滅。所以役心用智者，因境而起也。境正則心與知皆正，境邪則心與知皆邪，苦樂死生吉凶善惡，皆由於此也。故心者，入虛室則欲心生，入清廟則敬心生。萬境所牽，心隨境散。善之與惡，得不戒而慎之乎？夫知人者爲智，《尚書》所謂“知人則哲”也。知人者，昔宋宣公捨其子與夷，而立其弟如，①是爲穆公。《春秋·隱公三年》：“秋，宋穆公疾，召大司馬孔父而屬之曰：‘先君捨與夷而立寡人，寡人弗敢忘。若以大夫之靈，得保首領以没，先君若問與夷，其將何辭以對？請子奉之，以主社稷。寡人雖死，亦無悔焉。’孔父曰：‘群臣願奉公之子馮也。’穆公曰：‘不可。先君以寡人爲賢，使主社稷。若棄德不讓，是廢先君之本也，豈曰能賢？光昭先君之令德，可不務乎？吾子其無廢先君之功。’乃以其子馮出居鄭，以讓與夷而立，是爲殤公。君子曰：‘宋宣公可謂知人矣。立穆公，而其子享之，命以義夫！《商頌》曰：受殷命咸宜，百禄是荷。其是之謂乎！’”斯知人之至也。

【疏】言人役心生智，知前人之美惡者，則俗謂之智爾。若反照

① “如”，諸書及本書卷八、卷三十一皆作“和”。

内察，無聽以心，了觀其心，不生知法，能如此者，是謂明了。故云“知人者智，自知者明”。

【義曰】世人因境役心，乃至分别，察他人之善惡，考身外之短長，不求所以知而求所不知，捨己效人，以衒其智，是捨種種之民，而悦夫役役之佞，釋夫恬淡無爲，而悦夫啍啍之意，以亂天下者，智之過也。故上悖日月之明，下鑠山川之精，中隳四時之施，惴耎之蟲，蛸翹之物，莫不失其性矣。孔子謂顔回曰：“無聽之以耳，而聽之以心；無聽之以心，而聽之以氣。”於智忘智，在知忘知，觀妙守無，是爲明了。此《莊子》云孔子語顔回心齋也。

勝人者有力，自勝者強。

【注】能制勝人者，適可謂有力。能自勝其心使柔弱者，方可全其強矣。

【疏】勝人者，謂以權智制勝於人，如此之人，適可謂之有力爾。自勝者，謂自能制勝其心，使心柔弱。柔弱之道，物不能加，故可全其強爾。故下經云“守柔曰強”，又曰“柔勝剛，弱勝強”。故云“自勝者強”。

【義曰】人或持君之權，以制於物，運其威勢，以臨於人，人望而畏之，是爲有力矣。而不知自以無爲之道，内伏其心。心既無爲，志則柔弱。心虚志弱，物不敢侵，是爲強矣。勝人者力盡勢移，則歸於死；自勝者心冥道契，必至乎仙。

知足者富，強行者有志。

【注】知止足者無貪求，可謂富矣。強力行者不懈怠，可謂有志節矣。

【疏】知足在心。心若知足，則無貪求，雖簞食瓢飲，傲然自足，可謂富矣。強勉力行，曾不懈怠，自知自勝，終久不渝，可謂有志節矣。

【義曰】貪之與廉,由心而已矣。心足者,雖顔子一瓢之飲、楊雄十金之産,不改其樂,而常足焉。心不足者,雖申侯之專利不厭、駟泰之車服滿庭,而未嘗足矣。則顔子、楊雄可謂富也。強力爲善,守道不回,可謂自勝而強,有不渝變之節矣。夫強者,在用道也。強大有道,不戰而剋;小弱有道,不争而得。信可強行於道,而堅其志節也。《易》曰:"君子以自強不息。""簞食"者,《論語》云:"賢哉,回也!一簞食,一瓢飲,處陋巷,人不堪其憂,回也不改其樂。"簞,小筐也。以簞爲食器,以瓢爲飲器。陋巷,隘巷也。言顔回固貧,而守道以自樂也。

不失其所者久,

【注】知足強力,不失其所恒,則是久於其道。

【疏】知足強力等行,人所常行,若不失所恒,即是久能行道者矣。又解云:動不失所者,則可以長久。

【義曰】知足不貪,安貧樂道,力行趣善,不失其常,舉動通時,自得其所者,所適皆安,可以長久。《易》曰:"不恒其德,或承之羞。"是則人之操行,務於恒久,不失其所也。失其所者,必蹈禍患。如鄭太叔段寵而無厭,大夫祭仲諫莊公曰:"不如早爲之所,無使滋蔓,難圖也。蔓草猶不可除,況君之寵弟乎?"莊公不從。既而太叔命西鄙、北鄙貳于己,侵地至于廩延,乃完城郭,聚人民,繕甲兵,具卒乘,將襲鄭。公命大夫子封帥車三百乘以伐京,太叔入鄢。公伐諸鄢。五月,太叔奔恭,遂克之。初,以莊公之母武姜,寤寐而生莊公,名之爲寤生,遂惡莊公而愛太叔段。及段欲襲鄭,武姜將啓之。至是,既克段,乃置武姜於城潁。誓之曰:"不及黄泉,無相見也。"既而悔之。潁谷封人考叔因食捨肉,而諫莊公納之,掘地及泉,與武姜隧而相見,爲母子如初。《春秋》書曰"鄭伯克段于鄢",譏其失教也。此言縱太叔之過,使其貫盈而後殺之,是不早爲其所,失所之致也。若太叔不失其所,安及此禍哉?

死而不亡者壽。

【注】死者,分理之終。亡者,夭枉之數。壽者,一期之盡。夫知人勝人,必招殃咎。知足強力,動得天常。得天常者,死而不亡。是一期之盡,可謂壽矣。

【疏】死者,分理之終。亡者,夭枉之數。壽者,一期之盡。言委順得常,不失天理,頹然任化而去者,得一期之盡,可謂壽矣。若不鞭其後,生理不全,雖單豹有嬰兒之色,張毅有豐高之貴,不終天理,焉得謂之壽乎?故《莊子》曰:"天下莫壽乎殤子,而彭祖爲夭。"

【義曰】人生天地間,有生則必有死。生者天地之委和,死者天地之委順。安其和而處其順,是得其常也。反此者,庸非夭乎?《河圖》曰:"人之生也,天與之算,四萬三千二百算,主日也;與之紀,一百二十紀,主年也。"此爲生人一期之數矣。得金丹不死之道者,則延而過之。無修養之益,有減奪之過者,則不足而夭枉之矣。《黄庭經》云:"百二十年猶可還,過此守道誠爲難,唯待九轉八瓊丹,要復精思存七元,日月之華救老殘。"此明修之可以延益也。若守其素分,委任天和,乘化而來,任化而往,生也若浮,死也若休,盡所稟之一期,亦謂得其壽矣。不及此者,夭枉而亡也。《莊子·達生》篇田開之謂周威公曰:"祝腎云:'善養生者,若牧羊然,視其後而鞭之。魯有單豹者,巖居而水飲,不與人共利,行年七十而有嬰兒之色,不幸爲餓虎食之。有張毅者,高門懸箔,無不走也,行年四十以内熱之病死。豹養其内而虎食其外,毅養其外而病攻其内。此二子者,皆不鞭其後也。'"謂其守一方之事,至於過理者,不及於會通之適者也。鞭其後者,去其不及耳。是二子不終天理,爲夭枉而亡也。達生化之旨,當生不樂,將死不懼,則殤子爲壽,彭祖爲夭也。《莊子·齊物》篇云:"天下莫大於秋毫之末,而太山爲小;莫壽乎殤子,而彭祖爲夭。天地與我并生,而萬物與我爲一。"兔秋生毛曰秋毫也,凡人年十九已下爲殤。此明道與俗反爾。人世之情,小則企尚,大則驕盈。以道觀之,無盈無企,其致一也。死者,天子曰崩,諸侯曰薨,卿大夫曰卒,士曰不禄,庶人曰死。人之死生，雖賦以天命，然亦繫其所履。君子察其所履，而知其壽夭。《易·履卦》云“視履考祥”是也。《春秋》：楚伐宋還師，鄭人享之九獻，用周人上公之禮也。庭實旅百，加籩豆六品。享畢，夜出，取鄭文芊之女二姬以歸。叔詹曰：“楚王其不以壽終乎！爲禮卒於無别，不可謂禮。將何以服諸侯？”是以知其不遂霸也。其後果敗於城濮，終爲商臣所弑焉。《春秋》：僖十一年，周襄王使内史過賜晋惠公之命，惠公受王命而墮。史過歸，告王曰：“晋侯其無後乎？王賜之命而墮於受瑞。先自棄也已，其何繼之有？夫禮，國之幹也；敬，禮之輿也。不敬則禮不行，禮不行則上下昏，何以長世？”十四年，惠公與秦戰於韓原，爲秦所擒。二十三年卒。皆如史過、叔詹之言。是則君子察人所履之行，則知壽夭，況於修至道，餐元和，而不能長生乎？

卷之二十八

唐廣成先生杜光庭述

大道泛兮章第三十四

【疏】前章明賓服有道之君，由能自知自勝；此章明能成光大之業，皆爲法道忘功。首標“大道泛兮”，示左右略無封畛；次云功成不有，明小大難與爲名；“是以聖人”下，舉聖人不貴其身，以成光大之業。

【義曰】既明有道之君得自知自勝之用，能致壽而不亡。今舉君之德行如大道之無滯，不有其功，不恃其物，不爲其大，故能成其大業。泛兮之道，言可左可右，不拘一方也。封，壃也。畛，田中道也。物生物成，不辭不有，非大非小，聖行圓通，不貴大其身，故成其尊大也。

大道泛兮，其可左右。

【注】大道泛兮，無繫而能應物，左右無所偏名。

【疏】泛兮者，無繫之貌也。言道之爲物，非陰非陽，非柔非剛，泛然無繫，能應衆象，可左可右，無所偏名。故《莊子》曰：“夫道未始有封。”

【義曰】大道之體也，凝而爲真一，融而爲萬化，泛然不繫，諭彼虚舟，無塊然之質，不昧然而昏者，非陰也；無赫然之象，不皎然而明者，非陽也；懸天載地，乾健而龍行，非柔也；委和順物，細入毫芒，非剛也。能顯能晦，能微能章，泛泛然無所繫著也；刻雕類狀，無所不爲，能應衆象也；旁通萬境，不局一方，可左可右也；一以貫之，爲天下式，無所偏名也；未始有封，無涯無略，涣而散也。無所不無，寂而歸也；無所復有，生化萬殊也。《莊子·齊物》篇曰："古之真人，其知有所至矣。惡乎至？有以爲未始有物者，至矣，盡矣，不可以加矣。未始有物。其次，以爲有物矣，而未始有封。此言天地初分，人生其内，品物咸遂，性識真淳，心迹無爲，故無封執。其次，以爲未始有是非，是非既彰，道所以虧也。道既虧也，則有偏名矣。"修身之士，當體道虚心，無所執著，以臻其妙；理國當坦然無爲，以合於道，通乎大方，歸於至理也。

萬物恃之以生而不辭，

【疏】言天地萬物皆恃賴大道通生之功，以全其生理。而大道生化，妙本無心，雖則物恃以生，而道不辭以爲勞倦。又解云：物不辭謝於道爾。

【義曰】天之高也，道氣蓋之；地之厚也，道氣載之；萬物之繁也，道氣遍之。非大道運氣，孰能致其高廣、厚大、繁多之功哉？由道之所化，各得其生，生生成成，全備之理矣。道之生物也，無爲而物自生；道之化物也，無爲而物自化。雖因道而生化，而大道不以生化辭勞，物亦不以生化之恩歸功於大道。亦如雨露之施也，物自潤澤於下，物既不辭謝雨露之德，雨露亦不以灑潤稱功。所以聖主臨人，達賢利物，如大道生成，雨露膏潤爾。聖人忘功於上，民忘帝力於下，則合乎至化矣。

功成而不名有。

【注】言萬物恃賴沖用而生化，而道不辭以爲勞，功用備成，不名己有。

【疏】功者，生成之功也。言大道生物之功備成，而不以其物爲己之有。又解：道之生物，雖則功成，其功雖成，曾不名有，言忘功也。

【義曰】言於有也，則萬物之形各稟道氣，物得成就，皆道之功。非夫道氣稟之，則生成之功廢矣。而道之妙本，無有無名，道之妙用，無窮無已。物成而道不恃其力，物生而道不有其功。既不恃物爲我功，亦不執物爲我有。有無皆泯，功用都忘，不獨忘生物之功，亦乃忘萬物之有也。

愛養萬物而不爲主，常無欲，可名於小；

【注】愛養群材而不爲主宰，於物無欲，可則名於小，言不可名小也。

【疏】此聲解義也。云可名於小者，不可名小爾。夫道生萬物，愛養熟成而不爲主宰，於彼萬物常無欲心，豈是道之狹小耶？故云"可名於小"者，言不可名於小耳。

【義曰】聲解義者，如修詞之人云"其可得乎"，是不可得也。以是詳之，則經所云"可名於小"，是不可名於小也。道之生化萬億之類，和氣周遍，巨細無遺，畜之養之，成之長之，愛護之功至矣，茂養之恩普矣，不爲主宰，各遂生成，無心於物，含育之恩大矣。此聖旨所解也。今釋云：有情有形，飛沈動植，纖芥之小，丘山之大，道氣覆育，力無不周，仁愛畜養而不爲主，物賴於道不以爲功。雖鯤鵬大軀，固乘道而變化；焦螟細品，亦資道以裁成。故秋毫之小也，道氣存則温柔潤澤，道氣去則枯瘁凋零。秋毫不棄，可謂之小；充塞天下，可謂之大；不爲主宰，可謂忘功。斯則道之用也。能小能大，而非小非大，無所不小，無所不大也。

萬物歸之而不爲主，可名於大。

【注】愛養之，故萬物歸之。有萬不同，而不爲主，可則名爲大。言不可名大，非小非大，故以難名矣。

【疏】萬物歸之者，歸道生成之功也。言萬物歸道，道不爲主，而有此萬物。棄而不收，豈是道不廣大？故云"可名於大"爾。既云可左可右,所以非小非大。非小非大,固難與爲名。注云"有萬不同"者,《莊子》文也。

【義曰】道生成於萬物,物稟生成之功,各歸功於道,而道不爲主。任物自遂,非道之大,故聲解云可名於大乎? 所以可名於小,是非小也;可名於大,亦非大也。非大非小,難可定名,是難與爲名也。"有萬不同"者,《莊子·天地》篇孔子曰:"夫道,覆載萬物,洋洋乎大哉! 君子不可不刳心焉。無爲之謂也。無爲爲之之謂天,無爲言之之謂德,愛人利物之謂仁,不同同之之謂大,行不崖異之謂寬,有萬不同之謂富。"此言有萬物之不同,我獨同之,可謂富有天下也。道無有二,物則萬形,於物則有萬不同,於道則統之惟一,此聖旨所解也。今釋云:大道匿德藏名,怕然無象,是可名於小也。萬物生者自生,化者自化,使各遂性,不爲之主,是可名於大也。亦猶帝王以道育物,以德御民,考六氣之和,順四時之令,恩以篤之,義以正之,仁以愛之,禮以齊之,信以教之,賞以勸之,殺一草,伐一木,必以其時,孜孜焉,煦煦焉,恐其失所也,可名於小矣。及夫物遂其性,民得其宜,上下交歡,天地和泰,謙恭端穆,讓德於天,不爲己有,不爲其主,可名於大矣。

是以聖人終不爲大,故能成其大。

【注】是以聖人法道忘功,不自爲光大,故能成其光大之業。

【疏】言理天下之聖人,布德施惠,淳風偃化,物遂生成,法道忘功,不自爲尊大,故能成其光大之業爾。

【義曰】聖人之理天下也,愛民恤物,巨細申恩,若可名於小矣;任物遂性,歸功於天,又可名於大矣。法道施化,布德及人,鼓以淳和之風,被以清静之政,忘功不有,不自尊高,故其盛業可大,聖德可大,以其不爲大,故能此尊大。理身之士,泛然無著,若雲之無心,水之任器,可左可右,隨方隨圓,不滯於常,物來斯鑑,物雖廣,不拘應用之心,利物雖多,不矜利濟之德,仁逮蠢動,未始爲私,衆善歸宗,不爲之主,是能彰非小非大之德,無自尊自伐之稱,可以契全真之大道矣。

執大象章第三十五

【疏】前章明道可左右,則物被愛養之功;此章明王能用道,則人歸平泰之化。首標執象,以明歸往之義;次明樂餌,舉喻歸往之由;“道出口”下申明無爲不言之教,以勸人君用道爾。

【義曰】言理天下之聖人,不自尊大而成其大業者,由其執大象而天下歸王,所以成光大之業也。象者,道也,亦猶恍惚中有象爾。天下所歸,各蒙其澤,聖人無察察之政以傷害之,故能致天地交泰。執大象而人歸者,喻以樂、餌,所以八音乍奏,聞者悦其心,百味交陳,嘗者適其口,則行客爲其駐止矣。天下之人歸於有道,亦猶此也。至言不文,出口無味,大象無狀,視聽莫求,歷代用之,其用日新而未嘗窮竭矣。

執大象,天下往。

【注】大象,道也。帝王執持大道以理天下,萬物往之矣。

【疏】執,持也。大象,道也。此言人君執大道以理天下,無爲無事,物遂其生,候日觀風,皆歸有道,故云“天下往”。

【義曰】執,用也。大道非形,不可執有。聖人用道,可以理人。爲於無爲,事於無事,動植飛走,各遂其生,則航海駿奔,梯山麇至,皆歸用道之君矣。“候日觀風”者,昔聚窟洲在巨海之中,使者朝貢於漢,言於武帝曰:“臣之國去此三十萬里,國中常占候於天,若東風入律,百旬不休,青雲干吕,連月不散者,中國將有有道之君矣。臣國之主所以仰中土而慕道風,薄金玉而厚靈物,故乃步天林而靖猛獸,搜奇韞而出神香,濟弱水,度飛砂,而朝於闕下。艱苦道途,十三年矣。”斯則有道之主,其德動天,風雲效祥,遐遠慕德矣。

往而不害,安平泰。

【注】物往而不傷害,則安於太平矣。

【疏】言天下四方之人慕化而往，帝王以道綏撫而不傷害之，則安於太平矣。平者，言政教之和平也。太者，功業之光大也。

【義曰】綏，宴安也。撫，安養也。泰，康泰也。平，和平也。害，傷害也。四方之人慕我道德，觀風候日，歸於聖人。聖人因而綏安養之，不以教令督责之，不以刑法傷害之，故遠近之人安其太平之政矣。政教和平，人俗康泰，然後功業光大，故曰“安平泰”也。《論語》曰：“遠人不服，修文德以來之。既來之，則安之。”斯則帝道皇風，無遠不届矣。

樂與餌，過客止。

【注】樂，音樂也。餌，飲食也。言人家有音樂飲食，則行過之客，皆爲之留止，如帝王執道以致太平，亦爲萬物歸往矣。又解云：樂以聲聚，餌以味聚，過客少留，非長久也。是以蘧廬不可以久處，仁義覯之而多責，故人君體道清静，淡然無味，始除察察之政，終化淳淳之人。故下文結云“用不可既”也。

【疏】樂，音樂也。餌，飲食也。此舉喻也。言人君執大象，而天下之人歸往，亦如人家有音樂飲食，則行過之客皆爲留止爾。

【義曰】人君有道，天下慕之，如行過之客遇飲食聞音樂而爲留止，《莊子·至樂》篇云“《咸池》《九韶》之樂，張之洞庭之野，人卒聞之，相與還而觀之”是也。夫樂者，歷代之所用也。樂以象天，奏之圓丘，則天神降，奏之方澤，則地祇升，鼓之以和八風，摟之以政四時。黄帝有《咸池》，堯有《大章》，舜有《大韶》，禹有《大夏》，湯有《大濩》，文王有《辟雍》，武王、周公有《大武》。樂以和之，人則安其性，故爲人之所重。王者功成而作樂，理定而制禮，所以通天地神明也。然此舉喻者，以道則長存，樂餌非久。所以樂悦於耳，樂罷而人散；餌以美口，食畢而衆離。雖留止於一時，故難期於久永。唯無爲理國，則衆歸而不可離；有道理身，神全而不可散。故下文云“道出口，淡無味”，又言“用不可既”，則非同樂餌有竭盡之期也。蘧廬者，結草之舍，非久處之所。仁義者，以兼愛而親，不可以久交。非若體道化人，人歸於道，淡然長久，詎可散乎？察察者，苛急之政也。淳淳者，和樂之風也。

道之出口，淡乎其無味，

【注】人君以道德清淨爲之教，初出於口，淡乎其無味，不如俗中言教，有親譽畏侮等爾。

【疏】"道之出口"者，言人君約道德清静之法，以爲不言無爲之教者，初出於口，淡然無味，豈若俗中有親譽畏侮等，以爲滋味乎？

【義曰】甘言美詞，所謂有味也。無爲之理，清淨之訓，至道之言，其出淡然，安有滋味乎？俗中親譽之説，即此經第十七章之詞也，謂甘言以親之，美詞以譽之，或威令之言以畏之，狎慢之言以侮之。雖其有味，皆非至道矣。

視之不足見，聽之不足聞，用之不可既。

【注】道以鎮静，初無言教，故視不足見，聽不足聞，而淳風大行，萬物殷阜，歲計有餘，故用不可既。既，盡也。

【疏】既，盡也。道化無爲，淡然平正，既不爲察察之苛急，又不爲滋彰之法令，故視不足見，聽不足聞，而歲計有餘，淳風和暢，動植咸遂，品物光亨，故用不可盡也。

【義曰】道之無言，其於言也，無味於口；道之無形，其於形也，無見於目；道之無聲也，無聞於耳。故咀嚼不得其滋味，視聽不得其見聞，不同苛急滋彰之令，驚民耳目矣。物得其所曰平直，無私曰正，法細曰苛，徵賦迫促曰急。禁令太明，察察也。法外立辟，滋彰也。滋，多也。彰，顯也。阜，積也。所以民之耳目，日有見聞。畏淫苛狂暴之刑，逾於履薄；懼督察滋彰之令，甚若臨深。投足措手，不知其所矣。豈若以道臨御，不可見聞，淳風潛行，萬物和暢，用之不可以窮盡矣。"歲計有餘"者，《莊子》曰："老聃之役有庚桑楚者，得老聃之道，居㟪壘之山。三年，其俗大穰，其民相與言曰：'庚桑子之始來，吾洒然異之。今吾日計之而不足，歲計之而有餘，庶幾其聖人乎！'"言其德惠潛及於物，而致豐穰，況帝王奄有四海，爲天下君，以道垂衣，天下蒙其化，信矣！人之修道於身者，心無思慮則神氣全，情無嗜好則愛惡息，不感於視聽，不汩於恬和，玄德潛充，道可冀矣。

卷之二十九

唐廣成先生杜光庭述

將欲歙之章第三十六

【疏】前章明能行道化，人所歸往；此章明道或用權，國之利器歸往則安於平泰，利器則不可示人。初標歙張之權，次示柔弱之行，終結淵魚之喻，以明權道之徵。

【義曰】道之爲化，應變隨機。其於上古也，則君任於道，臣富於德，民全於和，故視不可見，聽不可聞，用不可既。及乎代云澆薄，俗已遷訛，玄妙難明，希夷靡測，將欲頓歸淳樸，遽汰澆漓，至音寂寥，尋求遐邈。聖人教理代之主，持權變之機，示歙斂開張之門，以遏奸詐，及與奪廢興之用，以檢回邪。攝奸詐可復於忠良，束回邪可歸於正直。明此權變，雖非至理之本，亦乃助理之方。故謂爲國家之利器也。用利器之主，亦猶用兵焉，不得已而用爾。猶須柔弱其行，微明其機，不以其權示於非人。如魚之不可失水，魚失水則死，人失機則敗。《素書》曰"陰謀外泄者敗"，《易》曰"機不密則害身"，此之謂矣。

將欲歙之，必固張之；將欲弱之，必固強之；將欲廢之，必固興之；將欲奪之，必固與之。

【疏】歙，斂也。此明聖人用權道以攝化衆生也。夫人既有鈍根利根，故教有權有實。聖人欲量衆生根性，故以權實覆卻相明。利根衆生，見善則遷，有過則改，略示方便，深達根原。

【義曰】聖人設教，分權實二門：上士利根，了通實教；中下之士，須示權門。權門變通，其法甚廣。依經所判，略具四門。夫根者，謂智性之根也。人之所禀，真元道性，能生衆智，如草木之根，生花結實，展轉相生，故名根也。性之生智，亦如此焉。禀受之性，由其氣也，有清濁不同，性有利鈍差别。氣清和者，生乃穎利，才智過人，明古達今，問一知十。此人根性既利，了悟圓通，見可而進，知難而退，見善如不及，聞惡如探湯。故能見善則遷，有過則改，明方便之法，知進趣之途，不俟權道誘之，自達真實之教矣。四門者，歙、弱、廢、奪也。

【疏】鈍根衆生，惑滯滋久，自非以權攝化，不可令其歸往。故將歙斂其情欲者，則先開張極其侈心，令自困於愛欲，即當自歙斂矣。強弱等義，亦復如是。推而行之，無不信矣。乍聞斯語，以爲非道德之意。深達玄極，然後明權實之由。故注云“君子行權，貴於合義，小人用之，以爲詐譎”。下文又云“不可以示人”者，正爲權道之難故爾。

【義曰】鈍根之人，禀氣濁雜者，則生頑鈍，智識不通，莫辯是非，豈知善惡？或復貪性狠戾，徇欲恣情，動陷罪纏，永乖人域。聖人常善救物，俯念含靈，示以權門，令其自悟，故開四門權道以攝化之。第一“將欲歙之，必固張之”者，攝其心也；第二“將欲弱之，必固強之”者，攝其性也；第三“將欲廢之，必固興之”者，攝其欲也。第四“將欲奪之，必固與之”者，攝其貪也。夫心廉則道契，心侈則過生。因侈獲過，自思獲其廉矣。此歙斂其心之權矣。性弱則德全，性強則禍起。因強起禍，自思復其弱也。此伏性挫強之權也。寡欲則行清，多欲則神濁。欲深濁極，自思復其清矣。此廢欲清神之權也。不貪則儉約，極貪則殃身。因貪獲殃，自思復其儉矣。此修儉奪貪之權也。皆先極其侈心，使自困於貪欲，然後反性修道也。乍聞者以爲非無爲自化之旨。然性有利鈍之别，悟有漸頓之殊，頓悟者不假於從權，漸化者須資於善誘，乃有權實之别爾。權道教人，合歸乎大義，故云“貴於合義”也。小人輕弄權道,因其詐欺,故不可以輕示於非道之人矣。《論語》云:“可與立,未可與權。”言用權之難也。《陰符》曰:“君子得之固窮,小人得之輕命。”此之謂歟!

是謂微明。

【注】經云:“正言若反。”《易》云:“巽以行權。”權,反經而合義者也。故君子行權,貴於合義;小人用之,則爲詐譎。孔子曰:“可與立,未可與權矣。”故老君前章示執大象,斯謂之實;此章繼以歙張,是謂之權。欲量衆生根性,故以權實覆卻相明,令必致於性命之域。而惑者乃云非道德之意,何其迷而不悟哉?故將欲歙斂衆生情欲,則先開張極其侈心,令自困於愛欲,則歙斂矣。強弱等義,略與此同。此道甚微,而效則明著。故云“是謂微明”爾。

【疏】權道攝化,其理甚微;校其所中,效則明著。故云“是謂微明”。

【義曰】權道至微,用之則明。校量其效,可謂彰顯矣。著,明也。夫聖人屬念上士游心,玄契無爲,冥符至道,而權實之教,安所用哉?所以權教之設,爲中下之智耳。亦猶用兵之道也,上智伐謀,制敵不在於興師,坐籌決勝,折沖千里。而下智昧於機變,必俟交兵,上決頸領,下剖肝肺,然後方知勝負之勢,徐議進退之方。如此昧於變通,必須示其權法,因權變正,可謂無棄於人矣。“巽以行權”、“可與立”之義,已具别解。

柔弱勝剛強。

【注】巽順可以行權,權行即能制物。故知柔弱者必勝於剛強矣。

【疏】《易》云“巽以行權”,欲明巽順謙卑,則可以行於權道。故欲翕,先與之張,欲弱,先與之強,而卒令其歙弱者,是柔弱之道,能制勝於剛強也。故云柔勝剛,弱勝強。

【義曰】《易・下繫》云："巽以行權。"巽，順也。既能順時合宜，故可以行權也。若不能順時制變，則權不可行矣。夫巽者，齊也，順也。東南之卦。春夏之交，斗柄東南，萬物潔齊矣。巽主申明號令，以示法制，故云巽德之制也。又巽主於風，帝王號令，猶風之行教，能稱揚號令而不彰伐，以自幽隱，故曰巽稱而隱。以是言之，巽有柔順、潔齊、幽隱、不伐。具此四德，復能發號施令，應變制宜，方可行於權道。由此而論，權道不可輕而議之也。若合義能行，則可以化惡爲善，興國利民，不能者則害性傷身，卒爲詭詐矣。人君教獷惡之人以權制變，然更守以柔弱，示之謙和，則剛強之人咸遵其柔德矣。

魚不可脱於淵，國有利器，不可以示人。

【注】脱，失也。利器，權道也。此言權道不可以示非其人。故舉喻云：魚若失水則爲人所擒，權道示非其人，則當竊以爲詐譎矣。

【疏】脱，失也。利器，權道也。夫魚之在水，猶人主秉權。魚失水則爲人所擒，權道假示非其人，則爲小人所竊弄，而爲詐譎矣。

【義曰】魚之處淵也，失水則死，得水則生。人君用權道也，得其人則爲善，失其人則爲敗。魚能潛深潭，匿巨浸，不貪餌，不吞鈎，則無失水之憂也。人君能任賢良，委忠正，斥奸佞，塞回邪，則無失權之嘆矣。魚失水則爲人所擒，君失權則小人得志。竊人君權道而弄之者，必反白以爲黑，反善以爲惡，肆其奸邪，縱其殘酷。所以豎牛之廢嫡立庶，傾陷於穆子之家；趙高之疾正害忠，隳亡於秦祖之業。民罹其禍，人怨其君，民散國危，不可以救矣。《説文》曰："詐，欺也。""譎者，謬欺於天下也。"譎者，《春秋》：晋文公使楚怒而戰，乃執曹侯，畀於宋，楚果伐宋。文公因而戰楚，楚師敗績。文公復召周襄王於河陽，以諸侯見，且使王狩。故大合諸侯，而欲以尊事天子以爲名義。自嫌強大，不敢朝周。喻天王出狩，因得盡君臣之禮，皆譎而不正之事也。仲尼曰："以臣召君，不可以訓。故書曰：'天王狩于河陽。'非其地也。"若此尚謂之譎謬，況奸臣小人弄權欺主，得不戒而自悔乎？

修道之士，內正其心，外正其行，內外惟一，貞正無邪，然後屬心動念，可以昭感真靈。如其言行相違，邪而不正，雖屈伸俯仰，外飾其容，信無益矣。

道常無爲章第三十七

【疏】前章明道或用權，示以歙張之術；此章明權必合義，將鎮無名之樸。故道無爲，侯王守之而自化；樸不欲，天下以静而自清。老君因言以明無言，説教而欲遣教，故演暢此章於上經之末，將寄兼忘於玄悟之人爾。

【義曰】人君之理天下也，以實教齊君子，以權教伏小人，以無爲之道統權實二教，以爲化本。夫實教者，君君臣臣，父父子子，禮樂仁信，以正萬方。人君與君子服而行之，垂法四海。小人者進不親於仁義，退將陷於刑章，若不以權道誘之，改惡爲善，因而淪喪，斯爲棄焉。老君曰人無棄人，故設權道教之，亦使歸善，兼濟天下，皆可復朴矣。朴者，妙本之道也。侯王守而用之，萬物自化，設欲變易，常以無爲鎮之，則天下静而正矣。修道之士，聖人以玄功難懋，世欲易迷，設科戒儀範之文，用齊其外；著注念神凝之法，以正其心。復以鍊氣胎元之方，制其食味；祈真朝謝之品，滌其過尤。然後趣於學無學之途，臻乎冥寂，栖於損之又損之府，契乎無爲，則邪訛之關之不開，鎮静之淳和可致。

道常無爲，而無不爲。

【疏】道性清静，妙本湛然，故常無爲也；萬物恃賴而生成，有感而必應，故無不爲也。夫有爲者則有所不爲也，故無爲者則無不爲矣。

【義曰】道性無雜，真一寂寥，故清静也；玄深不測，如彼澄泉，故湛然也。寂然不動，無爲也；感而遂通，無不爲也。無爲者，妙本之體也；無不爲者，妙本之用也。體用相資，而萬化生矣。若扣之不通，感之不應，寂然無象，不能生成，此雖無爲，何益於玄化乎？若復循迴不息，動用不休，役役爲勞，區區無已，此之有爲也，何所寧息乎？當在爲而無爲以制其動，在無爲而爲以檢其静，不離於正道，無滯於回邪，可與言清静之源矣。

侯王若能守，萬物將自化。

【注】妙本清静，故常無爲；物恃以生，而無不爲也。侯王若能守道無爲，則萬物自化。君之無爲，而人淳朴矣。

【疏】侯王若能守道清静，無爲無事，則萬物將自感化，君之善教而淳朴矣。

【義曰】君王理萬方，諸侯率一國，俱能用無爲之道，清静之化，萬物化於下，侯王静於上，可謂至理矣。教而後化，是從而化也；不教而化，是自化也。教而化者，無不爲而能化物也；不教而化者，無爲而自臻於化也。

化而欲作，吾將鎮之以無名之朴。

【注】人既從君上之化，已無爲清静，而復欲動作有爲者，吾將以無名之朴而鎮静之。無名之朴，道也。

【疏】無名之朴，道也。欲作者，動作有爲也。吾者，侯王自稱也。言人禀承善教以化，君德無爲清静矣。而復欲動作有爲者，吾則將以無名之朴以鎮静之，令其清静不動作也。

【義曰】夫應用則爲道，道有强名也；攝迹復歸朴，朴無名也。侯王以道化人，人禀其化，皆清静矣。若復他境所牽，人欲動作者，侯王復以道之妙本、無形無名之至朴鎮静其心，不令有爲動作，常合於道化清静也。人之修道，融心寂神，已有通感，而世塵妄起，外念忽生，將超躁競之途，或溺是非之境，即可急詣静室，思玄念真，以無爲之道鎮其心靈，制於妄想，如水之濁，徐以澄清，則三尸不能干，百邪不能擾，魔試都息，造於虚無之階矣。

無名之朴，亦將不欲。

【疏】上言凡人欲動作有爲者，人君則將無名之朴而鎮静之，今言於彼無名之朴，亦將不欲者。夫所以鎮無名之朴，爲衆生興動欲心，若復執滯無名，還將有迹，令此衆生尋迹喪本，復入有爲，則與彼欲心等無差别。

【義曰】凡人既化清静，而復動作有爲，以積習生常，沉迷日久，亦猶水難清而易濁，性難澄而易昏，心難静而易動，志難久而易退，人君當以妙本之朴鎮而静之。亦既静矣，又當兼忘所執，都令泯然，則冥寂玄通，洞達真妙，是令衆生不滯於迹，聖人不滯於空，空有兩忘，盡登正觀矣。

【疏】故初用無名之朴，以鎮静蒼生欲心。蒼生欲心既除，聖人無名亦捨。喻如藥以理病，病愈而忘藥；舟以濟水，水濟而遺舟。若水已濟而仍守舟，病已除而復嘗藥，豈唯不達彼岸，亦復更生患累矣。

【義曰】既已静於人性，復能遣其無名。如既濟而忘舟，病愈而忘藥，可謂達真修之要矣。夫舟藥者，喻言教也。衆生輪回世網，迷惑有無，漸染六塵，牽緣衆惱而爲病也。老君演無爲之訓，叙弘救之功，以此真經爲理病之良藥。因經開悟，迷惑自祛，洗内染之塵，絶外牽之惱，積病既愈，世網盡除。然須遣教忘言，混融歸道矣。又以世間衆惱，生死輪迴，流浪真元，漂沉正性，有如巨海陷溺，衆生逐境隨波，無由超度。老君以此經玄妙，理國濟人，於愛欲海中拯拔群品，因經得濟，如乘巨舟，横截迅流，超登彼岸，欲波不能蕩其性，愛浪不能溺其心，出積苦之庭，踐長生之域。既已濟矣，然當忘所乘之舟，捨所執之行，栖神無何之境，游心自得之鄉，是可謂虚而保真，清而容物，人貌而天，泛然皆順，獨任自然矣。若執所乘之舟，保所餌之藥，不達而生患，豈虚言哉？

不欲以静，天下將自正。

【注】言人君既以無名之朴鎮静蒼生，不可執此無名而令有迹，

將恐尋迹喪本，復入有爲。故於此無名之朴，亦將兼忘，不欲於無欲，無欲亦忘，泊然清静，而天下自正矣。

【疏】夫無名之樸既將不欲，不欲之欲於此亦忘，則泊然清静，是名了出。君無爲而上理，人遂性而下化，不煩教令而天下正平，故云“天下將自正”。

【義曰】衆生動作之心，既已静矣，而又忘舟藥之喻，仍遣無名之朴，不欲之欲，亦復都忘，是則了出有無，曠然不滯。君於上也，不言而自信；人於下也，不化而自行。不言而信，是無爲而上理也；不化而行，是遂性而下化也。化及於此，何教令之有哉？天下正平，可復於太古之道矣。理身者因教而明道，悟道而忘言。不爲譽，故無怨；不爲利，故無害。理心術，理好憎，適情性，不惑禍福，不妄喜怒，混然與大道冥通，而忘其所習，遺其所執，心寂於中，神化於外，修於無修，學於無學，得於無得，可謂明真經之玄賾，窺大聖之堂奥矣。上經法天，故奇，有三十七章。此章居其末，更復顯明至道妙用，重訓人君侯王，明此微言，可臻於了悟矣。

卷之三十

唐廣成先生杜光庭述

疏老子德經

【義曰】老子者，太上老君之内號，具如上卷所解。德者，道之用也。道不立，則德無以生；德不崇，則道無以明。道以虚通爲義，德以剋獲受名。道能通物，物能得道，物得其所得，故謂之德。或云：道，道也。德，德也。如孔子解《易》卦云：需，須也。晋，晋也。剥，剥也。嚴君平云：不道之道，不德之德，正之元也。道德相須，不可散也。古文道字從元從首，謂道爲諸法之元，衆聖之首也。德字從直從心，謂正觀直心，爲虚忘上德也。其餘道德相關之義，具在上卷。然此經下卷，法陰象地，其數偶，故四十四章也。夫道以虚無無形，法陽而象天；德以證實有困，故法陰而象地。或有移上經末章居下卷之末，以取上卷四九三十六章，法陽；下卷五九四十五章，法陰。此亦後人妄爲，其意穿鑿，將恐乖失玄聖之本旨也。

上德不德章第三十八

【疏】此章首標道用之名，將明德全之化。德全則淳樸不散，代無濡沫之迹；道廢則仁義遂行，俗有澆漓之弊。將欲變而更化，以令求復其初，故先述上德之無爲，次述仁義之流遁，結以去華居實，使其復樸還淳。

【義曰】道爲德之體，德爲道之用。故云"首標道用之名"，指上德也。上德乃不德之德，所以德全。上德既全，則淳樸不散。淳樸不散，則德化混同，如魚相忘於江湖，各遂其性，故無相呴相濡之迹也。次言失德則仁義乃行。仁有偏愛之私，義有裁制之斷，故民化其上而澆漓焉。及至前識爲華，上禮爲亂，華亂益甚，紛争必興。故聖人使復其初，乃遣去華居實。去華居實，是塞亂之源而復樸之門也。故云"使其復樸還淳"爾。

上德不德，是以有德；

【疏】上者，舉時也；德者，辯用也。謂上古淳樸，無爲而理，體道之主，任物自然，是上古之淳德，故云"上德"。至德潛運，人無能名，故云"不德"。淳風和暢，物遂生成，德用常全，故云"有德"。注云"物得以生之謂德"者，《莊子·雜篇》之文。

【義曰】舉上古全德之君不以德爲德而有德也，將明其次下衰，故舉上德爲首。夫至道之代，德亦不彰矣。上德之君，亦猶上經太上之君也。潛融至化，物自生成，不彰其德，德益光大，是以有德也。然天地萬物之所禀受者，道爲之元，德爲之始。道有深淺，故有可道、常道；德有厚薄，故有上德、下德。則道之與德，不獨在於帝王。但行道者爲道人，行德者爲德人，行有深淺，故有上下之殊也。莊子曰：虚無無爲，開導萬物，謂之道人。清静因應，謂之德人。德有優劣，世有盛衰，故上德之君神與化淪，體道而存，德動玄冥，天下歸之，莫見莫聞。德歸萬物，皆曰自然，所以云太上貴德也。《莊子·雜》篇云：萬物任自然，而各得其生，所以爲德也。故執道者德全，德全者形全，形全者神全，神全者聖人之道也。

下德不失德，是以無德。

【注】德者，道之用也。《莊子》曰："物得以生謂之德。"時有醇醨，故德有上下。上古淳樸，德用不彰，無德可稱，故云"不德"。而淳

德不散，無爲化清，故云“是以有德”。逮德下衰，功用稍著，心雖體道，迹涉有爲，執德可稱，故云“不失”。迹涉矜有，比上爲粗，故云“是以無德”也。

【疏】此言淳風漸散，德亦下衰，故聖人美無爲之風，而百姓尚無爲之迹。尚迹爲劣，故云“下德”。迹著則有德可稱，故云“不失”。稱德不失，迹涉矜有，矜有之弊，淳樸不全，故云“是以無德”。

【義曰】下德之君，體德而行。德既昭著，上配於天，下民知之，或見或聞。德及於物，物歸其德，可稱可顯，故“不失其德”矣。執而不失，矜德有爲，有矜有執，去道甚遠。以有迹處，比於上德之君，是無德矣。

上德無爲而無以爲，

【注】知無爲而無爲者，非至也；無以無爲而無爲者，至矣。故上德之無爲，非徇無爲之美，但含孕淳樸，適自無爲，故云“而無以爲”。此心迹俱無爲也。

【疏】覆釋“上德”也。夫上德潛運，無爲而理，淳樸不散，故無名迹。今言上德之無爲者，但含孕淳樸，適自無爲，非知無爲之美而爲此無爲，故云“而無以爲”。豈唯無迹可矜，抑亦無心自化。故注云“此心迹俱無爲”也。

【義曰】上德之君，性合乎道，而命合乎一，體自然爲用，運太和爲神，動合乎天，静合乎地，與道相得，而無所爲也。神無思，志無慮者，此心之無爲也；不顯其功，而功若天地，不彰其明，而明并日月，此迹之無爲也。夫此無爲，非效學無爲而爲於無爲，是無以爲也。陰陽爲之使，鬼神爲之謀，進退推移，與化無極，玄默寂寥，而與化俱，此謂心迹俱無爲矣。然德以包育於物，亦所以彰其迹也。

下德爲之而有以爲。

【注】“下德爲之”者，謂心雖無以功用彰著，迹涉於有爲，故云

“爲之”。言下德無爲，有所以爲之。此心無爲而迹有爲也。

【疏】此覆釋“下德”也。“下德爲之”者，謂心美無爲之化，而爲此無爲，故云“爲之”。語心雖曰無爲，論迹即涉矜有，故云“而有以爲”。言下德之爲，有所以爲之也。故注云“心無爲而迹有爲”也。

【義曰】下古德衰，心迹明著。其君知有爲爲非，知無爲爲是，有爲則澆薄，無爲則淳和，有此分别，故韜心藏用，行此無爲之事，制彼有爲之爲，故云“爲之”。心欲於無爲，游行無爲，於迹乃涉矜有也。知無爲爲美，有爲爲惡，捨惡從善，慕此無爲以分别，故是有所以而爲也。

上仁爲之而無以爲，

【注】仁者，兼愛之名。下德衰而上仁見，所以爲兼愛之仁，故云“爲之”。行仁而忘仁，亦欲求無爲，故云“而無以爲”。此則心有爲而迹無爲也。且上仁稱無爲者，據迹欲無爲而方止義，未可以語下德之有爲也。

【疏】此下明道廢則仁義遂行。言上仁者，謂以仁爲上，佗皆仿此。仁者，兼愛之名也。大道之行，物無私惠，淳風漸散，兼愛遂存。今明所以爲兼愛之仁，故云“上仁爲之”。行仁而忘仁，雖有施而不求報，兼愛則難遍，終是小惠未孚。是以語心常爲有事，故云“爲之”；論迹則近無爲，故云“而無以爲”，注云“此則心有爲迹無爲也”。

【義曰】兼愛萬物，博施無極，謂之仁也。《素書》曰“仁者，人之所親，有慈惠惻隱之心，以遂其生成”是也。仁者博施於物，乃所以生偏私也。比夫德則劣矣。夫至道之代，兼包諸行，無所偏名，故冥寂玄寥。通生而不宰者，道也；物稟其化，各得其得者，德也；成之、熟之、養之、育之者，仁也；飛行動植，各遂其宜者，義也；有情無情，各賦其性者，智也；時生而生，時息而息者，信也；順天地之節，固四時之制，禮也；鼓天地之和，以悦萬物者，樂也。故恬淡無爲，無所不爲矣。及大道既隱，而德化行焉。至德之化，亦兼之以大仁大義、大禮大智、大樂大信，而共化焉。泊乎德之廢也，①仁獨爲仁，義獨爲義，不能兼而化矣。夫何故哉？行仁者以慈愛爲心，故無剛斷之用，是則義缺矣；行義者以決斷裁非，有取有捨，是則仁缺矣。所以仁獨爲仁，義獨爲義，故不能兼化也。然上仁者雖有兼愛偏私之迹，能於仁忘仁，則忘其迹。其迹雖無，心有博施之念，周旋憫物，皆欲其安，故心涉有爲也。上仁忘迹，故迹無爲也。"小惠未孚"者，《春秋·莊公十年》魯人曹劌對魯公之語也。是歲正月，公敗齊師于長勺。將戰，曹劌請見，其鄉人曰："肉食者謀之，又何聞焉？"②劌曰："肉食者鄙，未能遠謀。"乃入見，問何以戰，公曰："衣食所安，弗敢專也，必以分人。"對曰："小惠未遍，民弗從也。"公曰："犧牲玉帛，弗敢加也，必以信。"對曰："小信未孚，神弗福也。"公曰："小大之獄，雖不能察，必以情。"對曰："忠之屬也，可以一戰。戰則請從。"公與之乘，戰于長勺。公將鼓之，劌曰："未可。"齊人三鼓，劌曰："可矣。"齊師敗績。公將馳之，劌曰："未可。"下視其轍，登軾而望之。曰："可矣。"遂逐齊師。既剋，公問其故。對曰："夫戰，勇氣也。一鼓作氣，再而衰，三而竭。彼竭我盈，故剋之。夫大國，難測，懼有伏焉。吾視其轍亂，望其旗靡，故逐之。"此言"小惠未遍"、"小信未孚"，故皆不廣，況兼愛之人，必不周普，雖力於行仁，其去道德也遠矣。

上義爲之而有以爲。

【注】義者，裁非之義，故云"爲之"；有以裁非斷割，令得其宜，故云"而有以爲"。此則心迹俱有爲也。

【疏】義者，宜也，謂裁非斷割，令物得宜。夫淳樸已殘，是非斯起，將欲裁非就是，令得所宜，故云"上義爲之"。謂心欲裁非就是，有所以爲之，故而"有以爲"，注云"此則心迹俱有爲也"。

---

① "泊"，當爲"洎"之壞字。

② "聞"，《左傳·莊公十年》作"間"。

【義曰】理名正實，處事之宜，謂之義也。《素書》曰："義者，人之所宜，賞善罰惡，以立功立事。"淳樸之代，則無是非，是非生而淳樸散矣。辯是與非，裁制斷割者，義也。故知其是而明之，知其非而制之，明是制非，則心迹俱有爲也。然義者，所以立節行，亦所以成華僞也。理國理身，偏執仁義，而無道德，何異乎鑽冰求火、北轅適楚乎？

上禮爲之而莫之應，則攘臂而仍之。

【注】六紀不和，則爲禮以救，故云"爲之"。禮尚往來，不來非禮，行禮於彼而彼不應，則攘臂而怒，以相仍引。

【疏】禮，履也，謂可履而行也。《莊子》曰："以禮爲翼，所以行於世也。"夫制禮者，所以救衰弊也。故禮經三百，威儀三千，曲爲之防，事爲之制，淳源一失，衆務事馳，且存檢外之迹，非曰由中之數，故揖讓崇其禮文，玉帛昭其報施，往而不來非禮，來而不往亦非禮。今上禮爲之而莫之應，則攘臂而怒，以相仍之，故云"攘臂而仍之"。

【義曰】謙退辭讓，敬以守和，謂之禮。《素書》曰："禮者，人之所履，夙興夜寐，以成人倫之緒。"禮以成謹敬，亦所以生惰慢也。夫摘辟爲禮，澶漫爲樂，而天下始分矣。徒得形表，而不由中也。威儀者，言其恭肅矜莊。有威可畏，謂之威；進退俯仰，有儀可法，謂之儀。《詩》曰"威儀棣棣，不可選也"，又曰"朋友攸攝，攝以威儀"是也。禮經三百，威儀三千，皆進退恭敬，屈伸俯仰之容，舉其大數爾。禮之大者，婚、冠、喪、祭，邦國之本。動静容止，孰非禮哉？禮者，敬之體也，如首之在上，足之在下，尊卑自列，不乘天理。① 故君臣父子，猶一體也。上下相忘，道之實也。後之爲禮者，外備容儀，内懷欺侮，忠信不足，則更相誅責。玉帛以表其志，揖讓以飾其情，施而不報，往而不來，則怨怒起争，因以爲亂，故攘臂仍引，曷若大禮與天地同節之美哉？"以禮爲翼"者，《莊子・大宗師》篇曰："古之真人也，其狀義而不

① "乘"，當爲"乖"之訛。

朋，若不足而不承。以刑爲體，以禮爲翼。以刑爲體者，綽乎其殺也；以禮爲翼者，所以行於世也。”道德既失，仁義公行。仁失則兼愛之迹乖，義失則是非之儀亂。君子犯禮，小人犯刑，聖人觀事覩時，以行禮法。夷狄知逆命之誅，臣子識尊嚴之敬。因人情而設教，斯之謂歟？“報施”者，《樂記》曰：“樂者，施也。禮者，報也。”樂以彰德，禮以報情，往來之謂也。“曲爲之防”者，《防記》曰：①“子言之：‘君子之道，辟則防與？防民所不足者也。大爲之防，民猶逾之，故君子禮以防德，刑以防淫，命以防欲。’子曰：‘小人貧斯約，富斯驕；約斯盜，驕斯亂。禮者，因人之情而爲之節文，以爲民防者也。故聖人之制富貴也，使民富不至以驕，貧不至於約，貴不慊於上，故亂益亡。故制：國不過千乘，都城不過百雉，家富不過百乘。以此防民，諸侯猶有叛者。’子云：‘夫禮者，所以章疑別微，以爲民防者也。故貴賤有等，衣服有别，朝廷有位，則民有所讓。天無二日，土無二王，家無二主，尊無二上，示民有君臣之别也；君不與同姓同車，與異姓同車，示民不嫌也。以此防民，民稱得同姓以弑其君。’②子云：‘利禄，先死者而後生者，則民不偝；③先亡者而後存者，則民可以托。以此防民，民猶偝死而號無告。’子云：‘修宗廟，敬祀事，教民追孝。以此防民，民猶忘其親。殷人弔於壙，周人弔於家，示民不偝。’子云：‘死，民之卒事也。吾從周。以此防民，諸侯猶有薨不葬者。升自客階，受弔於賓位，教民追孝也；未没喪，不稱君，示民不争也。以此防民，子猶有弑其父者。喪父三年，喪君三年，示民不疑也，故天子四海之内無客禮，莫敢爲主焉；父母在，不敢有其身，餽獻不及車馬，示民不敢專也。以此防民，民猶忘其親而貳其君。’子云：‘先財而後禮，則民利；無辭而行情，則民争。以此防民，民猶有貴禄而賤行。君子仕則不稼，田則不漁，

① “防記”，《禮記》作“坊記”。本段之“防”，《禮記·坊記》均作“坊”。

② “稱”，《禮記·坊記》作“猶”。

③ “偝”，《禮記·坊記》作“偝”。下文“民猶偝死”之“偝”、“示民不偝”之“偝”，亦作“偝”。

食時不力珍，大夫不坐羊，士不坐犬。以此防民，民猶忘義而争利，以亡其身。禮者，防民之淫，章民之别，使民無嫌，以爲民紀。故男女無媒不交，無幣不相見，恐其無别也。以此防民，民猶有自獻其身。'子云：'娶妻不娶同姓，以厚别也；故買妾不知其姓，則卜之。以此防民，《春秋》猶去其夫人之姓曰吴，其死曰孟子卒。昭公娶太伯之後，同姓也。禮，非祭，男女不交爵。以此防民，陽侯猶殺繆侯而竊其夫人，故大饗廢夫人之禮。'子云：'寡婦之子，不有見焉，則弗友也，君子以避遠；故朋友之交，主人不在，不有大故，不入其門。以此防民，民猶以色厚於德。故君子遠色以爲民紀。男女授受不親，男女不自席而坐；寡婦不夜哭，婦人疾，不問其所疾。以此防民，淫泆猶有亂於族者。①'子云：'婚禮，娶親迎於舅姑，舅姑承子以授娶，恐事之違也。以此防民，婦猶有不至者。'"斯皆嚴其禁尚不能止，況不禁乎？此所以明道德既喪，仁義又隳，世亂而存禮，禮極而爲亂。去無爲之化，日以遠矣。理世之君，豈可背道德而專於禮哉？

故失道而後德，失德而後仁，失仁而後義，失義而後禮。

【注】失道者，失上德也。上德合道，故云"失道"。夫道德仁義者，時俗夷險之名也。故道衰而德見，德失而仁存，仁亡而義立，義喪而禮救，斯皆適時之用爾。故論禮於淳樸之代，非狂則悖；忘禮於澆漓之日，非愚則誣。若能解而更張者，當退禮而行義，退義而行仁，退仁而行德，忘德而合道。人返淳樸，則上德之無爲矣。

【疏】此卻明智弊之由也。失道者，失上德也。上德合道，故云"失道"爾。上經云："大道廢，有仁義。"《莊子》云："道隱於小成。"道無不在，而此亡大者，約人而言爾。故時淳則大道公行，俗澆則小成遂作。小成作而大道隱，仁義行而至德衰。此則代俗淳醨之殊，聖人適時之務爾。故淳樸漸散，則失道而後德；德又衰，則失德而後仁；兼

① "淫泆"前，《禮記·坊記》有"民猶"二字。

愛迹存，則失仁而後義。裁非不足，則失義而後禮。且論禮於淳樸之代，非狂則悖；忘禮於澆漓之日，非愚則誣。是故聖人救代之心未嘗有異，而夷險之迹不得一爾。

【義曰】五者之失，隨代澆淳而然也。大樸既散，全德守之，德既下衰，仁愛繼之，仁愛不足，義以制之，義之不行，禮以救之。夫禮以救亂，亦所以生亂。何者？禮煩則俗薄，俗薄則交争，交争則亂生矣。然而理國之急，禮爲之上。《春秋·昭公二十六年》晏子對齊景公曰："禮之爲國，與天地并。君令臣恭，父慈子孝，兄愛弟敬，夫和妻柔，姑慈婦聽，禮也。君令而不違，臣恭而不貳，父慈而教，子孝而箴，兄愛而友，弟敬而順，夫和而義，妻柔而正，姑慈而從，婦聽而婉，謂之善物也。"公曰："善哉！寡人而今而後，聞此禮之上也。"對曰："先王所禀於天地，以爲其民也，是以先王上也。"則理世之道，禮爲急矣。道德既喪，禮復不行，其異類乎？道德仁義，日以喪矣，禮所以救亂理民，可不矜乎？故君子撙節以明禮，斯之謂也。非從天降，非從地出，酌在人情而已矣。

夫禮者，忠信之薄而亂之首。

【注】制禮爲忠信衰薄，而以禮爲救亂之首爾。用禮者在安上理民，豈玉帛云乎哉？

【疏】夫者，發語之端也。言末代聖人所以行於禮教者，由救忠信之衰薄爾。若使人懷忠信，復奚假於禮法乎？而亂之首者，以禮防亂，則但可爲理亂之首爾，而非道德之化也。

【義曰】亂者，理也。如周有亂臣，乃理國之臣也。忠信既薄，上下離心，聖人設禮以教之，約法以檢之，明尊卑上下以勸之，著降殺等倫以節之。雖忠衰信薄，人不敢爲亂者，由行禮以理之矣。四者既失，而不以禮節之，則民無所措其手足矣。上文所謂曲爲之防民，猶或逾之，斯禮所以救亂致理之大務也。《禮經》曰："安上理民，莫善於禮；移風易俗，莫善於樂。"故王者功成作樂，理定制禮，各因時而垂教,歷代以沿革,不可執古之道,守常不移矣。子曰:“達於禮樂者,民之父母也。能達禮樂之原,以致五至而行三無,志氣塞乎天地。”禮樂通乎神明,所以“樂云樂云,鍾鼓云乎哉?禮云禮云,玉帛云乎哉?”斯可以施及四海,以畜萬邦。故禮之救亂致理,先王之所以急也。若反淳樸,敦太和,復道德,然後禮可廢矣。

前識者,道之華而愚之始。

【注】識者,人性之識也。謂在人性識之前,而制此檢外之禮,雖欲應時,實喪淳樸,故云“道之華”。禮以救亂,所貴和同,而失禮意者,則將矜其玉帛,貴其拜跪。如此之人,故爲愚昧之始。

【疏】前識者,制禮之人也。謂之前識者,言在人識性之前,制此檢外之禮。道順人性,禮存外迹,以之此道,乖失質素,所以爲道之華也。而愚之始者,夫禮以静亂,因亂救之,貴在協和,歸於淳樸。而代之行禮者,不務由中之性,唯務形外之飾,敬愛不足,幣帛有餘,非達觀所存,誠爲愚之首。故云“而愚之始”也。

【義曰】制禮之意,所以救弊也。夫何故哉?道德既喪,仁義復衰,不制之以禮,則奸亂生矣,故制禮以救其弊焉。於人識性之間,制禮以節之,進退動静,未始不拘於禮矣。謂聖人達知其事,預爲之防也。故云在識性之前,謂之前識。道以敦素,禮徇容儀,澆淳想懸,故爲道之華矣。華者,不實之謂也。失禮生弊,弊極則亂,救弊而亂息,故云静亂也。禮得其所,謂之協和。矯皃飾容,内無其實,則爲愚之首也。夫因親以教愛,因嚴以教敬,愛所以事親,敬所以事君。愛敬不由於心,玉帛以表其外,非愚而何?禮之作也,叙尊卑,明上下,别同異,正人倫,使君臣父子不失其序。今之爲禮者,中外相違,華盛而實毁,末隆而本衰,禮薄於忠,權輕於信,威不及義,德不逮仁,爲理之末,爲亂之首,詐僞所起,忿争所因也。有其禮,無其心,動不由中者,其救弊也不足,於致亂也有餘。何者?禮之繁也,則進退盤躃,一成規,一成矩;從容逶迤,一如龍,一如虎。其諫人也如子,其導人也如父。習之變也，以質爲鄙，以文爲高，賈以風聲，擅其虚飾，作巧以誇競，尚華以檢束。此謂禮煩則亂，智變則詐。所以丹朱非《咸池》所化，商均非《九成》所變。是禮樂雖設，不克救之矣。故俗之亂也，禮何爲哉？詠歌雅頌而風不能移也，鍾鼓絲簧而俗不能變也，謙退辭讓而天下不之信也，守柔復雌而天下不之親也，懸爵設賞而賢人不至也，攘臂執手而君子不來也。皃謹辭豐而心誠不施者，徒有禮容，無益於救世矣。是知感天地，動鬼神，盡敬於心，推心於道，明德惟馨，神饗之矣。潢污行潦之水，蘋蘩蕰藻之菜，筐筥錡釜之器，可羞於王公，可薦於神明，斯由中之禮也。苟不及此，所謂愚之始矣。

是以大丈夫處其厚，不處其薄；居其實，不居其華。

【注】有爲者，道之薄；禮義者，德之華。故聖人處無爲之事，其厚也，不處其薄矣；退禮義之行，其華也，自居其實也。

【疏】大丈夫者，有道之君子，即前上德之君也。道德無爲，謂之厚實；禮義有爲，謂之薄華。言聖人先道德之化，故云處厚處實；後禮義之教，故云不居華薄。

【義曰】有道之君，體真之士，志趣廣大，道德弘深之謂也。大者，言道德之大。丈夫者，數極於十，人之長大，極十之數，十尺爲丈，故云"丈夫"。舉其全與大也。所以老君十號，亦號大丈夫、大聖師是也。夫抱道之君，行上德之化，無爲無事，惟精惟微，以道教人，人宗於道，居其實也；以德育物，物宗於德，處其厚也。不以前識之華、弊薄之禮而化於人，故云不居其華薄矣。《通玄真經》曰："大丈夫恬然無惠，淡然無慮，行乎無路，游乎無怠，出乎無門，入乎無房，屬其精神，偃其知見，漠然無爲而無不爲也。"

故去彼取此。

【注】去彼華薄，取此厚實。

【疏】彼謂禮義也，此謂道德也。聖人去禮義之浮華，取道德之厚實，故云"去彼取此"。推論聖人百慮同歸，二際俱泯，豈有彼此而去取耶？設教引凡，托言之爾。

【義曰】此自"大丈夫"已下，謂欲令行化之君，尊道尚德，復樸還淳，去禮義之末迹，變浮薄之華態，使處於道德之厚，不處禮義之薄，居淳樸之實，不居玉帛之華，驅有識於玄同，躋含靈於道域，而言去彼禮義，取此道德也。所謂設教垂戒，非聖人實有去取之分別矣。若人君能捨禮而行義，去義而行仁，除仁而尚德，違德而適道，去末之華薄，歸本之實華，以兹爲化，豈不至哉？

卷之三十一

唐廣成先生杜光庭述

昔之得一章第三十九

【疏】前章明上德下禮，淳漓不同，故舉丈夫去取之行，示物向方；此章明物得道用而成，履道則存，矜之則喪，故叙侯王謙卑之德，以爲戒首。

【義曰】夫天地神谷，萬物之得一者，所以明用道則安，失道則危，戒王侯履道則吉，違道則凶也。而侯王故履道者，在於謙卑抑損，積德爲基，不欲如玉顯明，以爲至戒矣。

昔之得一者：

【注】一者，道之和，謂沖氣也。以其妙用在物爲一，故謂之"一"爾。

【疏】昔，往古也。一者，沖和之氣也。稱爲一者，以其與物合同，古今不二，是謂之"一"。故《易·繫》曰："一陰一陽之謂道。"蓋明道氣在陰與陰合一，在陽與陽合一爾。言昔者，將欲原始要終，抑末歸本，引昔得以證今得。得一之數，略於下文。

【義曰】老君將欲明沖和道氣，通生萬物，歷叙得一之妙，以明生化之由。道之生化，無終無始，借古昔久遠之義，以爲布化之源。所以謂道爲一者，萬物之生也，道氣皆降之，氣存則物生，氣亡則物死，物之禀道，所禀不殊，在物皆一，古今雖移，一乃無變。故云不二，是謂之一。道非陰陽也，在陽則陽，在陰則陰，亦由在天則清，在地則寧，所在皆合，道無不在。非陰陽也，而能陰能陽；非天地也，而能天能地；非一也，而能一。周旋反覆，無不能焉。昔既得之，今猶昔也。是知虚心則道合，冥寂則一歸。能冥寂虚心者，是謂抑末歸本矣。"一陰一陽之謂道"，《易・繫》之辭也。一謂之無，無陰無陽，乃爲之道。一得爲無者，是虚無太空，不可分别，惟一而已。故一爲無也。若其有境，彼此相形，有二有三，不得爲一。故在陰之時，而不見爲陰之功；在陽之時，而不見爲陽之力。陰陽自然，無所營爲，此則道之謂也。以一言之爲數，以數言之謂一。以體言之謂無，而物得闡通之道。微妙不測謂之神，變化應機謂之易。總而言之，皆無謂之道。故聖人以人事隨其義理，立其名號，不一而一，故能常一，常一非一，亦非非一。而爲一者，蓋天地之始，萬物之元，生化之本，有生之尊也。自一而能陰能陽，所以一生二也。"原始要終"者，原，本也，要，明也，本其始而明其終，《易・繫》詞也。

天得一以清，

【疏】氣象之大者，莫大乎乾元。故先標之爲得一之首。純陽之氣，由得一故能穹隆廣覆，資始萬物。

【義曰】陽氣浩大，乾體廣遠，又以元大始生萬物。萬象之物，皆資取乾元而得其生，故《易》曰"大哉乾元，萬物資始"也。夫天積氣也，故爲氣象之大，形如倚蓋，故曰穹隆。是有穹天之説。言天穹隆，高大而圓，包覆萬物，天乃純陽虚無之象，非有礙之質。然夫天也，非沖和道氣所運，則不能清浮而不息矣。《易・繫》曰："乾，天下之至健也。""夫乾，確然示人易矣。"《正義》云："此明天之得一，剛質確然，示人以和易。由其得一無爲，物由以生，示人易也。"若乾不確然，或有隤裂，是不能示其得一簡易之道也。

地得一以寧，

【疏】形質之大者，莫大乎坤儀。純陰之質，由得一故，故能盤礴厚載，資生萬物。

【義曰】陰氣浩大，坤體廣厚，生長載物，合會無疆。地積形也，故爲形質之大，柔順安静，萬物資生焉。然夫地也，非沖和道氣所運，則不能厚載而安寧矣。《易・繫》曰："坤，天下之至順也。""夫坤，隤然示人簡矣。"《正義》曰："此明地之得一，以其得一，故坤隤然而柔，自然無爲，以成萬物，是以示人簡矣。"坤不隤然，或有確然，則不能示人以簡，是乖其得一也。

神得一以靈，

【疏】神者，妙萬物以爲言，由得一故能通變無方，不可形詰。

【義曰】在天曰神，在地曰祇，在人曰鬼。通而言之，謂之神也。神者，陰陽不測，隱顯無方。然夫神也，非沖和道氣所運，則不能變化通靈矣。不能變化無方，通靈不測，是乖其得一也。

谷得一以盈，

【疏】水注川爲溪，注溪爲谷。言谷得一，故能泉源流潤，盈滿不竭。

【義曰】溪谷得沖和道氣所運，而水注盈滿。道氣去之，則深谷將爲陵矣。若深谷爲陵，水涸川竭，是乖其得一之用也。

萬物得一以生，

【疏】物者，通該動植，有識無情，總謂之物。得沖和故能生成運動，而不歇滅。

【義曰】萬者，舉其大數也。《春秋》曰："萬，數之大也。"物者，有質可見，總謂之物。該，約也。動者，謂鱗甲羽毛、裸蟲飛走之屬也。

植者，謂山川草木之屬。有情者，謂有形而有情識者也。無情者，謂有其形而無情識者也。此物之衆，拘於億兆之類，然不得沖和道氣所運，則不能生、不能成矣。

侯王得一以爲天下正。

【疏】侯王，人主也。侯者，五等之爵；王者，萬乘之主。言侯王得一，故能永有天下，無思不服，而爲天下正平也。本或作"貞"字者，"貞"即"正"也。

【義曰】王者，人君之通號也。《管子》曰："通德曰王。"古之製字者，三畫象天、地、人，連其中畫以通其道，故曰通德爲王。亦云人所歸往曰王。居尊位，統三才，三畫而中畫通之，以貫天、地、人而爲之主，故爲"王"字。《春秋》曰："今之王，古之帝也。"昔堯舜之前，皆稱爲帝。舜授於禹，禹以謙讓，自云德不及帝，故去帝稱王。亦云：禹殁，禪位於益。禹之子啓居於箕山，啓賢，故諸侯去益而朝啓。禹雖有禪益之名，而天下之人皆歸於啓。啓以德不及五帝，乃自稱王。自是之後，皆以王爲號。至秦并天下，吞滅諸侯，獨爲一統，乃上采三皇，下兼五帝，通爲皇帝之號焉。今之王爵，居五等之上。漢法，非劉氏不王，非功臣不侯。自是相承，以天子之衆子爲王，嫡爲太子。自周有天下，王之子爲王子，王之孫爲王孫。國朝定法，以皇帝之孫侄爲郡王，承嗣者爲嗣王。異姓有功則封王，或别錫美號，或封郡王，然皆無列土之位矣。侯者，五等之爵，公、侯、伯、子、男也。言侯王者，取文之順而舉其一，餘可知也。然夫侯王既居尊極，富有萬民，當用沖和之道、無爲之理以守其位，乃能長爲人主，理化平正。故經曰"聖人抱一以爲天下式"也。"無思不服"者，《詩・文王之風》言文王之德，東西南北之人皆感其德，心無不歸服也。

其致之：

【疏】物得道用，因用立名。道存則名立，用失而實喪矣。故天清、地寧、神靈、谷盈，皆資妙用以致之爾。故云“其致之”。

【疏】此總釋前義而生後文。致，得也。言天之清澄、地之寧静、神之靈變、谷之盈滿、物之生成、侯王之正平者，何以致其然耶？皆得道之妙用爾。此明得道之爲益，下文明失道之爲損。

【義曰】言天、地、神、谷、萬物、侯王六者能保其常、安其所者，何哉？由得沖和道氣，而各臻其妙也。天以之清，地以之寧，神靈谷盈，萬物以生，侯王正平，能不失其道，則各當其分矣。其有失者，如下文所明矣。

天無以清將恐裂，

【疏】無以者，致誡之詞也。以，用也。夫矜存者喪，執得者失，言天得道用，則致清浮，若不守道沖和，而但矜用其清，將恐至於破裂，不成象也。

【義曰】天，陽氣也，人君象之。陽氣亢極，則爲災衰；沖和氣散，則致破裂矣。故占云：天裂者，陽氣不足。君德衰微，天乃開裂。晋惠帝元康年中，人君德衰，天示災變，天裂數丈，殷然有聲。是失沖和得一之道氣也。自此西晋版蕩，惠帝、哀帝皆罹其咎。君象於天氣之相感，信矣！

地無以寧將恐發，

【疏】言地得道用，而致寧静，當須忘其寧静，若矜用其寧静，將恐至於發洩，不成形也。

【義曰】地，陰氣也，人臣象之，亦主妃后女主之位。陰氣既極，沖和氣散，則有發洩之變矣。《史記》云：“周幽王二年辛酉，西周三川皆震，岐山崩。老君曰：‘夫天地之氣，不失其序。若過其序，人亂之也。陽伏而不能出，陰迫而不能蒸，於是有地震。今川實震，是陽失其所而鎮陰也。陽失而在陰，源必塞。源塞，國必亡。夫水土衍而人用也。土無所衍，人乏財用，不亡何待？’”斯乃失沖和道氣之用矣。

春秋二百四十二年，地震有五，又有梁山崩、沙鹿崩、石言等妖異。洎秦漢已降，不可勝紀，大則淪陷城邑，小則摧圮廬舍，皆分野爲災，人罹其咎矣。

神無以靈將恐歇，

【疏】言神得道用，而能靈變無方，當須忘其精靈，若矜用其靈，將恐至於歇絶，不能妙用也。

【義曰】夫天地質象，萬物禀形，皆有神明主之。神明者，乃氣中之精靈者，感化而爲神焉。其大主天地，其小主邦國山川。若守常循和，則能變化不測；若肆其威福，見怪於人，乖其道氣，將致歇滅矣。《春秋·僖公三十二年》①："七月，神降于莘。虢公享之。周惠王問内史過曰：'是何故也？'對曰：'國之將興，明神降之，鑑其德也。將亡，神亦降之，觀其惡也。故有得神以興，亦有得神以亡。虞夏商周，皆有之矣。虢名凉德，其將亡乎？'"後虢國遂滅。昔河神爲虐，娶女於人。西門豹投巫於河，其害遂息，神亦歇滅。是乃神不守道氣，肆害于人，自取殄滅矣。

谷無以盈將恐竭，

【疏】言谷得道用，而能虚受，當須忘其盈滿，將恐至於枯竭，不能流潤也。

【義曰】谷之所以虚受不竭者，由其得沖和道氣，而能無竭。道氣去之，則爲變怪，繫於邦國廢興也。老君曰："伊雒竭而夏亡，河竭而商亡。"周幽王辛酉，川竭，山崩，周亡之徵也。亡不過十年，數之紀也。數及於十，紀猶極也。十一年庚申，西周爲犬戎所滅，平王東遷是矣。

---

① "僖公三十二年"，據《左傳》當爲"莊公三十二年"。

萬物無以生將恐滅，

【疏】言萬物得道用而能生，若矜而用之，將恐至於死滅，不爲生靈也。

【義曰】有形之物，有情無情之衆，稟沖和道氣則生，失沖和道氣則死也。《西升經》曰："氣散生者死。"《内觀經》云："氣來入身謂之生，神去於形謂之死。"神與氣，皆道之一謂也。道存則生，道去則死，信哉！

侯王無以貴高，將恐蹷。

【注】蹷，顛仆也。言侯王得道之用，而能爲天下之王，當須忘其尊崇，謙以自牧，若矜其尊貴，將恐至於顛仆，不能正定天下也。

【疏】得一者，不可矜其用。故戒天無以其清而矜之將恐分裂，地無以其寧而矜之將恐發洩，神矜則靈歇，谷矜則盈竭，物矜則生滅，侯王矜其貴，則將顛蹷矣。聖教垂代，本爲生靈。雖遠舉天地之清寧，而會歸只在於侯王守雌用道爾。故下文云。

【義曰】侯王用道化民，所以安其尊位，貴居人先，高居人上，若守謙沖之志，戒盈滿之非，因百姓之心，行清静之化，則享祚長久，天下樂而推之，欣而戴之矣。《易・謙卦》曰："謙謙君子，卑以自牧。"若違道反常，肆行凶德，失沖和之妙，乖執一之方，則身喪國亡，顛蹷殞仆矣。侯則晉靈公夷皐、宋昭公杵臼、齊懿公商人、陳靈公平國是也。王則夏之太康、殷之武乙、周之幽厲、漢之桓靈是也。皆違逆天常，反道敗德，以取滅亡矣。

【疏】注云"聖教垂代，本爲生靈"者，《書》云："天生萬物，惟人爲靈，元后作人父母。"是知聖教所屬，在乎一人。雖始戒天地，使忘清寧之功；終戒侯王，無矜化育之德。用謙之道，具如下文。

【義曰】"惟人萬物之靈"者，《尚書・泰誓》篇武王十三年，大會盟津誓衆之詞也。聖教者，指此上下經。垂文於代，本爲愛養生靈，令遂其性，故戒王侯，使取則此經，清静行化。生靈者，言人爲有生之最靈也。元,長也。后,君也。一人,天子所稱也,《尚書》曰“在余一人”是也。天子應天順人,爲人父母,當法於道化,愛育于人,如父母之愛子爾。先引天地清寧發裂之義,以戒侯王守謙慎静之規。言天地至大,失於道氣,猶致其禍,況人君乎?

故貴以賤爲本,高以下爲基。

【注】侯王貴高,兆人賤下。爲國者以人爲本基,當勞謙以聚之,①令樂其愷悌之化。不然者,離散矣。

【疏】貴高斥侯王,賤下謂黎庶。言侯王因黎庶得貴,是知賤下爲貴高之本基也。

【義曰】夫理國者,功在一人,不可一人以爲理,必資於衆。然後侯王得深嚴其居,尊崇其位,行其教令,布其恩威,而理於衆焉。黎庶者,皆衆也。

【疏】《書》曰:“人惟邦本,本固則邦寧。”人君務謙聚人,可謂固邦之本也。

【義曰】“人惟邦本”者,《尚書·五子之歌》:“太康在位,畋游無度,畋于有雒之表,十旬不返。厥弟五人,御其母以從。述大禹之戒,以作歌曰:‘皇祖有訓,民可近,不可下。民惟邦本,本固邦寧。予視天下,愚婦愚夫一能勝予。’”言天子當畏敬小民,所以得衆心也。太康,啓之長子,啓乃禹之子。此言太康失德,以速滅敗,故有窮氏因人不忍,距之于河,不克反國,夏祚遽亡。及少康年長,方復社稷矣。“務謙”者,言人君當以謙下爲務。《易》曰:“謙,德之枘也。謙,尊而光。”又曰:“天道虧盈而益謙,鬼神害盈而福謙,人道惡盈而好謙。”謙以下人,故爲德柄。如刀斧之有柄,然可執而用之。人君執謙,可御天下。位既尊矣,而能守謙,益致光大。謙則人衆歸往,故曰聚人。邦者,國也。本者,基也。人爲國之本基,豈可不愛而育之乎?

---

① “勞謙”,據下文當作“務謙”。

【疏】注云"令樂其愷悌之化"者,《詩》云:"愷悌君子,民之父母。"愷,樂也。悌,易也。君子有樂易之德,愛養於人,故百姓思之,如子之於父母也。若爲德反是者,則人離散矣。

【義曰】《詩》者,《大雅·洞酌》篇之詞也。召康公戒成王,言皇天親有德、饗有道也。侯王有道則天饗之,有德則天親之。與天相通,則民歸之,如子之親父母矣。若違道敗德,則衆叛親離,不能克有其位也。

是以侯王自謂"孤"、"寡"、"不穀",此其以賤爲本耶?非乎?

【注】孤、寡、不穀,凡情所惡,侯王自稱,以謙爲本。非乎者,則是以賤爲本也。

【疏】是以者,結前義也。"侯王自爲孤、寡、不穀"者,按《春秋》云"孤與二三臣悼心失圖"是也。

【義曰】"孤與二三臣"者,《春秋·昭公七年》:"二月,楚子成章華之臺,願與諸侯落之。宫室始成,祭之爲落也。大宰薳啓彊曰:'臣能得魯侯。'薳啓彊來召公,辭曰:'昔先君成公命我大夫嬰齊曰:吾不忘先君之好,將使衡父照臨楚國,鎮撫其社稷,以輯寧爾民。嬰齊受命于蜀盟。蜀盟在成二年。奉承以來,弗敢失殞,而致諸宗祧。自我先君恭王,引領北望,日月以冀,傳序相授,於今四王矣。謂恭、康、郟敖、靈王也。嘉惠未至,唯襄公之辱臨我喪。孤與二三臣悼心失圖,社稷之不遑,汎能懷思君德![1] 今君若步玉趾,辱見寡君,寵靈楚國,以信蜀之役,致君之嘉惠,是寡君既受貺矣,何蜀之敢望?其先君鬼神,實嘉類之,豈惟寡君?若不來,使臣請問行期,寡君將承贄帛而見于蜀,以請先君之貺。'公將往,夢襄公祖。梓慎曰:'公不果行。襄公之適楚也,夢周公祖而行。今襄公實祖,君其不行。'子服惠伯曰:'行。先君未

① "汎",《左傳·昭公七年》作"況"。

嘗適楚,故周公祖以導之。襄公適楚矣,而祖以導君。不行,何之?'三月,公如楚。鄭伯勞于師之梁。孟僖子爲介,不能相儀。及楚,不能答郊勞。四月,享公于新臺,使長鬣者相,好以大屈之弓,既而悔之。薳啓疆聞之,見公。公語之,拜賀。公曰:'何賀?'對曰:'齊與晋、越欲此久矣。寡君無適與也,而傳諸君。君其備禦三鄰,慎守寶矣,敢不賀乎?'公懼,乃反之。此言楚靈無信,所以不終也。九月,公至自楚。孟僖子病不能相禮。乃講學,苟能禮者從之。遂令南宫敬叔已下學禮於孔子。"孔子與敬叔適周,問禮於老君焉。

【疏】稱寡人者,即"先君以寡人爲賢"之例是也。

【義曰】《春秋·隱公三年》:"宋穆公和有疾,將立其侄與夷,謂大司馬孔父曰:'先君以寡人爲賢,使主社稷,舍與夷,立寡人。寡人弗敢忘。若以大夫之靈,得保首領以殁,先君若問與夷,其將何辭以對?請子奉之以主社稷。寡人雖死,亦無悔焉。'對曰:'群臣願奉憑也。'公曰:'若棄德不讓,是廢先君之舉也。豈曰能賢?吾子其無廢先君之功。'使公子憑出居于鄭。八月,穆公卒,立與夷,是爲殤公。"所謂先君者,宣公也,乃穆公之兄也。雖弟繼兄位,亦稱先君,言臣繼於君也。謂之先君,得其禮矣。

【疏】稱不穀者,即"不穀惡其無誠德"之例是也。

【義曰】《春秋·成公十一年》:"秦、晋爲成,將會于令狐。晋侯先至,秦伯不肯涉河。晋厲公、秦桓公也。秦伯次于王城,使大夫史顆盟晋侯于河東。晋郤犨盟秦伯于河西。范文子曰:'是盟也何益?齊盟,所以質信也。會所,以信之始也。始之不從,其可質乎?'"秦伯歸而背晋成。《十三年》:"四月戊午,晋侯使吕相絶秦。時秦桓公既與晋厲公爲令狐之盟,而又召狄與楚,欲導之以伐晋,諸侯是以睦賓於晋。吕相語秦伯曰:'楚人惡君之二三其德,亦來告我曰:秦背令狐之盟,而來求盟于我,昭告昊天上帝、秦三公、楚三王曰,余雖與晋出入,余惟利是視。不穀惡其無誠德,是以宣之,以懲不一。諸侯備聞此言,斯是用痛心疾首,暱就寡人。寡人率以聽命,唯好是求。君若惠顧諸侯，而賜之盟，寡人承寧，諸侯以退。君若不施大惠，寡人不佞，不能以諸侯退矣。敢盡布之執事，俾執事實圖之。’晋欒書、士燮、韓厥、趙旃將四軍，郤毅御戎，欒鍼爲右。五月丁亥，晋師以諸侯之師及秦師戰于麻隧。秦師敗績。獲秦成差及不更汝父。”此言秦伯背盟，秦曲晋直，有是敗也。

【疏】又按禮，無父稱孤，無夫曰寡。穀，善也。不穀，猶不善也。凡此三名，人之所鄙，而王侯以爲稱首者，蓋謙以自牧，不矜其尊也。

【義曰】孤、寡、不穀，皆非美稱，侯王以謙下爲基，故自以不善不美爲己之號而稱之也。自牧，《易・謙卦》云："謙謙君子，卑以自牧。"牧，養也。矜，誇也。大此明居人上者，以謙柔爲本，卑讓爲基。故經云："欲上人，以其言下之；欲先人，以其身後之。處上而人不重，處前而人不害，天下樂推而不厭。"此其謂歟！古人有言曰："有道之君以樂樂人，無道之君以樂樂身。樂人者衆悦而身安，樂身者衆怨而身殞。"理國理人之主，得不戒哉！

【疏】"此其以賤爲本耶"者，言若此豈非以賤爲本？非乎者，假問之辭。① 應答云：實是以賤爲本爾。

【義曰】老君欲顯明貴以賤爲本，高以下爲基，故發問答之辭，用彰其義。夫有問即答，有唱即和，亦猶形分即影見，聲出即響隨。假爲問答之端，重彰戒勸之意爾。

故致數輿無輿，

【注】數輿則無輿，輪轅爲輿本；數貴則無貴，賤下爲貴本。轅爲輿本，當存轅以定輿；賤爲貴本，當守賤以安貴。將戒侯王以賤爲本，故致此數輿之譚。

【疏】故者，仍上之辭。前明侯王因賤得貴，貴無定相，其理難明，故借數輿以況之。極輿之數，竟無輿名，乃是輪轅假合爲輿之名。

---

① "問"，原作"間"，據《唐玄宗御制道德真經疏》（十卷本）改。

本以喻侯王，數侯王之貴，竟無貴名，乃是賤下，假借爲侯王之貴本。輪轅爲輿本，當存本則有輿，無本則無輿；賤爲貴本，當存本則有位，無本則無位。言此者欲戒侯王愛養下人，不棄惸獨爾。

【義曰】聖人説經，義有多種。或直指事理，徑入法門，或假借諭辭，用符玄意。欲明侯王貴位以賤爲本，輪轅衆名爲輿之號，意欲存輪轅則有成輿總號，存卑賤則有侯王尊名，不忘其源，不棄其本爾。所云"貴無定相"者，自混淪之始，逮澆季之前，變化殊方，立名著號，德有優劣，世有盛衰，民命不同，風離俗異，故有冥寂玄默，無名無稱。即有鴻蒙廣大而爲皇，潰然沐浴而爲帝，或廓然昭顯而稱王，或通達參錯而稱霸，其下則后辟公侯子男、卿相大夫元士，皆因時立名，隨世興號，紛綸等級，卑高不同，皆貴而牧人者也。既處其上，臨御于人，不宜以尊極自高，抑人矜己。自高必傾覆，侮物必危身。當以謙下持心，損抑爲志。故聖人立號垂戒，以孤寡惸獨之義，不穀非善之名，使以爲稱，表其以賤爲本，貴不忘賤，尊不忘卑，則可以天禄永終爾，景福者矣。違於此者，未或不忘。又"輿無輿"字或云"車無車"，亦指就車而求無車之實，但有厢轂雜號，轅軛衆名，總而爲車爾。《莊子·則陽》篇曰："太公調答少知曰：'合異以爲同，散同以爲異。今指馬之百體而不得馬，立其馬於前，總其百體而謂之馬。'"此明合皮毛蹄尾則爲馬，總輪轅厢轂則爲輿，與此義同矣。或云"譽無譽"者，欲尊位之人尚其質朴，不貴浮譽。此義雖異，亦戒勸之旨也。又《想爾注》云："故致數譽，俗人貪名譽也；無譽，不欲俗人無有不欲名譽者也。"此析句分理，亦申戒勸之。人惟當恭己下心，愛人恤物，以從玄元之教也。

不欲琭琭如玉，硌硌如石。

【注】琭琭，玉貌；硌硌，石貌。以賤爲本。

【疏】夫玉貴而石賤。如玉者，自貴也；如石者，自謙也。侯王既以賤爲本，不欲琭琭如玉而自尊貴，當硌硌如石以守謙卑也。

【義曰】夫玉與石者，所以明貴賤也；車與輿者，所以諭總衆也。此兩句重結侯王以賤爲本之義。夫上德之君，托神太虚，隱貌玄冥，動反柔弱，静歸和平，戴規履矩，鏡視太清，而不以名稱自尊，亢極自大也。下世德衰，君有九重之尊，萬乘之貴，四海之富，六合之殷，崇高擬天地，光明配日月，出令象寒暑，震威象雷霆，不以萬物爲心，不以群生爲念，繁奢自處，尊極自居，雖有孤、寡、不穀之言，而不達其意。洎秦始皇虎噬天下，鯨吞諸侯，并滅海内，總爲一統，而鄙斥孤、寡、不穀之名，自稱曰朕。朕、余、吾，我也。以此爲號，失其謙光之旨，而彰尊大之名矣。自此人君矜尚浮譽，比堯舜以稱榮；輕陋賤名，將瓦石而同棄。斯則輾敗亡之轍，踐凋落之塗，可不痛也！太上格言殷勤垂戒者，欲使冥心於玉石之間，不多不少，不貴不賤，以一爲紀綱，以道爲楨幹，德制天下而不爲有。理身之士，其志若此，則處貴而無樂，處賤而無憂，高而不殆，卑而愈泰。得不勉而修之乎？

卷之三十二

唐廣成先生杜光庭述

反者道之動章第四十

【疏】前章明天地得一，以戒矜執之弊；此章明權實兩行，將申反經之美。不矜則全夫貴本，合義則方可與權，欲令深悟道元，所以再明沖用。

【義曰】夫沖用之道，妙本之元，包括有無，貫穿天地。天地得之，以寧以永；萬物得之，以生以成。理國之君，當法道化以無爲，不可徇名稱而矜執必矣，故戒之以賤下爲基，忘元喪本，故示之以權變爲用。權變以反本，合沖用於玄功矣。此章之大旨也。

反者道之動，

【注】此明權也。反者，取其反經合義。反經合義者，是聖人之行權。行權者，是道之運動。故云"反者道之動"。

【疏】反以反俗爲義，動是變動之名，謂權道也。言衆生矜執其生，而失於道。故聖人變動設權，令物反俗順道爾。

【義曰】夫物順道則生，失道則死。其故何哉？道本無事無爲，人尚有爲有事；道本無情無欲，人尚有欲有情。故俗與道反，而去生從死也。經云："動之死地，以其生生之厚。"又云："人之輕死，以其求生之厚，是以輕死。"所謂"求生之厚"者，耽欲羨利，徇俗趨名，役性勞神，圖功慕賞，本爲養身之具，不知求非其分，反喪其生。吴子云：天地之生禽鳥也，猶衣之以毛羽，供之以蟲粒，况於人乎？衣食者，雖養身之所切，亦可委心任運，豈在躁求乎？不能體道全生，委心順命者，是謂執其生而失於道矣。若能袪躁求之妄，安順命之懷，體彼恬愉，生可全矣。理國者任物之性，順天之時，息苛暴以惠人，輕賦徭而育物，無坧土開疆之欲，自戢五兵，無崇臺峻宇之奢，自清庶務，躋生靈於壽域，斯可謂反俗順道乎！

【疏】注云"反經合義"者，經，常也，義，宜也。令貴以賤爲本，高以下爲基，有以無爲用，初則乖反常情，而後順合於道，故謂此之爲運動也。

【義曰】經者，常法也，垂訓而不移；義者，通理也，因宜而適用。世以高貴爲重，卑賤爲輕，咸慕高而棄卑，捨輕而從重。經文垂教，言高因下而顯，貴假賤而明，故以賤下爲高貴之基，孤寡爲侯王之稱，使其貴不忘賤，受福於無窮，高不忘卑，保身於不殆。斯爲道之動，用使反常俗之情，各復自然之道也。

【疏】孔子曰："可與立，未可與權。"道反常而難曉，故舉棠棣之喻，①言其華反而後合，以喻權道先逆而後順也。

【義曰】《論語·子罕》篇孔子曰："可與共學，未可與適道；可與適道，未可與立；可與立，未可與權。"此言人適於學，或得異端，未能之於道；或能之於道，未能有所立，未必能權。權者，量其輕重也。"棠棣之華，偏其反而，豈不爾思，室是遠而"，此逸詩也。棠棣，移也，其花先反而後合。賦此詩，意蓋喻權道，先逆思後至於大順也。思其人而不得見者，其室遠也，以言思權而不得見者，其道遠也。子曰："未之思也，夫何遠之有？"言思者當其反，是不思所以爲遠，能思其反，何遠之有？言權可思知，惟不知思耳，思之有次序，斯可知也。故謂權道者，爲國之利器，用須得其人，得其人則反俗而合道，非其人則反而爲亂矣。

---

① "棠棣"，原作"當隸"，據《唐玄宗御制道德真經疏》(十卷本)改。

弱者道之用。

【注】此明實也。弱者，取其柔弱雌静。柔弱雌静者，是聖人之所實。處實，道之常用，故云“弱者道之用”。

【疏】此明實道也。人皆賤弱而貴強，是知強梁雄躁者，是俗之用也。道以和柔而勝剛，是知柔弱雌静者，是道之常用。故云“弱者道之用”。

【義曰】道先柔弱，俗貴強梁。柔弱爲保生之徒，強梁爲取敗之本。經云：“強梁者不得其死，吾將以爲教父。”執此以訓，使人棄強守柔，捨躁歸静也。夫教有權、實兩門：上士達識，以實教示之，自然冥合，中於道智；下士則以權教悟之，亦猶“將欲奪之，必固與之”之義耳。理國之道，務先愛民，民爲國本，不可棄也。然而上古淳朴，與道相符，故以實教教之；末代澆季，奸詐互興，則以權教教之。權教者，先以善道誘之；不從，以恩賞勸之；勸之不從，以法令齊之；齊之不從，以科律威之；威之不從，以刑辟禁之。刑辟者，所謂五刑之屬也。謂刻其顙而涅之，爲墨刑；截其鼻，爲劓刑；男子去其勢、婦人幽閉，次於死也，禁其淫也，曰宫刑；刖其足，曰剕刑；處死曰大辟。五刑者，先定其兩造之詞。兩造具備，聽於五辟。五辟簡字，正于五刑。五刑不簡，正於五罰。言從輕也。五罰不服，正于五過。不應罰者，正於五過，而從赦免。五過之疵，其罪惟均，刑疑從罰，罰宜從赦。將用刑，猶當嚴敬天威，不可輕用刑也。故墨刑之罰百鍰，劓刑二百鍰，剕刑五百鍰，宫刑六百鍰，大辟千鍰。所謂“金作贖刑”是也。墨、劓之屬各千，剕刑之屬五百，宫刑之屬三百，大辟之屬二百，故五刑之屬三千。其言鍰者，黄鐵爲之，鍰重六兩。《書》云：“功宜惟重，①罪宜惟輕。”雖權法以禁勸於人，而聖人哀矜之道，好生之心，亦云至矣。故勸教之所不及，而後用刑也。是故刑之使民懼，賞之使人勸，勸以趣善，懼以止惡，雖刑之及人謂爲害也，而懲一勸百，被刑者寡而從善者

---

① “宜”，《尚書・大禹謨》作“疑”。下“罪宜惟輕”之“宜”亦作“疑”。

衆，如櫛髮焉，惜而不櫛，逾旬而一櫛，則棄者多矣，旦旦櫛之，理者多矣。權教者，帝王南面之術也。理身者體柔順之道，去剛強之心，久而勤之，長生何遠乎？

天下之物生於有，有生於無。

【注】實之於權，猶無之生有，故行權者貴反於實，用有者必資於無。然至道沖寂，離於名稱，諸法性空，不相因待，若能兩忘權實，雙泯有無，數輿無輿，可謂超出矣。

【疏】言天下有形之物，莫不以形相禪，故云“生於有”。窮其有體，必資於無。

【義曰】無者道之本，有者道之末。因本而生末，故天地萬物形焉。形而相生，是生於有矣。考其所以，察其所由，皆資道而生，是萬有生於妙無矣。能自有而復無者，幾於道矣；若執有而不移者，趣於終矣。《莊子·智北游》篇夫子謂冉求曰：“未有子而有孫，可乎？”是祖父子孫，世世相續，形形相生，天地萬物皆形而相生者也。理身養神以存形，形可長久；勞形而役神，神將不守。神因形而生，神從道而稟。神形俱全，可以得道，形滅神游，道何求哉？理國者執法以訓人，人趣善矣。人趣於善，而和氣應之，國泰民和，隆昌之道也。

【疏】故《列子》曰：“形動不能生形而生影，無動不能生無而生有。”故曰“虛者天地之根，無者天地之源”。言此者，欲令衆生窮源識本而悟道爾。權實亦然。故注云“實之於權，猶無之生有”也。

【義曰】“形動不能生形”者，《列子·天瑞篇》曰：“《黄帝書》云：‘形動不能生形而生影，聲動不能生聲而生響。’”此言有形必有影，有聲必有響，自然而并生，俱出俱没，岂相資先後而差哉？非謂影隨形生，響因聲出，而立爲喻，此自然相感，因待之理也。道以妙無生成萬物，謂之自然。物之生物，形之生形，謂之因緣。言物之形兆，大若天地，微若昆虫，皆資自然妙道氣化而成，然而因形緣類，更相生，更相成。修道者縱心虛漠，抱一復元，則能存已有之形，致無涯之壽。形與道合，反於無形，變化適其宜，死生不能累，則可謂自有而歸無也。吴子曰：修道之士，道與俗反。自老而反壯，自壯而還嬰，自嬰而得道。此所謂捨其粗有，歸其妙無，還元復本也。世人不能察道之元，窮道之本，自人於死，淪化隨時，故可傷矣。聖人憫之，設以權教，使去奢從儉，去僞從真，去有欲有爲，行無爲無欲。徇此權教，漸階實門，默契真修，可以得道矣。理人爲政，以權實化俗，理亦然哉。

【疏】又云"至道沖寂，離於名稱，諸法性空，不相因待"者，言道至極之體，沖虚凝寂，非權亦復非實，何可稱名？諸法實性理中，不有亦復不無，事絶因待。所言物生於有，有生於無者，皆是約代法而言爾。若知數輿無輿，即知數諸法無諸法，豈有權實而可言相生乎？悟斯理者，可謂了出矣。

【義曰】道惟沖寂，不可名稱，隨代化凡，假説言教。言教者，即諸法也。法以約人，使革惡爲善，垂之訓俗，事有多門，故云"諸法"爾。因有法，故得悟於道，悟既得道，諸法亦無。教立權門，國垂權法，權以化俗，除其惡根。惡既已除，俗歸正理，因正爲善，權法亦忘。若執權實而不移，局教法而無改者，不可與言道矣。能忘權實而達道者，可謂了然明悟，出代登真者矣。《莊子・秋水篇》海若語河伯曰："知道者必達於理，達於理者必明於權，明於權者不以物害己。"此言道以循理守常，權以臨機制變。大人通理，誰害之焉？

上士聞道章第四十一

【疏】前章明權實兩門，是道之動用；此章明明道若昧，唯上士勤行。初明三士聞道，信毁不同；次"建言"下，明道德之行門；後"夫唯"下，結善貸之功用。

【義曰】至理幽玄，非下士能曉；明道若昧，唯上智勤行。既性識之不同，彰信毁之無爽。要在設權教以善誘，俾建德之有歸，不可任性識之所拘，求沉淪而無教。故下文開悟令入法門，斯謂善貸之功矣。

上士聞道，勤而行之；

【注】了悟，故勤行。

【疏】上智之士，深識洞鑑，聞道權則微明，實則柔弱，聞斯行諸，曾不懈怠。故云“勤而行之”。

【義曰】人之生也，氣有清濁，性有智愚，雖大塊肇分，元精育物，富貴貧賤，壽夭妍媸，得之自然，賦以定分，皆不可移也。然道無棄物，常善救人，故當設教以誘之，垂法以訓之，使啓迪昏蒙，參悟真正。琢玉成器，披沙得金，斯之謂矣。按孔子所云：“生而知之者上也，學而知之者次也，困而不學，民斯下矣。”此與三士事理玄同。又《論語·雍也》篇云：“子曰：‘中人已上，可以語上；中人已下，不可以語上也。’”此謂教化之法也。師説云：就人之品識，大判有三，謂上、中、下也。細而分之，則有九品。上上品者，即是聖人。聖人自知，不勞於教。下下品者，即是愚人。愚人不移，教之不入。所可教者，謂上中以下、下中以上，凡有七品之人，可教之耳。所謂“中人已上，可以語上”者，即以上道語於上分也。是則以孔子之道教顔回，以顔回之道教閔損，是“中人已上，可以語上”也。其“中人已下，不可以語上”者，猶可語之以中，及語人以下。如以閔損之道，可以教中品之上，此乃中人亦可以語上也。又以中品上道，教中品之中，以中品之中道，教中品之下，斯則中人亦可以語之中也。又以中品之下道，教下品之上，斯則中人已下亦可以語中。又以下品之上道，教下品之中，斯則中人已下可以語下也。此中人已下，大略言之耳。既有九品，則第五品爲正中人也。其二三四爲上，六七八爲下，惟下下之士，教而不移，聞道則笑矣。吴先生曰：上士不教而自知，下士雖教而不移。神道設教，爲中士耳。夫中士者，語之以善則遷善，導之以惡則趣惡，故教之所設，爲中士之人可上可下也。太上之旨，誘以多方，教以善道，俾其遷革，漸脱愚迷，俾有向風進善之門，則所謂人無棄人矣。上士既悟之於自然，故勤行不怠也。

中士聞道，若存若亡；

【注】中士可上可下，故疑。疑則若存若亡。

【疏】中庸之士，明昧未分，聞説妙道，或信或否。謂明則若存而信奉，昧則若亡而疑或，未果決志，故謂“若存若亡”。

【義曰】若存若亡者，可上可下之意，未果决也。代俗之情，爲富貴所誘，利害所牽，娱樂難忘，驕奢自恣。聞玄默之道，孰肯勤勵而修之？遂乃五色瞽其明，五聲聵其耳，迷情溺性，自掇敗亡。苟能聞惡如探湯，慕善如不及，知過必改，見賢思齊，效上士之所修，捨中庸之所樂，皆可以躡景淩虚矣。

下士聞道，大笑之，

【注】迷而不信，故笑之。

【疏】下士識不及理，聞道不信，謂爲虚誕，則嗤笑之。亦猶章甫致賤於越人，和璞見遺於楚國。故《莊子》云“曲士不可以語於道”爾。

【義曰】大笑者，謂愚昧之士，智識昏庸，不聞聖人之言，聞亦不曉；不見先王之教，見亦不知。所謂識不及理也。聞真真之道能生成天地，孕育乾坤，包舉陰陽，彌綸造化，修身則延生久視，理國則凝拱垂衣，反爲虚誕，相與嗤笑。故云“大笑之”。章甫者，鄒魯之冠也。越人者，百越之國也。夏禹理水，極于東夷，子孫居之，遂以爲國。其舊俗被髪文身，至勾踐平吴，方通中國。既不尚冠冕，則章甫非彼所好也，故云“致賤”爾。和璞者，卞和，楚人，居荆山之下，得玉璞焉，以獻楚王。使玉工視之，曰石也，以爲欺妄，刖一足。如此，歷二王，再獻之，刖其兩足。和抱玉璞哭於荆山之下，楚王知而召之，使玉工琢石得玉，因而寶之。後傳入趙，自趙入于秦。秦皇平天下，廢諸侯爲郡縣，刻其玉爲傳國璽焉。言卞和三獻其璞，方爲時主所知。故云見遺於楚也。《莊子·秋水》篇海若語河伯曰：“井蛙不可語於海，拘於墟也；曲士不可語於道，束於教也。”所謂曲士者，執一家之偏見，滯彼有爲。河伯恃秋水之滂流，不知其小。海若曰："天下之水，莫大於海，萬川歸之，不知何時止而不盈；尾閭泄之，不知何時止而不虚。春秋不變，水旱不知。此其過江河之流不可爲量矣，而吾未嘗以此自多者，自以此形於天地，受氣於陰陽，計四海之在天地間，猶礨空之在大澤耳。"夫雖越俗賤冠，楚人遺璞，洎乎刻秦皇寶篆，襲中國衣瓔，垂範後王，同軌六合，和璧、章甫何賤乎？理化之端，隨機設教，道之從善，引之向方。雖下士至愚，亦可以語於道矣。

不笑不足以爲道。

【注】不爲下士所笑，不足以爲玄妙至道。

【疏】至道幽玄，深不可識，明而若昧，理反常情，所以致笑。若不爲下士所笑，未得精微，乃是淺俗之法，不足以爲道。道非代間法，故爲凡愚所笑，是以爲妙道也。

【義曰】道惟潛還，寂默希夷，不察察以繩人，不昭昭而顯狀。體道之士，其行亦然。内合虚無，外混塵滓，故至明若昧，人所不知，豈惟順俗和光，兼亦守卑處下，所以下士侮而笑之。然至人之隱身修道，不爲下士所笑，未合乎大道也。理國行化，亦在乎澄淡無爲，任物自化，以慈柔潛布，恩煦周行，使其民也，日出而作，日入而息，昏昏默默，不知帝力，不知其上之有君也。雖下民不知帝力，而聖德遐被，玄風普覃，所以爲至化矣。

建言有之：

【注】建，立也。將欲立言，明此三士於道不同也。

【疏】建，立也。將立言釋上士勤行之道，中士存亡之致，下士大笑之由。有之，指下明道等也。

【義曰】太上將立言顯道，以表三士不同之由，故有此句。

明道若昧,

【疏】明,照了;昧,昏暗也。謂道德行人,以昧養明,遺形去智,而實明了,故云"若昧"。言上士勤行,於明若昧;下士不達,是以笑之。中士初聞明道,故若存;後聞如昧,故若亡爾。

【義曰】夫大道之君,體道而處,神與化合,處於自然,萬彙任真,莫有聞見,性合道之玄妙,命得一之精微,動作順於太和,取捨合於天理,無思無慮,冥寂鴻蒙。齊日月之照,而民不以爲明;均雨露之恩,而民不以爲惠。其至明也,而若昏默焉。上士修道,隱智藏輝,含見匿知,反視内照,而外若嬰兒。此固非中士之所及,乃爲下士之所嗤也。若有若亡,抑亦其冥矣。又言天之德也,雖赫赫在上,常如冥昧耳。

進道若退,

【疏】進道之人,内心不起,外事都忘,功名日損,大成若缺。下士觀之,似如退敗。

【義曰】弘道之君也,天下童蒙,四海爲一,務其損而不益其事,然而不作,所爲者寡,所守者約,民忠厚而敦信,世和順而質朴。王如天地,民如草木,不以萬乘爲尊,不以九重爲樂,謙弱撝退,恬和無欲,而其道博施,其德恢廓,此若退之道也。上士以此理身,而玄德潛施,而不矜不衒,陰功默運,而不識不知,讓善於人,退身度物,而其丹籙之名克著,青華之簡升聞。李意期乞食於人寰,陰長生受辱於都市,侯道華寓迹於傭保,皇甫獺示疾於丘林,聲子伴狂,①壺公韜晦,皆卑躬損志,乃者習景沖真也。又言地之德也,雖蒸蒸在下,常如卑退也。

夷道若纇;

【注】上士勤行,於進若退,於夷若纇。故中士疑而下士笑。

① "伴",當爲"佯"之誤。

【疏】夷，平也。纇，絲之不匀者。夫識心清淨，塵欲不生，坦然平易，與物無際，而外若絲之有纇。

【義曰】絲之無纇，即爲人所用。齊紈楚練，霧縠雲羅，皆入彼化機，忘其本質，以至靡壞，不復爲絲矣。人之捨道，即爲俗所運馳，各競禄滯色耽聲，流浪惡緣，迷喪真性，以至淪滅，不保其生矣。達士理身，内則夷坦，外示同塵，履苦遇樂，隨時應迹，若絲之有纇也。仲尼大聖之德，而伐樹削迹，歷聘諸邦；玄元大聖之尊，而伏柱藏書，行化絶域。此其内懷至道，外若有纇焉。又言君之德也，雖法地則天，不敢標異，常若有滯纇焉。

上德若谷，

【注】虚緣而容物也。

【疏】言勤行之士，謂之上德，德用光備，無不含容，故云"若谷"。

【義曰】有道之君，托神太漠，隱皃玄冥，被道含德，無不包括。萬國之廣，貯於胸中，不恃其有；萬物自化，曠乎域中，不矜其大。豈若谷之可諭乎？又言國君含垢，如溪谷之受污也。上士體道，德無不周，固亦然矣。

大白若辱，

【注】純潔而含垢也。

【疏】白，純淨也。辱，塵垢也。得純淨之道者，混迹同塵，故稱"若辱"。而實純白，獨全備爾。

【義曰】堯湯之德至明也，而時有襄陵鑠石之數，民無墊溺菜色之憂，亦大白之有塵垢矣。修道之士，外污若干吉托形而齒劍，惠風示迹以沉泉，内明道功，旁混塵濁，亦斯義也。

廣德若不足；

【注】大成而執謙。

【疏】言至人德無不被，廣也。守柔用謙，故常若不足。《史記》曰："良賈深藏若虚，君子盛德，容貌若愚。"

【義曰】上德之君，化被九圍，不恃其德，九圍自化，不知其功，固若不足爾。修道之士，功濟幽顯，德洽昆虫，立功不息，崇德不倦，常若不足。"良賈深藏"者，《史記》云："孔子與南宫敬叔適周，問禮於老君。老君曰：'子之所言，其人骨已朽矣，獨其言在爾。吾聞之，良賈深藏外若虚，君子盛德，容貌若愚。去子之驕氣與多欲、態色與淫志，皆無益於子之身。吾所以告子者，若是也。'"此蓋責孔子以三綱五常之教汩亂於人，不尚大道，矯飾禮義，豈若善爲賈販之人，藏寶積貨，外畏人知，常若虚匱之者耳。

建德若偷，

【注】立功而不衒也。

【疏】建，立也。偷，盜也。言建立陰德之人，潛修密行，如被盜竊，①當畏人知，故曰"若偷"。

【義曰】人君施德行道，潛育於人，不伐不矜，惟沖惟寂，不令天下知覺，故云"若偷"。上士修身，常持密行，故有若偷之義。又偷，薄也。《論語·大伯》篇孔子曰："君子篤於親，則民興於仁。故舊不遺，則民不偷。"包氏注云："興，起也。君能厚於親屬，則人皆化之，起爲仁厚之行，不偷薄也。"此言建立陰德之人，所行之行，有功則立，不計其名，有善必行，不務其厚。吴子曰"功不在大，遇物斯拯"是也。

質真若渝，

【注】淳一而和光也。

【疏】真，淳一也。渝，變改也。言道德行人，其德淳一而無假飾，若可渝變，與物同波而和光也。

---

① "被盜"，原作"彼盈"，據《唐玄宗御制道德真經疏》(十卷本)改。

【義曰】質，素也。真，淳也。真淳質素之人，惟善是適，方圓任器，不局一隅，若可渝變爾。

大方無隅；

【注】不小立圭角。

【疏】方，正也。隅，角也。夫砥礪名節，以作廉隅，此爲束教之人，非曰大方之士。磨而不磷，在涅不緇，大方也，而能和光同塵，不自殊異，無隅也。故曰“大方無隅”。

【義曰】至道之君，玄德浩邈，無不包容，籠虚無而不爲大，亘天地而不爲遠，若鳴鳳之升寥廓，若神龍之逸層霄，豈隅可以圍測哉？上士弘道，異夫儒術，不局名分，不拘廉隅。坦然其量也，眇若太虚；泛然其志也，杳若冥鴻。不緇不磷，有在於是矣。《論語·陽貨》篇佛肸召孔子，孔子欲往，子路曰：“昔者由也聞諸夫子曰：‘親於其身爲不善者，君子不及入也。’佛肸以中牟叛，子之往也，如之何？”子曰：“然，有是言也。不曰堅乎，磨而不磷；不曰白乎，涅而不緇。”磷，薄也。至堅之物，磨之而不薄。緇，黑也。至白之物，涅之而不黑。喻君子雖在濁世，不能污也。聖人不爲世俗所染，如至堅至白之物也。上士之行，聖人之德，固無方隅可拘矣。

大器晚成，

【注】且無近功。

【疏】備物之用曰器。以晚故能成大，是以上士勤行，積功而證，得之於漸，非一朝一夕，故曰“晚成”。

【義曰】積和而成人，積功而成道，非朝夕之可就，故曰“晚成”。用道之君化於人也，抱無爲，任因循，忽忽昧昧而不苛察，純純悶悶而不滋彰，任物自然，而四海之内臻於道矣。理身之士，積功累行，不其然乎？故曰功滿三千，白日升天，弘道無已，自致不死，非朝行而夕至也。“備物之用曰器”者，《春秋·定公九年》：“夏，陽虎歸寶玉、夏后氏之璜、封父之繁弱。大弓。書之曰‘得’，器用也。凡獲器用曰得，得用曰獲。”故器者，備物之用也。

大音希聲，

【注】不飾小説。

【疏】夫道能應衆音，大音也；聽之無聲，希聲也。以況聖人開演一乘，則法音廣被，待感而應，故曰“希聲”。

【義曰】大音若雷，不可以四時震擊；聖人微旨，不可以終日喧傳。此明道不可聞也，必在滅智内求，灰心默契，然後聽之非耳，聞之以神，得無聲之聲，證真道矣。一乘者，大乘之道也。道貫萬法，而演爲三乘。初法以戒檢心，以律檢行，以存修静其内，以齋潔嚴其外。然漸進中道，習於無爲，墮體黜聰，忘形絶念。而次登大乘之行，次來次滅，隨念隨忘，不滯有無，玄契中道。證此道者，鍊凡以登仙，超俗而度世，淩倒景之上，享無窮之齡。天地有傾淪，而真道無渝壞，法音周普，拯度群生。此聖人一乘之用也。

大象無形，

【注】故能應萬類。

【疏】夫涉形器者，則滯於一方矣。惟大象之道，本無形質，隨感而應，能狀衆形。故曰“大象無形”。

【義曰】大象，道也。道非象，故搏之則微，豈善清浮爲天，濁厚爲地，大爲日月，小爲星辰，而昭昭可見乎？必在乎反視内明，含光中朗，然後見非色之色，睹無形之形也。夫道惟大象，寂寥無形，能成生衆形，雕刻萬象，萬象生化，在大象之中矣。唯得道者，能窺其形兆焉。

道隱無名。

【注】功用不彰，無名氏也。

【疏】語其通生，則強謂之道；忘其功用，則隱無名氏。欲明名以詔體，而妙本無象，則體不可名，故曰“道隱無名”。

【義曰】道無名稱，本非有法。法既非有，故曰隱焉。能忘強名之名，可階衆妙之妙。道生萬有，不矜其功，是忘其功用也。道應一切，不爲主宰，是隱無名氏也。是曰無象之象，無名之道，自非反神内鑑，胡可得而言之？

夫惟道，善貸且成。

【注】雖隱無名氏，而實善以沖和妙用，資貸萬物，且成熟之。

【疏】此結道之功用。夫，嘆也。唯，獨也。貸，施與也。嘆美此道，雖復無名無氏，無形無聲，獨能布氣施化，貸施萬物，且成熟之，故曰“善貸且成”。

【義曰】道之功也，生成不息，運用無窮，秋毫之微，庶類之衆，皆資道氣假借而後能生能成。貸，假借於物也。無名無氏，爲萬有之根；無聲無形，爲萬物之源。布氣十方，成就一切。非妙本之道，孰能與於此乎？

卷之三十三

唐廣成先生杜光庭述

道生一章第四十二

【疏】前章明三士所聞之道，能生萬物；此章明萬物生化之由，必資三氣。初明沖氣柔弱，令萬物抱以爲和；次云孤、寡、不穀，戒王公以謙自處；結以強梁不得其死，示其修學之元。

【義曰】天地不能自生者，天地者大道，大道運用，惟一爲先，故云"生一"，則明前章三士所聞之道也。道惟一爾，而愚智聞之不同，由是有信有疑，或勤或笑，乃顯明昧進退之旨，示世人修習之由。又述谷、辱、偷、渝之方，表上士謙虚之行。既云善貸萬物，彰萬物抱道而生，是知謙虚卑下之基，損之而益矣；格悍強梁之性，益之而損焉。必資三氣者，即《靈寶生神章經》云玄氣、元氣、始氣也。始氣白，凝爲清微天，號玉清境，天寶君所掌，元始天尊統九聖居之；元氣黄，凝爲禹餘天，號上清境，靈寶君所掌，大道君統九真居之；玄氣青，凝爲大清境，號大赤天，太上老君統九仙居之。以此三氣，每氣復各生三氣，下爲九天，通三境爲十二天。又以十二天各分二天，凡三十六天也。又以其精凝爲三才，即始氣爲天，玄氣爲地，元氣爲人。始氣積陽，玄氣積陰，元氣積陰陽之華，而總爲人倫，散爲萬物。沖氣者，是元和沖寂之氣也，萬物得之以生，失之以死，人能實之，則返老還嬰，革凡成道。孤、寡、不穀之義，前章已明。重成強梁，益明柔弱爲契道之行也。《論語》云:"禮之用,和爲貴。"是知和者陟道之徑,不可忽也。

道生一,一生二,二生三,

【注】一者,沖氣也。言道動出沖和妙氣,於生物之理未足,又生陽氣。陽氣不能獨生,又生陰氣。積沖氣之一,故云"一生二";積陽氣之二,故云"二生三"。

三生萬物。

【注】陰陽合孕,沖氣調和,然後萬物阜成。故云"三生萬物"。

【疏】道者,虛極之神宗。一者,沖和之精氣。生,動出也。言道動出和氣,以生於物,然於應化之理,猶自未足。更生陽氣,積陽氣以就一,故謂之二。純陽又不能生,更生陰氣,積陰氣以就三,故謂之三。"三生萬物"者,陰陽交泰,沖氣化醇,則遍生庶彙也。此明應道善貸生成之義爾。

【義曰】道以無形無名、不無不有、自然妙化而生乎一。一者,道之子也。天得以清,地得以寧,人得以長存,萬物得以生。故此妙一,修道者守之抱之,存之得之,以爲證道之根矣。所言一者,即前始氣爲天也。一生二者,即玄氣爲地也。二生三者,即元氣爲人也。所以沖和妙氣,生化二儀,凝陰陽之華,成清濁之體。然後人倫畢備,品物無遺,四序調平,五行運象。若交感而順,則物保其常;或否塞而逆,則物罹其患。故《周易》:"乾下坤上爲《泰》。天地交而萬物通也,上下交而其志同也。内陽而外陰,内健而外順,内君子而外小人,君子道長,小人道消也。"故陽氣在上而下感於陰,坤爲陰也,陰氣在下而上感於陽,二氣交感而生萬物,是則孤陰孤陽不能生化。其或反此,則坤自居下乾自居上,二氣不交,天地隔塞,在《易》爲《否》。天地不交而萬物不通,上下不交而天下無邦,亦不能生化。故疏云"陰陽交泰,沖氣化醇",《易》曰"天地絪緼,萬物化醇"也。

萬物負陰而抱陽,沖氣以爲和。

【注】萬物得陰陽沖氣生成之故,故負抱陰陽,合養沖氣以爲柔和。

【疏】言物之生也,既因陰陽和氣而得成全,當須負荷陰氣,懷抱陽氣,愛養沖氣,以爲柔和。故廣成子告黄帝曰:“我守其一,以抱其和,故我修身千二百歲,而形未嘗衰。”是知元氣沖和,群生所賴。老君舉此者,明人既禀和氣以生,則氣爲生本,人當固柔和,守雌弱,以存本也。

【義曰】萬物之生也,道氣生之,陰陽氣長養之。一晝一夜,一陰一陽,更相遞代,養育萬物。其大也,陰爲寒,陽爲暑;其細也,陽爲明,陰爲晦。以寒暑明晦,晝夜長育,萬物各成其形,非妙道沖和之氣,無以生也。雖有寒暑而無道氣者,亦殂落矣。二氣更爲内外,故萬物負之抱之,不可離矣。人之生也,道以元一之氣降之,爲精爲神;天以太陽之氣付之,爲動爲息;地以純陰之氣禀之,爲形爲質。《生神經》曰:人之既生,天神一萬八千,地神一萬八千,故三萬六千神。氣一時生形,夫向之者陽也,背之者陰也,故曰負陰而抱陽。至矣哉!人生天地之間,驚天駭地,三元育養,九氣結形,萬神恭諾,司馬敬順,天真鑑映,擢形太陽亦不輕也。但人得生,而自不能尊其氣,貴其形,保其命,愛其神,自取死壞,離其本真,豈不痛哉!《莊子·在宥》篇黄帝於崆峒山問廣成子:“理身之道,奈何可以長久?”廣成子蹶然而起曰:“善哉問乎!吾語汝。至道之精,杳杳冥冥;至道之極,昏昏默默。無現無聽,①抱神以静,形將自正,必静必清,無勞汝形,無摇汝精,乃可長生。目無所見,耳無所聞,心無所知,神將守形,乃可長生。慎汝内,閉汝外,多知爲敗。我爲汝遂於大明之上矣,至彼至陽之原也;爲汝入於杳冥之門矣,至彼至陰之原也。天地有官,陰陽有藏,慎守汝身,物將自壯。我守其一,以處其和,故我修身千二百歲矣,而形未嘗衰。”此謂天有日月星辰,地有岳瀆百

① “現”,據《莊子·在宥》篇當作“視”。

川，皆有尊卑，遞相運用。帝王無事，物自昌壯矣。豈在多事乎？廣成子乃太上所化之身，應號於世，以道授於帝王，豈有生死終始之數？寓言千二百歲耳。又曰："得吾道者上爲皇，而下爲王；失吾道者上見光，而下爲土。"又曰："人其盡死，而我獨存。"此得沖和之妙也。

人之所惡，惟"孤"、"寡"、"不穀"，而王公以爲稱。

【注】萬物皆以沖和之氣爲本，而沖氣柔弱，守本者當須謙卑柔弱，故王公至尊而稱孤、寡、不穀者，以謙柔爲本。

【疏】沖氣柔弱，爲生之本，故舉王公謙卑，以敦其本。孤、寡、不穀，不善之名，非尊崇之稱，人所惡之，而王公以爲名者，謙之至也。言王公爲風化之主，存亡所繫，天下具瞻，若不崇尚謙柔，以安社稷，則物所不歸。故取謙柔爲本，以致巍巍之功。

【義曰】守柔弱者，生而不匱；懷謙抑者，高而不危。所以柔弱爲保生之元，謙抑爲全高之本。故大國者宜爲下，崇臺者固其基。此守道之常，立身之要，但人不能行之耳。具者，衆也。居尊高之位，衆所瞻仰。《毛詩・小雅・節南山》篇："赫赫師尹，民具爾瞻。"既居高位，爲師長尹正，故能宣行風化，以育黎元。《詩序》云："上以風化下。"言王侯以德風化於下民。《論語》曰："君子之德風，小人之德草。草上之風，必偃。"言民從順其上之化也。王侯行道德，四方之人歸從其化，故曰歸往。解云：民所歸往之謂王。王公有道，其功崇高，如山之固，故曰"巍巍乎其有成功"。巍巍者，高峻之貌也。

故物或損之而益，益之而損。

【注】自損者人益之，自益者人損之。故朝宗者善於下，謙弱者德之柄，孤、寡而稱，不亦宜乎？

【疏】故者，仍上之詞也。損，貶毁也。言王公稱孤、寡以自毁損，則爲百姓樂推，尊敬而事之，而致益也。或益之而損者，若王公貴寵其身，居上而驕，則下人離散，而致損也。《書》曰："滿招損，謙受益。"斯之謂也。

【義曰】理國以謙光爲本，立身以柔弱爲先。《易》曰："謙謙君子，卑以自牧。"或反於此，必貽其損。《易·説卦》曰："緩之必有所失，故受之以損；損而不已必益，故受之以益；益而不已必決，故受之以失。"則損益倚伏，終始相循。若謙已不已，物常益之，故無顛覆。修道之士，割榮華，去繁盛，捨悦樂，甘寂寥，損之甚矣。其得道也，延景福，享遐年，逍遥無爲，天地齊永，豈非益之乎？"滿招損"者，《尚書·大禹謨》："舜曰：'咨爾禹，惟時有苗不率，汝往徂征。'禹乃會群后，誓師征之。三旬，苗人逆命。益贊禹曰：'惟德動天，無遠不届。滿招損，謙受益。是乃天道。'禹拜昌言曰：'俞。'帝乃誕敷文德，舞干羽于兩階，七旬而有苗格。"故理國理身，謙爲本也。

人之所教，亦我義教之：

【注】老君曰：人君所欲立教教人者，當以吾此柔弱謙虚之義以教之。

【疏】人，謂人君也。人君爲政教之首，一國之風，繫乎一人而化。故老君昌言之曰：人君欲行言教以化人者，當須用我沖虚柔弱之義以教之也。

【義曰】理化之本，其惟元首乎？元首者，人君也。《尚書》曰："元首明哉，股肱良哉，庶事康哉。"此言人君教之善也。又曰："元首叢脞哉，股肱惰哉，庶事隳哉。"人君叢脞細碎而無大略，則臣下懈惰，萬事隳廢。此言人君教之不善也。政教由於元首，可不慎耶？《詩序》曰："一國之事，繫一人之本，謂之風；天下之事，形于四方之風，謂之雅。"風、雅，正也，言王政之所由廢興也。人君以謙損柔弱以教於人，人醇朴而宗道矣；以仁義苛察以化於人，人智詐而歸於亂矣。理身者謙静而事簡，事簡而心泰，則生可保；躁動而心競，心競而事繁，則去道遠矣。昌，大也。

強梁者不得其死。

【注】強梁之人，動與物亢，求益而損，物或繫之，[1]故不得其死。

【疏】強梁，謂剛暴屈強之人也。剛暴之人失養生之要，必自夭其天素，不得壽終而死。嚴仙人曰："強秦以專制而滅，大漢以和順而昌。"

【義曰】老君所戒，柔必勝剛，弱必勝強，故舌柔則存，齒堅則亡。是則強梁非全身之道，爲失生之基耳；剛暴非進道之階，殊保壽之旨矣。深宜戒之。嚴仙人者，蜀郡嚴遵，字君平，常於成都市以卜筮之道，潛化於人，人有不正之問，必以陰陽之理制而止之。日閲百錢而閉肆，下簾以受《老子》，乃作《指歸》數萬言，明理國理身之要。其解此義云"強秦以專制而滅"者，言秦皇吞滅七國，一統天下，威制四方，殺伐無已，違謙抑守柔之道，故子嬰降而祚滅，不得其死，理實然乎。秦，嬴氏，顓頊伯翳之後，至非子與周孝王養馬，封於汧、渭之間。平王東遷，秦襄公衛助有功，因命列爲諸侯。至繆公，乃下士用賢，得由余、子桑、百里奚，乃強盛。昭王五十一年，伐周，取九鼎寶器，三十六邑，遷周於憚狐。昭王俾卒，孝文王成立。一年成死，莊襄王子楚立。三年而卒，始皇正立。元年乙卯至二十六年庚辰，平諸侯，滅六國，自號始皇。三十八年卒，二世胡亥立。三年卒，子嬰立。四十六日降漢於軹道。項羽至，斬之，國滅。漢祖劉邦，字季，彭城豐沛人。帝堯劉累之後，父太上皇。煓起布衣，推賢用能，與項羽力戰而取天下。德制強楚，仁及生靈，智士爲之謀，賢士爲之輔，相三傑而成帝業，約二章而安疲人，有長者大度之美，傳祚兩漢二十四帝四百餘年。裔孫王蜀，亦及兩世。此柔德制強之驗也。理身理國，足爲鑑乎！

【疏】強梁者失道，剛武者失神。生主以退，安得長存？注云"動與物亢"，亢，敵也。"物或擊之"者，《易·益卦》上九爻辭云："莫益之，或擊之。"

---

① "繫"，據《周易·益卦》及下文"物或擊之"，當爲"擊"之誤。

【義曰】理代者以強梁失國，理身者以強梁喪生。與物抗敵，豈能無患？或擊之者，《易·益卦》上九曰："莫益之，或擊之。"言處益之極，過盈者也。求益無已，是心無恒無厭，而求人莫之與，獨唱莫和，適是偏辭，人道惡盈，怨者非一，故或擊之也。益，與也。擊，傷也。神爲生主，人爲神主，相須而立，闕一則亡。用剛失神，故非善也。

吾將以爲教父。

【注】吾見強梁者亡，柔弱者全，故以此柔弱之教，爲衆教之父也。

【疏】父，本也。此句結修學之元。老君舉強梁者亡，以之爲戒，柔弱者全，以之爲勸。以爲教父者，父爲子本，言吾將此柔弱之教，爲衆教之本，如子之於父，故云"以爲教父"。

【義曰】父者，尊也。柔弱必全，尊於衆教。衆教之求，謙柔爲先。故《易》曰："謙，尊而光，卑而不可逾。"言尊者能謙光而益明，卑者能謙不可逾越。《禮》曰"傲不可長"，"慎以避禍，恭以遠恥，敬讓以行"，皆謙慎之旨也。《尚書》曰"愿而恭"，慤愿而恭恪也，"柔而立"，和柔而立事也。《詩》云"靖恭爾位"，守柔敬也。《春秋》曰"使之以和，臨之以敬，行之以禮，守之以信，奉之以仁，教之以務，閑之以義"。經曰"兵強不勝，木強則共，強大處下，柔弱處上，高者抑之，下者舉之"。此衆教之中，皆以柔弱謙敬爲本也。爲教之父，豈虚也哉？理天下，修其身，守柔行謙，無思不服矣。

卷之三十四

唐廣成先生杜光庭述

天下之至柔章第四十三

【疏】前章明衆生背道，強梁所以不得其死；此章示人正性柔弱，修之則與道合同。文殊途以發明，理會歸而齊致。首標孝道性柔弱之本，人有失之，成堅強之過；後“吾是”以下，明無爲之道廣有利益，衆教莫之能先。

【義曰】既以前章示強梁極則之於死，此乃明至柔失即爲至堅，用顯無爲之益，更彰不言之利。欲使人捨強服柔，宗無去有，從粗入妙，深契道元爾。

天下之至柔，馳騁天下之至堅，

【注】天下之至柔者，正性也。若馳騁代務，染雜塵境，情欲充塞，則爲天下之至堅矣。

【疏】夫人之正性，本自澄清，和氣在躬，爲至柔也。若馳騁情欲，染著代塵，爲聲色所誘，則正性離散，爲至堅也。

【義曰】道以至柔，無乎不在，貫通萬物，流注群形，得之則生，失之則死。故保養道存，則生全而柔弱；馳騁氣散，則枯槁而堅強。理國有道，則襁負而歸仁；無道，則蕭牆構敵矣。“染著代塵”者，謂六根起於六識，六識恣於六情，六情生於六欲。六欲謂之六塵，六塵謂之六染，六染謂之六入。從根而生，染有輕重，皆在修鍊，漸而制之。所以理身所務，眼絶五色，耳絶五聲，鼻絶五香，口絶五味，身絶五觸，心絶五緣，即六塵淨矣。六塵淨，則世利不能動，聲色不能誘，自歸柔弱之道，豈有堅強之患哉？

無有入於無間。

【疏】無有者，謂人了悟諸法，一無所有，則返歸正性，與道合同，入無間矣。無間，道也。入，謂與道同也。以道爲無間者，明道性清淨，混然無隙，而無間隙矣。

【義曰】天地有形位，清濁殊矣；陰陽有分别，昏明殊矣；氣象有代謝，四時殊矣。惟道廣包天地，微貫陰陽，總四時，運氣象，無處無道，故云無間隙也。人能融神觀妙，返一歸元，息則爲人，消則爲氣，與道爲一，常存不亡，乘無有之和，入無間之道，何四序之能運，生死之能局哉？

吾是以知無爲之有益。

【注】無爲者，不染塵境，令心中一無所有。無間者，道性清淨，妙體混成，一無間隙矣。不爲可欲所亂，令心境俱淨，一無所有，則心與道合，入無間矣。故聖人云：吾見身心清淨，即能合道。是知有爲之教，不如無爲之有益。

【疏】吾者，老君自稱也。此章亦通戒人君，以無爲化理天下。故老君云：吾見衆生正性柔弱，及乎馳騁奔競，則至堅強，若使照了心境，則一無所有，即合道矣。是知清淨無爲，理身理國，有益於人也。以此推之，有爲之教，不及無爲之有益也。

【義曰】老君垂教，以清静爲用，無爲爲宗。清静則國泰身安，無爲則道成人化。夫道德無爲也，天地成焉，萬化行焉，萬物生焉；天地無爲也，四時運焉，六氣和焉，八風鼓焉。聖人虚心以原道德，静氣以存神明，棄其聰，聽於無聲，杜其明，視於無形，覽天地之變動，睹萬物之自然。以是而知有爲者亂，無爲者理。所以至柔之性，本無爲也；至堅之患，由馳騁也。息馳騁之有欲，復柔弱之無爲，以教天下，弘益之道廣矣。照了心境者，神奇莫測，内察於一心；妙用無窮，外忘於萬象。理國則忘其所理，修身則忘其所修，洞入虚無，泯然合道，是謂内照内明之旨也。

不言之教，無爲之益，天下希及之。

【注】言天下衆教，少能及之也。

【疏】至道無言，物以之生；聖人無爲，化以之清。即不待立言，然後成教。"天下希及之"者，言九流百氏，希有能及無爲之教者。又云自非體道之君，莫之能及，故曰"希"也。

【義曰】人君以無爲爲理，率土以自然而化，復何言哉？夫無爲之至妙，包於道德，統於仁義，合於禮樂，制於信智，囊括萬行，牢籠二儀，至廣無涯，至細無間，凝寂玄寥，與道混合，是無爲之至也。九流者，《漢書》云：道家流者，使人精神專一，動合無形，贍足萬物。其爲術也，因陰陽之大順，與時遷徙，應物變化，本清虚以自守，卑弱以自持，此人君南面之術也。儒家流者，蓋出司徒之官。助人君明教化，祖述堯舜，憲章文武，宗師仲尼，以垂其言，於道最高。此其所長也。或失精微而僻，又隨時抑揚，違離道本。苟以嘩衆取容，後進僻儒之患。名家流者，蓋出於春官。名位不同，禮亦異數。子曰："必也正名乎。"此其所長也。及儌爲之，則苟鉤釽折辭而已。爲君者慎器與名，故曰惟名與器不可以假人。縱横家流者，蓋出於行人之官。子曰："使於四方，不能專對。"又曰："使乎，使乎！"言當權事制宜，受命不受辭，此其所長也。邪而爲之，則尚詐而棄其信矣。雜家流者，蓋出於議官。合儒、墨，兼名、法，此其所長也。蕩者爲之，則羡無歸心矣。農家流者，蓋出於農官。播五穀，以足衣足食，《洪範》八政，其一曰食。此其所長也。鄙者爲之，欲使君子并耕矣。小説家流者，蓋出於稗官。稗，小米也。王者欲知風俗，立稗官采街譚巷議之説。子曰：

"雖小道，必有可觀，致遠恐泥。"此亦芻蕘狂夫之義也。墨家流者，出於清廟之宇，①茅屋采椽，兼受選士，②敬者爲推也。陰陽家流者，出於天官。五行之説，使人多拘忌也。兵家流者，出於司馬之官。所以威不軌而昭文德，兼弱攻昧，以遏亂略，以靖四國，此其威也。止戈爲武，武有七德，佐文而理。文武之道，不可廢也。百氏者，六經正史之外自爲述作，自周已來立理著書，凡百餘人，皆稱曰子。子者，男子之通稱也。不敢侔於六經，皆目之爲子、爲論、爲記、爲書。或以姓氏立稱，或以因時表號，則有《鬻子》《曾子》《晏子》《孟子》《管子》《荀卿子》《魯連子》《列子》《莊子》《庚桑子》《王孫子》《尹文子》《公孫尼子》《吕氏春秋》《鄧析子》《鬼谷子》《陸賈》《晁錯》《賈誼》《桓譚》《崔寔》《周生》《列子》《魏朗》《任嘏》《裴玄》《蘇彦》《傅玄》《唐滂》《秦菁》《阮武》《商君》《陸雲》《牟子》《符朗》《孫武》《氾勝之》是也；或自立别號者，《子思子》《太公》《金匱》《淮南子》《鹽鐵論》《説苑》《新序》《論衡》《潛夫論》《風俗通》《文子》《申鑒》《昌言》《典論》《篤論》《中論》《萬機論》《忠經》《意林》《道言録》《歲時記》《耆舊記》《法訓》《五教》《芻蕘》《典語》《默記》《正書》《正論》《物理論》《韓子》《人物志》《成敗志》《通論》《正部》《士緯》《通語》《國語》《越絶書》《抱朴子》《世要》《新論》《析言》《幽求》《長樂子》《家語》《太玄經》《方言》《法言》《志林》《搜神記》《博物志》《義訓》《山海經》《水經》《大荒記》《十洲記》《拾遺録》《本草》《相牛經》《相馬經》《相鶴經》《周髀》《竹譜》《孫子兵法》《司馬兵法》《孫子算經》《黄石公記》《相貝經》《萬畢術》是也。或采玄經奥義，或探儒術禮書，或宗律曆天文，或附陰陽象緯，或拘以名法，或約以機權，各盡所長，互陳其自然有爲。或作乍弛乍張，各滯一隅，罕能通貫。以兹量較，難以及之於無爲之道焉。惟體道之君，上德之主，志無所慮，神無所思，動若無形，寂若無有，與道相得，曠然大通，可以繼躅玄元，追

---

① "宇"，《漢書・藝文志》作"守"。
② "受"，《漢書・藝文志》作"愛"。

踪大白矣。

名與身孰親章第四十四

【疏】前章明正性柔弱，馳騁所以至堅；此章明名貨親疏，愛藏所以爲患。初三句標問得亡孰病，次兩句詳答致患之由，後"知足"下，結勸令守分，則可長久爾。

【義曰】貨者身之所資，名者身之所美，滯於貨則有焚軀之咎，溺於名則有損命之災。藏貨、愛名，斯爲大患。老君哀世人迷執名貨，不知致病之由，故三句問之於前，兩句答之於後，示以止、足之善，息其藏、愛之心。軫慮群生，斯亦至矣。

名與身孰親？

【注】名者，實之賓。代人徇名以亡身，設問誰親，欲令去功與名，而全其真矣。

【疏】此以名較量身也。孰，誰也。詳問云：夫以矜徇功名，保養身命，兩者既異，誰者與保壽全身之道爲親乎？傷代人不能忘名以全真爾。

【義曰】聖人憫俗間之士貪愛功名，名立於前，身危於後。誰能棄名而修道，絶俗而全身？所以伯夷死於仁，聶政死於義，尾生死於信，比干死於智，荆軻死於勇，龍逄死於諫，伍員死於忠，介推死於怒。是皆名顯身歿，形骨飄零，披面剖心，火焚水溺，齒劍抉眼，自取滅亡。殊不知儒者之訓，全而歸之，賈彼虛名，去道遠矣。

身與貨孰多？

【注】徇利者將以求財，財得而亡身。設問孰多，欲令擲玉毁珠，以全其和矣。

【疏】多者，可貴重之意也。言身與貨兩者既别，誰可多貴耶？

云此者,欲令悟身爲多,不貴於貨可也。注云"擲玉毁珠"者,《莊子·外篇》之詞也。

【義曰】老君以舉世所惑,財貨爲先。貨積而身憂,財多而禍至。誰能散財卻害,樂道安貧?所以慶封死於富,駟遄死於侈,齊簡公死於貪,榮夷公死於利。故《莊子·至樂篇》云:"天下所尊者,富貴壽善也;所樂者,味服聲色也;所下者,貧賤夭惡也;所苦者,飢寒憂懼也。而富者苦身疾作,積財而不得盡用,其爲形也,亦以外矣;貴者夜以繼日,思慮常若不足,其爲形也,亦以疏矣。而至於豐屋蔀家,名亡身辱,殊不知達者所誚,積財累患,保壽全生,固亦遠矣。""擲玉毁珠"者,《莊子·胠篋》篇云:"唇竭則齒寒,聖人生而大盜起。若掊擊聖智,縱捨盜賊,而天下始理矣。夫川竭而谷虚,丘夷而泉實。聖人已死,大盜不起。絶聖棄智,大盜乃止。擲玉毁珠,小盜不起。"此所謂聖智者,作盜之利器;珠玉者,起盜之貪心。棄而不用,奸盜自然息矣。

得與亡孰病?

【注】問得名貨與亡名貨,孰者病其身。

【疏】此總問上二句,得名貨與亡名貨,誰爲病耶?得名貨則亡身,存身則亡名貨,曆然殊智,爲病可知,而迷倒之徒,莫之先覺,故後文詳答之爾。

【義曰】大聖説經,義存匡救。將顯以身爲重,名貨爲輕,輕重設問辭,復爲詳答。殷勤指喻,迷者尚或懵焉。

是故甚愛必大費,多藏必厚亡。

【注】甚愛名者必勞神,非大費乎?多藏貨者必累身,非厚亡乎?

【疏】此二句總答前問。"甚愛必大費",此答"名與身孰親"。費,猶損也。親,猶愛也。甚愛名者矯企情性,損費心神,所愛既甚,所費彌大矣。"多藏必厚亡"者,此答"身與貨孰多"。藏貨既多,其亡亦厚。劍玉賈害，譬諸懷璧；《詩》《書》發冢，只爲含珠。惟貨之損，可爲殷鑑。

【義曰】徇名則害己，藏貨則亡身，已如前解。河上公云："生多藏於府庫，死多藏於丘墓。生有攻劫之憂，死有發掘之患。"劍玉賈害者，《春秋·桓公十年》："虞公之弟虞叔有玉，虞公求之，弗與。既而悔之。曰：'周諺有之，匹夫無罪，懷璧其罪。吾焉用此？其以賈害也。'乃獻之。又求其寶劍。叔曰：'是無厭也。無厭，將及我，恐將殺我也。'遂伐虞公。故虞公出奔洪池也。"《詩》《禮》發冢者，《莊子·外物》篇："儒以《詩》《禮》發冢。大儒臚傳曰：'東方作矣，事之若何？'小儒曰：'未解裙襦，口中有珠。《詩》固有之：青青之麥，生於陂。生不布施，死何含珠爲？'大儒曰：'接其鬢，壓其顪，徐以金鎚控其頤，無傷口中珠。'"大儒，大寇也；小儒，小寇也。東方作矣，言日將出也。詩，古詩也。麥宜下田，今種陵陂，非其所也。生不布德施惠，死乃含珠，非其藏也。致有發冢，理亦宜然。《詩》以溫良，禮以莊敬，先王理世之法也。今用發冢，稱儒爲盜，誠有之哉！

知足不辱，知止不殆，可以長久。

【注】知足者不甚愛，知止者不多藏。既無辱殆，故可長久也。

【疏】辱，損累也。殆，危亡也。不邇聲名，知足也；不殖財貨，知止也。知足，故名當其實，而無過分之累；知止，故貨不多藏，而無貪求之害。既不辱不殆，乃可長存而久壽也。

【義曰】人之生也，大道降氣，三元炳靈，九天所錫，稟有其數。修道者積功而延壽，爲過者負疊而夭年。既貪過分之名，名不稱實；又積難得之貨，貨必致災。小則恥辱及身，大則危亡其命。身辱命夭，自貽其殃，深可憫也。老君戒之，使絶其叨名之過，革其瀆貨之心。知足知止，無貪無欲，則卻夭年之禍，造延壽之庭，固可長久也。

大成若缺章第四十五

【疏】前章明身貨孰親，愛藏所以爲患；此章明成盈若缺，其用所以不窮。初七句標立行之楷模，次兩句明静躁之優劣，後“清静”下，結釋清静則可爲天下正爾。

【義曰】上德之君，達道之士，其履行也，有兮若無，實兮若虚，泛然與天地同體，浩然與陰陽同波，不矜盈成之所能，故若沖缺之不足。代人睹屈拙之外狀，罔知巧直之内明，挫辨躁之機，明訥静之要，爲天下正，無以加焉。顯前章名貨之非，表後章貪欲之咎，以清以静，爲修道之階。此其大旨也。

大成若缺，其用不弊。

【注】學行大成，常如玷缺。謙則受益，故其材用無困弊時。

【疏】凡曰學人，功行大成，衆德圓備，常自虚忘，有如玷缺，如是則材用不窮也。道德大成之君，亦復如是，等天地生育之功，齊日月照臨之德，所成理大，故曰大成。然不恃其成，有如虧缺，以斯爲用，用則無窮。

【義曰】人君以大道化物，與道相符；上士以大道修身，與道冥合。是以天高地廣，日照月臨，寒暑陰陽，自相遞代，道不伐其功矣；人君法道爲理，上行下隨，不伐其功，與道同矣；修學之士，功圓德備，不矜其能，道益彰矣。故皆若虧缺，而其實圓成也。於國則聖理常存，於身則體和無極。雖云若缺，固無弊竭之時矣。

大盈若沖，其用不窮。

【注】禄位盈滿，常若沖虚。儉不傷財，故用不窮匱。

【疏】沖，虚也。窮，匱也。此明聖人禄位充盈，恭儉自牧，不爲盈滿，故若沖虚。所謂有若無，實若虚，故其運用而無窮匱也。

【義曰】不矜其有，故盈而若虚；不恃其盈，故用而無乏。主有餘德，民有餘財，周流六虚，放曠四極。爲國則民自富，理身則德自充。其用無涯，何窮匱之有也？

大直若屈，

【注】直而不肆，故若屈也。

【疏】直，正也。屈，曲也。前四句兼明體用，下三句但出其體，不書其用，略文以見義，類可知也。夫潔己而垢人，舉直而措枉，小直也；不執是以辯非，不正己以矯物，大直也。曲隨物宜，故云"若屈"。注云"直而不肆"，此卷之經文也。

【義曰】道以和氣順物，物自生成；君以大道化人，人自貞正。上士體道，與物逶迤，物感其和，各從其直。此直廣博，旁該萬殊，可謂大矣。此化隨順，忘功不宰，可謂若屈矣。"舉直措枉"者，《論語・爲政》篇魯哀公問孔子曰："何爲則民服？"孔子對曰："舉直措諸枉，則民服；舉枉措諸直，則民不服。"哀公，魯目《春秋》隱公第十二君，①名獎，謚曰哀。時哀公失德，民不服從，哀公患之，故問孔子，求民服從之法也。直，謂正直之人。措，置也。枉，謂邪曲之人。若舉正直之人爲官，則邪枉之人廢置，民服君德矣；若舉邪佞之人，廢正直之人，則民不服矣。此孔子譏哀公捨賢任佞，欲使改之爲理也。"直而不肆"，此卷第二十一章經文也。

大巧若拙，

【注】巧不蕩於分外，故若拙也。

【疏】矜粉繪之工，逞鈎繩之妙，小巧也；因材致用，任物成功，不失其宜，大巧也。無所裁割，不見其功，似若朴拙爾。莊子稱"造化刻雕衆形而不爲巧"。

【義曰】天地大化，陰陽大鈞，吹萬流形，不見其用；人君端拱，垂教萬方，各盡其能，萬物各施其用，方圓曲直盡得其宜，貴賤賢愚各宣其力：大巧之謂也。天地爲而不宰，陰陽施而不有，人君化而不恃，故若拙焉。"粉繪之工"者，《論語・八佾》篇云："繪事後素。"言以五色

---

① "目"，疑作"自"。

畫成文謂之繪。五色既具，然後以素分布其間，以成其文。素者，粉也。是謂粉繪焉。“鉤繩”者，《莊子·馬蹄》篇云：“陶者曰：‘我善治埴，圓者中規，方者中矩。’匠人曰：‘我善治木，曲者應鉤，直者應繩。’夫埴、木之性，豈欲中規矩鉤繩哉？然且世世稱之。”此言土之性也，種之得五穀，掘之得甘泉；木之性也，曲則爲輪，直則爲桶。今陶者以規矩，匠者以鉤繩，圓者則矩之使方，方者則規之使圓，曲者繩之使直，直者鉤之使曲。此失其真性，誠至小巧爾。“造化刻雕衆形”者，《莊子·大宗師》篇意而子問許由曰：“願游於至道之藩。”由答曰：“噫！吾師也，齏萬物而不爲義，澤及萬世而不爲仁，長於上古而不爲老，覆載天地，刻雕衆形而不爲巧。此所游已。”此謂吾師自然之道，無心自爾，莊子師之，吾師之游，自然而已。

大辯若訥。

【注】不飾小説，故若訥。

【疏】合譬飾詞，結繩竄句，小辯也；行不言之教，辯雕萬物，窮理盡性，大辯也。至言去言，無所抑揚，如謇訥爾。

【義曰】合譬者，引事合意，譬諭殷繁，非真理也。結以華文，竄擇詞句，非至言也。聽言則對，小説也。夫聖人之旨，上士之行，出名言之域，超語默之津，無述作而萬彙區别，無稱喻而重玄了悟。此辯之大也。無言無説，默識無爲，此若訥也。聖人鶉居以撫伐，上士凝拱而通玄，真化自流，不知其力，可以臻於清静矣。

躁勝寒，静勝熱，

【疏】舉此諭以示教也。以執成者必敗，持滿者必傾，故聖人功濟天下，不見成功。其如缺，所以無弊。位尊萬乘，不視成位，其若沖，所以不窮也。恐人不曉，故寄陽氣動静以喻之。躁，動也。勝，極也。言春夏陽氣發於地上，萬物因之以生，陽氣動極則寒，寒則萬物以衰死。明躁爲死本，盛爲衰源。喻功成不缺者必敗，持盈不沖者必傾,有爲剛躁者必死。静勝熱者,謂秋冬陽氣静於黄泉之下,静極則熱,熱則和氣發生也。萬物因之以生,生托静而起,故知静爲生本,亦爲躁君。取喻大成大滿而能缺能沖,所以無弊無窮,至致生爾。夫能無爲清静者,則趣生之本。此勸人當務静以祈生,不當輕躁而赴死也。

【義曰】至理之君,修道之士,革惡除患,虚心嗇神,猶躁能勝寒,静能勝暑。躁體春夏,極則萬物凋落;静喻秋冬,極則品彙發生矣。《禮經》曰:春者,蠢也。萬物蠢然而生。夏者,極也。萬物得陽而盛。此則仲冬既至,一陽漸萌,陽動而生,故謂之躁。躁極則凋落而死矣。秋,愁也。物將凋落,故謂之愁。冬,藏也,物則閉藏,陽氣潛伏。潛伏未動,未動故謂之静,静極則煦嫗而生矣。二氣則静爲生之本,躁爲死之根。《陰符》所謂生者死之根,死者生之根,是陰陽相勝之義,終始之機也。《天元經》曰:立夏之後,日行於地北,入也少,①故夜短而晝長,爲熱。立秋之後,日行地南,入地多,故夜長而晝短,爲涼。日行去極,遠近不同,故有暄涼寒暑之異。是則寒暑躁静,陽氣之所運也。若夫用道之君,無爲致理,政静而物泰,國安而人康,四表來王,五兵不用,清虚凝寂,澄默恬和,奸詐不敢侵,強梁不敢暴,烽燧不起,鼙柝不驚,海内晏如。此静而勝矣。及其化之至,則謳歌洽,敬讓興,九族雍和,四門穆穆,制禮作樂,舉賢用能,梯航屬望而來庭,書軌順規而稟化,八表麐至,群方駿奔,天地感通,人神交暢,熙熙然一變於道,内絶窺窬之孽,外無伺隙之鄰,歌之詠之,舞之蹈之。此静理無爲之所致也。若其君以躁弁,臣以詐欺,動摇甲兵,振耀威福,強師百萬,北登單于之臺,旌旗千里,來涉浿遼之岸,老弱被勞役,婦女助轉輸,四海沸騰,六合搔擾。及其人之弊也,户口凋耗,生靈轉移,野絶人烟,晝間鬼哭。此躁勝之所故也。前以静理而勝,則煦然而人和;此以躁強而勝,則寂然而寒薄。可不戒哉!

---

① "也",據上下文當作"地"。

清静爲天下正。

【注】於躁勝者則寒。寒，薄也。於静勝者則熱。熱，和也。故若屈者大直，清淨者爲正。

【疏】此結明前義也。夫聖人有以觀陽氣之進退，知躁爲趣死之源，静爲發生之本。理人事，育群生，持本以統末，以務清静之道，則可爲天下之正爾。

【義曰】聖人知沖缺之行，可以持盈，澄静之方，可以制動。成其動則清静自著，抑其躁則柔和自彰。可以率天下於無爲，歸萬方於貞正，法陰陽寒暑之運，見生死得失之源，於兹明矣。

卷之三十五

唐廣成先生杜光庭述

天下有道章第四十六

【疏】前章明五大之行，用廣修學之門；此章明三大之愆，以彰可欲之弊。初標有道無道之損益，次明爲罪爲咎之所由，後結知足之爲德，以戒貪求之爲患。

【義曰】天，聖人之御宇也。身斧扆而南面，前巫後史，卜筮警備，列於左右，無爲而守至正也。三公在朝，三老在學，百辟奉職，修文德以懷遠，敷道化而育人，使俗洽和平，家興禮讓，來琛賮於四塞，息征戍於三邊，倒載干戈，休牛歸馬，然後樂耕耨，糞田疇，多稼如雲，餘糧栖畝。苟或違此，則怨敵交侵，戎馬載馳，甲兵復用。夫何故哉？以其上有貪得可欲之非，恣拓土無厭之禍。窮兵瀆武，必致自焚。老君戒以知足之文，欲使安其分。分既常足，可以言於理道歟？

天下有道，卻走馬以糞；

【注】天下有道之主，無爲化行，既不貪求，固無交戰，屏卻走馬之事，人得糞除田園。

【疏】卻，屏卻也。糞，謂理田也。天下有道，謂以道爲理，無爲化行，守在四夷，疆埸無事，不得多貪土地，以困黎元。所以屏卻兵車走馬之事，人得俶載南畝，以糞理田園也。

【義曰】古人有言曰：君猶舟也，人猶水也。人非君不理，舟非水不行。舟水相須，不可暫失。故理國之本，養人爲先。有道之君，守在四夷，外無兵寇，戈楯不用，鋒鏑不施，卻甲馬於三邊，闢田疇於四野，深耕淺種，家給國肥，食爲人天，邦之大務也。“俶載南畝”者，《詩·小雅·甫田》篇之詞也。俶，始也。載，事也。春作既興，始事南畝。南畝，田名也。《詩》云：“南東其畝。”畝，百步也。廣六尺，長六百尺，言可以母養於物，故云畝也。修道之士，以意爲馬，以情爲田，卻意馬之奔馳，神將静矣；使情田之逸暇，心將泰矣。而後道可修也。《禮記》云：“人者，天地之德，陰陽之交，鬼神之會，五行之秀。故聖人作則，必以天地爲本，陰陽爲端，四時爲柄，日星爲紀，鬼神以爲徒，五行以爲質，禮義以爲器，人情以爲田，四靈以爲畜。”故人情者，聖王之田也。情田無爲，幾於道矣。天下者，統言理國矣。

天下無道，戎馬生於郊。

【注】天下無道之君，縱欲攻取，故兵士戎馬，寄生於郊境之上矣。

【疏】郊者，交也，謂二國郊境之際，拒守之地。天下無道之君，①則荒塞有不賓之虜，故兵戎軍馬生育於郊境之上，謂久而不還。

【義曰】理國不以道，則開拓邊土，侵伐戎夷，封域不寧，征役無已。或貪蒟醬起番禺之役，好名馬起大宛之師，骨委窮荒，血塗草莽，營魄流飄於異域，戎車淪滯於遠郊，綿歲月以長征，及瓜時而不返。轉輸莫息，杼軸其空，人怨國亡，禍非天與，所宜深戒也。豈若宇内不擾，諸侯咸賓，君民協和，上下相保，使壯士無所施其力，辯士無所銜其詞，武士無所鋭其鋒，智士無所申其策，鑄劍戟以爲犁鋤，貨佩刀而市耕犢，無爲無役，以全永圖也。

---

① “無道”，《唐玄宗御制道德真經疏》（十卷本）作“無用道”。

罪莫大於可欲，

【注】心見可欲，爲罪大矣。

【疏】犯法爲罪，貪求爲欲。言戎馬生郊之罪，由人君貪求土地。見土地可欲，欲心興動，將起貪求，此罪之大者。故云“罪莫大於可欲”。

【義曰】法者，所以禁民戢亂，懲惡繩違。干而犯之，斯爲罪矣。罪字從罔下非，言網羅以制其非法也。罪之大者，欲莫大乎。因心起貪，謂之欲也。興可欲之心於富貴者，則雕牆峻宇，瀆貨稱兵。外禽内色之荒，迷而莫返；雁塞龍堆之役，因而莫休。以至于天下離心，舟中敵國，然後傾敗。其何惑歟！興可欲之心於其身者，騁利馳名，耽聲滯色。悦黼黻雕華之觀，彌目不迴；徇輕肥音酒之娱，終身不寤。以至於筋骸疲苶，耳目聾盲，然後喪身。何其愚也！故《春秋·僖公二十年》，宋襄公欲合諸侯，魯大夫臧文仲聞之曰：“以欲從人，則可；以人從欲，鮮濟。”言屈己之欲，從衆善也。明年，宋公爲鹿上之盟。宋公子目夷曰：“小國争盟，幸而後敗。”是年秋，楚人執宋公，遂伐宋。此言以人從欲，乖其道也。老君設教垂訓，明此罪之因，申能刳可欲之心，必享無涯之祉，理國可期於九五，理身可企於神仙。勉而行之，道之要也。

禍莫大於不知足，

【注】求取不已，爲禍大矣。

【疏】禍，害也，神不祐也。大亡敗之禍，緣何而來？由貪土地，求而無厭，不知止足，致神道不祐，而嬰禍害。人之有過，過非一途，貪之爲禍，禍之大也。

【義曰】夫罪之與禍，皆起於身。身之生惡，由于心想。故身、心、口爲三業焉。三業之中，共生十惡。十惡之内，貪罪愈深。故生死忿争，皆因貪致。貪者，心業之一也。人君貪則外殘四境，下困群生。既上求取不休，則下供應致闕。人怨神怒，由此而興，國將亡敗矣。理身而貪，則嗜欲無厭，魂馳神逝，福善不祐，年夭身殂。苟能内制貪源，外息貪取，既無仇怨，身安國昌，即知足常足，終身不辱者矣。

咎莫大於欲得。

【注】殃咎之大，莫大於欲，所欲必令皆得，皆得則禍深，故云“咎”也。

【疏】咎，殃咎也。夫貪冒之雄，欲心增侈，得之不已，而又求之，非道得之，敗不旋踵，自招殃咎，不亦宜乎？可欲，謂欲而未得，初起貪心，罪輕於禍，不知足者，得之更須，禍重於罪。“莫甚於欲得”者，謂已得，欲心尚未厭足，則咎之爲過，斯又甚於禍也。

【義曰】得而復求，求之不已，民則應之以怒，而兵寇興焉，仇敵起焉。爲殃爲咎，於斯爲大罪者，言人違於禁令，初犯其非，名之爲罪。老君《悔過經》曰：初犯爲罪，亦名爲過。過，言誤也。犯過一千八十爲禍，禍重於罪矣。犯千二百六十過爲咎，咎又重於禍矣。夫欲者莫過於色，言愛重而可欲也；禍者莫過於財，言貪不知足也；咎者莫甚於名，言苦求欲得也。人之過罪，條目甚多，財、色與名，三者爲大。傾家殞命，亡國殺身，職此之由，可爲明戒也。

知足之足，常足矣。

【注】物足者非知足，心足者乃知足也。若心知足，此足常足矣。

【疏】此結有道之君也。言有道之君，無欲廣大，不貪土地，故於本分而知足，則爲天下樂推，身安國理。此知足之足，乃至于交讓而常足也。注云“物足者非知足，心足者乃知足”，知足者，謂足在於心，不在於物。循涯守分，雖少而多，有欲無厭，雖多亦少矣。

【義曰】貪之與足，皆出於心，心足則物常有餘，心貪則物常不足。貪者雖四海萬乘之廣，尚欲旁求；足者雖一簞環堵之資，不忘其樂。適分知足，惟在於心，所宜勖也。

不出户章第四十七

【疏】前章明天下有道，欲令知足常足；此章明教不出户，示以不爲而成。初兩句標不出則能知，次兩句明人和則天順，又兩句示彌出之爲失，後四句結無爲而化成。

【義曰】聖人達觀，不出户庭；上士冥心，玄契天地。玄契則無遠不察，目繫則雖遠益達。不行而知，斯之謂矣。

不出户，知天下。

【疏】有道聖君，無爲而理，言教不出於户外，淳風自洽於寰區。此可謂知理天下之道爾。又解云：人君善教，天下應之以善，則不煩出户而天下可知。故《易》曰："君子出其言善，則千里之外應之，況其邇者乎？"此之謂矣。

【義曰】聖人之理，以身觀身，身正則天下皆正，身理則天下皆理。故曰恭己南面而已矣，夫何爲哉？且既闢混元，是生萬物，群分類聚，魚沉鳥翔，尊卑定矣，天地位矣。雖六合之繁，九有之廣，亦猶四支百體耳。可以心鑑，豈在足行？不出户而知之，信矣。"君子出其言善"者，《易·上繫》之詞。期謂言出乎身，加乎民，行發乎邇，見乎遠。言行，君子之樞機也。樞機之發，榮辱之主也。遠猶若此，況於近者乎？

不窺牖，見天道。

【注】垂拱無爲，不出教令於户外，是知理天下之道，人事和則天象順，故不煩窺牖而天道可知也。

【疏】人天相應，精氣交通。人君爲政以德，則象緯以之不迷；威侮五行，陰陽由其舛候。故《書》曰："休徵則肅，時雨若。咎徵則蒙，恒風若。"是知行發心已象著于天，豈俟窺牖然後能見？《易》曰："言行，君子所以動天地也。"

【義曰】帝王之理也，法天之覆，法地之載，曆象日月，敬授人時，璇璣玉衡，以齊七政，所以順天之道也。天垂象，聖人則之，所以法天之行也。既法順天象，正己而行，則人君所爲，天道交應，吉凶在我，理亂在心，得不乾乾而夕惕耶？象緯者，垂文謂之象，占揆謂之緯。自大慢法，謂之威侮。躔次差錯，謂之舛候。此由人君行之所感也。"風若、雨若"者，《尚書·洪範傳》曰："休徵則肅，時雨若。"休，善也。言人君行敬而時雨順也。肅，敬也。"咎徵則蒙，恒風若。"咎，凶也。蒙，暗也。恒，常也。若，順也。言人君蒙暗則常風順之也。"言行動天地"者，《易·上繫》曰："言行，君子所以動天地，可不慎乎？"此謂君子出處默語，不違其中，其迹雖異，道同則應也。

其出彌遠，其知彌少。

【注】若不能無爲，假使出令彌遠，其所知理天下之道彌少也。

【疏】此明失道之君也，不能處無爲而恭己，將欲申教令以化人，令出彌遠，既失無爲，所知政理，更爲寡少。

【義曰】其身正者，不令而行，其身不正，雖令不從。人君不能拱默謙光，融心體道，無爲以化天下，雖廣行威令，人不從之。豈若任賢勿疑，從善不倦，恭己於上，推誠於下，不言而化，不令而行哉？

是以聖人不行而知，

【注】不出户，故云"不行"。無爲淳朴，而知爲理之道也。

【疏】此覆釋不出户而知天下也。無事無爲，教令不出，故云"不行"。近取諸身，遂知來物。故我無爲而人自化，豈待言教出户，然後謂之知乎？

【義曰】理國聖人，率身從道，道與天合，冥契上玄，萬方順之，應猶響答，不俟行化而後能知。"近取諸身"者，《易·下繫》云："古者庖羲氏之王天下也，仰則觀象於天，俯則觀法於地，觀鳥獸之文與地之宜，近取諸身，遠取諸物，始作八卦，以通神明之德，以類萬物之情。"此言以身之耳目鼻口，與八卦相應，身之所行，吉則應之，凶則違之，禍福無門，惟人所召。“我無爲而人自化”者，此經第五十七章之詞也。

不見而名，

【注】不窺牖，故云“不見”。人和天順，而能名其太平。

【疏】此覆釋“不窺牖，見天道”也。夫鶴鳴則子和，行感則天動，原小可以知大，審己可以知物。元吉所召，在乎其人，則太平之化可得而言爾，何必窺見，然後名乎？故云“不見而名”也。

【義曰】天道坦坦，去身不遠，天人相感，影響無差。凶吉合符，由乎其行，身既理矣，固亦宜然。天應人和，不俟窺牖矣。“鶴鳴子和”者，《易・繫》云：“鶴鳴在陰，其子和之。”此明擬議以成其變化之理也。若擬議於善，善來應之；擬議於惡，惡亦隨之。鶴鳴則子和，修誠則物應。鶴鳴幽陰之中，子猶和之；人欺於暗室，物必知之。憂悔吝者，存乎纖介；定得失者，在乎樞機。君子擬而後言，議而後動，慎微之理也。雖微必應，夫何遠哉？不見而名，道既玄同，心與道合，萬物符契。故不俟見之而後名也。

不爲而成。

【注】不爲言教，而天下化成。

【疏】此總結“不出”、“不窺”之義也。夫以上有所爲，下必有優。今聖人凝神端扆，玄默朝堂。君無爲，人無事，百姓家給，萬化自成。

【義曰】凝，静定也。端，莊肅也。扆，龍屏也。朝堂，聽政之所也。聖人無爲致理，無事化人，不出户而自知，不窺牖而自見。融神觀妙，造化生乎身；垂拱端旒，宇宙在乎手。民不知有君於上，君無所求用於民。倉庾豐盈，家給人足。夫何故耶？以其上無爲而國泰，神既凝寂，故不言而化成矣。扆，謂倚也。形若屏風，畫爲斧文，於明堂之中牖開而設之。昔周公輔成王於明堂，以朝諸侯，負斧扆，南面而立，以正君臣之位焉。

卷之三十六

唐廣成先生杜光庭述

爲學日益章第四十八

【疏】前章明不出不窺，可以知政理之道；[①]此章明爲學爲道，則至乎無爲之事。首兩句示進修忘遣之漸，次三句明損有歸無之益，後四句結成其意，戒有事不足以化人。

【義曰】理世之教，以勤學而成功；修身之階，以損知而契道。勤學則日益而進業，契道則日損而無爲。倚伏本殊，語默互致。此明日益之爲劣，局世居常；日損之爲優，超凡證道。固以符合於不出不窺之冥寂，戒彌遠彌少之煩勞，示無爲可以握圖，有事不足理國。此其旨也。

爲學日益，爲道日損。

【注】爲學者日益見聞，爲道者日損功行。益見聞爲修學之漸，損功行爲悟道之門。是故因益而積功，忘功而體道矣。

【疏】爲，修爲也。損，忘損也。言初修學者，日求聞見以爲益，因益爲道，則忘遺功行以爲損。[②] 所以者何？夫爲學者，莫不初則

① "可以"，原作"不以"，據《唐玄宗御制道德真經疏》(十卷本)改。
② "遺功"，據《唐玄宗御制道德真經疏》(十卷本)及上下文，當作"遣功"。

日學以知道，修功而補過，終則悟理而忘言，遺功而去執。故注云"益見聞爲修學之漸"，蓋言其初也；"損功行爲悟道之門"，蓋言其終也。

【義曰】學道之人先立功行，後忘其心，所以契無爲之道；理國之道，先弘德化，後忘其迹，所以成太平之基也。此亦一致也。夫立身之道，不可不學。《春秋》曰："學者，殖也。不學將落。於是乎下陵上替，能無亂乎？"《白虎通》云："學者，覺也，悟也。"言以先王之道，開道情性，使覺悟也。幼則迷昏而不悟，未可以學；長則悍格而難入，不可以教。學有三時：一就人身中爲時者，十三歲之後可以習業也。故《學記》云："發然而後禁，則悍格而不勝；時過而後覺，則勤苦而難成。"二就年中爲時者，《内則》云"人之養子，六年教之數一至十，十至百千萬也。與方名。東西南北也。七年，男女不同席，不共食。八年，出入門户及即席飲食，必後於長者，教之讓也。九年，教之數日。朔望與甲乙至壬癸六甲也。十年，出就外傅，居宿於外，學書計。十有三年，學舞《勺》，誦《詩》。背文而讀曰誦也。十五年，成童，舞《象》，學射御。先舞籥，籥似笛，執而文舞也，後舞《象》，武舞也。二十而冠，始學禮。三十有室，理男事，學無方。四十而仕，出謀發慮。五十，服官政"是也。三就日中爲時者，言隨時節氣，受業易入。《王制》云：春夏習《詩》《樂》。言春夏是陽，陽體清，《詩》《樂》是聲，聲以輕清故也。秋冬習《書》《禮》。秋冬是陰，陰體重，《書》《禮》是事，事以重濁故也。以輕清之時習輕清之業，以重濁之時習重濁之事，故其氣相感，皆易入也。然三時之學雖有定規，所習善道，日不可廢，豈可拘於三時哉？故《學記》曰"斯焉修焉，息焉，游焉"是也。若修道之士，先務博聞，後乃日損，反乎冥寂，以期通玄矣。藏亦自有而歸於無也。

損之又損之，以至於無爲。

【疏】損之者，謂損爲道者之功行也。又損之者，謂除忘功行之心也。斯乃前損忘迹，後損忘心。心迹俱忘，可謂造極，則以至於無爲矣。

【義曰】修道之階，漸臻其妙。初則由學而開悟，因悟而遵修，修則以立功補過，積微成著。功不在大，遇物斯拯；過不在小，知非則悛。過在改而不復爲，功在立而不中倦。《洞玄經》曰："功滿三千，白日升天；修善有餘，坐降雲車。"斯皆從凡慕道，誘勸立功之旨也。夫立功之義，蓋亦多途，或拯溺扶危，濟生度死，苟利於物，可以勤行，或内視養神，吐納鍊藏，服餌導引，猿經鳥伸，遺利忘名，退身讓物，皆修道之初門也。既得其門，務在勤久。勤而能久，可以積其善功矣。善功既積，不得自恃其功，矜伐於衆。爲而不有，旋立旋忘，功既旋忘，心不滯後，然謂之雙遣兼忘之至爾。經曰："上德不德，是以有德。"忘德不恃，其德益彰；忘功不居，其功益廣。理國契無爲之化，修身成不死之基矣。

無爲而無不爲。

【注】爲學者積功行，爲道者忘損之。雖損功行，尚有欲損之心。兼忘此心，則至於泊然無爲。方彼鏡象，而無不應，故無不爲也。

【疏】夫有爲則有礙，有礙則有所不爲。今既無爲，無爲則無礙，故能無所不爲也。此謂契道，則應用而周普也。故上卷云"道常無爲而無不爲"也。

【義曰】功行既忘，忘心亦遣，無爲之智，了能自明。既達兼忘，吻合於道。與道冥契，則無所不了，無所不知，無所不爲，細合乎稊稗秋毫，大合乎陰陽天地。非無非有，非有非無，無所局滯，始可與言道矣。"道常無爲而無不爲"者，上經第三十七章之詞也。

取天下，常以無事；

【注】無爲無事，天下歸懷，故可取天下也。

【疏】此勸人君行無爲也。取，猶攝化也。攝化天下，必須爲無爲，事無事。無事則天下不擾，無爲則百姓自安。以斯臨莅，于何不可？言"常"者，無事御物，不可斯須離也。

【義曰】取，謂聚也。爲國失道，衆叛親離；爲國以道，人必悦服。

離叛則散,悦服則聚。聚則國泰而昌,散則國虚而亡。欲聚人之法,常以無事爲先。莅,猶臨也。御,猶制也。攝,追也。《易·萃卦》正義云:"萃,聚也。"情同而後聚,氣合而後群。故方以類聚,物以群分,聚而無主,不散則亂。惟有大德之人,能弘正道,得常通而利正。大人爲主,聚道乃全。此謂理國聖人,以道德聚民而安天下也,故曰取。若言取天下非人力所能乎?

及其有事,不足以取天下。

【注】有事則有勞煩,勞煩則弊,故不足以取天下矣。

【疏】夫有事謂政令煩苛,禁網凝密。令苛則人擾,網密則刑煩。百姓不安,四方離散,欲求攝化,不亦難乎?故有此事,則不足以取天下矣。

【義曰】以道以德,爲有國之基;無事無爲,乃聚人之本。及其有事,不足安民,但有叛離,故難懷聚矣。秦皇法嚴而人叛,以一統致亡;漢武令峻而刑煩,故三邊起怨。所以秦季年也,法如秋察,網如脂凝,嗷嗷生民,無所措其手足矣。故土崩瓦解,一旦隳亡。苛,細也。煩,急亂也。理身者常以無事,則心逸而神安。及其有事,則神疲而心擾。擾則喪道,逸則契真,不可不戒也。

聖人無常心章第四十九

【疏】前章明爲道日損,示修學忘遺之門;此章明聖人無心,表虚懷應物之用。初六句標聖人無心而應物,次兩句示聖人混迹而用心,後兩句結百姓歸善之由,明聖人均養之德爾。

【義曰】理國矣在於無事,應化亦在於虚心。虚心則應物不常,無事則臨人可久。所以善不善等以善應,善化攸同;信不信皆以信之,信誠無間。所謂融心混化,萬國所歸,安而撫之,俱爲赤子。此聖人之大旨也。

聖人無常心，以百姓心爲心。

【注】聖人之心，物感則應，應在於感，故無常心。心雖無常，惟在化善，是常以化百姓心爲心矣。

【疏】聖人虚心，物感斯應，應必玄感，感既不一，故應無常心。心雖無常，義存慈救。以百姓有不信不善之心，故混同用心，而以化導，故云“無常心”。

【義曰】廣無不覆，微無不通，大道也；化無不周，感無不應，聖人也。聖人化既周普，心亦無常。從善者固以感通，不善者亦令開悟。惟德是輔，人無棄人，周布慈心，不遺毫末，而聖人無心，未始有滯也。

善者吾善之，

【疏】此應感之義也。吾者，聖人也。善者迴向正道之心，聖人獎之進修，以果其行，使至夫忘，善之大善也。

【義曰】夫善者，因心所起，對惡得名。善因惡而彰，善勝則惡滅。人既善矣，聖人因而善之，所以誘其進也。

不善者吾亦善之，德善；

【疏】不善者，謂習染增迷，信邪背道，聖人亦以善道而引汲之。德善者，令化聖德而爲善也。

【義曰】人不知善之可修，惡之可改，積習爲惡，迷而不迴。聖人愍其執愚，亦以善道開化。化惡爲善，賴于聖功，人無棄人，於是乎在。信邪者，謂世人不知正道，迷溺於邪，亦猶聵者不預金石之音，瞽者不悦玄黄之色。邪既增迷，故背於正道矣。聖人亦以善教教之，使分别邪正，而歸於善也。

信者吾信之，

【疏】信謂聞道勤行，心無疑執。聖人應之以至誠，贊成其善，以至於深信也。

【義曰】信者亦起於心，因疑以彰信。信因疑而立，信勝則疑忘。人既信焉，聖人因而信之，所以勸其志也。

不信者吾亦信之，德信。

【注】欲善信者，吾因而善信之；不善信者，吾亦以善信教之。令百姓感吾德，而善信矣。

【疏】不信謂強梁背教之人，聖人亦以平等正信而導化之，令化聖人之德，捨僞而歸信也，故云“德信”。

【義曰】人之滯俗，積習生疑，不知信之可行，疑之可捨，執疑守惑，不信正真。此弱喪之忘歸，同下士之大笑，聖人亦以正信之理，漸開悟之。知信捨疑，賴于聖德。德信德善，其在兹乎？強梁背教者，謂執疑之人，以疑爲是，以信爲非，亦猶夏蟲疑冰，井蛙陋海，以兹執見，封彼邪心，聖人亦誘而教之，使分别信疑，而歸於信。所以誘之歸善歸信者，聖人恐其因疑獲罪，滯惡罹殃，勸而勉之，蓋惜人憫物之至也。

聖人在天下惵惵，爲天下渾其心。

【注】聖人在理天下，化引百姓，常惵惵用心，令得善信。而聖人凝寂，德照圓明，渾同用心，皆爲天下，故云“爲天下渾其心”。

【疏】此明聖人渾迹用心也。惵惵，憂勤也。聖人在宥天下，統御寰中，懼衆生不歸善信，故惵惵憂勤也。然聖人無心，復何憂喜？今所言惵惵者，皆爲天下百姓，未能信善，故聖人混同於物而用其心，故云“爲天下渾其心”。

【義曰】聖人應天御時，順人臨極，黄屋左纛，黈纊垂旒，雖身處九重，而心周萬國，察臣子邪正，知稼穡艱難，宥罪寬刑，輕徭薄賦，既悶悶而不撓，亦惵惵而垂憂，導惡化疑，令歸善信。而聖人淡寂，常若無心。以其無事無心，物亦自寧自化矣。宥者，寬而簡正也。寬宥，故道行焉。混者,内外混融,無分别之貌也。

百姓皆注其耳目,

【注】百姓化聖德爲善,故傾注耳目,皆觀聽聖人也。

【疏】百姓被聖德而歸善,仰淳化而觀風。故皆傾注耳目以觀聽,則於聖人。

【義曰】聖德所覃,人皆率化,上行下效,君唱臣隨,四海生靈,傾耳以聽其言,目以觀其事,是則是效,以歸於道焉。聽者,側聞也。觀者,遍覽也。

聖人皆孩之。

【注】聖人念彼蒼生,猶如慈母;凡視百姓,皆如嬰孩。

【疏】百姓既傾注耳目,觀聽聖人,聖人視之,如慈母之於赤子,故云“皆孩之”。又解云:百姓有分别之心,聖人化使從善,令如嬰孩,無所分别。

【義曰】有道聖人,慈育萬有,萬有奉之如慈母,聖人視之如嬰孩。如此者,則道德周行,上下交感,人和俗泰,不亦宜乎?理身者寶氣嗇神,氣全神王,形神交固,則命紀遐延,斯神仙可致也。聖人化使爲善,誘以修真,先袪不善之心,盡歸崇善之行。善行既著,乃忘爲善之心。無知無爲,不矜不伐,淳淳默默,内外混融,如彼嬰孩,無分别相,可謂合於道矣。

出生入死章第五十

【疏】前章明聖人無心,混融應善信之行;此章明出生入死,善攝超患累之門。前五句標安時處順之人,次五句明探變求化之類,後八句結善攝之行,示長生久視之門。

【義曰】天地之德,惟生爲大。得其生已,當守道以安之,谷神以養之，適來不爲榮，適去不爲懼，不貪生而喪道，不越分而傷生，可謂安時而處順矣。迷之者求生太厚，反失其生；善攝者以道自至，因無其害，以其無死地。誠哉言乎！“安時處順”者，《莊子·大宗師》篇子祀謂子輿曰：“且夫得者，時也，失者，順也，安時而處順，哀樂不能入。此古之所謂懸解，而不能自解者，物有結之矣。”此言得生者，時有生也，失死者，順化死也。處生而安生，得生理矣；處死而順死，得死理矣。既無生無死，豈有哀樂哉？此古之真人無所繫也。若在生而惡死，樂極之哀來，如此之流，爲生死哀樂之所結矣。“長生久視之道”者，此經第五十九章之詞也。

出生入死。

【注】了悟則出生，迷執則入死。此標也。

【疏】了悟生死，不厚其生，名爲“出生”；迷執人我，動往死地，名爲“入死”。此標章門也。

【義曰】元精播氣，大冶匠形，禀陽和則出生，歸陰寂則入死。將明輟死延生之路，喪生趣死之由。標此章門，似若設問，具如下句以答之也。

生之徒十有三，

【疏】徒者，類也。此泛論衆生能安生理，不自矜貴，適來爲時，一無封執。如此之者，大泛而論，十中有三爾。此謂順理者少，而逆理者多也。

【義曰】將生不以爲樂而安其生，此生之徒也。夫當其生也，不以利欲亂其心，不以厚養傷其性，安於淡默，順其沖和，則神守於形，氣保於神，志和於氣，心寂於志，静定其心。如此則不求於延生，生自延矣；不求於進道，道自至矣。

死之徒十有三，

【注】此泛論衆生，當生安生得生理，處死順死得死理。如此者，十中有三人爾。

【疏】此亦泛論安死之道，不拒變化，適去爲順，一無驚怛。如此者，亦十中有三人爾。

【義曰】將死不以爲憂，而順其死，此死之徒也。達人處世，了悟有無，知道之運化委和，所禀有厚薄。厚於陽和之氣者則壽，薄於淳粹者則夭。知壽夭皆由於分，則生死可齊矣。生死既齊，則憂樂不入，泰然而身心無撓也。況髑髏見夢於莊子曰："死無君於上，無臣於下，無四時之事，泛然以天地爲春秋。雖南面而王，樂不能過矣。"莊子不之信，曰："吾欲使司命復子之生，可乎？"髑髏深臏蹙頞曰：①"吾安能棄南面王樂，復爲生人之勞乎？"此雖寓言立理，而莊子以世人樂生者爲生所拘，樂死者爲死所繫，滯於生死，所以有死有生。唯至人在生無生，不爲生之所繫；在死無死，不爲死之所拘。既而不繫不拘，故能無生無死。然而變而生也不可以止，變而死也不可以留，但冥契大道，則爲達生死爾。其出死之表，長生爲期者，在乎修真錬形，可以與語，議其玄要爾。

人之生動之死地十有三。

【注】徇生太厚，以養傷生，既心矜此生，故動往死地。此則生理既失，死理亦虧。如此之輩，亦十中有三人爾。

【疏】此釋迷執之人，養生失理之徒也。言人雖欲修生，不能悟了，動往喪生之地。安生之理既失，順死之道又乖。如此之輩，亦十中有三人爾。

【義曰】愚迷之人，不知生生者不生，化化者不化，以生爲樂，以死爲哀，畏死貪生，故養生過分。希生乖其道，則反喪其生。十中

① "臏"，據《莊子・至乐》當作"矉"。

有三人,約其大數爾。又解云:人之禀生有三業十惡:三業者,一身、二心、三口業也。十惡者,身業有三惡,一殺生,二偷盜,三邪淫;心業亦有三惡,一貪欲,二嗔怒,三愚癡;口業有四惡,一兩舌,二惡口,三妄言,四綺語。此三業十惡,合爲十有三矣。人能制伏三業十惡,則可得道長生,可謂生之徒,由此十有三也。人若縱此三業十惡,則必從生趣死,可謂死之徒,由此十有三也。且衆生善必難構,惡乃易成,三業十惡,日有所犯,犯即趣死之徑。故云"動之死地",亦由此十有三也。夫三業十惡,衆罪之源,捨之則可以出生,行之則可以入死。修身之戒,戒之尤急。此十惡事,又各有四緣,皆爲罪惱之本。何者?殺生罪中,有四種緣,一實是衆生,二起衆生想,三有欲殺心,四令斷他命。偷盜罪中,亦有四緣,一實是他物,二起他物想,三有欲盜心,四使移本處。邪淫罪中,亦有四緣,一實是邪境,二起邪境想,三發邪淫心,四身受染樂事。兩舌罪中,亦有四緣,一是所聞人,二起前人想,三起離間情,四發分構語。惡口罪中,亦有四緣,一是所罵人,二起前人想,三起惡罵心,四發惡罵語。妄言罪中,亦有四緣,一是所欺人,二起前人想,三有欺妄心,四成虚違説。綺語罪中,亦有四緣,一是所對人,二起前人想,三發綺語心,四吐非義語。凡此十惡三業,計五十三條。動罹此罪,即之死地。慎哉戒哉!

夫何故?

【疏】此設問衆生動之死地之由。

【義曰】將攝化之要、趣死之因,重自設問,謂下句也。

以其生生之厚。

【注】所以動之死地,夫緣何故?但以其求生此生太厚故也。

【疏】此正答言:衆生動之死地者,以其耽滯有爲,溺情縱欲,厚自奉養,以全其生,養之太厚,故"動之死地"爾。

【義曰】天生蒸民，愛之甚矣。五味以食之，五色以章之，五聲以悦之，五香以娱之，五利以用之，五氣以和之，五官以司之，五緯以主之，五教以勸之，五常以稟之，五福以將之。居五靈之首，爲萬彙之長，得不自貴而保愛之乎？而縱欲適情，樂生畏死，養之過分，自掇死亡，非天怒神責，由貪生太厚所殺爾。故前之十惡三業五十條罪，動有所犯，寧無過乎？且夫躁進者亡，勇退者傷，得其中者，可以議於修身爾。

蓋聞善攝生者，

【疏】攝，衛也。謂善能以道衛生之人，妙觀生本，本來清静，於生忘生，不以情欲而滑其和，唯以沖虚而養其性，物莫能害，故稱“善攝”。

【義曰】其生也有涯，而事也無涯。以有涯之生，役無涯之事，能無傷乎？善攝生者，於事無事，以全其和，不以欲嬰心，不以利傷己，任沖和之自運，托虚寂以置懷。忘生而生能全，體道而道自致，虚室生白，冥心契玄，攝生之善也。

陸行不遇兕虎，入軍不被甲兵。

【疏】不期而會曰遇。按《山海經》：“兕出湘水南，蒼黑色。”《爾雅》曰：“形如野牛，一角，重千斤。”善攝生之人，不起心害物，所以陸行不求遇於兕虎，入軍不被帶於甲兵，故虎兕甲兵無傷之意。

【義曰】瀟水、湘水出九疑、零陵，其地有犀兕焉。兕虎皆害人之者也。兕虎害人，甲兵傷敵，遇之必有所害，敵之必有所傷。而善攝生者不干預於兵甲，故不爲其所傷；不求遇於兕虎，故不爲其所害。昔晋人郭文，字文舉，栖於餘杭大滌山，與猛虎同處。每出城市，虎必隨之。人或問之曰：“先生有道乎？何摯獸之馴擾若是也？”文舉曰：“人無害獸之心，獸無害人之意。亦何術乎？”

兕無所投其角，虎無所措其爪，兵無所容其刃。

【注】善攝衛生理之人，心照清静，無貪取之意，則凡是外物不可加害。陸行不求遇兕虎，入軍不被帶甲兵，此不求害物，則物無害心。故無投角、措爪、容刃之地。

【疏】前明善攝生之人，内無害心，所以外不求遇兕虎。此明設使逢遇，此無傷害之心，自然彼無容措之處。是知忘情於物者，則海上之鷗可馴而狎，陸行之獸可縶而游，況傷害乎？故無是也。

【義曰】攝生之人，性與道合。慈心廣運，己無傷物之心；和氣内充，物無傷己之執。雖遇兕虎，必無爪角之傷；或值甲兵，亦無鋒刃之害。以其道德充備，物物皆柔服焉。狎鷗者，有人居於海上，其子每於海濱與鷗鳥群相狎而戲。其父異之，將往觀焉。其子先詣嘗游之所，群鷗見之，飛翔而不下。以其無機心而鷗鳥狎之，今有機心，則翔而不下。則知苟有害物之意，虎兕寧容不傷？所不傷者，機心息於内也。《神仙傳》："劉剛，字伯鸞，與妻樊夫人俱得神仙之道。剛爲上虞令，游四明山，遇虎。虎見剛，俯伏不敢起。以語夫人，夫人徑往，以繩縶虎而歸，如家犬焉。"蓋道德所攝也如此。措，置也。容，受也。狎，近也，習也。無置爪受刃之所也。

夫何故？

【疏】此問虎兕兵刃，是害人之物，今不投措其爪角，無容其兵刃者，其故何也？假問其故，以曉於人。

【義曰】欲明善攝生之人，無趣死之地，復重發問，將以勉勵於修行耳。

以其無死地。

【注】夫何故兕虎甲兵無容措之所乎？以其順化無私，不以死爲死，則物不得害其生。故云"無死地"。

【疏】此正答也。夫見有其身者累，生生之厚者死。今善攝生之人，照法性空，悟身相假，故能於生忘生，不爲厚養之過，無私順化，故無死地可處爾。既心無死地，夫何虎兕兵刃能害其生乎？

【義曰】大聖演經，廣弘道要，欲使人皆趣善，衆盡寶生。趣善則無過無疵，寶生則懷道懷德，無過疵則不履死地，懷道德則可致遐齡，自無兵刃爪角之傷，可合清淨希夷之道。理國之君，不懷五兵之力，四境協寧；能開三面之羅，百獸率舞。何所加害乎？

卷之三十七

唐廣成先生杜光庭述

道生之章第五十一

【疏】前章明出生入死，善攝超患累之門；此章明道生德畜，不宰有自然之貴。首標妙本應感生成之美，次明萬物尊貴道德之由。“故道生之”下，覆贊生畜之功；“生而不有”下，結嘆忘功之德。

【義曰】道爲妙本，能生群物；德爲道用，能畜衆形。動物屬于天，植物配于地。天地之所長育，造化之所生成，非道氣物莫能生，非道用物莫能遂，因道而立，賴道之功。有情有識之徒，無情無識之類，尊道貴德，不忘本乎道。爲萬物所尊者，非有爵位之重，非有權勢之威，蓋以失道必亡，固須尊貴。況南面之術，失道無以寧萬邦；修真之功，離道無以成萬行。而道於萬類，未嘗自伐其功，功德益自玄深爾。

道生之，

【注】妙本動用降和氣。

德畜之，

【注】物得以生養萬類。

【疏】道生之者，言道降沖和之氣，陶冶萬物，萬物得之以生，故云“道生之”。注云“妙本動用降和氣”者，妙本，道也，至道降氣，爲物根本，故稱“妙本”。德畜之者，德，得也，畜，養也。謂萬物得道用，而能畜養斯形，則約道畜養之處而受德名，故云“德畜之”。

【義曰】生而不畜，德無以表其功；畜而不生，道無以明其妙。生以從無爲始，畜以養有爲終。終始循環，惟道爲本，故云“妙本”。道無動用，物無以生，既有禀生，賴乎畜養。是相循之理也。

物形之，

【注】乾知坤作兆形位。

勢成之，

【注】寒暑之勢各成遂。

【疏】道生德畜，品物流形。注云“乾知坤作兆形位”者，《易·繫》云：“乾知太始，坤作成物。”天地爲形，上下爲位。斯皆道功，寄乾坤以爲用也。勢成之者，言爲萬物化天時地利，陰陽之勢，而物資之以成，故云“勢成之”也。①

【義曰】萬物之生也，道德禀之以氣，乾坤禀之以形。氣禀道德之功，形資天地之化，因寒暑之運，假陰陽之資，以生以成，以終以始。生成終始，斯謂勢乎？“乾知太始”者，始，初也。乾是天，爲陽氣，萬物初得天陽之氣而生。“坤作成物”者，坤是地，爲陰氣，萬物得地陰氣而形。既分動植形位，然賴寒暑之氣以成其功。然生化之本，皆本於道，豈天地寒暑能生化哉？

是以萬物莫不尊道而貴德。

【注】萬物由道德以生畜，故尊貴之。

【疏】以道德有生畜之功，故凡厥懷生，莫不尊尚於道，敬重於

---

① “故云”，原作“故去”，據《唐玄宗御制道德真經疏》（十卷本）改。

德。此勸示衆生,令敦本而崇道也。

【義曰】尊者,高上之稱,喻於父也。貴者,重敬之義,喻於母也。道生德畜,物受其形,以道德爲父母,得不尊而貴之乎？苟忘其本,非人也哉!

道之尊,德之貴,夫莫之爵而常自然。

【注】言道德之尊貴,非假爵命,但生成之功被物,而常自然尊貴爾。

【疏】夫代之尊榮者,必由君爵命然後爲尊。今道之所以尊,德之所以貴,蓋以生成之功被物,故物尊貴之,非假爵命而常自然尊貴爾。

【義曰】人之處世,上以事君,其有材器也,君舉而用之,然後爵之而尊,寵之而貴,而此尊貴有窮極之時。今道以生物,爲物所尊,德以畜物,爲物所貴。生生不絶,故生物之功常尊;成成不窮,故成物之功不極。則常尊常貴,豈有窮極之期乎？其次於此者,則孔子以文教五常之道,垂於萬世,百王之尊;太公以武教七德之訓,傳於萬世,百王貴之。顔、閔以德行,夷、齊以仁義,十哲以四科,貽則於後世,歷代仰而行之。此固非當代之君爵命所及,而其德常尊常貴,但玄功廣大,不階於太上玄元之道德耳。夫爵命者,人君尊賢任士所重也。古者帝王,以萬彙之殷,四方之大,不可一人以理之,故設官命爵,長之於民。爵者,禄位也。命者,名品也。正則官不濫,官不濫則各當其材。如此,則人理矣。官者,管轄之謂也,亦猶網之有綱,衣之有領,舉網領則物自理矣。故太昊以龍紀官,神農以火紀官,黄帝以雲紀官,少昊以鳥紀官,各以其瑞爲其官矣。從少昊以降,德不及遠,不能以他物命官,以民爲紀,皆佐天子以理四海也。唐虞稽古,建官惟百,夏商官倍,亦克用乂。居方以理俗,策名以叙功,所以爵禄以尊之,威權以重之,使萬物瞻仰而遵行其教令。聖人在上,賢以爲佐,如魚水相須,不可闕也。爵之大者,有皇,有帝,有后,有王,有君。其次者,公、侯、伯、子、男,列五等之國。是以帝王之域,四面各五百里爲甸服，方千里也。千里之内，所納有五等：百里納禾藁，二百里納穗，三百里納秸藁，四百里納粟，五百里納米。甸服之外五百里爲侯服，分爲三等：百里爲采，供王事而已。二百里男邦。男，任也，任王事也。三百里諸侯。侯爲斥候也，以衛於王。此合三爲一名也。侯服之外五百里爲綏服。綏，安也。服王之政教而已。亦有二等：三百里揆文教，揆度王之文教而行之。一百里奮武衛，天下所以安之。綏服之外五百里爲要服。要，約也。要約束以安文教也。亦有二等：三百里夷。夷，平也。守平常之教，事王者而已。又外二百里蔡。蔡，法也，差簡而已。要服之外五百里爲荒服，言其簡略而遠也。亦有二等：三百里蠻，以文德蠻來之，不制以法也。二百里流，言流移也，政教所及，隨其俗而已。五服相距五千里，分一十四等，遠近不同也。又《王制》：公侯之國，地方百里；方伯之國，地方七十里；子男之國，地方五十里。此古之設官命爵，差以等級，佐於帝王，共理天下，古之制也。禀帝王之爵命，而長於民矣。

故道生之畜之，

【疏】此覆結初章道生之義。始之爲生，養之爲畜。

【義曰】初言“道生”、“德畜”，今只云“道生之畜之”，然德爲道之用，生畜於物，皆道之動用功爾，故不復言“德”。

長之育之，

【疏】增進曰長，撫字曰育。

【義曰】萬物既生，則陰陽之候，寒暑之勢，增進撫字之，非人之功，亦道之力也。

成之熟之，

【疏】輔相曰成，遂終曰熟。

【義曰】道既生萬物，秋成冬熟，亦道運四時之氣而成熟之也。輔相者，輔助也。相，佐也。《周易·泰卦》云“輔相天地之宜，以佐佑民”是也。

養之覆之。

【注】是以人莫不尊道貴德也。

【疏】資給曰養，蔭庇曰覆。八者皆道德功用之謂，所以萬物尊之而貴之。

【義曰】生、畜、長、育、成、熟、養、覆，八者以利於物，皆道德之玄功也。故天人萬物，含識有情，至於蛸翹動植，未有不資道化功用而有其生也，得不尊之貴之，宗於妙本乎？

生而不有，

【疏】道生萬物，不見其有生之可生，忘生之功，結上“道生之”義也。

【義曰】道能生物，不恃爲有，而物稟道之功，道亦不矜其力。

爲而不恃，

【疏】德之爲養，不見有物之可爲，不恃其功，結上“德畜之”之功也。

【義曰】德以養物，不矜其功，而物稟道之力，道亦不恃其有。

長而不宰，

【疏】以道德忘生育之功，故雖居萬物之長，長育成熟，不爲主宰，責望於物。言此者，欲令人君法道生育，而忘其功爾。

【義曰】道生物而不爲有，德畜物而不爲功，道德長於物而不爲主，故能常爲物所尊貴。人君化育萬物，不伐其能，施及四海，不求其報，澤普天下，不矜其恩，讓德於天，推功於物，超然其心，不以九重爲貴，故保其社稷，享福無窮矣。

是謂玄德。

【注】具如“載營魄”章所釋。彼章明人修如道，此章明道用同人爾。

【疏】此嘆忘功之德也。玄者，深遠不測之名。大道雖能生能畜，而終不恃不宰，德施周普，而名迹不彰，豈非深遠不測之德乎？

【義曰】道德之功，不恃不宰，可謂深玄矣；聖人之德，不恃不矜，可謂廣大矣。道德玄深，故常爲萬物尊貴；聖功廣大，固能克永宗祧。修道之士，積德而不居，陰功而不恃，享壽彌遠，而證道登真可也。

天下有始章第五十二

【疏】前章明道生德畜，不宰有自然之貴；此章明守母存子，歸明無遺身之殃。首七句標能生之本，勸令守母存子；次六句示絶欲之戒，開塞對明；後六句嘆美修證之功，結成襲常之行。

【義曰】道化既彰，天下有始，道爲物母，含孕群生。理國之君，修道之士，睹萬有之畢備，知妙本之所生，守道而居，用道而理，則國無危殆，身保寧長也。夫守道之要，收聽閉視，緘口静身，察微抱柔，韜光返照，常所服守，至道可階。若衒明矜功，道去遠矣。此其旨也。

天下有始，以爲天下母。

【注】始者，沖氣也。言此沖氣生成萬物，有茂養之德，可以爲天下母。

【疏】資氣曰始，資生曰母。言道能以沖和妙氣，生成萬物。物得以生，如母之生子，故云“以爲天下母”。始母雖殊於道氣，布化常一，故上經云：“無名天地始，有名萬物母。”言此者，欲令人知源識本，守母而存子也。

【義曰】資，稟也。物稟道生，道爲物本，仰含育之德，同母養之慈，當須睹流識源，鑑柔知本，用道守道，理國理人，可以泰寧矣。沖，中也。“無名天地始”者，上經第一章之詞。

既得其母，以知其子；

【注】萬物既得沖氣茂養，以知其身即是沖氣之子。

【疏】言人既得沖和之氣茂養爲母，當知其身是沖氣之子。

【義曰】道爲身母，有生成茂養之恩；身爲道子，識茂養生成之本。能知此道當體用於中和，以全其身也。

既知其子，復守其母，殁身不殆。

【注】既知身是沖氣之子，當守此沖和妙氣，不令離散，則終殁其身，長無危殆。

【疏】言人既知身是道氣之子，從道氣而生，常守道清淨，①不染妄塵，愛氣養神，使不離散。人從道生，望道爲本，今卻歸道守母，故云“復守”爾。殁身不殆者，言人常能無欲以歸道，則可以終竟天年，而無危殆也。

【義曰】既知身之所稟，道生我身，即洗心返神，復守其道。無是非之惑，絶聲利之塵，終身行之，道可得矣。

塞其兑，閉其門，終身不勤；

【注】兑，愛悦也。目悦色，耳悦聲，六根各有所悦，縱則生患，是故塞之。不縱六根愛悦，則禍患之門閉矣，故終身不勤勞矣。

【疏】此明絶欲守母之行也。兑，悦也。謂耳目愛悦聲色，鼻口

---

① “常”，《唐玄宗御制道德真經疏》(十卷本)作“當”。

愛悦香味，六根各有所悦。門以出入爲義，言諸根色塵之所由也。若塞其愛悦之視聽，則禍患之門閉矣。禍患之門閉，則終身無有勤勞也。

【義曰】惟道集虚，惟神集無，灰心滅智，道自歸之。不視之見，與天同明；不聽之聞，與天同聰；不爲之事，與天同功。六根不染，行與玄通；六欲不起，與道相同。身安物順，而終身不勤矣。《易》曰："兑之言乎悦也。"又以兑爲目，門爲口，亦以戒其閉絶禍患爾。《西升經》云"鼻口所嬉，香味是怨"是也。此言六情嗜欲，相因爲用，眼見耳聞，心則運動。心既所悦，口則興言，口爲禍患之門，心爲愛悦之主，故可塞而閉之。夫此禍患，用之於國則政亂，行之於身則道虧。閉塞得宜，則身國俱理矣。

開其兑，濟其事，終身不救。

【注】開張六根，縱其視聽，以成濟其愛悦之事，則常有禍患，故"終身不救"。

【疏】此明失道之行也。開其視聽之門，濟其愛悦之事，則禍益患增，故終身不能救理也。

【義曰】道不欲煩，力視損其明；道不欲喧，力聽損其聰。心智競撓，道不可留。耽聲冒色，貪利悦名，萬慮滋起，衆患并興，動貽悔吝，坐陷災蒙，神明不能祐，造化不能生者，以其縱欲害身，故終身不能救。

見小曰明，

【注】人能於事微小見而改行，可謂明矣。

【疏】此示防患之源也。惡兆將興，細微必察，故憂悔吝之時，則存乎纖介。令守母之人，防萌杜漸，理之於未亂。能如此者，可謂之明。

【義曰】守道之人，理國之主，防微於未兆，慮患於未萌。杜邪佞之門，賢良進用；閉嗜欲之鍵，樸素日臻矣。"憂悔吝"者，《易·繫辭》

云："辯吉凶者存乎辭，憂悔吝者存乎纖介。"言吉凶悔吝之來，雖纖介之微不可慢也。防，備豫也。杜，閉塞也。萌，微兆也。漸，小至大也。"理於未亂"者，此經第六十三章之詞也。《尚書》云："致治于未亂，保邦于未危。"皆防其萌漸也。夫萌者，如草木甲坼，先有萌芽。漸者，善惡之來，非一朝一夕，必由其漸。故要杜而塞之，勿使滋蔓，蔓難圖也。

守柔曰強。

【注】守柔弱則人不能加，可謂強矣。

【疏】守柔弱之行者，處不競之地，人不能加，同道之用。能如此者，可謂之強。

【義曰】力強者，人折之；智強者，人害之；勢強者，人謀之；氣強者，人制之；德強者，人伏之。守弱體柔，不犯於物，其德如此，可謂之強。如道之用，孰敢害之也？

用其光，復歸其明，

【注】見小則明，守柔則強。若矜明用強，將失守柔見小之義。故當用光外照，復歸守内明，則長無患累矣。

【疏】光者，外照而常動；明者，内照而常静。由見小守柔爲明爲強，不矜明而用強，故雖用光外照，還歸内明，此轉釋見小守柔之義，使息外歸内，故曰"復歸其明"。

【義曰】外明者，其照有極，謂五里之外，牛馬不辯也；内明者，其照無窮，謂一心密照，則遠近皆察也。所以外則萬境所牽，勞神傷性；内則重玄默悟，造静歸根。復其内明，幾乎道矣。

無遺身殃，是謂襲常。

【注】遺，與也。言還守内明，則無與身爲殃咎者。如此是爲密

用真常之道。

【疏】遺，與也。殃，咎也。言用光照物，於物無著，還守内明，不自矜耀，守母存子，反照本源，自無殃咎。“是謂襲常”者，密用曰襲，能察微遠害，守柔含明。如是等行者，是謂知子守母，密用真常之道。

【義曰】既了復明内照之理，故無殃累及身。殃累不侵，真常密契矣。理國若矜其外照，察察繩非，其政益煩而人益亂。復能見微防患，謙己守柔，晦智含輝，任賢垂拱，三五之理，夫何遠哉？

卷之三十八

唐廣成先生杜光庭述

使我介然章第五十三

【疏】前章明守母存子，故歸明無遺身殃；此章明介然用知，則行道有唯施之畏。初三句明有知則乖道，次兩句示道正而人邪，又七句明有知之生弊，後兩句嘆盜夸之非道，而以爲戒爾。

【義曰】前以歸明襲常，爲所修之至要；此舉有知行道，所施畏有所傷。而大道坦夷，人趨邪徑，雖庭華服侈，且田廢廩虚，處位者食厭財豐，在下者家空力竭，以此爲理，譏謂盜夸。欲使斥彼淫奢，節其劍服，勤三農之稼穡，使萬井之豐穰，國其永寧，人不爲盜。修身者約己窒欲，務道疏財，介然獨修，可俟飛翥矣。

使我介然有知，行於大道，唯施是畏。①

【注】老君言：若使我耿介然，於其有知，②欲行大道，既與道不合，故惟所施爲，是皆所可畏也。

【疏】使我者，老君假設之詞也。介然，謂耿介然有知之皃。夫道非知法，而代人欲以有知行道，故老君患其蔽蒙，昌言曰：使我耿

---

① “唯施是畏”4 字原缺，據《唐玄宗御制道德真經疏》（十卷本）及下文補。

② “於”，《唐玄宗御注道德真經》作“矜”。

介然，矜其有知，欲行無爲大道於天下者，有知則與道相乖，而失無爲清静之化，唯所施爲，將害於物，故可畏懼也。

【義曰】至道之君，勤行之士，不以多智而爲道，不以博識而探真。道不可知，知之益遠矣。《莊子·智北游》篇曰："智游於玄水之上，問無爲謂曰：'何思何慮則知道？何處何服則安道？何從何道則得道？'三問不答，非不答，不知答也。智返於白水之南，以問狂屈。狂屈曰：'唉！余知之矣。欲言而忘其所言。'智又返於黄帝之宫，以問黄帝。黄帝曰：'無思無慮始知道，無處無服始安道，無從無道始得道。'智謂黄帝曰：'我與汝知之，無爲謂、狂屈不知也。其孰是耶？'黄帝曰：'無爲謂真是也。狂屈似之。我與汝終不近也。知者不言，言者不知。故聖人行不言之教。'"此謂道離有説而非説能明，故知之者與道遠矣。此欲使帝王行不言之教，不欲介然而知也。又泰清問於無窮曰："知道乎？"曰："不知。"又問無爲，曰："知之。道也，可以貴，可以賤，可以約，可以散。"泰清以此言問於無始曰："無窮與無爲，兩者孰是？"無始曰："不知深矣，知之淺矣；不知内矣，知之外矣。道不可聞，聞而非也；道不可見，見而非也；道不可言，言而非也。"此則介然有知，欲行於道，既乖道矣，能無畏乎？

大道甚夷，民甚好徑。

【注】大道平易，是畏有知。而人多故，欲心求捷，如彼行人，好從邪徑。邪徑之弊，其如下文。

【疏】夷，平也。徑，邪捷之道。言大道坦然平易，而人好從邪徑。且大道之化，貴夫無爲，無爲則平易。而代之從事，不能息智於無欲，將役心以應務。始雖好徑而求捷，終則失道而焚和。故云"人甚好徑"。

【義曰】道本坦夷，無爲即可致。人好邪徑，涉迹則乖真。邪捷則行之者多，平夷則好之者寡。其故何哉？邪教順俗，率下士之易從；大道淡然，非上智而難守。故造邪徑者多也。孔子弟子有澹臺滅明，字子羽，居武城，行不由徑，樂道安貧，爲儒教之所重。況修真參道，而溺於邪徑者，過莫大焉。理國者在於去奸邪，崇正直，進忠讜，黜佞人，然後至理可期，太平可致爾。"焚和"者，《莊子·外物》篇云："陰陽錯行，天地大駭。水中有火，乃焚大槐。利害相摩，生火甚多，衆人焚和。"言害生於欲，欲火焚其真性，而傷天和也。

朝甚除，

【注】尚賢矜智，生巧僞。除，理也。

【疏】除，理也。言好徑之君，不尚無爲之化，但以有爲爲理。雖云"甚除"，有爲則傷巧詐，故注云"尚賢矜智，生巧僞"。又解云：朝廷修理，峻宇雕牆，故云"甚除"。

【義曰】上即進智巧之人，矜朝廷之理；次則竭生靈之力，壯華侈之居。用巧智則朝雖崇嚴，下民困弊；華侈則君迷隆盛，百姓崩離。豈若茅屋采椽，垂衣致理？修身者被褐懷玉，無徇繁奢以傷其行也。"峻宇雕牆"者，《尚書·五子之歌》詞也。夏啓之子太康嗣位，樂于盤游，兄弟五人作歌曰："外作禽荒，内作色荒，酣酒嗜音，峻宇雕牆。有一於此，未或不亡。"峻宇者，宫殿崇高也。雕牆者，垣牆雕麗也。

田甚蕪，

【注】浮食墮業，廢農事也。

【疏】草長曰蕪。淫巧浮食，則農事荒蕪。既闕嘉生之報，何望如坻之積？

【義曰】智巧在朝，邪佞居位，尚浮華則墮業，重雕峻則傷農。田畝蒿萊，人力疲瘵，何以致人安國霸乎？《詩》曰："不稼不穡，胡取禾三百廛兮？"夫士農工商，各守其業，則無墮游冗食之人矣。既廢農尚詐，則浮食者多，國力困矣。如坻者，積土曰坻，言豐年稼穡所積如京如坻多也。京，大也。

倉甚虚，

【注】南畝不收，無儲積也。

【疏】年登則廩實，農廢則倉虚，自然之理也。

【義曰】肆邪任智，害政傷農，浮冗既多，倉廩不實，理固然矣。欲使君慕清虚，臣懷端慤，奸邪徑塞，正直門開。無華宇崇臺，絶浮游冗食，勸農則廩實，静理則人安。至於澡雪修真，洗心守道，於身於國，何莫由斯也？

服文彩，

【注】刻雕綺綉，害工利。

【疏】青赤爲文，色絲爲彩。言賤質而貴文也。

【義曰】朝既除理，君尚浮華，文彩飾裝，理無爽也。

帶利劍，

【注】文德不修，尚武備。

【疏】利劍者，武備也。夫文德者，理國之器用。武功者，文德之輔助。而文爲本，武爲末。今專事武功，是棄本而崇末也。

【義曰】利劍之用，制敵所先，非理國之大器，今重而帶之，是輕於文而棄於本矣。武備者，《春秋・定公十年》：夏，與齊景公會于夾谷，孔子攝行相事。曰："臣聞有文事者必有武備，有武事者必有文備。諸侯出疆，必具官從，請具左右司馬。"定公從之。會所爲壇位，土階三等，以遇禮相見，揖讓而登。獻酬已畢，齊使萊人以兵鼓噪，劫定公。孔子歷階而進，不盡一等，以公退，曰："士兵之！吾兩君爲好，而裔夷之俘敢以兵亂之，非齊君所以命諸侯也。裔不謀夏，夷不亂華，俘不干盟，兵不逼好。於神爲不祥，於德爲愆義，於人爲失禮。君必不然。"齊侯心怍，麾而避之。有頃，齊侯奏宫中之樂，倡優侏儒戲於公前。孔子趨進，歷階而上，不盡一等。曰："匹夫而熒侮諸侯者，罪應誅。請有司速加法焉。"於是斬侏儒，手足異處。齊侯懼，有慚色。既盟，齊侯歸，責其群臣曰："魯以君子之道輔其君，而子獨以夷狄之道教寡人，得罪於魯君。"乃歸所侵魯鄆、讙、龜陰之田。此文事有武備也。

厭飲食，

【注】烹肥擊鮮，重滋味。厭，飫也。

【疏】厭，飲食也。庖厨豐厚，厭飫芳鮮，上多玉食之資，下有凍餒之患矣。

【義曰】國用智詐，君尚有爲，道化不行，農畝弛廢，而嘉羞美饌，厭於庖燔，疲人有凍餒之悲，朝市有珍鮮之飫。豈不痛哉！

財貨有餘：

【注】聚斂積實，饒珍異。

【疏】財貨，謂錢帛珠玉之流也。多藏厚斂，有餘也。未學不貪爲寶，但欲多財累愚爾。

【義曰】古之所謂"寧積於人，無藏府庫"，誠哉言乎！孔子曰："百姓不足，君孰與足？"斯則民豐國安矣。若積聚無已，溪壑難盈，帑藏有餘，民力困竭，非王霸之道也。

是謂盜夸。非道也哉！

【注】矜其有知，動以成弊，行同盜竊，仍自矜夸。夸盜非道，適令興嘆。也哉者，嘆之辭也。

【疏】非理而取爲盜，矜其所有爲夸。且頭會而斂，取於不足；縱欲而費，奉其有餘。傲然自得，以爲夸尚，謂之爲盜，不亦宜乎？所爲如此，則非吾所行之道矣。也哉者，傷嘆之辭也。

【義曰】不以道德臨人，而任智詐爲國，内尚奢巧，下竭黎元，私室不足於糟糠，公府有厭於粱肉，貨財豐衍，壠畝榛蕪，而伐善矜能，大爲夸尚。理身者聲色蕩心，珠翠亂目，嗜欲傷性，機智驚愚，真氣耗於三田，赤子淪於六藏，尸居餘氣，而徇禄矜夸，斯爲盜也，去道遠矣。老君以此垂文，用申炯戒，修身理國，可以爲殷鑑焉。盜者，《説文》云："私利物者曰盜，從次從皿。"次，口液也。口液在於皿器之上，欲得物也，故謂之盜。《字林》云："取非己之物曰盜。"言飲食珍異，財貨殷豐，厭飫有餘，而不修己德，財富德薄，叨竊無殊，不自省循，乃復矜伐，非盜而何？特宜謙戒哉！

善建不拔章第五十四

【疏】前章明好徑之君，若盜夸而非道；此章明善建之主，享不拔而長存。首標以道立國修身之益；次"故以身"下，明觀身觀家之法；後"吾何以"下，結嘆惠照所知之驗。

【義曰】立國以道德，國不可拔；率人以道德，人不可離。所以享國無窮，子孫不絶。其何術哉？身修道以正其家，家修道而正其鄉，鄉修道而正其國，國修道而正天下。以修道之益，觀不修道之損，其理亂可知，存亡可見矣。旨在息盜夸之行，悛好徑之心，於國於身，吉凶斯兆矣。

善建者不拔，

【注】善能以道建國立本者，不可傾拔。

【疏】建，立也。不拔，不傾拔也。言人君善能以道建邦立本者，因百姓之所爲，任兆人之自化，然後陶以淳朴，樹以風聲，使儀刑作孚，樂推不厭，則功業深固，萬方歸德。斯所謂善建者，何可傾拔乎？

【義曰】立國不以道，衆叛親離，立身不以道，犯危蹈禍，敗不旋踵，傾拔可期。唯道德爲基，則無危殆矣。"儀刑作孚"者，《詩・大雅》曰："儀刑文王，萬邦作孚。"孚，信也。文王以道垂化，萬邦歸信也。"樂推不厭"者，此經第六十六章之詞也。言聖人欲上人，以其言下之，欲先人，以其身後之，處上而人不重，處前而人不害，天下樂推而不厭，以其不争，故天下莫能與之争。此善霸國立身之旨矣。風聲者，德風之聲。

善抱者不脱，

【注】善能以道懷抱百姓者，不可脱離。

【疏】抱，守也。脱，離也。善以道懷抱百姓者，動而悦隨，何可脱離也？且夫樂餌所在，過客猶止，況夫道德有進於此乎？以之御物，爲物所歸，固其宜也。

【義曰】聖人乘時立極，任物爲心，四海歸仁，萬方順化。國之基不可以傾拔，人之心不可以脱離。昔周大王紹古公亶父之德，始王於邠，迫於犬戎，狄人攻之，事之以皮帛而不受，事之以車馬而不受，事之以珠玉而不受。曰："狄人所求者，貪吾之土地也。不可禦備以勞人，征伐以役人，而存吾身乎！與人兄居而殺其弟，與人父居而殺其子，吾不忍也。子皆勉居矣。爲吾臣與狄人之臣，亦何以異？且吾聞之，不以所用養害所養。"因策杖而去之。民相連而隨之，成國於岐山之下。有三子，其小子季歷，生文王，文王爲西伯，律身修德，而興周業八百餘年。此蓋善得人心，不可脱而離之也。"樂餌所存"者，上經第三十五章之詞也。曰"樂與餌，過客止"，言嘉樂所奏，肴膳所陳，過客聞而聽之，見而美之，爲之留止，況道德昭著，人固悦而隨之也？

子孫祭祀不輟。

【注】言善以道德建抱之君，功施於後，愛其甘棠，況其子孫乎？而王者祖有功，宗有德，故周之興也，始於后稷，成於文武。周之祭也，郊祀后稷，宗祀文王。故雖卜代三十，卜年七百，毁廟之主，流謚於外，而后稷文王郊宗之祀，不輟止也。

【疏】祭，薦也。繼代曰祀。謂後代子孫薦祀於祖宗也。輟，止也。

【義曰】理國以善立善抱，則祚流子孫；修身以善立善抱，則年逾稟受。祭祀不輟，弈業無窮矣。"愛其甘棠"者，《詩・甘棠篇》曰："蔽芾甘棠，勿翦勿敗，召伯所憩。”昔周武王之有天下，使周公旦分理陝東，召公奭分理陝西。召公有德，民樂其化，常不欲勞人之力，乃坐於甘棠樹下，以聽訟焉。後人懷其德而存其樹，不翦不伐，詩以美之也。“祖有功”者，帝王立國，必藉積代之福而有天下。及功成制禮，必本其先祖有功者而祀之，有德者而尊之。宗，尊也。后稷，姬姓之後，名棄，爲堯之臣，歷事於舜。黎民阻飢，后稷播植百穀，以濟於民，功格於物也，爲農正。其後子孫亶父至于文王、武王，乃有社稷。故其宗廟郊祀后稷以配天，宗祀文王以配地。雖親盡廟祧，其后稷、文王始祖之廟，世世祀之。至秦漢革命，祭祀方止。漢承堯後，唐堯有聖德，功及於民，其後子孫乃興漢業，代世宗祀。及魏受漢禪，祭祀方止。德明皇帝皋繇，佐堯事舜，種德及民，故我唐承其遐福，受命享國，追尊爲德明皇帝焉。

修之身，其德乃真；

【注】修道於身，德乃真淳也。

【疏】此下明少修少證，多學多得。故修之身謂一身修，修之家謂一家修。始於一身，修於天下，例可知也。言善立之人，照了真性，真性清淨，無諸僞雜。僞雜既盡，德乃真純也。

【義曰】夫千里之行，跬步爲始，修身理國，先己後人。故近修諸身，遠形于物，立根固本，不傾不危，身德真純，物感自化矣。

修之家，其德乃餘；

【注】一家盡修，德乃餘羨。

【疏】修道於家，上和下睦，故其德有餘慶也。故《易》曰：“積善之家，必有餘慶。”

【義曰】身既有道，家必雍和。所謂父愛、母慈、子孝、兄友、弟恭、夫信、婦貞，上下和睦，如此則子孫流福，善及後昆矣。積善者，《易・坤卦・文言》曰：“坤道其順乎，承天而時行。積善之家，必有餘慶；積不善之家，必有餘殃。”此明吉凶有漸，先明所行善惡，故後彰其吉凶。一家修道，善必有餘矣。

修之鄉，其德乃長；

【注】一鄉盡修，德乃長久。

【疏】按《周禮》：“萬二千五百家爲鄉。”言一鄉修道，禮義興行，尊卑有序，閭閈相比，不黨於親。一家修道，德猶未廣，一鄉盡修，德乃長久。

【義曰】君子之立行也，正其身以及其家，正其家以及其鄉。尊其長老，敬其幼少，教誨愚鄙，開導昏蒙。少長得宜，尊卑有序，風教肅肅，禮樂詵詵。由一身之所修，乃萬家之所稟。道之化物，善莫大焉。所以優長久永也。

修之國，其德乃豐；

【注】一國盡修，德乃豐盈。

【疏】修道於國，風易俗移，還淳反朴，不偏於所近。一鄉修道，德猶未遍，一國盡修，德乃豐厚。

【義曰】一國者，諸侯之國也。公侯伯子男，各主一國，所以藩屏王室，輔衛帝居。若一國之中，自能修道，則禮行化美，君信臣忠，境内無虞，其德豐大矣。

修之天下，其德乃普。

【注】若天下盡修其德，施乃周普也。

【疏】普，遍也。夫百姓歸厚，在君之化。修之廟堂，德流海外者，蓋正其身，不言而化，不教而理。下之應上，如響應聲，德無不周，乃施普也。

【義曰】道之行也，先諸身而後諸物，故曰未聞身理而國亂，身亂而國理也。所以身修於内，物應於外，德發乎近，及乎遠。一夫感應尚猶若此，況於帝王乎？天子味道耽玄，敬天順地，凝心玄默，端己無爲，書軌大同，梯航入貢，四夷款附，萬國來王，道無不被，故其德周普矣。廟堂者，天子政事之所也。"德施普"者，《易·乾卦·象》云："見龍在田，德施普也。"言龍潛於初九，見於九二，當潛之時，功未濟時，德未及物，待時而動，静以全身。及九二出見，布德行化，周及萬方，所以遍普也。夫龍者，喻陽氣也。陽氣當子月初生，潛於幽泉之底，丑月出見，乃能生化萬物。感其發主之功，故周施陽氣，普及於物也。

故以身觀身，

【注】以修身之法觀身，能清淨者乃真。

【疏】觀者，照察也。注云"以修身之法觀身，能清淨者乃真"，謂觀身實相，本來清淨，不染塵雜，除諸有見，有見既遣，知空亦空，頓捨二偏，迴契中道，可謂清淨契真矣。

【義曰】不修道之身，動違正理，名辱身危。修道之身，外絶衆緣，内染一氣，除垢止念，守一凝神，以慧照自觀，證了實相，不滯空有，深入妙門，可以得道。理國之君，允執厥中，則永享天禄也。

以家觀家，

【注】以修家之法觀家，能和睦者有餘。

【疏】以修家法觀家，家人和睦，則福善有餘。

【義曰】不修道之家，不睦六親，不遵五教，動掇災否，上下崩離。修道之家，九族允和，衆善咸萃。《易·家人卦·九五·象》曰："王假有家，交相愛也。"此言居於尊位而明於家道，六親和睦，移之於政，即天下化之，交相愛樂也。

以鄉觀鄉，

【注】以修鄉之法觀鄉，能順序者乃長。

【疏】以修鄉之法觀鄉，鄉人盡修道，尊卑順序，道化漸廣，德乃延長。

【義曰】不修道之鄉，禮敬不行，長幼失序，貴賤陵虐，上下交争。修道之鄉，德既優長，人叶其序，肅静善順，境泰人和也。

以國觀國，

【注】以修國之法觀國，能勤儉者乃豐。

【疏】以修國之法觀國，國人盡修，勤而且儉，德乃豐盈。

【義曰】不修道之國，干戈構役，虐害其民，瘥毒流行，人罹其酷。修道之國，神明助祐，風雨以時，善化所覃，嘉祥自應，人豐德富。理使之然矣。

以天下觀天下。

【注】以修天下之法觀天下，能無爲者乃普。

【疏】夫以天下觀天下者，復何所觀哉？亦但觀身爾。人君清静無爲，以道善建善抱，自然百姓胥附，國祚又安。

【義曰】以不修道之天下者，桀紂是也。生人塗炭，寰海判離，骨肉仇讎，社稷塗地。雖有謀臣武士，不能用也；雖有金城湯池，不能守也。以萬乘之貴，希匹夫之生，不可得也。修道之天下者，堯舜是也。四海之内，比屋可封，慈惠浹於殊庭，正朔頒於萬寓。雖有水旱之災，年不害也；雖有征伐之師，人不怨也。其何故哉？以正身九重，天下自順。然後登真證道，常存不亡，昭昭乎萬代師範矣。

吾何以知天下之然哉？以此。

【注】以此觀身等觀觀之，則可知矣。

【疏】此假設之詞也。老君言：我何以知天下善建則不拔，善抱則不脱，福德弘益之然乎？蓋以此觀身等觀而觀之，自家刑國，由内及外，則知爾。《易》曰“觀我生”，又曰“觀其生”，將欲自觀而觀人也。

【義曰】老君聖慈愍物，垂教殷勤。重明於家於國理亂之由，修之與不修之證，再自舉問，廣示群迷：何以知天下興亡？蓋以此五觀之法，觀其善惡損益之驗爾。觀我生者，《易·觀卦·六三》云“觀我生”，謂進退之象也。我生，身所動也。六三居下體之極，是有可進之時；又在上體之下，復在可退之位。遠而非物，不爲童觀之卑；上非九四，未能觀光於國。既居進退之地，可以自觀我生。可進即進，可退即退，觀風相機，其道未失。此以卦象之理，進退則然。若夫觀國觀身，義在力修道德。道德修則國不傾拔，享福登真；失道德則國削祚危，禍至身辱。以爲君臣至誠，得不自勖哉？所云“觀其生”者，最處上極，高尚其事，生亦道也，爲天下觀其己之道，故云“觀其生”也。以爲特處異地，爲衆所觀，既居天下可觀之地，可不慎乎？君子謹慎，乃得無咎。《正義》云“我生”、“其生”，皆動出生長之義也。

卷之三十九

唐廣成先生杜光庭述

含德之厚章第五十五

【疏】前章明善建之主，享不拔而長存；此章明含德之人，獨知和而不害。首五句，標含德所以不搏；次"骨弱"下五句，明全和所以不嗄，知和則明了，使氣則強梁；"物壯"下申勸強梁之人，欲令不爲是行。

【義曰】於國既能善建善抱，於身所要含德全和。善建則國不傾危，含德則物無傷害，和至則益生爲善，物壯則非道早亡，不唯戒在修身，抑乃勸於理化。此章之大旨也。

含德之厚，比於赤子：

【注】至人含懷道德之厚者，其行比於赤子矣。

【疏】含，懷也。言至人含懷道德之深厚者，内爲道德之所保，外爲神明之所護，比若慈母之於赤子也。此理難曉，故借喻以明之。故寄赤子之全和，以況至人之全德。赤子，嬰兒之小者。取其内無分别，不生害物之心。

【義曰】至道之士，韜德含和，内外混凝，不忤於物，如赤子之純粹，若嬰兒之未孩。其德既然，所以物不能害。物不害者，以至人無害物之心故也。赤子者，子生三月而眼轉，晴微晌，能分别人。其未分别之前，即號爲赤子，和氣全也。既有所別，和氣分矣，不可謂爲赤子也。

毒蟲不螫，猛獸不據，攫鳥不搏。

【注】至人神矣，物不能傷。既無害物之心，故無搏螫之地。此至人之含德也。

【疏】此釋至人之全德也。毒蟲，蜂蠆之屬。猛獸，虎兕之屬。攫鳥，鷹鸇之屬。螫謂尾端行毒。據，按也，謂以足據物。搏，持也，謂以爪搏持物也。言至人德全於内，和氣充盈，心冥乎道，故有毒之蟲不能螫，猛毅之獸不能據，鷙攫之鳥不能搏，蓋以其至順德厚之所致也。

【義曰】含德之行，與道混冥，動順物宜，物故不害，静與道合，害所不加。雖蜂蠆毒螫之徒，猛毅鷙攫之類，自然遠矣，何能害人？人君含德臨人，全和御物，禍亂不作，戈甲不侵，外服四夷，内清六合，靡然物化，其含德之謂乎？

骨弱筋柔而握固，

【疏】此下明赤子之全和也。赤子筋骨柔弱，持握不當牢固。今拳手執物，能自固者，豈非和氣不散之所致乎？

【義曰】和之所用，其大矣哉！禮之用，和爲貴；師之用，和爲先。地利不如人和，師克在和，不在衆。《書》曰："紂有億兆之人，離心離德，周有十臣，同心同德。"故《春秋》："鄖人伐楚，屈瑕患之。鬬廉對屈瑕曰：'師克在和，不在衆。商、周之不敵，君所聞也。'屈瑕欲卜之，曰：'卜以決疑，不疑何卜？'敗鄖師於蒲騷。"今赤子以和，握持既能牢固，立身以和處衆，必無交争。王者以和君臨，固能化洽。和之全也，與含德理同。所解赤子全和，謂如下文爾。

未知牝牡之合而峻作，精之至；

【疏】雌曰牝，雄曰牡。峻者，氣命之源也。言赤子心無情欲，未辯陰陽之配合，而含氣之源動作者，豈不由精氣純粹之所致乎？

【義曰】《上清洞真品》云：人之生也，稟天地之氣爲神爲形，稟元一之氣爲液爲精。天氣減耗，神將散矣；地氣減耗，形將病矣；元氣減耗，命將竭矣。故帝一迴元之道，泝流百脈，上補泥丸。腦實則神全，神全則形全。形全者，百關調於内，邪氣亡於外，髓凝爲骨，腸化爲筋，純粹不雜，而長生可致矣。

終日號而嗌不嗄，和之至。

【注】赤子骨弱筋柔，而能握拳牢固，未知陰陽配合，而含氣之源動作者，精粹之至；終日號啼而聲不嘶嗄者，由純和之至。此知赤子之全和也。

【疏】嗄，聲破也。赤子終日號啼，其聲不嘶破，豈非精氣純粹之能致乎？

【義曰】含德之人，全和之士，德行周厚，和氣精純，如赤子也。赤子純和既積，元氣内充，執握能牢，啼號不嗄，純之至也。夫啼極無聲，謂之嗄。赤子和氣未散，真精固存，喻彼理國純和，群生貞粹，玄化彌遠，德聲益彰，而不竭也。又骨弱筋柔而能握固，非因其力，由赤子心專，以喻含德之人屈身順物，柔心從道，衆欲所不能開，由心業淨故也。未知牝牡之合而峻作，由含德之人無心應物，動任自然，非情欲所侵，由身業淨故也。赤子號而不嗄，如含德之人法音演教，以法利物，聲化無窮，而不衰歇，由口業淨故也。赤子純淨，外欲不侵，内心不亂，自然而然也。含德之人三業清淨，有如赤子，乃修之使然。理國之道，君抱淳素，臣任忠良，法網不施，德化周布，若赤子自然端樸，如含德修勵日新，和氣潛充，人歸於道矣。

知和曰常，

【注】能如嬰兒固守和柔，是謂知常之行。

【疏】赤子以和氣至純而聲不敗，因之以示教。言人能如嬰兒知和柔之理，修而不失者，是謂知真常之行。

【義曰】五常備具曰和。於身和則德充而合真，於國和則化周而祚永。處衆和則合禮，行師和則有功。和之爲義，大矣哉！

知常曰明；

【注】守和知常，是曰明了。

【疏】人能知真常之行，而保精愛氣者，是曰明達了悟之人。知和知常，嘆同德之美；益生使氣，舉失道之過。

【義曰】既備五常，是謂和矣。復知其和，不可斯須離而常行之，斯謂於道益明，於理益達。理國以和爲常，加以明達，所謂合天地之德，齊日月之華矣。以和御物，物無不順，以和從道，道無不成。太上《五厨經》曰：和乃無不和，玄理同玄際。抱和守常，道可冀也。

益生曰祥，

【注】祥者，吉凶之兆。言人不知守常，而求益生過分，動之死地，是曰凶祥。

【疏】祥者，吉凶之兆。不能全和於知常，而營生於分外。殊不知分外求益，所亡滋多，則求益生過分，是凶祥也。《莊子》云："常因自然而不益生。"

【義曰】人能知和知常也，爲明達於道。更求益生過分，是必兆其凶祥。斯則求生之厚，爲妖祥矣。"而不益生"者，《莊子·德充符》篇莊子謂惠子曰："是非吾所謂情也。吾所謂無情者，不以好惡内傷其身，常因自然而不益生。"此莊子以是非爲情，不以喜怒滑性，哀樂傷神，受之天然，不營分外，人理自具，何用情以益生乎？道與其貌，天與其形，無以好惡内傷其身也。

心使氣曰強。

【注】心有是非，氣無分別，若役心使氣，是曰強梁之人。

【疏】夫心有是非，而氣無分別，故任氣則柔弱，使心則強梁。今失道益生之人，役心使氣，氣爲心使，是曰強梁。故《莊子》云："無聽之以心，而聽之以氣。"

【義曰】含德必任氣而柔弱，益生則使心而強梁。柔弱合於真常，強梁乖乎修鍊。理國亦以柔和爲上，不以強大爲能。棄柔任強，喪身敗國矣。"無聽之以心"者，《莊子·人間世》篇孔子謂顔回曰："若一志，無聽之以耳而聽之以心，無聽之以心而聽之以氣。聽止於耳，心止於符。氣也者，虚而待物者也。唯道集虚。虚者，心齋也。"此言心虚則嗜欲無入，神清則玄覽無疵。遺其色聲，忘其境智。境智忘而玄道自至，色聲一而物相盡空。心止於符，氣合於漠，此謂之心齋也。惟孔子、顔回得之矣。

物壯則老，是謂不道，不道早已。

【注】凡物壯極則衰老，故戒云矜壯恃強，是謂不合於道，當須早已。

【疏】此明強梁失道之過。壯者，剛毅也。老者，衰憊也。夫物盛則衰，壯極則老。夫用心使氣，矜其強壯者，自致衰老。謂之不道者，道貴柔弱，今恃強梁，既與道不合，故勸令早止。

【義曰】夫物自壯而得老，自盛而得衰，自榮而得枯，自老而得死，世之常也。守和含德之士，反於此焉。老君以衆生未解知常，不能含德，不及赤子之無害，果爲強梁以喪真，勸其早止，俾令知道而勤修也。若理國之主捨和棄明，不能謙抑於九重，而肆其鋒於外境，人疲國耗，必致自焚。未若體道全柔，以安其社稷，所謂"早已"也。

知者不言章第五十六

【疏】前章明含德之人,獨知和而不害;此章明悟道之士,能了言而無執。首兩句示理暢而言忘,次七句明静塵而不染,“是謂”下明不染者與玄同德,“故不可”下明同德則不可毁譽爾。

【義曰】至道無言,有言則乖道;至人窒欲,塞兑則歸真。能混光塵,與道同矣。如此則親疏不此,利害難欺,不爲貴賤所排,是明天下之貴。此亦欲使人君自悟,任道忘功,不爲利欲所嬰,遠懷近悦,不爲貴賤所惑,合道同玄,常爲天下之尊,克享無期之祚。與夫含德全和之理,亦何異乎?

知者不言,言者不知。

【注】知,了悟也。言,辯説也。

【疏】知者,了悟也。言者,辯説也。夫至理精微,玄宗隱奥,雖假言而詮理,終理契而言忘。故了悟者,得理而忘言;辯説者,滯言而不悟。故曰“知者不言,言者不知”爾。

【義曰】無爲之要訣之於心,以言而傳,斯非道矣。《西升經》云:“道可以心得,不可以言傳。”《易》曰:“得理而忘言,得意而忘象。”滯於辯説,非道也哉!

塞其兑,

【注】了悟者於法無愛染,於言無執滯,故云“塞其兑”。

閉其門,

【注】既無愛染,則嗜欲之門閉矣。

【疏】具如“天下有始”章所釋。彼則約道清淨,以塞六根愛悦;此則因教辯忘,將息滯言之累。於言無執,故云“塞其兑”。不爲榮辱之主，可謂“閉其門”。

【義曰】欲忘言者，塞其兑。兑，口也。言語理絶，自契忘言矣。欲忘象者，閉其門。門，目也。形象混冥，自契忘形矣。塞兑則辯説不施，固無滯於言教；閉門則榮觀自息，無溺於是非。然後紛鋭盡銷，光塵共混，方叶玄同之德矣。人君尚不言之化，敦不宰之功，其功益崇，其化彌廣矣。

挫其鋭，解其紛，和其光，同其塵。

【疏】此四句，已出上經“道沖”章。彼則就道以論功，此則據人以明行。上下兩經互舉其文者，以其於濟物修身之義有功，故重言之。

【義曰】鋭以躁進，挫之以歸和；紛以交争，解之以歸寂。光以獨顯，不若和之爲貴；塵以衆晦，不若同之爲能。此四行，體道表道之功，於人勉人之行，於國則刑賞合度，於身則貞吉攸長。老君重舉此言，益明勖勵之旨。

是謂玄同。

【注】五句解如“道沖”章。彼則約道，此則約人。言人能體道，是謂與玄同德。

【疏】嘆夫體道之人，既已不滯言教，又能和光混迹，行符於道，是謂玄同。

【義曰】以上明四行體道於人，既彰其利，理身理國，克叶其功，是謂與道同德。玄，謂道也。

故不可得而親，

【注】玄同無私，故不可得而親。

不可得而疏；

【注】泛然和衆，不可得而疏。

【疏】言玄同之人，心無偏私，不可得親而狎之；和光順物，不可得疏而遠之。

【義曰】心既玄同，親疏混一。夫世俗之常者，偏愛則親之，偏惡則疏之。有道之士，愛惡不關於心，則親疏不彰於物矣。理國之道，刑賞不濫，功過無欺，推之以公，則無偏親偏疏之事矣。

不可得而利，

【注】無欲，故不可得而利。

不可得而害；

【注】無争，故不可得而害。

【疏】恬惔無欲，故不可得從而利之；處不競之地，故不可得犯而害之。

【義曰】迹既玄同，利害不加矣。夫有道之士，不可以利誘，不可以害加，以其無欲無爲，惟清惟静，故利害無由而入矣。世人反於此，故利可誘之，勢可移之，所以害可加矣。

不可得而貴，

【注】體道自然，故不可得而貴。

不可得而賤：

【注】洸然無滓，故不可得而賤。

【疏】體道自然，非爵禄所得貴也；超然絶累，非凡俗所得賤也。

【義曰】情既玄同，貴賤一矣。體道之士，榮禄不能勸，威刑不能沮，如玉投泥不能污也，豈貴賤干其慮哉？

故爲天下貴。

【注】體了無滯，言忘理暢，紛鋭盡解，光塵亦同。既離親疏，不可貴賤，故爲天下貴。

【疏】玄同之士，悟理忘言，塞兑閉門，根塵無染，紛鋭既解，光塵亦同，其行如此，故爲天下之所尊貴。

【義曰】既彰四行，玄與道同。心不涉於親疏，迹不交於利害，貴之不爲喜，賤之不爲憂，混合大道，爲天下貴。人君弘此四德，以化萬邦，與道混同，不言而理矣。

卷之四十

唐廣成先生杜光庭述

以政治國章第五十七

【疏】前章明悟道之士，能了言而無執；此章明以政之君，失無爲之自化。首三句標門以示義，次十句設問以明理，後五句示無事可以取天下爾。①

【義曰】理國以政，其迹必彰；用兵以奇，其詐非道。不若無事以聚萬方。其或多忌諱，廣機權，縱淫工，明法令，去道殊遠，而國益危。惟可以無事臨人，去欲歸静，兵革不用，奇詐不施，政令不煩，刑法幾措。此章之大義也。

以政治國，

【疏】此下三句并標宗也。以，用也。政，教也。言有爲之君，矜用政教而欲爲理，不能無爲任物自化，欲求致理，未之前闻也。

【義曰】以道理天下者，不言而民信，不令而民從，不刑而民威，不賞而民勸。夫何故哉？民化其上，皆歸於善，不在賞而勸也；民禀於和，自革其惡，不待刑而威也；民復樸素，不待令而從也；民齊貞正，不待言而信也。此無言教而理矣。以言教理民，涉有爲也，非道也哉！

---

① “示”，原作“反”，據《唐玄宗御制道德真經疏》(十卷本)改。

以奇用兵，

【疏】奇，變詐也。不祥之器，君子惡之，況加變詐之名，而無節制之用？是兵猶火也，不戢，將自焚。故知奇變之兵，非制勝之道也。

【義曰】以奇詐而用兵，乖於大道。何者？國以政刑爲本，政在於簡易因循。兵以變詐爲先，變在於應權合理。政失於道則刑賞濫，詐失於道則殺害多。濫刑賞以爲功，恣殺害而求勝，而欲興邦致理，不亦難乎？與夫任物自化、有征無戰遠矣。"兵猶火"者，《春秋·隱公四年春》：衛公子州吁弑其君完。初，衛莊公娶于齊東宫得臣之妹，曰莊姜，美而無子，衛人爲賦《碩人》之詩。娶于陳，曰厲嬀，生孝伯，早死。其娣戴嬀生桓公。莊姜以爲己子。公子州吁，嬖人之子也，有寵而好兵。公弗禁，莊姜惡之。石碏諫曰："臣聞愛子教之以義方，不納於邪。驕奢淫佚，所自邪也。四者之來，寵禄過也。將立州吁，乃早定之。若猶未也，階之爲禍。夫寵而不驕，驕而能降，降而不憾，憾而能修者，鮮矣。且夫賤妨貴，少淩長，遠間親，新間舊，小加大，淫破義，所謂六逆也。君義臣行，父慈子孝，兄愛弟敬，所謂六順也。去順效逆，所以速禍也。君人者，將禍是務去，而速之，無乃不可乎？"弗聽。石碏之子厚與州吁游，禁之，不可。桓公立，碏乃老。二月戊申，州吁弑桓公而自立。將修先君之怨於鄭，而求寵於諸侯，以和其民，使來告於宋曰："君若伐鄭，以除君害，君爲主，弊邑以賦與陳、蔡從，則衛國之願也。"宋人許之，於是陳、蔡方睦於衛，故宋與陳、蔡、衛伐鄭，圍其東門，五日而還。宋公乞師於魯，魯辭之。隱公問於衆仲曰："州吁其成乎？"對曰："臣聞以德和民，不聞以亂理亂。理亂猶理絲而棼之也。夫州吁，阻兵而安忍，阻兵無衆，安忍無親，衆叛親離，難以濟矣。夫兵猶火也，不戢，將自焚。夫州吁殺其君，而虐用其民，不務令德，而欲以亂成，必不免矣。"州吁未能和其民，厚問定君於石子。石子曰："王覲爲可。"曰："何以得覲？"曰："陳桓公方有寵於王，陳、衛方睦，若朝陳使請，必可得也。"厚從州吁如陳。石碏使告于陳曰："衛國褊小，老夫耄矣，無能爲也。此二人者，實弑寡君，敢即圖之。”陳人執之，而請莅於衛。九月，衛人使石宰醜殺州吁于濮。[1] 石碏使其宰獳羊肩殺石厚于陳。君子曰：“石碏，純臣也。惡州吁而厚預焉。大義滅親，其是之謂乎！”所謂子從殺君之賊，國之大逆，不可不除，故云大義滅親，明小義則兼愛其子也。

以無事取天下。

【注】在宥天下，貴乎無爲。若以政教理國，奇詐用兵，斯皆不合。唯無事無爲，可以取天下。此三句，標也。

【疏】此示標也。有道之君，無爲而理。夫無爲則無事，無事則不煩，不煩則百姓自化，而天下太平矣。

【義曰】政教理國，奇詐用兵，豈若無事無爲而化天下，民聚國泰以致和平也？

吾何以知天下其然哉？以此：

【注】以此，下文知之。

【疏】吾何以知，發問也。其然，猶如是也。以此，答也。老君詳問：我何以知取天下必須無事？以下文云“多忌諱則人彌貧”，“我無爲而人自化”，驗可知矣。

【義曰】以政教求理，以奇詐用兵，固不可以致理矣。上多忌諱，下多利器，奇物滋起，法令滋彰，皆非太平之本。唯無事無爲，乃可化物。以此觀之，理亂之道昭然矣。

天下多忌諱，而民彌貧；

【注】以政理國，動多忌諱。人失作業，故令彌貧。

【疏】此覆釋以政理國也。爲天下之主，不能敦清静以化人，崇

---

① “石宰”，《左傳·隱公四年》作“右宰”。

簡易而臨物，政煩網密，下人無所措其手足，避諱無暇，動失生業，日就困窮，所以彌貧也。

【義曰】上多忌諱，謂法令多門也。動有拘於忌，犯則獲罪，民不聊生，怨叛憂虞，農桑隳廢，故其民彌貧。釋曰：無財曰貧。君上無爲，法令寬簡，人無拘忌，適性自安，鑿井耕田，以飲以食，故民富而國昌矣。

人多利器，國家滋昏；

【注】利器，謂權謀也。人主以權謀爲多，不能反實，下則應之以詐譎，故令國家滋益昏亂也。

【疏】此釋上"以奇用兵"也。利器者，權謀也。夫權道在乎適時，不得已而方用。人君若多用權謀，不能反實，下必應之以詐譎，故云滋益昏亂。

【義曰】昏亂，不明也。君好奇變，民尚欺詒，上下交詐，正道不明，故爲昏亂也。

人多伎巧，奇物滋起；

【注】人主以伎巧爲多，不能見素，下則應之以奢泰，故令淫奇之物滋起。

【疏】伎，能也。巧，工巧也。奇物謂刻鏤雕琢、寶貨珍玩之屬。言人君不尚淳朴而好浮華，百姓效上而爲，奢泰馳競，淫飾日以繁多也。

【義曰】淫巧悦目，珍奇蕩心。上耽玩而不除，下增飾而彌甚。華侈既作，朴素遂忘，固可戒矣。《春秋》，丹桓宫之楹，刻桓宫之桷，書而譏之；臧文仲山節藻梲，亦以爲過。蓋欲人君尚於儉素也。

法令滋彰，盜賊多有。

【注】無爲既失，法令益明，竊法爲奸，盡成盜賊，豈非多有乎？

【疏】法，刑法也。令，教令也。君嗜欲以御人，而欲彰法令以齊物。人既苟免而無恥，竊法而爲奸，上下相蒙，故令盜賊多有矣。

【義曰】法令所以齊於民也，令煩則民奸生矣。奸詐既作，盜賊日多，謂之亂政。《禮運》曰："大道既隱，天下爲家。城郭溝池以爲固，禮義以爲理。故謀用是作，而兵由此起。""法令滋彰，盜賊多有"，《春秋》曰："夏有亂政而作《禹刑》，殷有亂政而作《湯刑》，周有亂政而作《九刑》。三辟之興，皆叔世也。"民是以亂。"免而無恥"者，《論語·爲政篇》孔子曰："導之以政，齊之以刑，民免而無恥。"言爲政者導民以法制，齊民以刑罰。民畏威，苟且百方巧避求免脱罪辟，而不暇避於恥辱。故注云"苟，免罪也"。民既免而無恥，必假竊法制以爲奸詐，則弄法舞文，害於人矣。《莊子》云：大盜之生，則并竊聖智之法而盜其國，況於盜賊乎？蒙，蔽也。竊法作奸，下欺其上，上害其下，上下相蔽，恩化不行，大亂之本也。

故聖人云：我無爲而民自化，

【疏】此釋無事以取天下也。我，謂聖人也。夫聖人之德，不尚伎巧，體道之主，所貴無爲。無爲之爲，無所禁忌，下化上之無爲，故云"而人自化"。

【義曰】人化無爲，自歸於理也。夫有爲則多事，多事則政煩。煩政事多，而民愈亂。無爲則事簡，事簡則政清。政清事簡，而人不待教令而化於善也。

我無事而民自富，

【疏】上無賦斂，下不煩擾，耕田鑿井，家給人足，故云"而人自富"也。

【義曰】多財曰富。君無勞民之事，民得勤而耕農。農功不妨，穀稼豐贍，故人富也。"鑿井耕田"者，古詩云："鑿井而飲，耕田而食。"此言唐堯在上，人遂無爲，不知上之有君，不知君之養己，自飲自食，無患無憂，所以家自給而人自足也。

我好静而民自正，

【疏】人生而静，天之性也。上好安静，無以動摇，則下被君德，率性而自正也。

【義曰】《禮》云："人生而静，天之性也。"言人之禀生，本乎道氣，六塵未染，六欲未侵，任以元和，體乎澄静。及既孩之後，愛惡生焉，喜怒形焉。若人君静以理之，天下之人復歸簡易，則自清而正也。

我無欲而民自樸。

【注】無爲則清静，故人自化；無事則不擾，故人自富；好静則得性，故人自正；無欲則可全，故人自樸。此無事取天下也。

【疏】人君誠能内守沖和，外無營欲，則下之感化，自淳朴矣。

【義曰】人君無欲於物，物遂其宜；無欲安民，民自朴素。此自然之理也。理身之道，莫大於無欲知足；理國之道，莫大於無事無爲。誠能實而行之，身泰而國理矣。又一本有兩句云："我無情，而民自清。"此亦義理相符，而御注闕之，故輒詳載於此。

其政悶悶章第五十八

【疏】前章明以政之君，失無爲之自化；此章明以政必敗，示禍福之所由。初標二政寬急不同，次明禍福二門，倚伏無準。"人之迷"下，致衆生之迷執。① "是以聖人"下，舉聖德以勸修爾。

【義曰】前明以政以奇，用兵理國，法令伎巧，率下化人，既非無爲，是皆資亂。此又明悶悶之政爲是，察察之政爲非，執於善則善反爲妖，執於政則政反爲譎。所尚者在於無滯無執，不有不爲，不割不

---

① "致"，《唐玄宗御制道德真經疏》（十卷本）作"歎"。

穢，不肆不耀，而能祛久迷之俗也。

其政悶悶，其民淳淳；

【注】政教悶悶，無爲而寬大，人則應之，淳淳而質朴矣。

【疏】悶悶，無心寬裕也。淳淳，質朴敦厚也。言無爲之君，政教寬大，任物自成，既無苛暴，故其俗淳淳而質朴矣。

【義曰】政簡則人淳，人淳則務省，務省則刑罰不用，賞勸不勞。君拱默而任賢，臣因循而順物，國泰無爲之理，漸於兹乎！苛者，法細而急也。暴者，不令而刑也。夫先令而後刑，民知教矣；法簡而事緩，民知禁矣。苟犯其禁而後加刑，則刑一人而千萬人懼矣。朝令夕刑，民未知法，得非暴乎？況不令而刑，害人甚矣。

其政察察，其民缺缺。

【注】政教察察，有爲苛急，人則應之，缺缺然而凋弊矣。

【疏】察察，有爲嚴急也。缺缺，凋弊離散也。有爲之君，其政峻急，以法繩人，法令滋彰，盜賊多有，故人則凋弊而離散矣。

【義曰】政刑則民亂，民亂則國殘，凋散之事，漸於兹矣。《素書》曰："國將衰者，人先弊。根枯則枝朽，人困則國殘。"固當寬政養人，而康其國也。察察者，伺人之過，強明而急也。缺缺，凋敗不全，傷和害物也。

禍兮福所倚，福兮禍所伏，孰知其極？

【注】倚，因也。伏，藏也。上言其政悶悶，俗則以爲無政理之體，人乃淳淳然而質朴，此則禍爲福之所因也。其政察察，俗則以爲有政理之術，人乃缺缺然而凋弊，此則福爲禍之所藏矣。

【疏】"禍兮福所倚"者，前言悶悶之政，俗以爲惡，而人反淳淳質朴敦厚，豈非福因倚禍中而生也？"福兮禍所伏"者，伏，藏也。察察之政，俗以爲善，物卻缺缺而凋弊，豈非禍伏藏福中而發也？孰知其極者，夫失道喪德，習僞尚華，故禍福循環，倚伏無準，誰有知其窮極者？

【義曰】天地有休否，日月有虧盈，此倚伏之數也。禍藏福中，福極則禍至；福隱禍内，禍盡則福來。拘彼俗纏，此爲常矣。惟有道之士，上德之君，抱道體和，陰陽不能制；全真反俗，善惡不能移。故禍不能加，福不能利，超然出得喪榮衰之外矣。夫以國言之，亦賢哲不能料，倚伏不可窮。齊有仲孫之難，而桓公興，遂霸其國；晋有里克之難，而文公起，乃統諸侯。是二國因禍而昌也。衛方寧静，狄人滅之；邢方晏安，衛人滅之。是二國無禍而喪也。故伏藏因倚，莫知其極，故《春秋》云："有禍而啓其疆土，無禍而喪其守。"守不可知也。

其無正耶？

【疏】此言禍福之極，豈無正定耶？但由於人不能體道無爲，妄生迷執，失其正爾。

【義曰】常俗之人，惑於禍福，寵至則喜，辱至則驚，愈失其正，致爲妖祥矣。豈知側身修德，雊雉不足以貽災；亘慮忘懷，失馬未必以爲禍。悔吝無準，召之由人爾。

正復爲奇，善復爲妖。

【注】禍福之極，豈無正耶？但衆生迷執，正者復以爲奇詐，善者復以爲妖祥。故禍福倚伏，若無正爾。

【疏】此釋迷正所由也。言衆生迷於禍福正處，於正不明，以正者爲奇詐，於善不了，以善者爲妖祥，故若無正爾。

【義曰】修道之要，在乎應變無心，方圓任器，不滯於禍福，不惑於正邪。滯於福則善復爲妖矣，惑於正則正復爲奇矣。帝王乘時任人，隨才適用。求正過切，矯正者必來；求善過切，矯善者必至。若虚心無滯，推公任賢，奇詐妖祥，幾乎息矣。

民之迷，其日固久。

【注】以正爲奇，以善爲妖，如此迷倒，其爲日也固已久矣。

【疏】此嘆衆生迷於正善，反以爲奇爲妖，其所由來尚矣。故曰“其日固久”矣。

【義曰】俗之迷妄，積習生常，爲日且久，終不開悟。老君嘆彼群迷，丁寧垂訓，將以祛其迷也。迷謂失方也。夫不爲禍福所惑，不爲邪正所拘，曠蕩乎襟靈，均齊乎得喪，則何正善之能迷其方哉？

是以聖人方而不割，

【疏】方，由正也。此舉聖德以勸修。聖人弘道濟代，萬物向方，身行正方，物則應之以自正，非立言教，裁割於物使從己也。

【義曰】聖人正方以約己，人自正方以從化。夫人既失其正，所以迷方，由邪正不分，禍福所撓爾。聖人於禍無辱，於福無榮，不矯正以飾其心，不徇邪而溺其志。卓立物表，允執大中，則人皆向方，從其正也。

廉而不穢，

【疏】廉，清廉也。穢，濁也。聖人率性清廉，自然化下，非穢彼之濁以揚其清。有本爲“劌”。劌，傷也。聖人廉以成行，不傷於物。

【義曰】聖人清廉以澡身，人自廉潔以順教，豈復滓穢乎？世人行教令也，制之以法，威之以刑，勸之以利，誘之以賞，而人順其教者十無二三矣。今聖人不以賞刑，不以法制，但清其己，廉其行，人自化之。豈俟宰割正方，而後知勸也？

直而不肆，

【疏】肆，申也。聖人之行不邪，彼自從而正直，非爲彼之不正，而申直以正曲。

【義曰】聖人自然正直，故非申而正之。以正直率人，人自清正，所以上下俱正，而天下正矣。若上行回邪，下爲諛謟，何因正哉？《尚書·冏命》曰："僕臣正，其后克正。僕臣諛，其后自聖。"此由臣之不正，以佞於上也。《春秋》曰："其身正，不令而行；其身不正，雖令不從。"此申上化下，以成其邪正也。

光而不耀。

【注】聖人善化，不割彼以爲方，不穢彼以爲廉，不申彼而爲直，不耀彼而爲光。修之身，而天下自化矣。

【疏】光者，謂明智也。聖人雖有明智而韜晦之，不以炫耀，故云"光而不耀"。聖德如此，自然百姓淳淳而從化也。

【義曰】聖智光明，非強炫耀也。此四者，皆聖人之行，借以開喻於人。以此而王天下，乃可稱其聖德。然大旨在乎知吉凶倚伏，祆奇不常，韞廉方而内明，含光直而内照，棄嚴暴之事，澄寬裕之懷，既除迷固之由，自叶希夷之妙也。

卷之四十一

唐廣成先生杜光庭述

治人事天章第五十九

【疏】前章明無爲之政，人致淳和；此章明理人事天，無過用儉。初標理人事天，莫先乎嗇，次“夫唯”下轉通前義，“是謂”下舉深根之喻，以況長久之道。

【義曰】前章舉方、廉、直、光，聖人四德，以教理國；此章明用嗇四翻，以教事天。善理國其祚延洪，善事天其壽長久。此續前章之義也。

治人事天莫若嗇。

【注】嗇，愛也。人君將欲理人事天，莫若愛費，使倉廩實，人知禮節。三時不害，則天降之嘉祥。人和可以理人，天保可以事天也。

【疏】嗇，愛也。言人君將欲理化下人，敬事上帝，爲德之先，無如愛費，即儉德也。儉即足用，可以聚人；粢盛豐備，天享明德。故云“莫若嗇”。

【義曰】夫儉者，理務之先。財者，聚人之本。故《易》曰：“何以聚人？曰財。”則財者，非儉約則易散；民者，非豐財則難聚。所以節財則省費，省費則人豐，人豐則國安而力足矣。國之大用有四，一曰祭祀，二曰戎事，三曰賓客，四曰庖膳。祭祀者，昭事上帝也。天子郊祀上帝,宗祀明堂,言有尊也。得不蠲潔恭恪乎?“粢盛豐備”者,《春秋·桓公六年》:“楚武王侵隨。使其大夫薳章求成焉,軍於隨之瑕地以待之。隨人使少師董成。鬬伯比言於楚子曰:‘吾不得志於漢東也,我則使然。我張吾三軍,而被吾甲兵,以武臨之,彼則懼矣,而和協以謀我,故難聞也。[1] 漢東之國,以隨爲大。隨張,必棄小國。小國離,楚之利也。少師侈,請羸師以張之。’熊率音律。且十余切。比曰:‘隨賢臣季良在,何益?’鬬伯比曰:‘以爲後圖,季良諫不過一見從。少師得其君。行少師之計。’王毁軍而納少師。少師歸,請追楚師。隨侯將許之,季良止之曰:‘天方授楚,楚羸其師,誘我也。君何急焉?臣聞小之能敵大也,小道大淫。所謂道者,忠於民而信於神。上思利民,忠也;祝史正詞,信也。今民餒而君逞欲,祝史矯舉以祭,臣不知其可也。’隨侯曰:‘吾牲牷肥腯,粢盛豐備,何則不信?’對曰:‘夫民,神之主也。是以聖王先成民而後致力於神。故奉牲以告曰:博碩肥腯。謂民力之普存也,謂其畜之碩大蕃滋也,謂其不疾瘯蠡也,謂其備物咸有也。奉粢盛而告曰:潔粢豐盛。謂其三時不害而民和年豐也。奉酒醴以告曰:嘉栗旨酒。謂其上下皆有嘉德而無違心。所謂三時,[2]無讒慝也。務其三時,修其教,親其九族,以致其禋祀,於是乎民和而神降之福,故動則有成。今民各有心,而鬼神乏主,君雖獨豐,其何福之有?君姑修政,而親兄弟之國,庶免於難。’隨侯懼而修政,楚不敢伐矣。”三時者,春耕,夏種,秋收,農之三時也。

夫唯嗇,是謂早服。

【注】何以聚人曰財。故能儉愛,則四方之人將襁負而至,早服事其君矣。服,事也。

【疏】“夫唯嗇”,叠出上文也。“是謂早服”,釋儉嗇之義。凡有

① “聞”,《左傳·桓公六年》作“間”。
② “三時”,《左傳·桓公六年》作“馨香”。

七轉，義皆仿此。夫唯者，發語之詞也。服者，事也。夫唯能儉愛之君，理人事天，以儉爲政，是以普天之下，亦當早服事於君矣。

【義曰】儉嗇爲政，國必豐財。上無甚貴之奢，下無箕斂之怨。以此理人則人順，事天則天明，天下之人，相率而歸其德矣。“何以聚人曰財”者，《易・下繫》云：“天地之大德曰生，聖人之大寶曰位。何以守位？曰仁，何以聚人？曰財。”財所以資生者也，將聚於衆，必先有財，財豐則人可聚，若財用有節，正而理之，民不爲非，則可聚而安之也。

早服謂之重積德。

【注】夫能儉嗇，已是有德。人歸有德，早享其君。故云“重積德”。

【疏】何故普天仰化，率土歸仁？由行節儉。節儉則百姓早服事之，是重積其德爾。

【義曰】君行節儉，是重積其德，民益歸之。“普天”、“率土”者，《詩・北山》篇云“普天之下，莫非王土，率土之濱，莫非王民”是也。溥，大也。率，循也。濱，涯也。

重積德則無不克，

【注】聖人積德，四海歸仁，則無有不能制伏者矣。克，能也。

【疏】克，能也。君若厚積其德者，其爲政也，人力普存；其事天也，吉無不利。則四方向化，無有不能制伏者矣。

【義曰】儉以理國，敬以事天，重積其德，四方率化，無思不服矣。

無不克則莫知其極。

【注】人君之德，無有不能制御者，則無遠不至，故四方莫知其窮極也。

【疏】此謂君德無有不能制服者，則殊俗慕化，絶域觀風，無遠不至，故莫知窮極。

【義曰】君積厚德，國有豐財，萬寓歸王，九圍貢賮，人服德化，豈有限極耶？殊俗絶域者，皆要荒之外，與中國殊庭，邊域夐絶也。言異域之人，思戀聖人之化，自遠而至，由道德所服也。“觀風”者，《十洲記》云：“聚窟洲在西海中，申未之地，地方三千里，去中國三十萬里。國中常占，東風入律，百旬不休，則中國將有好道之君。故漢武延和三年，其國遣使貢返魂香、猛獸，乘飛車而濟弱水，策天驥而度飛砂。一十三年，方達中國。”此觀風而慕化也。

莫知其極，可以有國；

【注】莫知窮極，然後可以爲有國矣。

【疏】言人君德化，無遠不及，萬人所歸往，神明所福享，然後可稱爲有國。《易》曰“王假有廟有家”是也。過此以去，豈有國乎？

【義曰】有國者，車軌所及，書文所同，人服其德，遠懷其化，可以謂之有國矣。或以武威所制，詭道所臨，苟有其邦，人所未服；或承平統曆，嗣位守圖，厥德有愆，恩化不浹者，皆非謂其國矣。“王假有廟有家”者，《易・萃卦》云：“王假有廟，致孝享也。”假，聚也。王以聚人至於有廟，有廟乃能致其孝享，故曰利見大人。聚以正也，觀其所聚，則天地萬物之情可見矣。

【義曰】天下崩離則民怨，雖有享祀，與無廟同。王至大聚之時，孝德乃洽，始可謂之有廟矣。以此而用大牲，神明降福。聚道既合，以至有廟，能致孝享爾。“王假有家”者，《易・家人卦・九五》詞云：“王假有家，勿恤。”《象》曰：“王假有家，交相愛也。”王能有家道，在下莫不化之。天下既化，六親和睦，故曰交相愛也。《渙卦》亦云“王假有廟”，其義同也。

有國之母，可以長久。

【注】有國而茂養百姓者，則其福祚可以長久。

【疏】母者，道也，以茂養爲義。夫所以得稱有國者，祇緣有道。而茂養蒼生若爾，福祚永昌，可以長久。

【義曰】積德臨御，用道養人，萬方歸之，若子之親於母也。則天道所覆，神明感通，卜年八百，未足爲永固，可以長久享國矣。

是謂深根固蒂、長生久視之道。

【注】積德有國，則根深蒂固矣。深固者，是長生久視之道。

【疏】夫積德之君，以道爲國，則可以長久。故舉根蒂之喻，以申其義理也。蒂，花趺也。夫草木根深則榮茂，蒂固則不落，乃長久也。以喻積德之君埋根於道，固蒂於德。命延謂之長生，恒照謂之久視，故云"深根固蒂、長生久視之道"。

【義曰】人君以道德養生靈，以儉嗇理天下。豐財則國富，積德則祚隆，遠近歸心，華戎率服。又能母養萬物，子愛群生，根深則祚曆無疆，蒂固則子孫延永。長生久視，弈葉重光，不可得而倫矣。修道之士，嗇神以安體，積氣以全和，内固三關，外袪萬慮，百神率服，衆行周圓，變化莫窮，享年長久，固蒂於混元之域，深根於何有之庭，與夫九老七元，差肩接武矣。

治大國章第六十

【疏】前章明理人儉愛，則萬方早服；此章明莅物不擾，則其德交歸。初舉理國之喻，不可有爲；次明德及鬼神，兩無傷害；後結嘆交歸之德，以勸有國之君。

【義曰】大國者有二：其一天子之國，其二公侯之國。夫天子君臨大國，子育萬民，緩之則不恭，急之則離散。以烹鮮爲喻，理固然矣。莅之以道，則鬼神賓服，幽明各遂，德善交歸。此勸人君用道理化之旨也。天子之國，四海之内有九州，州方九千里，每州建百里之國三十、七十里之國六十、五十里之國百有二十，凡二百一十國。名山大澤不以封，其餘以爲附庸閑田。大國三十者，三公之國也。次國六十者,六卿之國也。小國百二十者,十二小卿之國也。名山大澤,與民同財,不得障管,立賦税而已。此古制也。殷制,天子之國地方九千里,中一千里爲天子之畿,餘八爲州也。周公所制,九州大界方七千里。方千里者四十有九,其一爲王畿,餘四十八爲八州,各有方千里者六也。殷法,凡一州封地,方五百里者不過四,謂之大國。又封四百里者十一,謂之次國。方二百里者不過二十五,其餘方百里者謂之小國,并四十六國。一州二百二十國,則餘方百里者百六十四。凡處地方千里者五,方百里者五十九,其餘方百里者四十一,爲附庸地也。天子畿内,方百里之國有九,方七十里之國有二十一,方五十里之國有六十三,凡九十三國。名山大澤不以叙班。其餘以禄士爲閑田。天子所居,亦謂之縣,亦謂之畿。凡九州千七百七十三國。堯舜禹時,諸侯之國有方百里、七十里、五十里。禹時要服内,地方七千里。周公復堯舜舊域,以五服爲九州,要服之内方七千里。又云:周以千八百諸侯列布於五千里内也。天子百里之内供官,千里之内以爲御衣食,千里之外設方伯。五國以爲屬,屬有長;十國爲連,連有帥;三十國爲卒,卒有正。二百一十國爲州,州有伯。八州有八伯、五十六正、一百六十八連帥、三百三十六長。八百各以其屬屬於天子之老,二人以爲天子左右,曰二伯,即周公、召伯,分理於陜是也。千里之内曰甸。甸,理也。千里之外曰采。采,取其美物也。亦謂之流,或貢或否。天子置三公九卿,二十七大夫,八十一元士。大國三卿,皆命於天子。下大夫五人,上士二十七人。次國三卿,二卿命於天子,一卿命於其君,下大夫五人,上士二十七。小國卿二人,命於其君,下大夫五人,上士二十七人。斯乃周約唐虞夏殷之法,而增減之以爲國之制度也。成王在豐,既黜殷命,滅淮夷,乃作《周官》。立太師、太傅、太保,兹惟三公,論道經邦,燮理陰陽。少師、少傅、少保,曰三孤,貳公弘化,寅亮天地。天官冢宰,掌邦理,統百官,均四海。司徒掌邦教,敷五典,擾兆民。宗伯掌邦禮,理神人,和上下。司馬掌邦政,統六師,平邦國。司寇掌邦禁,詰奸慝,刑暴亂。司空掌邦土,居四民，時地利。六卿分職，各率其屬，以倡九牧，阜成兆人。此周制也。唐虞設官惟百，夏商官倍，倍於唐虞。周官備，故天下乃理矣。

治大國若烹小鮮。

【注】烹小鮮者不可撓，理大國者不可煩。煩則人勞，撓則魚爛。

【疏】此喻説也。烹，煮也。小鮮，小魚也。言烹小魚不可撓，撓則魚潰，喻理大國不可煩，煩則人亂。皆須用道，所以成功爾。

【義曰】言理國之難，喻烹鮮之旨。不煩則人化，不撓則魚全。務在安舒，漸臻其化矣。

以道莅天下，其鬼不神。

【注】以道臨位天下，不求有妄之福，故鬼無以見其神明也。

【疏】以，用也。莅，臨也。人神處幽爲鬼。神者，靈效之謂。夫人求則神爲應。今若上德之化，人自安全，豈惟上忘帝力，亦不旁請鬼神，故處幽之鬼，無以效其明靈也。

【義曰】爲君以道，天下悦隨，鬼神無以見其靈，吉凶無以施其變。雖神鬼之靈怪，豈能干於有道乎？天神曰神，地神曰衹，人神曰鬼。皆晦而不顯，幽而不明。苟逢道德之君，必無侵傷之害矣。

非其鬼不神，其神不傷民；

【注】上言“其鬼不神”，非謂鬼歇滅而不神，但有其神而不見怪以傷人。

【疏】此覆釋鬼無效靈之義。“非其鬼不神”者，非謂鬼歇滅而不爲神。但袄之將興，由人有釁。人恒其德，則神不見怪而傷人。《春秋》曰：“其氣焰以取之。”

【義曰】道德之主，正直無私。天神不能傷人，人鬼不能害物。幽靈潛匿，祅怪不興。故國之興也，明神降之，以觀其德。四海之神，素車乘雲，來謁武王是也。國之亡也，神亦降之，觀其惡也。石言乎晋，神降于莘，乃鬼神之見怪也。且壺子冥心而大巫波遁，鄴令罄折而河神以亡。此鬼神不能害於有道也。“其氣焰以取之”者，《春秋·莊公十四年》：“夏，鄭厲公自櫟侵鄭。及大陵，獲大夫傅瑕。傅瑕曰：‘苟舍我，我請納君。’與之盟而赦之。六月甲子，傅瑕殺鄭子儀及其二子，而納厲公。初，鄭有祅焉，内蛇與外蛇鬥南門之中，内蛇死。六年而厲公入。公聞之，問於申繻曰：‘猶有祅乎？’對曰：‘人之所忌，其氣焰以取之。言若火焰焰未成而進退之時，以喻人心不堅正也。妖由人興，人無釁焉，妖不自作。人棄常則妖興，故有妖。’厲公入，遂殺傅瑕。使謂原繁曰：‘傅瑕貳，周有常刑，既伏其罪。納我而無二心者，吾皆許之上大夫之事，吾願與伯父圖之。且寡人出，伯父無惠言，入，又不念寡人，社稷有主而外其心。寡人憾焉。’對曰：‘先君桓公命我宗人典司宗祏。社稷有主而外其心，其何貳如之？苟主社稷，國内之民，其誰不爲臣？臣無二心，天之制也。子儀在位十四年矣，而謀召君昔，[1]庸非二乎？莊公之子猶有八人，若皆有官爵行賂勸貳而可以濟事，[2]君其若之何？臣聞命矣。’乃縊而死。”

非其神不傷民，聖人亦不傷民。

【注】鬼見神怪則傷人，聖人有爲則傷人。今神所以不見神怪而傷人者，蓋以聖人無爲清静故爾。

【疏】所言神不傷人者，豈但神靈無效而不能傷害於人，而聖人以道臨人，無爲不擾，百姓自正。故云“聖人亦不傷人”。則鬼神不能見怪以傷人者，由聖人以道莅天下爾。將欲發明聖德，故重云“亦不傷人”。

---

① “昔”，《左傳·莊公十四年》作“者”。
② “有”，《左傳·莊公十四年》作“以”。

【義曰】聖人行大道以君臨，鬼神稟聖德而自静，既絶有爲之擾，自無見怪之傷。此乃鬼神化聖人之道德，不敢傷人，聖人以清静垂衣，不勞役於群庶也。

夫兩不相傷者，故德交歸焉。

【注】鬼神傷人，則害國虧本；聖人傷人，則匱神乏祀。今兩不傷物，故德交歸。

【疏】兩者，謂聖人與神也。夫人，國之本，亦神之主者。鬼神傷人，則害國之本；聖人傷人，則匱神之主。兩不傷害人，故德交歸。豈惟神聖獨豐，抑亦兆人咸賴。

【義曰】人爲邦本，本固則邦寧；人爲神主，主安則神享。聖人以道爲理，既不傷於人，鬼神感聖之功，亦不害於物。兩者相悦，二德交歸。《春秋》隨季良諫隨侯曰："夫神依於人。人者，神之主也。"《尚書·甫刑》曰："一人有慶，兆民賴之。"十億曰兆，舉其多也。天子以道不傷於人，神感其化，兩無傷害，四海并安，故云兆民咸賴。賴，倚賴也。匱，乏也。虧，損也。此蓋顯明以道爲國，其利弘多，不唯寰海宅心，信亦鬼神賓服。理身若此，何妖惑之能干耶？"人爲神主"者，《春秋·僖公十九年》："宋桓公使邾文公用鄫子於次睢之社，司馬子魚曰：'古者六畜不相爲用，小事不用大牲，而況敢用人乎？祭祀所以爲人也。夫人，神之主也。用人，其誰享之？齊桓存三亡國以屬諸侯，義士猶曰薄德，今君一會而虐三國之君，言執滕子用鄫子也。[①] 又用諸淫昏之鬼，將以求霸，不亦難乎？得死爲幸！恐其亡國也。'"子魚，宋公子目夷也。睢水自汴入泗，而有妖神，東夷殺人以祭之焉。六畜不相爲用者，如祭馬祖，不可用馬，況用人乎？今聖人以道育之，鬼神交福，兩不相咨，可謂玄德乎！

---

① "三國"，《左傳·僖公十九年》作"二國"。

卷之四十二

唐廣成先生杜光庭述

大國者下流章第六十一

【疏】前章明以道莅物，則其德交歸；此章明以德下人，則物歸謙讓。初標大國用謙，故能攝化；次"故大國"下，叙大小各得所欲；後故大國者，偏戒大國特宜用謙。

【義曰】謙乃德基，下爲貴本。大國以謙爲用，則小國歸仁。巨海以下爲資，則百川朝會。故喻牝以柔勝，政以静彰，故大國以謙下聚人，小國以卑順奉上，各安其位，互得其宜。理國理身，斯爲至訓矣。《春秋·昭公三十年》鄭游吉對晋大夫士景伯曰："小國事大，在恭其時命；大國字小，在恤其所無。先王之制也，取備而已，所以交其好也。"此固大國切於用謙，不在乎以大制小矣。

大國者下流，天下之交。

【注】下流者，謙德。大國當下流開納，則天下之人交至。

【疏】江海處衆流之下，百川委輸，故曰下流。施之於人，是謙德也。夫人君者有道則國存，無德則人散。故處大國者，當下流開納，令天下之人交會而至，則能全其大。故曰"下流，天下之交"。

【義曰】蠢蠢群生，君爲司牧，開邦立國，道德爲先。德以下人，道以育物。國益大而心益下，人愈歸而君愈謙。億兆樂推，遐邇交會,不其韙歟?

天下之交,牝,牝常以静勝牡。

【注】天下之交,叠出前文,以結下流之義也。

【疏】天下之人,所以交會至者,由大國謙下之故。喻如牝者,常以雌静,爲牡動所求。此云以静爲下,則明牝常以雌静而能勝牡者,由以安静爲下故爾。

【義曰】静以理身,必氣和而神暢;静以理國,必德廣而人歸。以静爲下,斯之謂矣。

故大國以下小國,則取小國;

【疏】故者,仍上之文,以結成前義也。言大國之君所以不事威武而用謙卑之德,以柔服之者,將欲懷來附庸之君,取其小國之人,而爲臣妾爾。

【義曰】大國以謙静率人,人所親附,不施威武,不恃權謀,故小國懷仁,求爲臣妾,國愈廣而衆愈繁矣。大國能安撫小國,如晋爲盟主,而衛國逐其君而立剽,晋欲討其罪。晋侯問故於中行獻子,偃對曰:"不如因而定之。伐之未必得志,而動諸侯。史佚有言曰:'因重而撫之。'仲虺有言曰:'亡者撫之,亂者取之。推亡固存,國之道也。'君其定衛以待時。"冬,會于戚以定衛。此所謂大國之撫小國也。又大國之聚小國者,謂群方朝會,無代無之。故夏啓有鈞臺之享,在河南也。商湯有景亳之命,在偃師也。周武有孟津之誓,成王有岐陽之蒐,康王有酆宫之朝,在鄠杜也。穆王有塗山之會,在壽春也。齊桓有邵陵之師,晋文有踐土之盟。皆以大國恤下小國,事上各得其所也。大國不能撫小國者,如晋侯不能字育諸侯,強令於鄭,鄭子家與趙宣子書曰:"古人有言:'畏首畏尾,身其餘幾?'又曰:'鹿死不擇音。'小國之事大國也,德則其人,不德則其鹿也。鋌而走險,急何能擇?此言晋若虐命於鄭,鄭將庇於楚矣。命之罔極,亦知亡矣,將悉弊賦以待於儵。叔晋之境也。"居大國之間而從於強令,豈其罪也? 此由大國不能撫懷於小,將致其叛。故大國之於小國,當謙和以下之,柔静以懷之。取言聚也,以聚於人也。

小國以下大國,則取大國。

【注】大取小以爲臣妾,小取大以爲援助也。

【疏】言大國之君,既以卑謙之道而柔服小國,小國之君則朝聘會盟,不敢離叛,以卑下之禮而事大國者,則欲取大國之威以爲援助爾。

【義曰】小國謙卑,推忠盡敬,以事大國,則大國懷而安之,柔而服之。若小國不能致禮竭誠,奉事大國者,如宋人爲鹿上之盟以求諸侯於楚,楚人許之。宋公子目夷曰:"小國事盟,禍也。宋其亡乎? 幸而後敗。"及盟,目夷曰:"禍其在此乎? 君欲已甚,其何以堪?"於是楚執宋公。冬,會于亳,乃釋之。目夷曰:"未也。未足以懲君。"此小國不能事大國也。夫小國能事大國者,如隱公元年三月,邾儀父盟于蔑,魯地。邾以附庸之君,未王命,故書名。然其小國能適大國,繼好息民,書字以貴之是也。朝聘者,大國適小國爲聘,大事小也;小國適大國爲朝,小事大也。繼好結信也。謀事補闕,禮之大也。孟子曰:"唯仁者能以大事小,湯事葛伯,文王事昆夷是也。唯智者能以小事大,大王事熏鬻,句踐事吴是也。大事小謂之樂天,小事大謂之畏天。樂天者保天下,畏天者保其國。《詩》曰:'畏天之畏,①于時保之。'"此《周頌》美成王畏天之威,能安其太平也。

故或下以取,或下而取。

【注】以者,大取小。而者,小取大。

【疏】《春秋》曰:"師能左右之曰'以'。""或下以取"者,言大國用

① "畏天之畏",《詩經·周頌·我將》作"畏天之威"。

謙卑之道，以取小國，則令其可左可右，故云“以取”。“或下而取”者，言小國用謙卑之道歸事大國，但可承奉而求援助，不能令左右隨意，故云“而取”。

【義曰】師能左右之者，《春秋·僖公二十六年》：“秋，宋叛楚而善於晋。楚令尹子王、司馬子西帥師伐宋，圍緡。公以楚師伐齊，取穀。凡師，能左右之曰‘以’。謂進退在己。置桓公之子雍於穀，以爲魯援。楚申公叔侯戍之。桓公之子七人，爲七大夫於楚。言齊孝公不能撫之故也。”《二十八年》：“楚子使申叔去穀也。”此言左右由己，取捨固時也。

大國不過欲兼畜人，小國不過欲入事人。

【注】大國謙德而下小國者，不過欲兼畜小國爲臣妾。小國執貢賦以下大國者，不過欲入事大國爲援助也。

【疏】言大國崇謙下以取小國者，更無餘意，不過兼畜小國之臣，爲人君之長。小國用謙陳薦贄幣而取大國者，不過欲入事大國，資爲援助爾。

【義曰】大國以小國内爲臣妾，小國以大國外爲援助。兩者其志，不逾於此矣。薦，進也。贄，執也，幣帛也。諸侯覲王，兩國交聘，則必陳進珪玉貨帛，執以爲禮，故曰贄幣也。小國求大國爲援助者，《春秋》：文公十四年秋，①鄭伯與魯公宴于棐，鄭大夫歸生子家賦《鴻雁之什》，取其哀恤鰥寡之義，使魯侯恤之。又賦《載馳》之四章，言鄭國寡弱，取其小國有急，欲引大國以爲援助是也。

兩者各得其所欲，故大者宜爲下。

【注】一求臣妾，一求援助，是兩者各得其所欲。然大國者常戒於滿盈，故特云“大者宜爲下”。

---

① 據《左傳》，“鄭伯會魯公于棐”在文公十三年冬。

【疏】大欲畜養，小欲入事，兩遂所願，故云"各得其所欲"。"大者宜爲下"者，夫物常以小輕大，而必以大凌小，將恐大國之君驕盈致禍，鮮能下下，故戒之大者特宜爲謙下爾。

【義曰】居匹夫之上，亦以爲難，況居國之上乎？在上者承天順地，撫衆和民，不以國大自尊，不以兵強自恃，謙柔爲志，畏慎在懷，若履薄冰，如馭朽索，兢兢業業，祇敬上玄，然可以保其社稷矣。老君恐其恃強爲失，故特戒之也。理身者在乎富貴不驕，滿盈致戒，謹身約己，可以有終也。若大國不能爲下，或會之以侈，示之以忲，人必離之。夏桀爲有仍之會，而民叛之；商紂爲黎之蒐，東夷叛之；周幽爲太室之盟，戎夷叛之；宋襄爲鹿上之會，而諸侯叛之；楚子爲申之會，而人心去之。懷不以德，綏不以禮，人人各有心，其可服乎？

道者萬物之奧章第六十二①

【疏】前章明以德下人，則大小各得所欲；此章明以道化物，則善惡皆蒙所怙。初標道體沖奧，次明立教化人，後"古之"下嘆道之功，可謂尊貴爾。

【義曰】前以大國小國，各在謙光；此以所寶不保，俱明道用。美言尊行，表以訓人，開國設官，俾之行教。不貴拱璧，不棄於人，顯妙本深奧之功，故爲天下之貴。怙，恃也。

道者，萬物之奧，

【注】萬物皆資妙本以生成，是萬物取給之所。故興言爲萬物之奧。奧，内也。

【疏】道者，妙本之強名。奧，内也。言道包含無外，是萬物資始之所，故爲萬物之奧内。《西升經》云："道深甚奧，虛無之淵。"此之謂也。

---

① "六十二"，原作"六十三"，據《老子》及上下文改。

【義曰】道之深也，無不吞納，無不制圍，圓蓋之高，方輿之厚，日月之照，動植之繁，皆道氣所育，居大道之内，故爲萬物之奥内。《西升經》者，老君於周昭王二十五年癸丑四月，於終南之陰尹喜草樓之内，授《道德》二經既畢，欲西化流沙。尹喜問存三守一之方，習道修身之要，後以聖言編纂，以升入太微，西化流沙之義。《西升經》凡三十六章，九百七十二句，四千二百七十八言。其大旨與《道德經》相出入，言大道甚深甚奥，爲虚無之淵藪也。

善人之寶，

【注】善人知守道者昌，失道者亡，故常寶貴之而無患累。

【疏】寶者，珍寶之謂也。善人者體道無爲，身心清淨，故寶貴之無暫忘也。

【義曰】善人屬念運心，與道符合，故常寶貴於道矣。子罕曰："人以玉爲寶，我以不貪爲寶。"又理國之君，以賢爲寶，況於善人心不遺忘道，故以道爲寶也。

不善人之所保。

【注】保，任也。不善之人，不能寶貴至道，及有患難，即欲以身保任於道，自求免也。

【疏】保，任也，倚也。不善之徒，心無明智，惑於積習，平居則忽道，嬰難則求之，以身保任於道，倚以求安也。

【義曰】不善之人，行與教違，固遠於道矣。雖欲保身倚道，解難救危，亦不可得矣。又經或云不善人之所不寶，言不善之人違反於道，故不寶於道也。何者？道好柔弱，不善人好強梁；道好恬和，不善人好剛躁；道好沖寂，不善人好喧嘩；道好謙卑，不善人好格捍；道好無事，不善人好有爲；道好生成，不善人好傷害。行與道違，故不善之人不寶貴於道也。

美言可以市尊，行可以加人。

【注】甘美其言，可以求市尊，高其行，可以加人。以況聖人以甘美法味之言，尊高清静之行，以化不善之人，亦如市賈之售相率而從善矣。故下文云。

【疏】此喻説也。言不善之人，亦在教之而已。

【義曰】道之立言，淡泊無味，不善之人，安得而悦之？故聖人設美言以誘之，故從之者如求利之赴市矣；示尊高之行以化之，隨之者如慕膻而歸受矣。不善之人因此所化，亦皆修道，所謂道無棄人也。

人之不善，何棄之有？

【注】不善之人，亦在化之而已。何棄遺之有乎？

【疏】言人言行不善，何棄遺之有乎？當導之以善道，冀從化而悛惡，不可棄之而不化。故云“何棄之有”。

【義曰】聖人弘慈，道無棄物。雖不善之人，憫其未悟於道，故甘詞以誘之，善教以勸之，使其從善，無所遺棄。悛，改也。

故立天子，置三公，

【注】共教不善之人。

【疏】故立三公，謂太師、太傅、太保也。天子無爲，三公論道，皆所以垂訓立教，化不善之人。《書》云：“天工人其代之。”此之謂也。

【義曰】四海之大，萬有之殷，厥初生人，不可無主，故立天子以牧之。天子者，尊事上帝，父事於天，母事於地，謂天之子也。一人不可以廣理，置百官以臨之。百官之長有三公焉。《尚書・周官》云：“其惟三公，論道經邦。”太師者，智足以爲泉源，行足以爲儀表，問焉則應，求焉則得，謂之太師，亦曰尚父。太言大也，爲王之師。安車青蓋，金印紫綬。太傅者，訓也，保也。《大戴礼》云：“傅天子以德義。

若天子無恩於父母,不惠於庶人,失禮於大臣,不中於制獄,皆太傅之失職也。”太保者,保,倚也,任也。《大戴禮》曰:“天子處位不端,受書不敬,語不序聲,音不中律,進退即席無升降揖讓之禮,皆太保失職也。”復置三公,太尉、司徒、司空,主佐天子理陰陽,親爲人,廣教化,此其職也。“天工人其代之”者,《尚書・咎繇謨》曰:“一日二日萬機,無曠庶官,天工人其代之。”曠,空也。庶,衆也。居其位者惟其人,非其人則闕之。言人代天理官,不可以天官爲私,用非其材也。

雖有拱璧,以先駟馬,不如坐進此道。

【注】三公輔佐,雖有合拱之璧,先導駟馬之乘以獻之,猶不如坐進此無爲之道。

【疏】合拱之璧,璧之大者。駟乘之馬,馬之良者。言三公輔相,雖以璧馬獻之至尊,未足珍貴,不如坐進無爲之道,令化惡歸善爾。拱璧先駟馬者,古者朝聘將進駟馬,以璧爲導,故稱先也。《春秋》云“乘韋先,牛十二犒師”之類是也。

【義曰】合拱者,《説文》云:“兩手相合爲拱。”璧者,瑞玉也。合拱之璧,瑞玉之大者也。駟馬者,馬四匹爲乘,共駕一車也。古者諸侯朝於天王,會於大國,聘於小國,或遇於野,兩君相見,皆有贄幣之禮。以先貨幣爲導,謂之爲先。今三公當以論道爲務,經邦爲事,雖欲以駟馬大璧獻之於君,有益淫奢,無裨政理,不若此無爲清静之道進之,以化天下,使不善者從善,不悛者悛心,道化周行,帝德遐被,何用璧馬之爲乎? 輔相者,輔,毗也,相,助也。亦云視其善惡也。天子象四輔之星以立輔相,輔其闕失,相其禮儀,導以道德,贊以政化也。“先牛十二”者,《春秋・僖公三十三年》:晋師伐鄭,及滑,鄭商人弦高將市於周,遇之,以乘韋先,牛十二犒師,曰:“寡君聞吾子將出師於弊邑,敢犒從者。不腆弊賦,爲從者之淹,止則具一日之積,行則備一夕之衛。”且使遽告于鄭,因有備焉。

古之所以貴此道者何？

【注】何，問辭也。

【疏】舉古證今，令物生信。古人即前寶道人也。問其所以寶貴此道，其意何也。

【義曰】拱璧不足以爲貴，駟馬不足以爲珍。自古及今，唯貴於道者，何也？老君將明道之功用，和寧天地，濟佐邦家，行之則理，違之則亂，重顯其利物之義，更自詳問"貴此道者何"。

不日求以得，有罪以免耶？故爲天下貴。

【注】道在於悟，不在於求，不如財帛可以日日求而得，故云"不日求以得"。既悟則無罪累，岂得有罪方求免耶？故可爲天下貴爾。

【疏】此答釋貴道之意，不日求以得者，言道在於悟，悟在了心，非如有爲之法，積日計年，營求以致之爾。但澄心窒欲，則純白自生也。故云"不日求以得"。有罪以免耶者，夫妄心起染，則業累斯生。若悟道虛心，則罪因自滅。豈如執滯之人，動生悔吝，嬰彼罪罰，方求免耶？以是之故，故爲天下善人之所寶貴。

【義曰】道之所以爲天下貴者，頓悟而得，不在營求，纔遣妄心，即通正道。妄心既遣，塵累亦消，求可以得，罪可以免，故天下所共寶貴。老君以至道玄邈，了悟者稀，發問贊明，欲其悟入。且爲俗學之士尚輕尺璧，而重寸陰，豈至道之君，不崇妙本希微之功，而貴合拱結駟之物乎？

卷之四十三

唐廣成先生杜光庭述

爲無爲章第六十三

【疏】前章明妙本沖奥,坐進是輔相之門;此章明玄默無爲,息怨成修證之行。首標坐忘絶欲,次示杜患防萌,後“是以”下舉聖人之德,以申結勸爾。

【義曰】前以不貴璧馬之玩,進道爲理化之源,頓悟即通玄,通玄即無咎;此乃無爲無事,味道守常,自無怨嫌,寧勞德報,不爲難大輕寡之過,故合道以無尤。此欲使人君貴道而體無爲,率身而弘清静也。

爲無爲,事無事,味無味。

【疏】爲,造作也。修道行人,坐忘去欲,心無造作。凡所施設,功與化冥,於爲非爲,故曰“無爲”,此明心也。即事不滯,故於事而無事,此明身也。即味不耽,故於味而無味,此明口也。三業既淨,則六根塵自息矣。

【義曰】夫人之禀生,即有三業。心業所起,有用而無形,凡所作爲,起於心也。無爲則心業淨矣。身業所起,有用而有質,所執之事關於身也。無事則身業淨矣。口業所起,有言有味,故所知之味,非道之言,由於口也。無味忘言則口業淨矣。既無三業,自息諸塵,塵累清静，吻契其道，此行人所修爾。夫理國之無爲者，不滯於有作，則三時不奪，萬姓不勞，垂拱握圖，超然宴處矣。無事者不勤力役，不務軍功，無瑶臺、瓊室之華，無阿房、虎祁之麗，則卑宫茅宇，人力存矣。無味者不酣於酒，不味於珍，飛走遂其生，水陸全其命，菲食自安矣。忘言者正身化下，言令不煩，淡爾無營，兆人自化。如此，則符於無爲之道也。

大小多少，報怨以德。

【注】於爲無爲，於事無事，於味無味。假令大之與小，多之與少，既不越分，則無與爲怨。若逐境生心，違分傷性，則無大無小，皆爲怨對。今既守分全和，故是報怨以德。

【疏】夫大小之爲，多少之事，苟涉有爲之境，無非怨對之讎。若能體彼無爲，捨兹有欲，悟真實相，無起滅心，自然怨對不生，可謂報怨以德。

【義曰】人君於爲不爲，於事無事，恬然自得，獨與道游，下無怨咨，邊無戈甲。設有肆逆，必自馴柔，舞干羽而格有苗，斯乃報怨以德矣。修身者，三業既淨，衆惡不生，物莫能干，豈有怨怒？既無怨怒，專任清虚，亦乃報怨以德也。

圖難於其易，爲大於其細。

【注】肆情縱欲者，於爲無不難，於事無不大。今欲圖度其難，營爲其大，當須於性未散，於其分未越，則是於其易細矣。

【疏】圖，謀度也。爲，營也。夫情欲傷性，皆生於漸。無不始於易，而終成難；初於細，而後成大。若謀難於難，爲大於大，禍亂已作，縱欲圖而爲之，將無益於患難也。

【義曰】無事無爲，固不爲難大之事矣。皆萌心之際已息機緣，既不爲之於大於難，不俟制之於細於易，此理心則虚寂，理化則安貞也。

天下難事必作於易，天下大事必作於細。

【注】明上文所以預圖爲也。

【疏】作，起也。此疊上文，原禍難之所起。難事必起於易，欲令於易而圖之；大事必起於細，欲令於細而去之。其類實繁，不可具舉，故以天下而總言之爾。

【義曰】防禍於未兆，絶患於未萌，慎之至也。夫病生於稍稍，禍起於微微。早爲之防，寧有難大之患矣。普言天下者，欲使動静防微也。

是以聖人終不爲大，故能成其大。

【注】因云大事必作於細，將明聖人所以能成大者，以不爲難事大事，故能成其尊大爾。

【疏】前明凡人常爲難大之事，故改作多敗多難。是以舉聖人終不爲難大之事，故能成其尊大。

【義曰】凡人觸途徇境，屬念成非，難事成而過不可除，大事構而罪不可解。聖人了知虛妄，洞達真常，終不爲大爲難，故能證於尊大。

夫輕諾必寡信，多易必多難。

【注】輕諾許人，必寡於信；動作多易，後必多難。

【疏】此結喻也。夫不三思而後言，輕易於然諾者，必少忠信。不謀始而慎終，多易行其事者，後必生難而爲患累。

【義曰】立身之先，忠信爲首。慎終如始，禍患莫侵。若輕以許人，易爲行事，患累所及，理亦信然。所以解揚無貳命，仲由無宿諾，古今美之。

是以聖人猶難之，故終無難。

【注】難爲輕諾多易，故終無難大之事也。

【疏】聖人，即有道之君也。猶難之者，難爲輕諾多易，故終無難大之事爾。

【義曰】有道之君，修身之士，不爲輕諾之約，重静以循常；不興多易之心，恬和而應物。所以於國則咸服誠信，於身則外息過尤，自絶難大之瑕，以契無爲之道矣。

其安易持章第六十四

【疏】前章明無爲玄默，示息怨修道之門；此章明思患預防，標絶情去欲之行。初六句迭明防患之漸，次六句舉喻生患之由，復兩句論爲執之迷，又六句申異凡之行，後七句推聖人不欲不學之意，觀凡俗易持易謀之心。

【義曰】前章戒二爲之難，自無患累。此乃明四易之行，周勸精修，戒慎其纖微，忘遣其爲執，將表聖人之行，以塞衆民之非。至於欲學皆除，貴愛不染，以叶後章"善爲道"之旨爾。

其安易持，

【疏】安，静也。持，執也。言人之受生，正性清静，感物而動，則逐欲無窮。今明欲心未動，安静之時，將欲守之，令不散亂，則易持執。故云"其安易持"。

【義曰】夫正性安静，嗜欲未萌，就而守之，執持爲易。絶堅冰於履霜之際，理固非難；復推輪於大輅之前，樸猶可睹。任乎修鍊，用合真常爾。"感物而動"者，《禮記·樂記》篇之詞。

其未兆易謀，

【注】言人正性安静之時，將欲執持，令不散亂。次雖欲起心，向未形兆，謀度絶之，使令不起，甚爲易爾。

【疏】兆，萌漸也。謀，度也。情欲將起，未有萌兆，謀度絶之，亦爲甚易。故云“其未兆易謀”。

【義曰】欲之將萌，未有形兆，謀度除絶，其易可知。然而明在於察微，能在於杜欲。察而能杜，善莫大焉。

其脆易破，

【疏】言欲心已動，柔脆未堅，將欲除之，易消破也。

【義曰】欲兆既彰，未成堅執，破柔攻脆，於理非難，在於斷自誠明，復其純粹爾。

其微易散。

【注】欲心初染，尚自危脆，能絶之者，脆則易破。禍患初起，形兆尚微，將欲防之，微則易散爾。

【疏】微，細也。禍患細微，未至於大。防之於初，欲令散釋，亦甚易爾。

【義曰】欲既堅成，事猶微細，抑情以解散，挫欲以安排，滌慮洗心，去道非遠。此上四句，通明防微之行，言理國理身之道，防患慮禍爲先。禍成而救之，患成而攻之，用力益多，而禍患未可除也。

爲之於未有，

【注】覆上“易持”、“易謀”也。所以易者，爲營爲之於未有形兆爾。

【疏】爲，修除也。此一句釋前“易持”、“易謀”兩句也。所以易者，明欲心未起之時，修除杜絶，則欲惡不生，故云“爲之於未有”。

【義曰】爲者，爲之防也，防患於未然。雖覆釋“易持”之意，亦旁演防未然之旨。《文選》詩曰“君子防未然”，此所謂防患避嫌也。

治之於未亂。

【注】覆上“易破”、“易散”也。所以易者，除之於未成禍亂也。

【疏】此一句釋上"易破"、"易散"兩句也。所以易者，明欲惡雖有，尚自脆微，未成禍亂，故易理爾。

【義曰】理者，救理也。嗜欲之生，亂於正性，正性將復，理之爲先。於理既明，禍亂息矣。此雖覆釋"易破"、"易散"之義，亦存救理之旨。此六句約之於身，以欲心興起之漸，修行制伏之門，割欲違情，卻禍除患是矣。語之於國，則安不忘危，其安易持也。理不忘亂，理之於未亂也；慮患於冥冥，爲之於未有也；慎禍於細微，其微易散也；防萌杜漸，其未兆易謀也；興小善去小惡，其脆易破也。勿以小善爲無益而不修，勿以小惡爲無傷而不去。以斯六者，蓋理國之要焉。

合抱之木，生於毫末；九層之臺，起於累土；千里之行，始於足下。

【注】此三者喻其不早良圖，使成後患也。

【疏】此言患生於微，而成於著，喻如合抱之木，始生如毫毛之末，此明自性而生也；九層之高臺，起乎一簣之土，此明積習而成也；千里之遠行，始於舉足之下，此明遠行不止也。則天下之事，誠以細微爲始，而人多忽之，遂成患本。故舉三喻，以證上文。

【義曰】人之所以不防患，國之所以不慎微，禍形而務除，亂成而務理，此皆失之遠矣。毫末至於合抱，自小而成大也；累土成於層臺，自下而爲高也；千里始於舉足，自近而及遠也。世人但見合抱之大、層臺之高、千里之遠，方欲執柯以伐之、聚鍤以壞之、馳驁以追之，勞亦云甚。禍不可救，亦猶倚都門而長嘯，終亂晋朝；崩沙鹿以貽祆，幾傾漢室。默識遠鑑，所宜留神矣。

爲者敗之，執者失之。

【注】凡情不能因任，營爲分外，爲事求遂，理必敗之；於事不能忘遺，動成執著，執者求得，理必失之。

【疏】爲，謂營爲也。執，謂執著也。言人不能爲之於未有，理之於未亂，而更有所營爲於性分之外，執著於塵境之中，故必禍敗而失亡也。

【義曰】世人不能知道，妄動營爲。非道營爲，必至隳敗。或妄於教體，執著有無，不能任以自然，守常知分，有執必失，有爲必敗，此乃常理也。欲使化理之君，無爲則無敗；修道之士，無執則無失也。

是以聖人無爲，故無敗；無執，故無失。

【疏】聖人無爲安静，故素分成全而無敗；虚忘無執，故真性常存而無失。

【義曰】聖人知有爲乖道，無爲故無敗，知有執違真，無執故無失，是知冥寂其心，混通於道。道尚虚寂，修道之士，當宜體聖人之心，恬神安漠，不思不慮，無營無爲，然後虚室生白矣。

民之從事，常於幾成而敗之。

【注】人之始從事於善者，常於近成而自敗也。

【疏】幾，近也。言常俗之人，從於善事，常以功業近成，不能慎終，乃復忘敗也。

【義曰】世態紛綸，真心難固，嗜欲牽役，妙道易忘，始從事而立功，忽進退而生惑。亦緣有爲有執，所以敗於垂成爾。

慎終如始，則無敗事。

【注】慎其終末，常如始從善之心，則必無禍敗之事。

【疏】此老君重申勸戒也。人若能慎末如初，始終常一，則其事無敗也。《詩》云："靡不有初，鮮克有終。"

【義曰】修道之人，不能委心順道，分外營爲，執著即喪真，有爲則隳敗。故云修道如初，得道有餘，弘道無已，自致不死。蓋愍其初勤中怠,誠不終也。末常如始,從善不移者,難矣。故重戒之。"靡不有初"者,《詩·大雅·蕩之什》也。此言民初教之以誠信忠厚,今則更化於惡俗,言其爲善者不能終。靡,無也。鮮,少也。克,能也。

是以聖人欲不欲,不貴難得之貨;

【注】難得之貨,謂性分所無者。今聖人於欲不欲,不營爲於分外,故常全其自然,是不貴難得之貨。

【疏】此明聖行,以斥凡也。難得之貨,内謂性分所無,外謂珠犀寶貝。聖人於欲無欲,内不務於性分之無,外不營於累德之寶。故云"不貴難得之貨"爾。

【義曰】大聖之行,迫出塵煩,愛欲不能干,榮枯不能迫,外無潤屋之望,内無越分之求。將勸理國之君,惟賢是寶;欲使修真之士,惟道是從矣。珠者,大或徑寸,光照十二乘,乃古人之所貴也。犀者,南徼之外有牛,重千餘斤,一角在鼻端,可以爲寶。中斷其角,有文通達成形象者,有辟塵者,有辟水者,磨而服之,可解蠱毒之疾。雞見之夜驚,故曰駭雞犀。亦今古所貴也。寶者,金玉珍異,草木毛羽,衆所奇重者,皆曰寶焉。貝者,出東海中,如螺,有文,有長尺者,可以爲寶。在海爲介蟲,居陸名猋,在水名蜬。甘音。古者貨貝而寶龜,周有泉貝,到秦廢貝而行錢。貝字者,象形也。今凡貨賄贈賚,賞賜賝賮,凡財之屬,皆從貝矣。古詩曰:"積財爲累患。"明財多累德也。古有三幣,珠玉爲上,黄金爲中,刀布爲下。帝王以之御四海也。

學不學,復衆人之所過。

【疏】凡夫貴難得之貨,故矯徇務尚,以學性分之所無。聖人不求過分之學,常全自然之性,是於學不學,如此者將欲歸復衆人所過分之學爾。

【義曰】聖人心冥太虚,道貫天地,固不營過分之學,所以戒學於不學。是戒凡夫矜徇之求耳。行人能晤聖旨,絶此矜求,即無越分瀆財之過矣。

以輔萬物之自然，而不敢爲。

【注】聖人不求過分之學，是於學不學，將以歸復衆人過分之學，以輔其自然之性。故不敢爲俗學與多欲也。

【疏】輔，佐也。自然，物之性本也。衆生起妄，失於性本。聖人慈誘，勸學無爲。將以輔佐物之自然真性，故不敢爲於俗學與多欲也。

【義曰】俗學蔓衍，難復於無爲；多欲紛綸，必迷於正性。聖人令學不學以敦素，欲不欲以恬愉，漸窺正道之光，用輔自然之性。不貪難得之貨，不務過分之能，自敗而反成，慎終其若始，察微防害，復於易持之安。國所以晏寧，身所以貞固，然後可擬於古之善爲道爾。

卷之四十四

唐廣成先生杜光庭述

古之善爲道章第六十五

【疏】前章明思患預防，標絶情去欲之行；此章明好智生患，示玄德大順之規。初明爲道之化，次辯以智之賊，"知此"下示料簡以爲法，"常知"下嘆功用而勸修。

【義曰】古之爲道，非欲明示於民，使成強知之患，令其韜晦智用，潛超無有之津。故以智理國則亂生，晦智爲君則福至。智詐興則難理，智詐息則參玄。玄德於是彌深，反俗而歸大順，亦與夫袪俗學多欲之累，而證百谷朝宗之順焉。

古之善爲道者，非以明民，將以愚之。

【注】人君善爲道者，非以其道明示於人，將導之以和，使歸復於樸，令如愚爾。

【疏】言古之人君善能用道爲化者，貴夫無爲恬淡，非衒耀其道，明示於人，將導以淳和，杜絶智詐，令質樸如愚爾。

【義曰】古者，玄古之時也。善爲道者，玄古有道之君也。其志玄默，其心杳冥。其爲理也，無刑無德；其爲事也，無將無迎。茫乎視之不可見，闃乎聽之不可聞。其人若姑射之人，其俗若華胥之俗。民不知曆數，不違盈虚，不以親爲親，不以己爲己，蒙兮昧兮，將無所有也。固不以常道之教而教之，但以無爲之化而化之。所以天下質樸淳白，若令其愚也。

民之難治，以其智多。

【注】君將明道以臨下，人必役智以應上。智多則詐興，是以難理化者，正以其智太多。智之太多，由人君明道以臨下，是使下人役用其智而生奸詐，故難理爾。

【義曰】夫上明道以臨下，下飾智以奉君。本用明以理人，所務易理。及變智而爲詐，始自有爲，是由上明察而下詐僞，欲求静理，不亦難乎？舉此義者，欲使法玄古之君，示民以淳樸則易理。

以智治國，國之賊；

【注】以，用也。人君任用多智之臣，使令理國。智多必作法，法作則奸生，故是國之賊也。

【疏】以，用也。賊，害也。言人君任用智詐之臣，使之理國，智多則權謀將作，謀用則情僞斯起。僞起則道廢，有害於國，故云"國之賊"。

【義曰】用智爲政，務欲理人，智變奸生，禍亂滋起。所以詐妄賊害之事，勃然而興矣。曹參守法而漢以之安，商君變法而秦以之弊。故上經云"智惠出，有大僞"是也。

不以智治，國之福。

【注】若不用巧智之臣，但取淳德之士，使偃息蕃魏，弄九解難，[1]自然智詐日薄，淳樸日興，人和則年豐，故是國之福也。

【疏】人君不任智詐之臣，但求淳德之士，坐進無爲之道，行宣大

---

① "九"，據《唐玄宗御注道德真經》當作"丸"。

樸之風，交泰致和，是國之福也。

【義曰】君猶表也，表正則影端，表邪則影曲。正則人隨而正，邪則人從而邪。邪正淳漓，匪由他矣。用智謀之臣，則權令起；用忠厚之士，則風教淳。人化淳和，國乃豐泰，此爲福也。"偃息蕃魏"者，段干木爲魏文侯之師，以安静爲先，道德爲化，故偃息無事，而藩屏魏國矣。偃者，偃仰也。息，宴息也。藩，籬屏也。"弄丸解難"者，楚白公勝與大夫子西兩家舉兵相伐，兩家大夫曰："市南宜僚，陸沉之士也。一人當五百人。"并遣使往召之。宜僚高枕安卧，以見二大夫之使。卧而不起，以兩手弄丸不止，承之以劍，不動。二大夫之使各還，具論宜僚之狀。二大夫曰："高枕安卧者，示我無爲也。承之以劍不動者，兵不足恃也。兩手者，喻兩家也。丸者，形圓無爲之物。兩手弄之不止者，俱止於困也。明兩家稱兵不止，必至滅亡。"二大夫解兵而歸，是兩家難解也。事見《莊子》也。夫無爲既興，有爲遂息，貞素既顯，智詐自亡。勢使然也。爲國之福，其在兹乎！

知此兩者，亦楷式。

【注】役智詐則害於人，任純德則福於國。人君常知所委任，是謂深玄之德。

【疏】兩者謂用智與不用智也。楷，模也。式，法也。人君知用智則爲賊，不用智則爲福，當去賊取福。如此者，可爲理國之楷模法式也。

【義曰】用智則國亂，息智則人安。去亂就安，理之要也。夫智謀之士，辯説之徒，飾智以惑於諸侯，縱辯以亂於時主，離堅合異，反白爲黑，所務者在乎干名譽，要寵榮，逞是非，肆胸臆，不以安全爲志，不以惡殺爲心。苟得恣彼笙簧，鼓其頰舌，以爲榮矣。理國之主，當鑑而斥之，則淳素化行，人復於樸矣。

常知楷式，是謂玄德。

【注】福德之臣，是亦爲君楷式，以祐於國人，君能知此者，可委

任之。

【疏】玄，深也，妙也。人君常能知此，則兩者爲楷式，是謂深遠玄妙之德也。

【義曰】人君知用智用德，以定安危，常法之而行，則其德深遠矣。

玄德深矣遠矣，與物反矣，然後乃至大順。

【注】玄德深遠，能與物反，歸復其本，令物乃至大順於自然之性爾。

【疏】此結嘆也。玄德之君，無爲而化，不測其量，深也；所被無外，遠也。故能與萬物反歸妙本，然後乃至大順於自然真性爾。

【義曰】大順者，本乎人情。《禮記·禮運》篇曰："人情者，聖王之田也。"故聖王修義之柄、禮之序以理人情。以情爲田，修禮以耕之，和剛柔也；陳義以種之，樹善道也；誦學以耨之，存是去非也；本人以聚之，合其所成也；播樂以安之，感動使堅固也。理國不以禮，猶無耜以耕也；爲禮不本於義，猶耕而不種也；爲義而不講之以學，猶種之而不耨也；講之以學而不合之以仁，猶耨之而弗穫也；合之以仁而不安之以樂，猶穫之而不食也；安之以樂而不達之於順，猶食之而不肥也。夫四體既安，膚革充盈，人之肥也。父子篤，兄弟睦，夫婦和，家之肥也；大臣法，小臣廉，官職相序，君臣相正，國之肥也。天子以德爲車，以樂爲御，諸侯以禮相與，大夫以法相序，士以信相考，百姓以睦相守，天下之肥也。是謂大順。故天子用民爲順，則天不愛其道，地不愛其寶，人不愛其情，衆瑞出焉。順之實也。君以玄德居上，臣以忠信處下，其化廣遠深厚，歸萬物於淳風，斯謂大順於道矣。古之帝王，皆順考古道，以行其教令，任於樸素，牧以謙和，所以《書》稱"稽古帝堯之例"是也。天下大順，萬方歸之；江海謙順，百川歸之。故江海之章，可繼大順之德爾。

江海爲百谷王章第六十六

【疏】前章明好智生患，示玄德大順之規；此章明善下爲王，標聖人不争之德。初舉江海之喻，善下則爲王；次明聖人用謙，樂推而不厭；後結不争之德，以示修學之門爾。

【義曰】江海處下，百川所歸，人君用謙，萬國朝會。由是處上而人不重，後己而人樂推。江海以之爲王，聖人以之有國。前符玄德之主，克諧大順之規；後應不肖之詞，常叶以慈之訓也。

江海所以能爲百谷王者，以其善下之，故能爲百谷王。

【注】江海所以能令百谷委輸歸往者，以其善能卑下之，故百川朝宗矣。

【疏】言江海所以能令百川朝宗而爲王者，以其善居下流之所致也。故《易》云"地道變盈而流謙"，此舉喻也。故地道用謙，則百川委輸而歸往；聖人用謙，則庶人子來而不厭爾。

【義曰】下爲高之本，謙爲德之基。百川東注以如歸，歸於善下；萬姓北趨而拱聖，聖在用謙。庶人子來，理在斯矣。嚴君平曰："天地不舍群類，群類舍之衆物，不求爲王，物自往之。"故天地億萬，而大道爲之王；陽氣赫赫，而天爲之王；陰氣肅肅，而地爲之王；生靈億兆，而聖人爲王；羽者翔虚，而神鳳爲王；毛者跖實，而麒麟爲王；鱗者水處，而神龍爲王；介者澤處，而靈龜爲王；百川并流，而江海爲王。凡此九王，不爲物主而物自歸之，不施法式而物自理之，不爲信義而物自附之，不爲仁愛而物自親之，不任智力而物自畏之。其何故哉？體道合德，委仕自然，①而物自宗之。江海所以爲王者，無智巧以悦之，無慈惠以懷之，無威令以束之，無刑法以勸之，無機權以制之。百川所以朝宗者，以其處下，物自順之。由是而言，人之處謙遜志、恭恕不争者，有國聚人，斯爲要矣。"地道變盈而流謙"者，《易·謙卦》彖詞言："丘陵川谷，高者漸下，下者益高，改變其盈而流布其謙也。""子來"者，《春秋·昭公十年》："叔孫昭子曰：'《詩·大雅》云：經始勿亟，庶

① "仕"，當爲"任"之誤。

人子來。'"①言文王經始靈臺,作有急疾之意,衆人自以子義來,歡樂爲之也。

是以聖人欲上人,以其言下之;

【疏】此合喻也。此聖人欲上於人,則以其言謙下之。夫聖人豈欲居人上,而以其言下之?聖人知滿必招損,故言則謙柔,名則孤、寡,以下於物,而盛德鴻業,自然爲物所推尚爾。

【義曰】聖人謙己,固無飾詞。所以孤、寡、不穀之名,彰其以下爲本;罪己納隍之志,明其刻責之心。故盛德日崇,大業彌固。鴻,大也。

欲先人,以其身後之。

【疏】聖人亦不欲先人,直爲撝謙,後己先物,物自先之爾。

【義曰】聖人豈欲先於人,而曲爲之後?以其謹身順道,不以物先,故能爲萬物推之於先耳。

是以處上而人不重,處前而人不害。

【注】謙爲德柄,尊用彌光。以言謙下之,百姓欣戴,故處其上而人不以爲重;以身退後之,百姓子來,故處其前而人不以爲害。

【疏】此結前也。聖人臨大寶之位,居至極之尊,勞身而逸人,薄己而厚物。在上人得以生,故不以爲重;處前人得以理,故不以爲害也。

【義曰】君德謙虚,人所翼戴,故居上不重;君德欽明,人共瞻奉,故處前而人不害。夫勛華在上,人皆戴之,仰之如天;辛癸在前,人皆棄之,視之若冤。謂有道則昌、無道則亡是也。

---

① 據《左傳》,此在昭公九年。

是以天下樂推而不厭。

【注】以是不重不害之故，故天下之人樂推崇爲之主，而不厭倦也。

【疏】聖人之德，弘濟無私，與物爲春，望之如日，既不爲重爲害，是以天下之人樂推崇而無厭倦也。

【義曰】堯之理天下也，六合群生，就之如雲，望之如日，推崇爲主而無厭倦。及其棄世也，天下之人如喪考妣，三載遏密八音。其何故耶？德以撝謙，化以無爲也。

以其不争，故天下莫能與之争。

【注】聖人謙退，不與物争，天下樂推，誰與争者！

【疏】今天下樂推聖人而不厭者，豈不以聖人言則下之，身則後之？以其不與物争先，故天下之人莫能與聖人争先者矣。

【義曰】聖人御天下，德化周普，明并六合，惠覃九圍，以謙抑不爲物先，以柔遜不居物上，人自推戴，誰與之争？如此，則祚曆遐長，弈葉繁茂。若巨海之納百谷，不溢不盈；若太上之持三寶，以慈以儉。故下章以"三寶"次之。

卷之四十五

唐廣成先生杜光庭述

天下皆謂我道大章第六十七

【疏】前章明善下爲王，標聖人不争之德；此章明喻大不肖，示三寶以慈之行。初六句標道大所以不肖，次五句示三寶勸其用慈，又八句覆釋以慈之利、捨慈之害，又四句結嘆以慈之德。

【義曰】太上以慈訓人，聖人以謙守位，既善下成不争之德，即道大生不肖之疑。以三寶彰儉退之功，用慈宣救衛之利，然後不武不怒，用人得人。此章通前後之旨。

天下皆謂我道大，似不肖。

【注】肖，似也。老君云：天下之人皆謂我道大，無所象似，我則答云。

【疏】肖，似也。老君曰：天下後世之人皆謂我道虚無廣大，似無所象，故下文答之。

【義曰】天地大也，有清濁之形；日月大也，有照灼之明。道之爲大，無臭無聲，無形無象，故不可得而擬議之。所以天下之人，皆言道無所似爾。

夫惟大，故似不肖。若肖，久矣其細也夫！

【注】夫唯我道至大，故無所象似。若如代間諸法，有所象似，則

不得稱大,久已微細也夫!

【疏】此答不肖之所由也。夫唯我道廣大,迥超物表,固非凡情探賾所知,故得稱大。若其有所象似,如代間法者,則失其所以爲大久矣。是微細粗淺之法,與俗不殊,何足稱大乎?夫者,語助也。

【義曰】以大道包容,廣無所似,故稱爲大。若如天地之有形位,日月之有光華,可稱可謂,可算可度,則不得名爲大道。其爲循常之狀,亦已久矣。

我有三寶,保而持之:

【注】我道雖大,無所象似,然有此三行,甚可珍貴,能常保倚執持,可以理身理國也。

【疏】此明所以不肖者,正以有此三行,與俗不同。故老君言我道雖大,無所象似,然有此三寶,甚可珍貴。於汝代人當須保持執守,以修身理國爾。

【義曰】道雖籠羅衆法,兼包萬行,化周天地,功洽無垠,其於太上所寶,以教於世者,有三寶焉。若保而持之,爲國則升平,理身則貞静。故爲修身理國之要也。

一曰慈,二曰儉,三曰不敢爲天下先。

【注】慈則廣救,儉則足用,不敢爲天下先,故樂推不厭。

【疏】此列三寶之數也。體仁博施,愛育群生,慈也;節用後人,不耗於物,儉也;不爲事始,和而不唱,不敢爲天下先也。弘益之義,具如下文。

【義曰】道存愛育,以慈爲先。養人惜費,以儉爲次。先人後己,以讓爲終。慈以法天,澤無不被也;儉以法地,大信不欺也;讓以法人,恭謙不争也。此三者,理國之本,立身之基,寶而貴之,故曰三寶。夫三寶者,道之用也。夫唯大故似不肖者,道之體也。抱道之體,運道之用,理身理國,以兹爲先矣。

夫慈，故能勇；

【注】慈仁憫惠，則德有餘，故勇於救濟。

【疏】此覆述三寶之功也。凡人貪競不慈，勇於果敢，致有窮屈。今聖人以慈爲行，故能勇於濟度。《論語》曰："仁者必有勇。"

【義曰】布仁施惠，博愛含生者，慈也。以慈濟物，物無不周；以慈立功，功無不被；以慈理國，恩浹華夷；以慈潤身，善均動植。故慈之爲利也，強暴不能侵，威武不能害，讒邪不能間，諛佞不能誣。行之於中，而功宣於外，斯可謂勇矣。言人貪競則不慈，豈能果敢於濟物？善功不立，遂有窮屈之時。今聖人既果於行慈，必勇於濟度，故曰勇也。仁者必有勇，《論語·憲問》篇孔子曰"有德者必有言，有言者不必有德；仁者必有勇，勇者不必有仁"是也。

儉，故能廣；

【注】節儉愛費，故財用有餘，而功施益廣也。

【疏】以其節儉愛費，不傷財不害人，故功施益廣矣。

【義曰】儉嗇則財豐，財豐則惠普，普施其惠，可謂廣矣。人君儉以臨御，則朝無雕麗之奢，野無箕斂之弊，恩惠日以廣，德教日以彰，固無民飢力匱之患矣。

不敢爲天下先，故能成器長。

【注】慈儉之德，謙撝益先。推先與人，人必不厭。故能爲神器之長。

【疏】損己益人，退身進物，是不敢爲天下先也。以物樂推，而成神器之長。

【義曰】聖人大寶者，神明之器也。言非人力所能成，乃天地之大寶爾。主此神器，爲民之長，必退身讓物，謙己先人者。人所樂推，必居此位，乃爲四海兆庶之長也。此三寶者，修道理國能行之者，即於身爲行。所言行者,慈、儉、不敢爲天下先是也。所言果者,行而獲報,則爲果。勇、廣、成器長三者,所得之果也。

今捨其慈且勇,捨其儉且廣,捨其後且先,死矣。

【注】今捨慈且勇,勇則害物;捨儉且廣,廣則傷財;捨後且先,先則人怨。傷財害物,聚怨於人,是必死之道,故云“死矣”。

【疏】且,苟且也。世情多欲,動與道違。捨其利物之慈,苟且害人之勇;捨其節用之儉,苟且奢泰之廣;捨其謙退之後,苟且矜伐之先。如此之行,有違慈儉。以之理國則國亡,以之修身則身喪。故云“死矣”。

【義曰】言常俗之夫,違聖人之行,捨此三寶,肆其愚心,強勇而不顧其慈,奢侈而不崇其儉,力争求勝,無讓於人,故皆喪身敗國之資、取怨傷生之本。謂之“死矣”,不亦然乎?夫行慈不已,則得勇於濟物之功;行儉不已,則得廣於利物之惠;行讓不已,則成厚德長民之美。苟或捨之,失道遠矣。所以成三果者,謂慈則濟物,成其功也;儉則利物,成其惠也;讓則先物,成其德也。詎可輕而捨之哉?

夫慈,以戰則勝,以守則固。

【注】用慈以戰,利在全衆;用慈以守,利在安人。各保安全,故能勝固爾。

【疏】慈爲三寶之首,故偏嘆美也。夫用慈以拒戰,則能全衆;用慈以捍守,可以安人。皆不失慈,故能勝固也。

【義曰】戰者,主客交兵之謂也。陳兵於野,白刃争鋒,此爲戰也。若勇於殺獲,不務哀傷,勝負之勢,固未可保。若以慈爲先,戰則勝矣。勝在慈勝,豈在於殺人乎?閉門堅拒曰守。夫守者,以慈爲先,衆心固矣。若以溝隍爲險,城雉爲固,守之堅勝,未可知也。故慈之所利,不亦廣乎?

天將救之，以慈衛之。

【注】以慈戰守，豈但人和，天道孔明，亦將救衛。戰勝，天救也；守固，天衛也。是皆以慈，故云“天將救之，以慈衛之”也。

【疏】救，助也。衛，護也。天道福善，善人則吉無不利。故以慈戰者，天將助之；以慈守者，天將護之。戰勝守固，始賴用慈之功；救之衛之，終獲孔明之助爾。

【義曰】天道無親，常與善人。善人，謂行慈之人也。善以慈惠爲本，慈以拯救爲功。故行慈之人，物不能敵。以戰，則慈者勝；以守，則慈者固。上合天道，旁感物心，物不能傷，是爲天所救衛矣。此以三寶垂訓，慈儉著救衛之功。前彰大道無方，後繼爲士不武。不以強武之理，亦猶慈以捍敵，而能配天成功矣。

古之善爲士者章第六十八

【疏】前章明惟大不肖，示三寶以慈之行；此章明爲士不武，標四善配天之極。首標四善之行，次嘆是謂不争，結善可以配天，將明古之要道。

【義曰】大聖之德，與道玄同，非言理可窮，非贊美所及，而演法救代，發昏擊蒙，廣示因修，旁明證報，所以叙三寶爲可保之行，敷四善爲積善之階。功可配天，何争之有？次明進寸退尺，不離謙戒之規也。

古之善爲士者不武，

【注】士，事也。善以道爲理國之事者尚德，故云“不武”。

【疏】士，事也。武，威也。明德之君，用道爲理，行慈儉而育物，不威武以御人，所尚以慈，故云“不武”。

【義曰】有道之君，其理國也，先以道化之，次以德教之，復以文撫之，示以淳和，兼以仁育，和故不尚於威武也。所謂以武爲備，蓋備豫不虞，非專用之事。故曰“不武”，言不用武也。《易》曰：“重門擊柝，以待暴客。”

善戰者不怒，

【注】事不得已，必須應敵，以慈爲善，故不憑怒。

【疏】師出應敵，事在慈哀。蚊蚋致螫，驅除而已。是知善戰在乎止敵，不在乎憑怒。故云“善戰不怒”。

【義曰】哲后臨人，固無兵革。設有戈甲，必不得已而用之。所以高智善謀，有征無戰。苟在勝敵，非樂殺人。或以悲哀泣之，喪禮處之，豈憑怒而求殺獲也？

善勝敵者不争，

【注】師克在和，和則善勝。全勝之善，故不交争。

【疏】善勝在夫以慈不争，由乎尚德。若用力争勝，非善勝也。今柔遠能邇，盡暢慈和，不與敵争，敵人自伏。故云“善勝不争”。

【義曰】既不廣求殺獲，又不憑怒陵人，服之以慈，柔之以德，或射戟以和其敵，或倒戈自攻其徒，或解圍於吟嘯之間，或悛逆於干羽之際。斯謂善勝矣。

善用人者爲之下。

【注】悦以使人，人盡其力，必先下之，是謂善用。

【疏】夫善用其人，以言謙下，人必盡力，可以成功。故《易》曰：“以貴下賤，大得人也。”

【義曰】握髮禮賢，賢必致用；吮癰撫士，士必相驅。既感衆心，必能盡力。善用之道，其在茲乎！“以貴下賤”者，《易·屯卦》初九：“盤桓，利居貞，利建侯。”《象》曰：“雖盤桓，志行正也。以貴下賤，大得民也。”此謂處屯之初，動則難生，不可以進，故盤桓也。利建侯者，息亂以静，守静以俟，安民在正，弘正在謙。民思其主之時，初處其首而又下之，陽貴而陰賤，以貴下賤，宜得其人。此喻人君以謙爲本，以下爲基，而得民心也。

是謂不争之德，

【疏】此結上文善士者常柔而不武，善戰者常慈而不怒，善勝者常讓而不争，善用人者常謙而爲下。如是者物竭其能，人盡其用，皆由謙下之所致。豈非不争之德乎？

【義曰】禮而下士，士得竭其能；悦以使人，人得宣其力。不憑怒以傷物，不矜武以伐功，以慈爲先，以謙爲本，不力争求勝，不尊己侮人。以此用材，人效其命，以守以戰，則固而且勝，理身理國，則壽而求寧，所向無前，是不争之德也。

是謂用人之力，

【疏】夫玄默恭己，謙虚下人，人皆歡心，思竭其力。故《易》曰："悦以使民，民忘其勞。"是用人之力也。

【義曰】聖人所教，理國修身，柔遜則德彰，謙和則人服，使人則人盡其力，弘化則化洽無疆。故曰"用人之力也"。"悦以使人"者，《兑卦》辭曰："兑，悦也。順乎天而應乎人。悦以使人，人忘其勞。悦以犯難，人忘其死。"此嘆美悦之所致，亦申明應人之德也。先以悦撫民，然後使之從事，民皆竭力，忘其從事之勞。施悦於人，所致如此，豈非悦義及人，能使人勸勉矣。是則怒而戰者，危事也；武爲己任者，凶德也；争而勝者，強梁也；虐以使人者，召禍也。於身於國，何所利哉？

是謂配天，古之極。

【注】善勝是不争之德，爲下是用人之力。能如此者，可以配天

稱帝,是古之至極要道也。

【疏】此總結上來四善之行,不争之德,能行之者,可以配天稱帝,是古之至極要道。

【義曰】惟后配天,代天理物,必資睿德,以致人和。且三寶以慈儉爲先,四善以謙讓爲要。不伐功於武勇,自叶止戈;不求勝於戰争,果能合道。然繼以爲客退尺之義,是懼輕敵罹殃,兵刃將交,則哀者獲勝矣。

用兵有言章第六十九

【疏】前章明善士爲行不争,故可以配天;此章明用兵有言,輕敵則幾亡吾寶。初一句標宗以設問,次六句示行以辨明,後四句申戒用兵,知慈哀者必胜。

【義曰】致理之君,弘慈爲本,執謙守己,以禮下人。三寶四善之功,戒之至矣;讓王爲客之義,慎亦審焉。既躁進而不能,在勇退而爲可。無攘無執,何禍何憂?所寶克全,用哀爲勝,斯言顯矣。而孰知孰行,知者甚希,則者爲貴。此兼通前後章之旨也。

用兵有言:

【注】老君傷時王殘人於兵,故托古以陳戒。有言者,謂下句也。

【疏】老君疾時輕敵致禍,樂戰殺人,故托古以申誡。所稱有言,謂下句也。

【義曰】大道以好生惡殺,代人以樂戰傷民。爲君則貪利土疆,鏖兵絶域;爲臣則圖懋功賞,轉戰窮荒。骨糞丘原,血塗草莽。老君憫其赤子,念彼無辜,演法垂文,以陳至戒。是知兵者非盛德之器,戰者是凶危之機,好生之君不得已而方用。用而不戒,斯暴也哉!

吾不敢爲主而爲客,

【疏】吾者,用兵之人也。先唱爲主,後應爲客。主先唱示生事而貪,客後應示以慈自守。欲明古者用兵,常有戒令,當須以慈自守,不可生事而貪。故云“不敢爲主而爲客”。

【義曰】夫安居之世,先動者爲主,後應者爲客。陳兵於野,先動者爲客,後應者爲主。斯用兵主客之定分也。兵法言之,反有先後,然客主之道,勝負之宜,決於善謀,不尚武力。若殺人而取勝,輕敵而立功,禍福不預萌,存亡安可保?故曰:“將者,人之司命也。”生死猶轉機,得失如反掌,可不慎乎?老君戒令守柔,使之揣敵,不敢先唱以始禍,固在應敵而不争。苟在愛人,豈欲求勝?以慈以讓,庶必保全者。體此而用之,必天救而慈衛矣。

不敢進寸而退尺。

【注】主有動作,則生事而貪;客無營爲,則以慈自守。自守則全勝,生事則敗亡。進雖少,不能無事;退雖多,不失謙讓。故不敢進於寸而退於尺也。

【疏】夫以道退守則善勝,進兵取強則敗亡。故進雖少猶傷於貪,退雖多愈得謙讓。今鄙其競争,則云“不敢進寸”,尚其慈讓,故云“退尺”。

【義曰】夫以道爲國,不恃軍功,用德牧人,寧勞武力?且兵者,凶器也;戰者,危事也。驅彼蒸人,執持凶器,深入敵境,自掇危亡,豈爲理國之務也?且貪進必樂殺,樂殺則殘人;勇退必懷慈,懷慈則體道。能體道而退尺者,可謂萬勝萬全矣。

是謂行無行,

【注】爲客退尺,不與物争。雖行應敵,與無行同也。

【疏】夫行師在乎止敵,止敵貴乎不争。今爲客退尺,善勝不争,雖行應敵,與無行同矣。

【義曰】應敵出師,蓋不得已,豈果敢於行師乎?以慈守衆,以德撫人,既不鋭於争鋒,復無心於克敵,自然德勝也。《靈寶經》云:“守道之士,以戒撿心,彼來加我,志在不報。”此其謂歟!

攘無臂，

【注】攘臂，所以表怒。今善戰不怒，故若無臂可攘。

【疏】注云："攘臂，所以表怒。"善戰不怒，故若無臂可攘，故曰"攘無臂"。

【義曰】夫士之怒也，裂眥沖冠，奮衣攘臂，將鋭於争戰矣。道之爲理，惡殺尚慈。既已不争，固當無敵。設有應敵，不得已而出師，非務力争，故若不攘臂矣。

仍無敵，

【注】仍，引也。引敵者，欲争不争，故若無敵可引。

【疏】仍謂引也。夫引敵，欲有所争。今以不争爲德，是若無敵可引，故曰"仍無敵"也。

【義曰】既無仍引，非在戰争。有敵不争，固若無敵矣。

執無兵。

【注】執兵所以表殺，今以慈爲主，故雖執與無兵同。

【疏】執，猶持也。兵者，五兵戈矛之屬也。夫執兵者，將欲殺敵。以慈爲主，自戢干戈，則雖有兵，本無殺意，是則與無兵同也。

【義曰】法道爲君，不務兵戰，既非獲已，應敵帥師，兵克在和，師出以律，無拓土開邊之志，無争鋒斂怨之心。行若無行，敵若無敵，攘若無臂，執若無兵。推此四無，叶夫三寶，則射㲉夾脰之矢，烏號繁弱之弓，魚腸昆吾之刀，太阿巨闕之劍，吴鈎楚矛，蜀弩孟勞，豈假執持？無所用矣。五兵者，戈、矛、殳、戟、干，言有五等也。《周禮》：𤮐人爲廬器。① 凡祕過三，②其身不能用也。祕，柄也。戈祕長六尺六寸，殳長尋有四尺。八尺曰尋，言一丈二尺也。矛常有四尺，夷矛三尋。

① "𤮐"，《周禮·考工記》作"盧"。

② "祕"，《周禮·考工記》作"柲"。下文"祕，柄也"、"戈祕"之"祕"，亦同。

夷,長也。長二丈四尺。平野之兵欲長,山林之兵欲短。執欲其鋭,被欲其堅。矛戈戟爲鈎兵,欲無掉,刺兵欲無撓,戈殳爲擊兵,欲上下強弱均,用之欲其疾速也。兵有鼓角金革、牙旗斧鉞、甲冑旌節、旗旟旒旐、弓弩弧矢,各有制度,其大約分爲五等,三制九章之法,短兵有刀劍匕首之異,皆所以禦敵制勝也。既以慈制敵,以德行師,雖執其兵,執而不用,故若無兵也。《説文》曰:"拱手執斤曰兵。"

禍莫大於輕敵,輕敵幾喪吾寶。

【注】爲禍之大,莫大輕侮敵人。輕侮敵人,則殆喪吾以慈之寶矣。

【疏】幾,近也。喪,失也。寶,謂慈也。夫爲禍之大,莫大於輕侮前敵。好事交争如此,則近喪失吾以慈之寶矣。且失慈,以戰則敗亡,以守則離散。代間之禍雖非一途,離散敗亡,禍之大者也。

【義曰】用兵之道,敵國在前,先代其謀,次料其敵。勇怯既等,衆寡復均,然猶得天之時,假地之利,揣理之曲直,因人之協和。或高壘深溝,挫孔明之鋭氣;焚舟示死,雪秦繆之前羞。殞長星而告終,封殽尸而歸國。若不然者,則五千深入,永悲於雁塞龍堆;百萬横行,竟怯於風驚鶴唳。晋山草木,盡變人形;昆陽犀象,寧爲我用。則謙慈之寶,於兹喪矣。

故抗兵相加,哀者勝矣。

【注】抗,舉也。兩國舉兵以相加,則慈哀於人者勝也。

【疏】抗,舉也。夫兩國抗兵以相加,則由其君用道,其將以慈,矜哀於人,不求多殺者,獲勝矣。

【義曰】夫雖戎狄侵邊,豺狼害國,奸凶肆孽,妖逆亂常,推轂命師,鑿門授律,與民除害,不得已而征之,猶慮強抗則乖仁,故哀慈則合道。合道者必勝,乖仁者必亡。此天理之常然,詎可誣而蔽也?以慈之感,無或忽諸!

卷之四十六

唐廣成先生杜光庭述

吾言甚易知章第七十

【疏】前章明用兵之言，戒其輕敵；此章明暢理之教，示其易知。易知則必有宗君，輕敵則喪其慈善。初標聖教易知，次明迷途不曉；“言有宗”下解釋易知之意，“夫唯”下辯説不曉之由；後嘆聖之懷玉，以勖勤行之上士爾。

【義曰】既明行慈者勝，輕敵者亡，此言易知易行，而迷者不知不曉。以其不知於至道，不能深了於戒言，瞢彼君宗，尚拘昏滯，是知我者少也。苟能法則於道，信爲貴乎。若披褐而懷玉，非常徒之可識。夫道易知也，而不知者信爲愚矣。不知而強知者，聖人不取。放下章次而明之也。

吾言甚易知，甚易行；

【注】老君云：吾所説言契理，故易知；簡事，故易行。

【疏】老君言，我所言者以暢於理，理暢則言忘，故易知也；吾所事者，事於無事，事簡則無爲，故易行也。

【義曰】吾者，老君也。明此二經老君言教三寶四善，儉讓謙慈，皆實易知易行，可以理身理國，以無爲爲本，以清静爲基。清静無爲，事簡理暢，知之甚易，行之豈難？

天下莫能知，莫能行。

【注】天下之人滯言而不悟，煩事而不約，故莫能知，莫能行。

【疏】此嘆衆生不能了言無言，執言而滯教，惑於言教，故莫能知也；不能悟事無事，煩事而不約，迷於塵事，故莫能行也。

【義曰】代人惑於圖功輕敵，不能儉讓謙慈，既莫知之，豈能行也？且夫五千垂教，雖深契重玄，而導世引凡，且事唯簡要，無爲則易悟，無事則易行，而棄無爲無事之門，趨執教滯言之路，以斯致惑，故莫能知。勉話君宗，早期了悟。此老君所以戒勸也。

言有宗，事有君。

【注】言者在理，得理而言忘，故言以無言爲宗；事者在功，功成而不宰，故事以無事爲君。

【疏】此覆釋易知易行所由宗本也。君，主也。夫言者所以在理，得理而忘言，故言以不言而爲宗本。事者所以在功，功成而遣事，故事以無事爲君主。此豈不易知易行耶？

【義曰】了言無言，有宗則易知也；於事無事，有君則易行也。滯言執教，則不知其宗；局守迷事，則不知其君。在乎捨執棄迷，漸悟於道爾。

夫唯無知，是以不我知。

【注】夫唯代人無了悟之知，是以不知我無言無事之教也。

【疏】“不我知”者，謂不知我也。夫唯代人迷惑，無了悟之知，封著名相，不能暢理，於事執事，於言滯言，是以不知吾教以無言無事之意。又解云：老君言夫唯我所知，惟在無知；而天下之人用知求知，是以不知我也。

【義曰】無言爲了言之宗，歸於至理。無事爲遣事之主，契彼無爲。以世人不能知，故難知，不能行，故難行爾。

知我者希，則我者貴。

【注】了知我忘知之意者希少，法則我不言之教者至貴也。

【疏】希，少也。則，法也。老君言知我忘言契理之意者，至希少也；若能法則我言而行之者，則可尊貴矣。

【義曰】知無言之宗，固已少矣。能體我無言爲法，斯可貴焉。然教本無言，固言方能辯理；教本無事，固事方可探玄。辯理則言自忘，探玄則事自簡。言忘事簡，可與言道矣。

是以聖人披褐懷玉。

【注】披褐者晦其外，懷玉者明其内，故知我者希爾。

【疏】褐，裘也，賤者之服。襲裘褐者，所以蔽下之粗衣也。玉者潔潤，而可比德君子。言此者欲明聖人，内心慧了，外狀如愚。以如愚之狀，故云"披褐"；以慧了之心，故云"懷玉"。

【義曰】聖人之於道也，隱顯同途，出處同迹，語默皆契，斯須不遺。但代人不能窺聖人之閫奥爾。智周萬行，德冠九清，御無爲之宗，了兼忘之旨，外晦其用，委迹和光，内瑩其明，鑑窮識遠。故河上公注曰："内雖昭昭，外如愚頑。明珠在蚌中，美玉處石間。"是披褐懷玉之旨也。夫道至明矣，而凡愚昧之。又《莊子》曰："無門無傍，四達皇皇。"非明也哉！道心惟微，何往不達，而下士惑之。披褐者，聖人混其外。褐者，賤衣，與衆同也。懷玉者，聖人明其内也。玉者，石中之美，有五德焉。潤澤而温，人之方也；鰓理自外可以知中，義之方也；其聲舒揚，專以遠聞，智之方也；不撓而折，勇之方也；鋭廉而不伎，潔之方也。玉比德者，《禮記·玉藻》篇云：古之君子，必佩玉焉。右徵角，聲中民與物也；左宫羽，聲主君與事也。趍以《采薺》，門外之行也；行以《肆夏》，登堂之樂也。周旋中規，反行也；折旋中矩，曲行也。進則揖之，謂小俯也；退則揚之，謂小仰也。然後玉鏘鳴也。故君子在車，則聞鑾和之聲，行則鳴佩玉，是以非僻之心，無自入也。世子君在不佩玉，左結佩，不使鳴也，右設佩，去之也。居則設佩，朝則結佩。朝於君不敢使鳴也。齊則靖結佩，屈之也。凡帶必有佩玉，唯喪則否，言王喪事也。佩玉有衝牙。君子無故，玉不去身，比德於玉焉。喪與災眚，謂之故也。天子佩白玉而玄組綬，公侯佩山玄玉而朱組綬，大夫佩水蒼玉而純組綬，世子佩瑜玉而綦組綬，士佩瓀玟玉而緼組綬，孔子佩象環五寸而綦細綬。謙不比德，示不仕也。環取其循而無窮也。

知不知上章第七十一

【疏】前章明暢理之教，示其易知；此章明了心之知，虚忘爲上。首標迷悟有異，執迷成病；"夫唯"下結嘆聖人了知是病，故不强知。

【義曰】前以知道既貴，要隱迹藏光；此乃强知爲非，要忘知契道。聖人强知之病不爲之，故無病焉。行人能了此聖心，復何病之有？

知不知，上；不知知，病。

【注】了法性空，本非知法。於知忘知，是德之上。不知知法，本性是空。於知强知，是行之病。

【疏】夫法性本空，而非知法。聖人悟此，有不取相之知，於知不著，故云不知是德之上。此釋悟也。"不知知，病"者，言常俗之人，不知知法本非真實，於此無知之理，强謂有知，有取著之縛，所以爲行之病。此辯迷也。

【義曰】了知非知，是謂真知。知而不知，是以爲上。不知真知而强知之，是以爲病。聖人了知皆妄，成彼修真，於知忘知，自息强知之病。

夫唯病病，是以不病。

【注】夫唯能病强知之病，是以不爲强知所病。

【疏】衆生强知，妄生見著，而爲病惱。夫唯能病强知之病，於知忘知，則不爲強知所病，故云“是以不病”。

【義曰】知強知之病而能病之，是以不病者，無強知之病。

聖人不病，以其病病，是以不病。

【注】唯聖人所以不病者，以其病衆生強知之病，是以不病。

【疏】聖人正智圓明，了悟實相，於知忘知，故不爲知之所病。所以者，以其病凡夫有強知之病，故説真知以破之。妄知之病既除，真知之藥亦遺，故云“不病”。

【義曰】凡代之人，識因淺劣，未了知真之理，乃執強知之非。以此循環，迷失正智。聖智圓備，不執強知之知，又了真知之理，能病強知之病，不惑強知之知。以其病病，是以不病。如惑者説大道是有，執有爲是；一人言道爲無，執無爲是。執無者則病於有，執有者復病於無。聖人知道非有非無，兩無所執，能病所執，是以不病，義亦然矣。所以大辯若訥，至知忘知，顔子如愚，孔光温樹，三緘戒慎，其斯謂乎？《西升經》曰：“能知無知，道之樞機也。”

人不畏威章第七十二

【疏】前章明了心之知，以虚忘爲上；此章明迷妄之病，有可畏之威。初標人不畏威，則禍累所及；次“無狹”下勸人虚心静欲，神不厭人；後舉聖行證成，示其去取。

【義曰】聖人於知忘知，既顯強知爲病，又舉威之可畏，不畏則大威及之。俾其滌慮虚心，栖神於絳闕；恬和養氣，味道於玄虚。人神相須，貴見皆遺，去厭狹之爲累，取知愛以爲資。然後勇於謙柔，挫其剛果，以爲修真之徑爾。

民不畏威，則大威至。

【注】有威而可畏，謂之威。言人於小不畏，拙於慎微，則至大可

畏也。

【疏】有威可畏謂之威。夫欲惡之來，起於微末，積成病累，爲彼大威。人不能慎其細微，則至於大可畏也。

【義曰】君子有三畏，畏天命，畏大人，畏聖人之言。又人之立身，以憂畏爲本。理國而有憂畏，四時順焉，六氣序焉，神明交焉，邦國泰焉。其無憂畏者，神明不交，災害爲生。理身而憂畏，官以之理，家以之寧，疾疢不作而志氣和平。其無憂畏者反是則大威至，其可逭也？

無狹其所居，

【注】神所居者，心也。無狹者，除情去欲，使虚而生白。

【疏】神所居者，心也。人當忘情去欲，寬柔其懷，使靈府閒豫，神栖於心，身乃存也。

【義曰】神者身之主，心者靈之府。嗜欲不入，物我都忘，是非不汨於胸中，則神栖於靈府也。《西升經》曰："謀思危之首，危者將不久。"此使人思謀絶慮，少私寡欲。又曰："身者，神之車也，神之舍也，神之主人也。主人安静，神則居之；躁動，神則去之。"以心能動静變化，故謂之神。神能飛行，并能移山，此則神爲靈妙之稱也。神力之大，不可思而議之，故修三奔行大洞，則雲車龍駕，出有入無，飛升三清，嘯咤水火，移山陷地，何所不爲？若用之非道，則敗國喪身。淪滯六欲，飄零苦趣，往反生死，善惡吉凶，皆由於心矣。故心爲靈府也。

無厭其所生。

【注】身所生者，神也。無厭者，少私寡欲，使不勞倦。

【疏】身所生者，神也。厭，惡也。人由神而生，故謂神爲所生也。神明托虚好静，人當洗心息慮，神自歸之。若嗜欲瀆神，營爲滑性，則精氣散越。散越則生欲，故勸云無厭所生之神，以存長久之道。

【義曰】身之生也，因道稟神而生其形。夫神者，陰陽之妙也。

形者,陰之體也。氣者,陽之靈也。人身既生,假神以運,因氣以屈伸,神氣全則生,神氣亡則死。故形爲神之宅,神爲形之主。豈可厭而去之耶?且所生我身,大約有三,一曰精,二曰神,三曰氣。受生之始,道付之以氣,天付之以神,地付之以精。三者相合而生其形,人當受精、①養氣、存神,則能長生。若一者散越,則錯亂而成疾,耗竭而致亡。不愛此三者,是散而棄之也。氣散神往,身其死矣。得不戒而保之哉?此三者能生其身,故曰"所生"也。

夫唯不厭,是以不厭。

【注】夫唯人不厭神,是以神亦不厭人也。

【疏】善貸曰道,資形曰神。人能愛道存神,故云"夫唯不厭"。除垢止念,惟精惟一,神不厭人,故云"是以不厭"。

【義曰】貸,假也。資,稟也。垢,惡也。夫惟修道之人,養神愛氣,冥懷虚寂,神則常存。神不厭人,人可長久。"除垢止念"者,《西升經》老君將升太微,戒尹喜之詞也。曰:"除垢止念,静心守一,衆垢除,萬事畢。吾道之要也。""惟精惟一"者,《尚書·大禹謨篇》舜命禹踐位之詞也。曰:"人心惟危,道心惟微。危則難安,微則難明。惟精惟一,可以允執厥中也。"

是以聖人自知不自見,

【疏】自知者,反照内省,防害於微,令無可畏之事。不自見者,不自彰見其材能,炫耀於物,違理失常,以招患也。

【義曰】夫人不炫己能,不彰己行。故《尚書》曰:"惟不伐,天下莫與汝争功;惟不矜,天下莫與汝争能。"但内照含光,周鑑四海,固無可畏之事矣。理身及此,則功名顯而道德充也。

① "受",按文意當作"愛"。

自愛不自貴，

【注】自知其身，防所畏之事；自愛其身，無厭神之咎。不自見其能以犯患，不自貴其身以聚怨也。

【疏】聖人自保，愛其身，絶去嗜欲，令神不厭。身不自貴者，不自矜貴其身，凌虐於物，以聚怨爾。

【義曰】葆和谷神，希言養氣，絶嗜禁欲，抑非損惡，此自愛也。輕裘肥馬，甘食美衣，華宇文階，崇軒大厦，自貴也。自愛則神安心泰，自貴則奉己害民，傷財斂怨。故曰有道之君以樂樂人，無道之君以樂樂身。樂人則人從，樂身則人叛也。

故去彼取此。

【注】去彼見貴，取此知愛。

【疏】去彼自見自貴，取此自知自愛。聖人得年等智，了法性空，理無去取，開教引凡，寓言之爾。

【義曰】自見者不明，自貴者不長，故"貴以身爲天下，若可寄天下"，故聖人去之而不取。自知者明，自愛者寧，故曰"愛以身爲天下，若可托天下"，言聖人内愛其神，外愛其民也。寓言者，寄寓立言，以教神俗。言聖人非有去彼取此之行，立理以勸人爾。

卷之四十七

唐廣成先生杜光庭述

勇於敢章第七十三

【疏】前章明迷妄之病，有可畏之威；此章明勇敢之爲，成殺身之咎。初標敢與不敢，利害之殊；次明天道謙柔，戒人勇敢；後嘆天網之報，以勸善士之修。

【義曰】前明去見貴之外行，取知愛之内修。此乃勸勇退以謹身，戒勇進以傷德，用明利害，遣復謙柔，成善勝善應之功，弘不言不争之旨，示以天網，俾之競修，然標以死懼之，令畏司殺之咎。

勇於敢則殺，勇於不敢則活。

【注】敢謂果敢。言人勇於果敢從事，失於謙柔退讓，必害於身，故云"則殺"。不敢者則可以理身矣。

【疏】剛決爲勇，必果爲敢。言強梁之人，無所畏忌，失於謙柔，決於果敢，犯上作亂者，則是殺身之道也，故云"勇於敢則殺"。"勇於不敢則活"者，人若於事静慎，斂身知退，所決在於不敢強梁犯患，則是活身之道也。故云"勇於不敢則活"。

【義曰】強梁者鋭志而前，自投禍患；謙慎者奉身而退，必保安真。殺活二途，昭然可驗矣。"犯上作亂"者，《論語・學而》篇云："不好犯上而好作亂者，未之有也。"言強梁之人干犯己之上者，而孝悌之人必恭順，好欲犯其上者少也。

知此兩者，或利或害。

【疏】兩者，敢與不敢也。言人能知勇敢，則殺而有害；不敢，則活而有利，當須勇於不敢。此兩者在勇雖同，所施則異，故云“或利或害”。

【義曰】剛決於心，俱謂之勇。勇強梁而進則害至，勇謙柔而退則利來。利來則生，害至則死。生死起乎心感，利害歸乎妄情。若能勇退葆身，謙光約修，道之要也。雖妄情所起，而吉凶利害不常，故皆云“或”爾。

天之所惡，孰知其故？

【注】兩者，敢與不敢。或，有也。能知不敢者有利，敢者有害，當須勇於不敢。此勇敢之人動有災害，天之所惡，孰能知其故哉？

【疏】孰，誰也。故，猶竟故也。[1] 勇敢於有爲之人，動則有害，乃天道之所惡。而代俗之人，誰能知其意故者乎？

【義曰】天之道，惡殺而好生，惡惡而好善。勇於進則有殃而必殺，勇於退則有利而必生。自然而然，豈知其故？此戒人當勇於謙退，以保其生也。夫“王赫斯怒，以整其旅”，此文王之勇以安天下也。《逸書》曰：“惟我在天下，曷敢有越厥志？”此武王之勇，亦以安天下也。匹夫勇敢，傷於人而喪其身，何足貴乎？

是以聖人猶難之。

【注】聖人猶難爲勇敢之事。

【疏】此舉聖以勵凡也。夫以聖人之明，猶難於勇敢，懼其爲害，況於凡人欲爲勇敢，焉得無害乎？

【義曰】聖人不爲勇敢之事，此約聖人以戒代人爾。言聖人尚慮

---

① “竟故”，《唐玄宗御制道德真經疏》（十卷本）作“意故”。

有害，不爲此勇敢強梁之事，況於凡俗乎？此愛人之心，戒之至矣。

天之道，不争而善勝，

【注】此下言天道謙虚，以戒人事勇敢，天不與物争，四時盈虚，物無違者，故善於勝。

【疏】因上言天之所惡，故此下四句廣明天道謙虚，以戒人事勇敢。人懷勝勇，所以有争。天道平施，唯善是與，物莫之違，故云“善勝”。

【義曰】天道任於自然，因無勝負，四時代謝，不令而行，六氣推遷，不言而信，物不違天，則爲善勝也。“惟善是與”者，此經第四十三章云“天道無親，常與善人”也。“天道平施”者，《易·謙卦》云“君子以裒多益寡，稱物平施”是也。

不言而善應，

【注】天何言哉？福善禍淫，曾無差忒。故云“善應”也。

【疏】天何言哉？但福善禍淫，吉凶感應，故曰“不言而善應”也。

【義曰】天無言而四時行，地無言而萬物生，得時而興，感物而應，此自然之理也。《西升經》曰：“爲善，善氣至；爲惡，惡氣至。”自然之勢，影響不差也。“福善禍淫”者，《尚書·湯誥》曰：“福善禍淫。”言國之政教，人之所修，有善有惡。善者天福之，惡者天禍之。天降譴以告之，謫見以警之，而不寤者，禍乃及之。此吉凶所應，人所召也。

不召而自來，

【注】天道不乃物使從己，①物不能違，自來順天爾。

【疏】凡物之來，皆由命召。今天不召於物而使從己，而萬物自來而順之，則負陰抱陽，春生夏長，皆非召而來也。

① “乃”，《唐玄宗御注道德真經》作“召”。

【義曰】《春秋左傳》曰:“禍福無門,惟人所召。”爲惡召禍,爲善致福,理之常也。今言天道不言而自應,不召而自來,言萬物自順於天也。“負陰抱陽”者,此經第五章之詞也。

繟然而善謀。

【注】天道玄遠,繟然寬大,垂象示變,人可則之,故云“善謀”也。

【義曰】天道運四時,垂曆象,循環順氣,以示於人。曆象不愆其常,四時不爽其應,寒暑晦明,罔有差忒。此寬緩而善謀。繟,寬大也,緩也。謀,度也。曆,數也。象,法也。變,星辰差忒也。天以運度之數,垂文之象,顯示於人,聖人則天象而立教化。故《禮經序》曰“昔在唐堯,曆象日月,敬授人時”是也。

天網恢恢,疏而不失。

【注】天之網羅,雖恢恢疏遠,刑淫賞善,毫分不失。

【疏】恢恢,寬大也。此覆釋上天道等義也。天道網羅,雖復寬大而且遠,賞善罰惡,不失分毫也。

【義曰】古人結繩爲網爲羅,以捕飛走之物。網,取其籠罩廣大之義也。天道以吉凶之應、陰陽之數、善惡之報,以平籠萬物,物在其中,無所逃隱。爲善善報之,爲惡惡酬之,故謂之天網。天道無傷於物,是故網羅籠罩,掩獲於物乎。此約體爲喻爾。夫天以氣稟之於物,物則受氣於天,生形於地,是則天地爲萬物之本。物之善惡生死,皆受命於天,天無網羅機械以制於物,但恢恢廣遠,無不包容。飛行動植,風雲氣象,陰陽寒暑,晝夜生死,皆在包羅之内,無所逃失。故若網之所籠爾。其氣之所應,時之所推,曆數昭然,不差毫末。毫者,毛之細者也。分者,數之微者也。天網所羅,微細無隱矣。

民常不畏死章第七十四

【疏】前章明勇敢於有爲,自成殺身之咎;此章明有爲則輕死,必犯司殺之誅。首五句陳戒用刑,次一句指明司殺,後四句舉用刑代殺,必有愆咎。

【義曰】夫賞善以德,罰惡以刑,猶寒暑以無私,譬陰陽之必應,此天之道也。人君無爲御極,民知自勸之方。有道修身,天錫無疆之壽,各安素分,必享大年。在乎畏慎於心,戒懼於禍,不觸陷身之網,豈罹司殺之殃?於國則寬宥用刑,哀矜察獄。不施代殺之法,必無傷平之非;不行代斫之權,必無傷和之怨。然後去厚斂有爲之事,循不爭勇退之規,以繼前後章之大旨,福於人也。

民常不畏死,奈何以死懼之?

【注】縱放情欲,動之死地,習以爲常,曾無畏者。人君當以清静化之,奈何更立刑法,以誅殺恐懼之乎?

【疏】言人不能守道清静,而放縱情欲,動之死地,積習爲常,曾無畏者。人君當以清静爲化而教導之,奈何更以刑法誅殺而恐懼之?

【義曰】人君雖懸象順天,垂法御極,在於開物成務,用道教人。若民侮法亂常,冒刑于禁,自投于網,不慎其身,亦當悟之以革慮洗心,捨惡從善,使其悛省,許以自新,不當遽用五刑,不開三面。此恐失於慈恕也。

若使民常畏死,而爲奇者,吾得執而殺之,孰敢?

【注】若使代人皆從清静之化,不敢溺情縱欲,常畏於死,而有獨爲奇詐者,假令吾勢得執殺此奇詐之人,孰敢即殺?故下文云。

【疏】此明人君化以無爲,而人皆少欲,各全其生,常畏於死。而獨有爲於奇詐不善之行者,適令吾勢得執而殺之,亦誰敢即殺?所以不殺,爲自有天網司殺之也。故下文云。

【義曰】既以慈恕教人,人知其教,謹身畏法,潔行修生,盡祛欲情,俱畏於死。而或獨有肆懷從欲,干法犯刑,人君亦當戒以自新,使之悔過,而開道之。若之若迷而不返者,亦不遽執而殺之,以俟天之司殺。此所以示其善誘也。

常有司殺者殺。

【注】如此奇詐之人,天網不失,是常有天之司殺者殺之。

【疏】司,主也。天鑑孔明,無所不察。奇詐之人不得其死,是有天之司殺者殺之矣。

【義曰】天之養人也厚矣,愛人也至矣。南宫丹籙賞善而司生,北宫黑簿紀過而主死。天地萬神司察善惡,以懲以勸,俾其革惡而遷善也。故有功者延年,有罪者奪算,毫分無失,如陽官之考校焉。天有司命四司之星,在虚危之間,人星之側,以司於人。司命二星,主人之功過、年壽、賞奪;司禄二星,主人之禄秩衣食;司危二星,主人之驕佚不正;司非二星,主人之邪忒多私。此四星者,《三元經》所謂天之司殺也。糾察罪福,使世人知修善戒惡焉。人君以善教人,動懷慈恕,其獨不善者,天之司殺當自殺之。言天之照鑑甚明,無有不察。天網寬大,疏而不漏,違天反道,何逃其辜?孔,甚也。

夫代司殺者殺,是謂代大匠斫。

【注】人君好自執殺,必不得天理,猶如拙夫代大匠斫木矣。

【疏】言不善之人司殺自殺,人君若勢得執殺而使殺之,是代殺者殺人,不得天理,猶如拙夫代大匠斫木矣。

【義曰】設有不善之人,必俟天之所殺。人君執而便殺,是代天殺之權,下爽哀矜,上乖天理。若拙夫代大匠斫木,所失當如下文。

代大匠斫,希有不傷其手矣。

【注】拙夫代斫,豈但傷材,亦自傷其手。人君任刑,代彼司殺,豈唯殘害百姓,抑亦自喪天和。

【疏】大匠斫木,動合方圓。拙夫代之,必失繩約,悪得不損其材而傷其手乎？天網不失，神理昭明。人君任刑，代彼司殺，惡得不害其人而喪天和乎？奈何以死懼之，斯之謂也。

【義曰】大匠之巧也，運斤成風，所斫無失。拙夫代斫，材手俱傷，亦猶人君執得不善之人，輕肆刑殺，雖云用鉞，實慮傷和。故首文之意，有不畏死者，當開之以善，教之以道，豈得以死而懼之乎？《尚書》曰“與其殺不辜，寧失不經，好生之德，洽于民心”是也。

卷之四十八

唐廣成先生杜光庭述

民之飢章第七十五

【疏】前章明有爲則輕死，必犯司殺之誅；此章明厚斂則人貧，是生有爲之弊。初三段迭明所以爲弊，“夫唯”下結嘆令其貴生。

【義曰】致理者何？道德爲本。任道則無爲澄静，用德則有裕和寧。吝一臺而不爲，惜十家而屬念。以儉以約，俗人阜豐。奈何聚斂無厭，誅求莫已。男力耕而腹歉，女勤織而身寒。若彼有爲，使其輕死，一至於此，夫何痛哉！惟能不厚其生，各全其分，天和不喪，是曰貴生。示以柔弱堅強，俾體之而修勵爾。

民之飢，以其上食税之多，是以飢；

【注】天下之所以飢乏不足，以其君上食用賦税之太多故爾。

【疏】夫人，國之本也。若政煩賦重而人貧乏，則國本斯弊，弊則危矣。是以下人不足，由君上食用賦税之太多，是以令其飢乏爾。

【義曰】立法垂憲，古有明文。食也充君之庖，税也輸國之賦。什一之税，務在其輕。賦重則人貧，賦輕則人足。人足則國泰，人貧則國危。理在酌中，法無太酷，所以鑄刑書而物怨，作兵賦而邦貧。齊侯以重斂致亡，田氏以厚施威霸。皎然在目，居之鑑焉。

民之難治，以其上之有爲，是以難治；

【注】天下之人所以難化者，以其君上之有爲。有爲則多雜，多雜則詐興，是以難理。

【疏】蠢爾蒼生，資君以理。爲理之本，諒在無爲。故我無爲而人自化。今人所以難理者，由君上之有爲。有爲則政煩而人擾，動生大僞，是以難理。

【義曰】君之理人，本乎清静，不作無益之事，不興無用之功，不矜威武之能，不尚淫奢之巧。無爲自化，恬淡居先，則詐僞不生，禍亂不作。法作而人去之，殷人作誓而民始叛，周人作盟而人始疑。今其外施威武，有輓運之勞；内事淫奢，有誅求之苦。上有玉食繁華之厭，下有糟糠不足之悲。網密令苛，求理難矣。

人之輕死，以其求生之厚，是以輕死。

【注】天下之人所以輕死者，以其違分求生太厚之故，是以輕死。

【疏】人之所以輕入死地，喪其生者，皆以其違分求生，養生太厚，不顧刑網，以徇所求，是以輕死。

【義曰】皇天育人，生有定分，降年有永有不求，必在養之得所，任以自然，但虚心則道臻，窒欲則心守泰定，然後發乎天光，則不求其永自延永矣。若厚於奉養，力以求生，或餌金石以毒其中，或因鼓怒而傷其氣，但營難得之貨，或求過分之能，本欲希生，反之於死，是生生之厚也。所以栖鳥於火林之上，未念其寒；養魚於沸鼎之中，本哀其冷。養之失理，及以傷生，世愚之情，斯可哀矣。聖人欲去其厚而適其分，則道可得矣。

夫唯無以生爲者，是賢於貴生。

【注】自然之分足則生全，若過養其分，分過則生亡。故夫唯無以厚其生爲者，是賢於矜貴其生也。

【疏】夫生也有涯,安分則足,既不可違,亦不可加。若營生於至富之外,則惑矣。故不厚其生而生全,求厚其生而生喪。故知夫無以生爲憂者,是賢勝於矜貴其生之人。

【義曰】禀生有分,賦命有常。守其分則可以永全,失其常必之死地。是以聖人垂戒,不欲厚以求生。賢士知微,自可任於天授。此所以戒人君,違分則國傷人弊,守文則物泰時康。順道循常,斯爲當矣。可謂賢於貴生,明於用道也。

民之生章第七十六

【疏】前章明厚斂則人貧,是生有爲之弊;此章明有爲則心欲,故喪和氣之柔。初標生死之二徒,次舉草木之兩喻,結以強大處下,戒令必守和柔。

【義曰】前以賢於貴生,不爲過分之養;此乃資於用弱,可以保其和柔。明堅強不可以執持,謙下所宜於從事。兵強必爲國害,木槁由其氣衰。勸守沖和,戒爲強大,示以張弓之喻,欲明舉下抑高。此其旨也。

人之生也柔弱,其死也堅強;

【疏】人之生也,和氣流行,百骸以之柔弱。人之死也,和氣流散,四支以之堅強。言此者示柔弱堅強,爲生死之戒。

【義曰】人禀沖氣,百骸以之和柔,百神衛於百關,六氣行於六府。所貴者存神養氣,體道懷柔。著生品於南宫,削死名於北府,延生久視,其在兹乎?如其神魄潛飛,沖和稍散,遽同草木,委化泥沙,失彼至柔,斯爲痛矣。

萬物草木生也柔脆,其死也枯槁。

【疏】此舉喻也。萬物草木氣聚而生,故枝葉敷榮而柔脆。氣竭而死，則條幹變衰而枯槁。前明有識，此舉無情。無情者以氣聚散爲榮枯，有識者以道存亡爲生死。

【義曰】萬物與人同資於道。道以運氣，氣以致和，雖有識無情肖形各異，生之與死稟受不殊，而道在則能生，道去則爲死。故經冬之草，覆之可以延期；夭脆之年，修之何妨降永？所要服勤於鍊餌，豈宜甘委於幽泉？違道強梁，可爲之戒。

故堅強者死之徒，柔弱者生之徒。

【注】生之柔弱，和氣全也。死之堅強，和氣散也。欲明守柔弱者全生保年，爲強梁者亡身失性。

【疏】此結前義也。言草木生則柔脆，死則堅強。知人爲堅強之行者，是入死之徒；爲柔弱之行者，是出生之類。

【義曰】聖人念彼強梁，重爲戒訓。舉草木生死之喻，爲人倫強弱之規。強梁爲入死之階，所宜授革；柔弱爲出生之要，必務堅持。無曠精修，自投死地。

是以兵強則不勝，

【注】見哀者勝，故知恃強者必敗。

【疏】此下轉結前義也。用兵有言，以慈爲主，故云恃強則敗，欲明人恃強則死矣。

【義曰】夫興師問罪，薄伐禦戎，先之以三令五申，教之以六弢金版。既定前偏後伍，仍資地利人和，蓋不獲已而行，豈欲矜於剿戮？符堅百萬，秦繆二崤，匹馬不迴，隻輪莫返。此兵強侮敵，敗也宜乎！

木強則共。

【注】木本強大，故處於下；枝條柔弱，共生於上。蓋取其柔弱者

在上，強梁者在下也。

【疏】木本強大，故處於下。枝條柔弱，共生於上。蓋取其柔弱者在上，強梁者在下也。

【義曰】木以本大居下，固其宜然。末大於本，固非其稱。諺曰：尾大不掉，國之所戒。趙氏以之傾晋，田氏以之易齊，子之致疑於燕，太叔見敗於鄭。豈非末大於本，臣強於君，守理非順也？合手曰拱。昔桒穀生於殷朝，七日大拱；秦伯怒於蹇叔，墓木拱矣。皆木大合拱之謂也。

強大處下，柔弱處上。

【疏】結上文木根本強大，則枝葉共生其上之義。欲明強梁之人，常在柔弱之下矣。

【義曰】人以謙讓，能制猛毅之夫；枝惟纖柔，遂居大本之上。所宜克崇謙静，深戒剛強。吞七國之嬴秦，竟亡匕鬯；統千夫之盜跖，終喪形軀。然後止水瑩心，清恬養性，處不争之地，居自得之鄉。翥景乘風，斯可得矣。

天之道章第七十七

【疏】前章明有爲則心欲，是喪和氣之柔；此章明強梁必招損，故舉天道之喻。初一句標天以申戒，次五句舉喻以明天，又八句總合前義，“是以”下舉聖德以結勸爾。

【義曰】共木垂喻，以柔是而強非；張弓之道，蓋抑高而舉下。是則有餘招損，虧盈益謙，終以慎静爲基，不尚高強爲勝，續以攻堅之理，益明顯戒之文。

天之道，其猶張弓乎？

【注】天道玄遠，非喻不明，故舉張弓以彰其用。

【疏】此法喻雙舉也。夫天道玄遠，非喻不明，故舉張弓以昭天德。張弓之法，其如下文。

【義曰】夫蒼旻在上，廣覆。原缺七字。虛無之氣，指喻斯見，可明高下之規。蓋以人道乖真，減不足而爲事；天道惟正，損有餘而表均。所以舉下抑高，類彼遏強撫弱，不居不恃，晦智韜賢，法喻雙標，此其旨矣。“天道遠，人道邇”者，子産語祀竈欲禳火之詞也。且天道雖遠而曆象可觀，將戒於人。舉天道以爲喻，蓋欲世人遵仰上玄，稽考天意，稟而爲戒，理在必行爾。

高者抑之，下者舉之；有餘者損之，不足者與之。

【注】張弓如此，乃能命中。是猶天道虧盈益謙，欲令人君法天字人，故示舉下抑高之道。

【疏】夫弓之爲用，當合材定體，弛張調利。“高者抑之，下者舉之”者，爲架箭之時準的也。“有餘者損之，不足者與之”，爲發矢之時遠近也。如此則能命中矣。天道亦然。日月寒暑，一往一來，來者損其有餘，往者與其不足，則成歲功矣。人君者當法於天道，抑強扶弱，損有利無。故舉虧盈益謙，欲令稱物平施爾。

【義曰】天道玄微也，而陰陽自運，清濁皎分。寒暑晦明，靡差於晷度；緯候躔次，無爽於洪纖。大則橐籥萬殊，牢籠海岳；細則推遷黍絫，通貫毫釐。誠哉信哉，不紊不忒。其比喻也。以天道惡盈滿，張弓之抑高；人道好謙和，若張弓之舉下。欲使人挫減高亢，執守謙卑爾。夫爲弓者必品乎木性，審以騂文，合輕重之宜，無偏邪之失，然後貞金鏃矢，神膠拂弦，中則主皮，射無虛發。所謂舉下抑高爲準也。天道君德，上下相應，故當法天之用，如弓之法焉。人君所以振滯燭幽，興滅繼絶者，舉下也；曷強禁暴，挫鋭摧凶者，抑高也。如此則賞刑允當，名器不愆，下無偏黨之非，上叶太平之化矣。《周禮》：弓人爲弓，聚幹、角、筋、膠、絲、漆六材以其時。六材既聚，巧者和之。相幹，欲赤黑而陽聲。射遠者用勢，射深者用直。相角，欲青白而豐末。凡角，秋殺者厚，春殺者薄，稺牛之角直而澤，老牛之角彌而䂭。三色既具，戴者爲良，則可以冬扸幹，夏理筋，春液角，秋合絲、膠、漆，寒定體，則張之不流。材美工巧，爲之以時，謂之三均。均三謂之九和。上制六尺六寸，中制六尺三寸，下制六尺。於是控引有往來之體，遲速有安危之名。故有危弓安矢，安弓危矢焉。荆幹燕角，材之美也。和弓垂矢，古之寶也。矢之法，凡矢人爲矢，兵矢田矢，二前三後。三分其長而殺其一，五分其長而羽其一。水之以辯陰陽，夾陰陽以設其比，夾其比以設其羽，三分其羽以設其刃。夾而摇之，視其豐殺之節；撓之，視其鴻殺之稱。茀矢三分，一前二後。殺矢七分，三前四後。前弱則俛，後弱則翔，中弱則紆，中強則揚，羽豐則遲，殺則趮。笴，欲生而摶。材美工巧，雖疾風亦不之憚矣。弓矢之製，選材俟時，因工施巧，乃能命中，況於人乎？“虧盈益謙”者，《易·謙卦》云：“天道虧盈而益謙。”謂減損盈滿，增益謙退，亦如日昃月虧，是抑高舉下之義也。又“稱物平施”，亦《謙卦》之詞，言物之先多者而得其施。物之先者亦得其施，多之與少皆得其益，亦云多者用謙以裒之，少者因謙以益之。謙之施與，皆不失平也。

天之道，損有餘補不足。人之道則不然，損不足以奉有餘。

【注】天道平施，裒多益寡。人則違天，翻損不足也。

【疏】此明人道不能同天損益，注云“裒多益寡”者，《易·謙卦》之詞也。

【義曰】天道均平，有餘必損，不足必與。人道反此，減不足而奉有餘。所以富室飫其珍鮮，貧者歉其藜藿，則違於道矣。“裒多益寡”者，《易·謙卦》之象：“地中有山，謙，君子裒多益寡。”裒，聚也。寡，少也。益，與也。多者得謙，物更裒聚，彌益其多。寡者用謙，物更進益，是謂均平之道。亦云：裒，取也。減取多者，益於寡者，乃合舉下抑高、虧盈益謙之義。理國和民之要，修身合道之規，此其特也。

孰能以有餘奉天下？惟有道者。

【注】誰能以已之有餘，以奉天下之不足者乎？獨有道者能也。

【疏】孰，誰也。老君疾時不能同天道下濟，以恤於人，光大其德，故舉天道以勸云：誰能同天之道，損其有餘以賙奉不足者乎？惟有道之君，乃能然爾。

【義曰】恤，賑救也。損，抑減也。賙，贍也。"天道下濟"者，《易・謙卦》彖詞也。世人所行，反於天道，減其不足，奉彼有餘，豈獨害人，況乃違道，誅斂無已，凍餒莫哀。老君涣發聖言，愍其無告，曰孰能減己有餘，恤人不足，順天育物者，惟有道之君乎。

是以聖人爲而不恃，

【注】聖人法天，稱物均施，施平於物，而不恃其功。

【疏】此引聖人以證上有道之義。恃，猶矜恃也。聖人法天平施，德被於物，不見其功，故云"不恃"。

【義曰】聖人圓通智慧，因物爲心。猶天地之發生，不言其德；類陽和之煦嫗，不恃其恩。雖不恃不處，而其道愈廣矣。稱物平施，已見上解也。

功成不處，

【注】推功於物，不恃其成者，賢能也。

【疏】聖人知功成而處，天必損之，故雖道洽寰區，功濟天下，歸美名於群材，而不處其功績爾。

【義曰】舉聖人之德，況有道之君，皆以法道爲順天平施，澤及物而不恃，功配天而不居，道德巍巍，與天并矣。

其不欲見賢。

【注】聖人所以推功不處者，不欲令物見其賢能也。

【疏】此結釋“不恃”、“不處”之意也。“其不欲見賢”者，聖人雖盛德内充，而嘉聲外隱，所以不恃爲、不處功者，正欲隱德晦名，不欲令物見其賢能爾。此亦損有餘之意也。

【義曰】大聖之德，冥合玄功，而内照應微，外混於物。蓋恐德彰則慈愛立，慈著則功用存，將欲隱功行於已成，潛德化於不宰，符舉下抑高之旨，契正言若反之文也。

卷之四十九

唐廣成先生杜光庭述

天下柔弱章第七十八

【疏】前章明強梁必招損，以示天道之喻；此章明柔弱則受益，故贊水德之能。初五句標水之勝功，次四句嘆莫能行者，又五句證釋前義，後一句轉結上文。

【義曰】前明聖人不恃不處之行，此舉水德勝剛勝強之能。守柔弱則謙光，爲強梁則屈抑。所以國君以含垢爲大，立名以不祥爲先，配聖德乃允叶厥中，聞俗耳則雖正若反，嗣以執契之理，更彰與善之方爾。

天下柔弱莫過於水，而攻堅強者莫之能勝，

【疏】水之爲性，善下不争，動静因時，方圓隨器。故舉天下之柔弱者，莫過於水矣。而攻堅強莫之能勝者，夫水雖柔而能穴石，石雖堅而不能損水。若以堅攻堅，則彼此而俱損，以水攻石，則石損而水全。故知攻堅伐強，無先水者，故云“莫之能勝”。

【義曰】水之爲用，其體至柔，其性善下。萬川委輸，百谷朝宗，霏湛露以淩虚，貫昭回而上漢。言其大也，古今注海而不盈；言其細也，毫末稟生而有潤。故老君配之於道焉。三能不讓，七德備周，包裹造化，貫穿形兆，處濁受污，隨方任圓，此其至柔也。故物莫能傷焉。及其泛十洲，浮八極，淪藏日月，涵貯乾坤，陵谷由之而革遷，鯤鵬托之而變化，摧山穴石，無所不能，此其至強也。故物莫能制焉。然而強柔相制，強者必損，亦由六欲纏性，三業縈身，結構日增，堅固難解。以至柔之道，至静之真，銷而解之，漸除堅執，久久行之，則廓然清淨，虚室生白矣。此所謂至柔攻堅，莫之能勝也。

其無以易之。

【注】以堅攻堅，故兩堅俱損。以柔制強者，則強損柔全。故用攻堅者，無以易於水矣。

【疏】夫水雖至柔，用攻堅強之物，無能易之者。豈不以其有不争之德，而無守勝之心乎？理國修身，亦當如此。

【義曰】不争處下，攻於堅強，萬物之中，無易於水。沖和之氣，淡寂之心，攻除嗜欲，莫先於道。所以道之於身，則卻塵除垢，於國，則納污蕩瑕，萬有所以歸仁，六欲所以銷滌者矣。

故柔勝剛，弱勝強，天下莫不知，莫能行。

【注】柔弱之道，勝於剛強，天下之人，無不知有此道，而不能行。

【疏】柔弱之道，勝於剛強，天下之人，皆知此義。但惑於自賢，以己爲尚，無能行其所知者，故云“莫能行”。

【義曰】柔弱之勝剛強，人皆知矣。雖知其事，誰能體柔修性，用道修心，挫其剛強，習其虚寂耶？有能體而修者，道何遠哉？

是以聖人言：受國之垢，是謂社稷主；受國不祥，是謂天下王。

【注】引萬方之罪，是受國之垢濁；稱孤、寡、不穀，是受國之不祥。其德如此，則社稷有奉，故天下之人歸往矣。

【疏】舉聖人之言，證成上義。此即能行以柔勝剛之行者。垢，穢辱也。言人君能含受垢穢，引萬方之罪在己，則人仰德美而不離散，社稷有奉。故云“是謂社稷之主”也。“受國不祥，是謂天下王”者，祥，善也，人君能謙虛用柔，受國之不善，稱孤、寡、不穀，則四海歸仁，是謂天下王矣。

【義曰】惟水之德，上配於道，次配於王。道以化育無私，王以君臨有德。夫有德之主，用道居尊，罪已撝謙，責躬引咎，罪已即是受國之垢也。受國不祥也，四方向化，六合宅心，可以常奉社稷而爲王矣。社稷者，帝王立國，左宗廟而右社稷。宗廟者，尊祖配天之位也。社稷者，尊稼穡，備粢盛，爲生民粒食之本也。言人以食爲天，故有國必先社稷，故王者社稷主也。“引萬方之罪”者，《尚書・湯誥》云“萬方有罪，在余一人；余一人有罪，無以汝萬方”是也。孤、寡、不穀，已具此經第三十九章解矣。

正言若反。

【注】受國之垢，爲社稷主，受國不祥，爲天下王。是必正言，初若反俗。故云“正言若反”。

【疏】此一句結上文也。夫受國垢濁，卻爲社稷主；受國不祥，卻爲天下王。其言乖背，不同於俗，故老君詳質云，是必真正之言，行之而信，但常俗聞之，初若乖反爾。

【義曰】聞之若反於俗，行之則合於道。故俗耳所聞，是正言若反也。《靈寶經》云：修道之士，捨富樂，棄榮華，栖遁山林，備受勞頓。及其功成證道，羽駕雲車，享年長久，自苦而得其樂也。帝王孤、寡、不穀以爲其名，引罪責躬以化於俗。此受其不祥凶惡之事，而人樂推，故能長主社稷。此正言若反，斯之謂乎？

和大怨章第七十九

【疏】前章明柔弱則受益，故贊水德之能；此章明法令即生弊，必爲餘怨之迹。初明立教和怨，未足爲善；次“是以”下明有德執契，其怨不生;後“天道”下明天道無親,惟善是與。

【義曰】前以聖人體彼虚玄,法兹上善,以奉社稷,臨御配天。此則執契乘時,和怨爲美,乃明惟善是與,以表天道無親。至於棄舟輿而不乘,除甲兵而不用,玄契大道,此其旨乎?

和大怨,必有餘怨,

【注】與身爲怨對之大者,情欲也。和,謂調和也。此言人君欲以言教調和百姓,使無情欲,故云“和大怨”。

【疏】厥初生人,身心清淨,而今耽染塵境,失道淪胥者,情欲之所爲也。則知與身爲怨之大者,其惟情欲乎?和,調和也。此言百姓已困於情欲而生矯僞,人君不能以我無爲令其自化,方欲設教立法,制其奸詐而和之,故曰“和大怨”。必有餘怨者,設教立法不能無迹,斯迹之弊,還與爲怨。故云“必有餘怨”。

【義曰】語之於身,則情欲爲怨,《禮記·樂記篇》曰:“人生而静,天之性;感物而動,性之欲。”物至知然後好惡形焉。好惡無節於内,智誘於外,不能反窮,天理滅矣。物之感人無窮,故不可節矣。且夫受生之始,情欲已興,積習既深,難於除絶。若凝玄守素,尚虞試難之侵;或混世隨流,未達恬愉之趣。未能盡遣,是有餘怨也。語之於國,則興滅繼絶,是曰至公,推亡固存,亦爲巨惠。而武庚起禍,幾覆周宗,是有餘怨也。

安可以爲善?

【注】既有餘怨,則不可以爲善。

【疏】設教立法,其迹生弊。既有餘怨,則安可以爲善?是知善性於俗學,以求復其初者爾。若能上化清静,無事無爲,人有淳樸之風,迹無餘怨之弊,方可爲善矣。

【義曰】立教繩人,欲除積習之弊,胡可得哉?惟陶以無爲,率以虚寂,飲以淳和之氣,混其沖漠之心,與道相冥,反覆爲一者,可無餘怨之弊，洞合重玄之趣爾。“俗學以求復其初”者，《莊子·繕性》篇云：“俗學是仁義之門，初者是不生之本。”今人既學仁義，已亂其心，而求不生其欲，將復内明之照，不可得也。

是以聖人執左契，不責於人。

【注】左契者，心也。心爲陽藏，與前境契合，故謂之左契爾。聖人立教則必有迹，有迹則是餘怨。故執持此心，使令清静，下以化人，則無情欲，不煩誅責，自契無爲也。

【義曰】聖人以立教誘人，未能澄其情欲，執心虚室，可以契彼清玄。心契則無爲，無爲則人化。不煩設法，混合真修，固無餘怨之迹矣。修心之法，執之則滯著，忘之則失歸宗，在於不執不忘，惟精惟一爾。心法之中，唯《定觀經》得其旨矣。經曰：夫欲修道，先能捨事，外事都絶，無起於心，然後安坐，内觀心起。若覺一念心起，即須除滅，隨動隨滅，務令安静，惟滅動心，不滅照心。於此修之，務其長久。久而習者，則心有五時，身有七候。心五時者：第一時，心動多静少；第二時，心動静相半；第三時，心静多動少；第四時，心無事時静，事觸還動；第五時，心與道冥，觸亦不動。心至於此，始得安樂，罪垢滅盡，無復煩惱。此五者於所修之中，即爲行相。其七候者，即爲修行所得之果。身七候者：心得定已覺無諸塵漏，舉動順時，容色和悦，一也；宿病普消，身心輕爽，二也；填補夭損，迴年復命，三也；延數千歲，名曰仙人，四也；鍊形爲氣，名曰真人，五也；鍊氣成神，名曰神人，六也；鍊神合道，名曰聖人，七也。聖人設教，本爲衆生，爲其生死輪迴，展轉繫縛，流浪惡趣，永失真常，故出我心以滅他心。上士若能法聖人之心，去住任運，不貪物色，不著有無，能滅動心，了契於道，既契道已，復忘照心，動照俱忘，然可謂長生久視，升玄之道爾。夫仙果雖證，而有氣象所拘，年運所主。自初天證位，壽九百萬歲，每進一天即壽加一倍，凡二十七倍至無色界，極上秀樂天，合壽一千二百七萬九千七百七十五萬五千二百萬歲。此其所以有年歲之數者。在陰陽二氣之内，三界遷變之中，其人有形有氣有神。三者周備，雖變化不測，坐在立亡，隱顯自由，神通無礙，須待鍊形爲氣，方出三界之外，然無年壽之數爾。其鍊神成氣，已爲真人，鍊氣成神，即爲聖人。其真人聖人，永超數運，無復變遷，以億劫爲斯須，以萬天爲指掌。道果所極，皆起於鍊心。故《西升經》云："生我者神，殺我者心。"以其心有人我，故形有生死。無心者可階道矣。《靈寶經》云"道爲無心宗"是也。

故有德司契，無德司徹。

【注】司，主也。徹，通也。言有德之君，主司心契，則人自化。無德之主，將立法以通於人，爲法之弊，故未爲善也。

【疏】司，主也。徹，通也。言有德之君，主司心契，人將自化。無德之主，不能虚心而忘己，唯欲作法以通人。作法則弊生，故爲無德爾。

【義曰】執心契則易化，立法教則難通。執契爲有德之君，可至於道；立法乃無德之主，未始通玄矣。此聖主所解也。今竊謂有德者，下古之君也。無德者，玄古之君也。有德之君，德既有名，以心契理物，物雖化善，不能得道。玄古之君，德大無名，化民於道，朝徹而後能見獨，無思無爲，玄契大道，故能臻於定觀忘心之要，證超真入聖之階也。

天道無親，常與善人。

【注】司契則清淨，立法則凋殘。皇天無親，惟德是輔。故人君者，常思淳化，放無爲，不可立法而生事。

【疏】雖天道平施，與善不欺，司契清静者，天福其善，則吉無不利；立法殘傷者，天降以殃，則孽不可逃。豈非皇天無親，惟德是輔者乎？

【義曰】司契之道，由中以明，故清静而易化；立法之本，自外而制，故凋弊而難通。立法方爲弊源，去善彌遠；司契潛諧道要，乃善之宗。降福降殃，可以明矣。“降殃”者，《尚書·伊訓》曰“聖謨洋洋，嘉言孔彰，惟上帝不常，作善降之百祥，作不善降之百殃”是矣。“皇天無親，惟德是輔”，《尚書·蔡仲》篇云：天之於民，無有親疏，惟有德者，則輔祐之。民心於上，無有常主，惟愛己者則歸之。所謂“撫我則后，虐我則讎”是也。

卷之五十

唐廣成先生杜光庭述

小國寡民章第八十

【疏】前章明法令則生弊，必有餘怨之迹；此章明淳樸則至理，自無矜徇之求。初標無爲之風以勸，次示人從君化則理，後明家給人足，無所企求。

【義曰】前以司契立法，勝負有殊；此乃重死化醇，樸素爲本，將復結繩之理，自無兵乘之興。甘食美衣，各全其分，安居樂俗，無喪其和。雖云雞犬相聞，豈尚往來爲禮？美信雙遣，知博亦忘，無事無勞，洞達聖人之道爾。

小國寡民。使有什伯之器而不用，

【注】什，伍也。伯，長也。此明君含淳和，什伍伯長無所求，及適有人材器堪爲什伍伯長者，亦無所用之矣。

【疏】寡，少也。什，伍也。伯，長也。器，材器也。此論淳古之代也。言國小者，明不求大。言人少者，明不求多。不求大則心無貪競，不求多則事必易簡。易簡之道立，則淳樸之風著。適使有出人材器，堪爲什伍之伯長以統於人者，亦無所用之矣。

【義曰】國小則易理，民寡則易寧。雖設官司，亦無宰執。君臣循分，外無貪益之求；人庶懷淳，俱臻易簡之道。若大國能徇斯法，自然天下無爲矣。

使民重死而不遠徙。

【注】少私寡欲，不輕用其生，敦本無求，故不遠遷徙。

【疏】徙，遷移也。化歸淳樸，政不煩苛，人懷其生，所以重死。敦本樂業，無所外求，各安其居，故不遠遷移也。

【義曰】易理之境，易寧之民，懷淳素之風，各全其性命，無貪求之志，肯慕於播遷乎？所謂"安其居，樂其俗，人至老死不相往來"，斯大道云至矣。

雖有舟輿，無所乘之；

【疏】舟輿之設，本以水通陸濟有無。既無往來，則舟輿棄捨，無所乘用矣。《莊子》云："至德之代，山無蹊隧，澤無舟梁。"

【義曰】刳木爲舟，以濟於水；斫輪爲輿，以通於陸。蓋適遠之所用也。國小地狹，既無乘泛之勞；遂性端居，豈有盤游之事？固無所乘之矣。"山無蹊隧"者，蹊，徑也，隧，穴道也。《莊子·馬蹄》篇曰："至德之世，其行填填，其視顛顛，山無蹊隧，澤無舟梁。萬物群生，連屬其鄉，禽獸成群，草木遂長。是故禽獸可繫羈而游，烏鵲之巢可攀而窺。惡乎知君子小人哉？"是謂素樸之代矣。

雖有甲兵，無所陳之。

【疏】甲兵所陳，本以討不服，禦寇敵。上行道德，下無離異。既卻攻戰之事，甲兵韜戢而無所陳也。

【義曰】君既無爲，臣惟樸素，内無離叛，外絶寇讎，雖有甲兵，復何陳用？行人心通玄默，道合正真，嗜好不惑於心，繁華不亂於目。雖有科戒，詎假研尋？斯固洞達生知，不在修而後得，亦猶民化淳和，無煩武備爾。

使民復結繩而用之。

【注】舟輿所以利遷徙，甲兵所以徇攻戰。兩者無欲，故無所乘所陳，反樸還淳，歸復三皇結繩之用矣。

【疏】古者書契未興，結繩紀事，故《繫辭》云："上古結繩而理，後代聖人易之以書契。"欲明結繩之代，人人淳樸，文字既興，是生詐僞。今將使民忘情去欲，歸於淳古，故云"使人復結繩而用之"。

【義曰】以道德之主，牧淳素之人，無水陸遷徙之勞，無甲兵攻取之事，則結繩之理，猶謂其煩。《繫辭》之文，具如疏解。夫上古未有書契，先於結繩。書契既興，結繩遂息。今使有爲之代，多事之民，懷道餐和，卻歸淳素，故云"復結繩"爾。

甘其食，

【注】不貪滋味，故所食嘗甘。

美其服，

【注】不事文綉，故所服皆美。

【疏】食之甘者在於適，適則所食皆甘；服之美者在於當，當則所服皆美。苟不適當，雖玉食錦衣，不足稱甘美也。

【義曰】充身適口，不尚珍華也。《尚書》："天子王公皆有玉食。"夫錦者，五彩相鮮，女工精巧，服之則過當，製之則勞人。況衣在蔽形，所以禦寒燠也；食則充口，所以濟飢乏也。温飽既適，凍餒不侵，足以安其身而樂其性，何在綺麗珍羞乎？

安其居，

【注】不餘棟宇，故所居則安。

樂其俗。

【注】不澆淳樸，故其俗可樂。

【疏】無欲，所居則安；化淳，故其俗可樂。若逐欲無節，將自不安其居；苛政且煩，焉得復樂其俗爾？

【義曰】普洽淳和，故安其居而樂其俗也。

鄰國相望，雞犬之音相聞，

【注】言其近也。

使民至老死不相往來。

【注】無求之至也。

【疏】列國相望，雞犬相聞，蓋言其近也。人至老死不相往來，由彼此俱足，無所求及故爾。

【義曰】君無境上之會，民無身外之求，雖接風烟，何煩來往？在身則各安其分，外絕貪求；於國則各暢其生，民無勞役。樂道順性，道之至乎！

信言不美章第八十一

【疏】上下二篇，通明道德。始標宗旨，以開衆妙之門；終結會歸，將通得意之路。故寄信美以彰言教，論辯善以戒修行，書知博以示迷悟，陳不積以教忘遺，假有多以暢法性，結不争以明聖人。將令學者造精微於言象之中，道筌蹄於性命之外。悟教而能忘教，何必杜口於毗耶？因言以明無言，自可了心於柱下爾。

【義曰】此章首目，結二經之終始也。自"可道"、"可名"之始，訖"不害"、"不争"之終，八十一章配天法地。其此篇美信辯善之理，較華實之可忘，知博有多之詞，定文質之可捨，忘言忘象，得玄遣玄，深入兼忘之樞，混融至道之域矣。"衆妙之門"者，上經第一章之詞也。"言象"者，《易・繫》云"得意而忘象，得象而忘言"也。"筌蹄"者，《易・繫》云"得兔而忘蹄，得魚而忘筌"也。并具經中已解。若彼毗耶杜口，自昧於真宗；靈山拂席，竟迷於正見。豈若兹文演暢，體用兼明？語之修身理家，則百關和而六親睦；奠邦御寓，率土静而九有清。弈代宗師，百王規稟者矣。柱下者，老君當周武王之時，居於岐，佐武王爲柱下史，即今之御史也。

信言不美，

【注】信言者，聖教也。信實之言，不韻於俗，故不美也。

【疏】信言者，聖教信實之言也。老君欲以自明所演言教，化導衆生，實爲精信，故與俗相違，代人以爲不美。

【義曰】大聖垂訓，以暢道爲先，無華詞可悦於人，無曲説可誣於衆。真理直致，質而不文，故代俗所窺，以爲不美。然而循理屬念，依經宅心，不唯霸國和民，抑乃長生輕舉，可謂精信矣。

美言不信；

【注】美言者，代教也。甘美之言，動合於俗，故不信也。

【疏】美言謂代教甘美之言也。言多浮華，動合於俗，既非信實，不可化人，所以不美，正以代教美言不信故爾。

【義曰】代間教旨，以華藻爲先。無至理可依，無玄譚可采，但以綺美爲富贍，煩博爲奇能，俗耳所樂聞，常情所甘愛，不可行化於世，但可娱適於情。故美而不信也。

善者不辯，

【注】善者在行，無辯説也。

【疏】悟教之善在於修行。行而忘之，曾不執滯，故不辯説也。

【義曰】知道能行，不勞言辯，故經曰“知者不言”是也。夫辯者理闊而詞煩，虚多而實寡，但可誇誕於俗，不能徑了於玄。故善言於道者，臻乎無言，非假辯説。《西升經》曰“道在勤行，不在能言”是也。

辯者不善；

【注】空滯辯説，故不善也。

【疏】但能辯説言教，曾不悟了修行。惑滯既多，故爲不善。

【義曰】夫懸河縱辯，炙輠興詞，其於言也，亦以富矣，但夫滯言則迷於了悟，執理則瞢於真修，詞多惑人，故非善矣。經曰"言者不知"是也。"能辯而不能行"者，《西升經》云"言出飛龍前，行在跛鱉後"是也。

知者不博，

【疏】知，了悟也。博，多聞也。言體道了悟之人，在乎精一，不在多聞。故《莊子》云"博溺心"者。

【義曰】道在乎知，不在乎博。知而行之者，至道不煩，一言了悟，悟而勤久，久而彌堅，則得道矣。知而求博，博而不修，言之於前，行之不逮，則失道矣。"博溺心"者，《莊子・繕性篇》云："古者淳樸既散，德又下衰。唐虞之世，智不足以定天下，然後附之以文，益之以博。文滅質，博溺心，然後民始惑亂，無能以反其性而復其初。由是觀之，世喪道矣，道喪世矣，世與道交相喪也。道之人何由興乎世，世亦何由興乎道哉？"此疾其捨無爲，循有作也。所以鍾鼓作荒淫之具，玉帛爲傾奪之資，亂生於此矣。人君理國，若能去琱琢，息奢淫，削繁文，薄禮樂，化以真素，無事無爲，豈患其溺心之博也？

博者不知。

【注】知，了悟也。博，多聞也。

【疏】夫多聞則滯於言教，滯教則終日言而盡物。既非了悟，故曰"不知"。

【義曰】道之要者，在乎得言而忘言，知道而行道。行之既得，教亦俱忘。守一則不煩，無爲則不亂。故博於言教者，去道遠矣。豈能得玄妙之道哉?

聖人不積:

【注】積者,執言滯教,有所積聚也。聖人了言忘言,悟教遺教,一無執滯,故云“不積”。

【疏】積,滯聚也。聖人達妙理源,深明法性,悟文字虚假,了言教空無。所説之理既明,能説之言亦遣,則於彼言教,一無積滯,故云“聖人不積”爾。

【義曰】聖人無爲,無爲之爲亦遣;聖人忘教,滯言之教俱忘。了達希微,宗尚虚漠,故不積滯於俗教矣。修真之士,亦當悟此忘言,了兹妙道也。

既已與人己愈有,既以與人己愈多。

【注】此明法性無盡也。言聖人雖不積滯言教,然以法味誘導凡愚,盡以與人,於聖人清淨法性,曾無減耗,唯益明了,故云“愈有”、“愈多”。有明自性,多明外益。

【疏】既,盡也。言聖人雖不積滯言教,然衆生發明慧心,必資聖人誘導,故聖人以清淨理性,盡與凡愚而教導之。於聖人慧解之性,曾不減耗,故云“愈有”、“愈多”。注云“有明自性,多明外益”者,悟理之性既非他有,故云“自性”;因教之益不自中來,故云“外益”。明聖人教導凡愚,心彌慧解,故云“愈有”;惟斆學半,理益精暢,故云“愈多”爾。

【義曰】聖人清静,理性光明,慧心外無所因,内無所滯,和之愈響,如鍾在懸矣。夫天地之生化不窮,而天地之用未嘗倦矣;日月之照灼而不息,而日月之明未嘗竭矣;江海之注不極,而江海之流未嘗耗矣;薪火之傳不絶,而薪火之力未嘗盡矣。亦猶聖人之慧解,浩蕩而無涯,隨悟立言,隨方設教,因機誘導,稱彼物情。物情高下,俱得法味,而言教塞於天下,而理性慧解愈有愈多矣。“惟斆學半”者,《尚書·説命下》篇云：斅，教也，教然後知所困，是學之半也。終始常念學，則其德之修無能自覺，其惟學乎！

天之道，利而不害；

【疏】天道施生，長養萬物，利也。無所宰割，不害也。此舉喻欲明聖人之道弘益也。

【義曰】舉天道以喻聖人之道利於萬物，物遂其生，而無所害也。

聖人之道，爲而不争。

【注】舉天道利物不害者，將明聖人之道施爲弘益，常以與人，故不争也。

【疏】聖人之道，凡所作爲而與物不争者，爲聖人無所積滯，與人愈有，是以不争爾。

【義曰】天授聖人之道，以利於萬物；聖人體道應天，以濟於群生。澤愈廣而志愈謙，化愈彰而功愈晦，故利物而不害，應物而不争。且夫上下二經，論道叙德，首明"可道"、"常道"，爲設教之宗源；次標"有德"、"無德"，述因時之澆樸；此陳"愈多"、"愈有"，表聖澤之無窮。信可以垂表萬天，程式千古，革澆敗而復樸，滌邪弊而歸真，貫天地而燭幽明。斯二經之大旨也。